DIE FRAU IN DER GESELLSCHAFT
LEBENSGESCHICHTEN

Herausgegeben von Gisela Brinker-Gabler

FISCHER TASCHENBUCH VERLAG

TONI SENDER

AUTOBIOGRAPHIE
EINER DEUTSCHEN REBELLIN

Herausgegeben und eingeleitet von
Gisela Brinker-Gabler

Mit zahlreichen Abbildungen

Aus dem Amerikanischen von
Brigitte Stein

FISCHER TASCHENBUCH VERLAG

Die Originalausgabe der Autobiographie erschien 1939
bei The Vanguard Press, Inc., New York, unter dem Titel
›The Autobiography of a German Rebel‹
Deutsche Erstausgabe
Fischer Taschenbuch Verlag
Februar 1981

Umschlagentwurf: Jan Buchholz/Reni Hinsch

Fischer Taschenbuch Verlag GmbH, Frankfurt am Main
›The Autobiography of a German Rebel‹
© 1981 Fischer Taschenbuch Verlag GmbH, Frankfurt am Main
Gesamtherstellung: Hanseatische Druckanstalt GmbH, Hamburg
Printed in Germany
1280-ISBN-3-596-22044-0

Man wird erst wissen, was die Frauen sind, wenn
ihnen nicht mehr vorgeschrieben wird, was sie sein
sollen.   ROSA MAYREDER

In dieser Reihe »Die Frau in der Gesellschaft – Lebensgeschichten«
werden Erinnerungen, Tagebücher, Briefe und autobiographische Ro-
mane von Frauen aus dem 19. und 20. Jahrhundert vorgestellt, die sich
kritisch mit der gesellschaftlich fixierten Rolle der Frau auseinandersetzen und nach neuen Lebensmöglichkeiten suchten. Ihre Selbstzeugnisse
berichten von den mutigen Befreiungsversuchen aus traditionellen Mu-
stern und Abhängigkeiten, von dem mühevollen und oft schmerzhaften
Prozeß der Selbstbehauptungen gegen patriarchalische Vorrechte in
Familie und Gesellschaft und von ihrem Willen und ihren Vorschlägen
zur Veränderung. Diese Lebensgeschichten, die einen Einblick in das
private Leben von Frauen aus der Zeit der ersten Emanzipationsbestre-
bungen und politisch-sozialen Aktivitäten geben, leisten einen wichtigen
Beitrag zur Aufhebung der Geschichtslosigkeit der Frau. Sie sind im
Zusammenhang zu sehen mit den parallel erscheinenden Bänden »Frühe
Texte«, in denen wiederentdeckte literarische und sachliche Beiträge von
Frauen sowohl aus dem bürgerlich-liberalen als auch dem sozialistischen
Lager die gegenwärtige Diskussion um Status und Selbstverständnis der
Frau auf die historische Tradition zurückführen.

ZU DIESEM BUCH

»Nichts halb zu tun ist edler Geister Art.« Dieser Leitspruch stand über
dem Leben von Toni Sender, die zur ersten Generation deutscher
Politikerinnen gehörte, über die wir noch immer sehr wenig wissen – mit
Ausnahme von Clara Zetkin und Rosa Luxemburg. Wie sie war Toni
Sender aktiv in der sozialistischen Bewegung tätig.
Ihre Lebensgeschichte weist Toni Sender als eine ungewöhnlich mutige
und energische Persönlichkeit aus. Schon mit sechzehn befreite sie sich
aus der Abhängigkeit ihres wohlhabenden Elternhauses und engagierte
sich bald in der Arbeiterbewegung, seit 1910 in Paris. Nach dem Kriegs-
ausbruch kehrte sie nach Deutschland zurück, agitierte gegen die Kriegspolitik, nahm 1915 an dem internationalen Antikriegskongreß der sozialistischen Frauen in Bern teil, trat 1917 der USPD bei, wurde 1919
Mitglied des Frankfurter Stadtrates und zog schließlich 1920 als Abgeordnete in den deutschen Reichstag ein, in dem sie eine der aktivsten
Frauen des sozialdemokratischen Flügels war und dem sie bis 1933
ununterbrochen angehörte. Obwohl sie bereits sehr früh »auf der Liste«
der Nazis stand, nutzte sie unerschrocken weiter jede Gelegenheit, vor
den »neuen Barbaren« zu warnen, bis sie im Frühjahr 1933 fliehen mußte
und über die Tschechoslowakei und Belgien nach Amerika gelangte.
Auch im Exil war sie weiter politisch aktiv – im Kampf gegen den
Faschismus und Krieg, in der Gewerkschaftsbewegung und seit 1949 als
Vertreterin des Internationalen Bundes Freier Gewerkschaften bei den
Vereinten Nationen. Ziele, für die sie sich einsetzte, waren u. a.: freie

Handelsbeziehungen, wirtschaftliche Einheit Europas, Vollbeschäftigung, allgemeine international kontrollierte Abrüstung, eine Untersuchung der Zwangsarbeit in kommunistischen Ländern und die Menschenrechte.

Diese sehr lesbar und flüssig geschriebene Autobiographie, die sich nie in Nebensächlichkeiten verliert, ist ein ebenso spannender wie informativer Bericht über das turbulente politische Leben in der Weimarer Republik aus der Sicht einer engagierten Frau, die sich auf einem Gebiet profilierte, das auch heute noch nicht als selbstverständliche »Frauensache« gilt.

›Autobiographie einer deutschen Rebellin‹, 1939 in englischer Sprache in New York erschienen und natürlich im Zusammenhang mit Toni Senders Aktivitäten gegen den Faschismus zu sehen, erscheint hiermit erstmals in deutscher Sprache mit einer Einleitung, Textkommentaren, zahlreichen Abbildungen und einem ausführlichen Anhang versehen.

DIE HERAUSGEBERIN

Gisela Brinker-Gabler ist die Herausgeberin der Reihen »Die Frau in der Gesellschaft – Frühe Texte« und »– Lebensgeschichten« und die Herausgeberin dieses Bandes. Nach dem Studium der Germanistik, Philosophie und Pädagogik promovierte sie 1973 in Köln. Von 1974–75 war sie Assistant Professor für deutsche Sprache und Literatur an der University of Florida/USA, seit 1976 hat sie einen Lehrauftrag an der Universität Essen (GHS). Sie lebt heute in Bochum.

Im Fischer Taschenbuch Verlag gab sie folgende Bände heraus: ›Deutsche Dichterinnen vom 16. Jahrhundert bis zur Gegenwart. Gedichte und Lebensläufe‹ (Bd. 1994), ›Zur Psychologie der Frau‹ (Bd. 2045), ›Frauenarbeit und Beruf‹ (Bd. 2046), ›Frauen gegen den Krieg‹ (Bd. 2048) und ›Fanny Lewald. Meine Lebensgeschichte‹ (Bd. 2047).

WEITERE INFORMATIONEN ZU DEN REIHEN »FRÜHE TEXTE« UND »LEBENSGESCHICHTEN«

Außerdem sind erschienen: Gertrud Pfister (Hg.) ›Frau und Sport‹ (Bd. 2052); Eva Rieger (Hg.) ›Frau und Musik‹ (Bd. 2257); Maria Wagner (Hg.) ›Mathilde Franziska Anneke in Selbstzeugnissen und Dokumenten‹ (Bd. 2051). In Vorbereitung sind folgende Bände: ›Frau und Sexualität‹, ›Frauenemanzipation und Sozialdemokratie‹, ›Frau und Gewerkschaft‹ und ›Rahel Sanzara. Eine Biographie‹.

INHALT

Toni Sender

EINLEITUNG

Erinnerungsbücher interessieren als Selbstzeugnisse einer bedeutenden Persönlichkeit oder als Dokumente des Zeitgeschehens. Auf vorliegende Autobiographie trifft beides zu. Sie schildert die Entwicklung eines Mädchens aus jüdisch-bürgerlicher Familie zur kämpferischen Sozialistin und gibt einen Bericht über die revolutionäre Situation während des Ersten Weltkriegs und das turbulente politische Geschehen in der Weimarer Republik aus der Sicht einer der engagierten deutschen Politikerinnen jener Zeit.

Toni Sender gehörte seit der Jahrhundertwende der sozialistischen Bewegung an, war 1918/1919 eine der führenden Persönlichkeiten in der Frankfurter Rätebewegung und von 1920 bis 1933 Mitglied des Deutschen Reichstags, zunächst als Abgeordnete der Unabhängigen Sozialdemokratischen Partei (USPD), später der SPD. Toni Senders Schilderungen der historischen Ereignisse sind um so wertvoller, als die Geschichte der USPD schlecht dokumentiert ist und auch kaum Erinnerungswerke von führenden Persönlichkeiten der linken Sozialdemokratie vorliegen[1]. Was aber Toni Senders Autobiographie über die Aufzeichnung historischer Ereignisse hinaus zu einer so spannenden Lektüre macht, ist die persönlich gefärbte Schilderung und Beurteilung der Ereignisse und Kämpfe, die Beschreibung der Atmosphäre und des politischen Hintergrunds jener Tage sowie ihre pointierte Charakterisierung bedeutender politischer Persönlichkeiten.

Toni Sender mußte Deutschland 1933 aus rassischen und politischen Gründen verlassen. Ihre Autobiographie erschien 1939 in englischer Sprache in einem New Yorker Verlag. Das einzige bisher veröffentlichte Erinnerungsbuch einer »radikalen« Sozialdemokratin wird hier zum ersten Mal in deutscher Sprache vorgelegt.

»Ich muß als Kind zu Hause sehr verschlossen gewesen sein«, mit diesen Worten charakterisiert die »Rebellin« Toni Sender ihre frühen Jahre im Elternhaus. Sidonie Zippora Sender, so lautete ihr voller Name, den sie später zu Tony bzw. Toni Sender

Nr. 295.

Biebrich am 4ten December 18 88

Vor dem unterzeichneten Standesbeamten erschien heute, der Persönlichkeit nach _____ bekannt,

der Kaufmann Moritz Sender

wohnhaft zu Biebrich in der ... Casernstraße No 6 israelitischer Religion, und zeigte an, daß von der

Marie Sender geborene Dreifuß, seiner Ehefrau,

_____ israelitischer Religion,

wohnhaft bei ihm

zu Biebrich in seiner Wohnung am ein und zwanzigsten November des Jahres tausend acht hundert ... zig und ... Nachmittags um _____ fünf Uhr ein Kind weib lichen Geschlechts geboren worden sei, welches die Vornamen

Sidonie Zippora _____

erhalten habe _____

Vorgelesen, genehmigt und unterschrieben

M Witzewer

Der Standesbeamte.

Geburtsurkunde Toni Senders (Standesamt Wiesbaden-Biebrich)

abkürzte[2], wurde am 29. November 1888 als Tochter des Kaufmanns Moritz Sender und seiner Ehefrau Marie, geborene Dreifuß, in Biebrich am Rhein geboren. Die Familie war strenggläubig; der Vater stand später der jüdischen Gemeinde in Biebrich vor[3]. Den Kindern in der Familie Sender wurde absoluter Gehorsam und strengste Disziplin abverlangt. Obwohl Toni Sender nicht an den guten Absichten der Eltern zweifelte, lebte sie in ständiger innerer Auflehnung und wurde in der Familie zur Außenseiterin. Tatsächlich muß sie ein sehr energisches und früh nach Selbständigkeit drängendes Mädchen gewesen sein; denn bereits mit 13 Jahren, nach Abschluß der Höheren Töchterschule in Biebrich, gelang es ihr, Elternhaus und Heimatstadt zu verlassen. Ihrem Wunsch entsprechend durfte sie im nahe gelegenen Frankfurt die zweijährige Handelsschule besuchen.

Die folgenden Jahre in der Mainmetropole waren bestimmt durch eine nach Abschluß der Handelsschule begonnene ernüchternde Berufstätigkeit, unstillbaren Wissens- und Bildungsdrang, Beginn der Arbeit in der Büroangestellten-Gewerkschaft, die empörende Erfahrung brutaler Polizei-Einsätze gegen Streikende (Frankfurter »Blutnacht«) und schließlich den Eintritt in die Sozialdemokratische Partei. Unter dem Titel »So wurde ich Sozialistin« veröffentlichte Toni Sender 1924 in der Frankfurter *Volksstimme* ein Resümee jener Jahre. Darin heißt es: »Frankfurt und die dortige sozialistische Bewegung werden mir immer nah und wertvoll bleiben, wohin das Schicksal mich in Zukunft auch werfen mag. Inniger verbunden als meine engere Heimat, denn in Frankfurt verlebte ich nicht nur die entscheidenden Entwicklungsjahre, dort bekam auch mein Leben seine für die ganze Zukunft bestimmende Wende[4].«

Eltern und Angehörige Toni Senders standen ihrer Lebensweise völlig verständnislos gegenüber. Zunächst waren sie gegen ihre Berufstätigkeit; denn noch immer galt Erwerbsarbeit als »nicht standesgemäß« für ein Mädchen aus bürgerlichem Haus. Vollends aber schockierte die traditionell unpolitische Familie das politische, dazu noch sozialistische Engagement der Tochter. Um den ständigen Auseinandersetzungen mit den Angehörigen zu entgehen, nutzte Toni Sender eine günstige berufliche Chance – die französische Niederlassung eines deutschen Metallkonzerns suchte eine Fremdsprachensekretärin – und ging nach Paris.

Dort trat sie sofort der französischen sozialistischen Partei (SFIO) bei, lernte die führenden französischen Sozialisten kennen und war besonders in der Frauenagitation tätig. Trotz harter

Arbeit in Beruf und Partei waren es für sie unbeschwerte Jahre, in denen sie auch noch Zeit fand, mit ihren Freunden das Leben in Paris zu genießen. Der Erste Weltkrieg zwang sie, nach Deutschland zurückzukehren.

Für die überzeugte Internationalistin Toni Sender war es eine bittere Enttäuschung, daß die sozialdemokratische Reichstagsfraktion am 4. August 1914 für die Kriegskredite stimmte. Sie erwog, aus der Partei auszutreten. Aber erneut waren es Frankfurt und die dortige sozialistische Bewegung, die eine neue Wende bewirkten.

Sie trat in Kontakt mit der innerparteilichen Opposition gegen die Kriegspolitik der SPD und lernte Robert Dißmann kennen, einen der führenden Oppositionellen im südwestdeutschen Raum. Beide waren in den folgenden Jahren in der politischen und gewerkschaftlichen Arbeit wie auch im persönlichen Leben eng verbunden.

Anfang 1915 nahm Toni Sender an der ersten sozialistischen Antikriegskonferenz teil: »Frauen waren die ersten, die einen so wagemutigen Versuch unternahmen.« (S. 77) Gemeint ist die Internationale Sozialistische Frauenkonferenz in Bern vom 26. bis 28. März 1915[5]. Clara Zetkin, die wesentlichen Anteil am Zustandekommen dieser Konferenz hatte, wurde infolge dieser Aktion am 29. Juli verhaftet. Toni Sender gelang es, trotz fortgesetzter Untergrundarbeit gegen den Krieg, einer Verhaftung zu entgehen.

Die verschiedenen oppositionellen Gruppen in der SPD schlossen sich Ostern 1917 in Gotha zu einer neuen Partei zusammen, der Unabhängigen Sozialdemokratischen Partei. Zu den Mitgliedern zählten u. a. Haase, Kautsky, Ledebour, Zetkin und Eisner. Die USPD war in der folgenden Zeit nicht nur eine Dachorganisation der Kriegsgegner, sondern entwickelte sich zu einer Alternativorganisation zur SPD (jetzt Mehrheitssozialisten genannt). Gegen Bürokratisierung und Zentralisierung der SPD gab sie sich eine weitgehend dezentralisierte und demokratische Organisationsstruktur und erwies sich »sowohl auf innenpolitischem wie internationalem Felde als eine militante und sogar revolutionäre Partei«[6].

Toni Sender gehörte der USPD vom Tag der Parteigründung bis zum Zusammenschluß von USPD und SPD im Jahre 1922 an. Die politischen Entwicklungen sind in diesem Zusammenhang kurz zu skizzieren. Die Novemberrevolution 1918 kam für die USPD nicht unerwartet. Bereits im September war auf einer

Reichskonferenz die revolutionäre Entwicklung für den kommenden Winter vorausgesagt worden. Am 29. Oktober verhinderten Matrosen in Wilhelmshaven und kurz darauf in Kiel das Auslaufen der Hochseeflotte. Am 3. November kam es in Kiel zum blutigen Zusammenstoß von Matrosen und Militär, einen Tag später bildeten die Matrosen die ersten Soldatenräte der Revolution. Die Bewegung breitete sich schnell aus. Am Abend des 7. November erschienen die ersten Matrosen in Frankfurt. Eine dramatische Entwicklung innerhalb der nächsten 24 Stunden führte schließlich auch in Frankfurt zur Bildung von Arbeiter- und Soldatenräten.

Entscheidenden Anteil an dieser Entwicklung hatte die Frankfurter USPD, die sich unter der Führung von Robert Dißmann und Toni Sender zu einer aktiv revolutionären Gruppe entwickelte. Da in Frankfurt die SPD der USPD zahlenmäßig überlegen war, entschlossen sich die Unabhängigen Sozialisten zum Kompromiß mit den Mehrheitssozialisten im entscheidenden Gremium, der Exekutive des Arbeiterrats. Ein Jahr lang, bis zum November 1919, konnte sich die USPD-SPD-Koalition im Frankfurter Arbeiterrat halten[7].

Anders verlief die Entwicklung auf nationaler Ebene. Zunächst kam es ebenfalls zu einer Koalition der Mehrheitssozialisten und Unabhängigen Sozialisten. Beide Parteien stellten je drei Vertreter für den Rat der Volksbeauftragten, die politische Spitze des Reichs. Aber die Abneigung vieler USPD-Mitglieder gegen die Kooperation mit der SPD auf höchster Ebene (im Gegensatz zur örtlichen Zusammenarbeit) und die wachsende Entfremdung zwischen den Koalitionspartnern machten diesem Bündnis nach knapp zwei Monaten, Ende Dezember 1918, ein Ende.

Die zentrale Frage in diesen Monaten war: Rätesystem oder/und Verfassunggebende Nationalversammlung. Die SPD-Führung wünschte sich möglichst schnell die Abdankung der örtlichen Arbeiter- und Soldatenräte zugunsten demokratisch gewählter Gemeinde- und Länderparlamente und einer Verfassunggebenden Versammlung. Die USPD war in dieser Frage gespalten. Der rechte Flügel war für eine Kombination Rätesystem und Parlamentarismus, wollte aber den Wahltermin zur Verfassunggebenden Versammlung hinausschieben. Der linke Flügel erklärte sich überhaupt gegen eine Einberufung der Versammlung; Arbeiter- und Soldatenräte sollten die Kontrolle über Regierung und Industrie übernehmen und das Reich in eine sozialistische Gesellschaftsordnung hinüberführen.

Mitte Dezember 1919 entschied sich jedoch die in Berlin tagende

Reichskonferenz der Arbeiter- und Soldatenräte für die Wahlen zur Nationalversammlung bereits am 19. Januar. Als Anfang Januar ein linker Aufstandsversuch brutal von Regierungstruppen niedergeschlagen wurde (Luxemburg und Liebknecht wurden ermordet), bedeutete dies einen schweren Schlag für die revolutionäre Entwicklung und besiegelte endgültig die Spaltung des rechten und linken Flügels der Arbeiterbewegung.

Die Wahlen zur Verfassunggebenden Versammlung im Januar 1919 ergaben keine sozialistische Mehrheit; die SPD erreichte 37,9%, die USPD 7,6%. Die SPD bildete eine Koalition mit Demokraten und Zentrum. Anderthalb Jahre später, bei den Wahlen zum ersten deutschen Reichstag im Juni 1920, fiel der Stimmanteil der SPD auf 21,6%. Dieses Ergebnis war Ausdruck der Enttäuschung vieler ehemaliger SPD-Wähler über die Bereitschaft der SPD, mit den Institutionen des alten Regimes zusammenzuarbeiten (Armee, Bürokratie und Industrie) und sich zur Unterdrückung von Protest und Unzufriedenheit vor und nach dem Militärputsch vom März 1920 (Kapp-Putsch) der Armee und des Freicorps zu bedienen. Die radikale Alternative zur SPD, die USPD, konnte ihren Stimmanteil auf 18,8% erhöhen. Ihr Programm hatte inzwischen an Prägnanz gewonnen. Im Dezember 1919 hatte sich der Parteitag der USPD für das Ziel der Diktatur des Proletariats, verwirklicht durch ein Rätesystem, entschieden.

Toni Sender hatte in dieser Frage bereits auf dem Parteitag im März 1919 klar Stellung bezogen und sich zum Rätesystem bekannt. Es war ihr »offizieller Eintritt in die nationale Szene der deutschen Politik« (S. 142). Seit Anfang 1919 widmete sie sich ausschließlich politischer und journalistischer Arbeit. Ihre gut dotierte Position als Büroleiterin bei einem Frankfurter Unternehmen hatte sie aufgegeben, um in die Redaktion des neu gegründeten USPD-Organs für Südwestdeutschland, *Volksrecht,* überzuwechseln. Im März 1919 wurde sie als USPD-Vertreterin Frankfurter Stadtverordnete. 1920 kandidierte sie »an der Spitze« der nationalen Liste ihrer Partei für den Reichstag. Diese Position verdankte sie innerparteilichen Flügelkämpfen um die Spitzenstellung; sie selbst versuchte stets, zwischen den Flügeln ihre politische Eigenständigkeit zu wahren (S. 179). Nach dem großen Erfolg ihrer Partei bei den Reichstagswahlen im Juni 1920 konnte sie gemeinsam mit 80 Parteikollegen – darunter acht weiteren weiblichen Abgeordneten[8] – in den Reichstag einziehen.

Einige Monate später war von der »vielversprechenden jungen

Partei« wenig übrig. Das Problem der Internationale führte zur Parteispaltung. Die Mehrheit der USPD – 45% – stimmte im Oktober 1920 für den Anschluß an die Kommunistische Internationale, die im März 1919 in Moskau gegründet worden war. Etwa 40%, zu denen auch Toni Sender gehörte, waren unter den von Moskau gestellten 21 Bedingungen nicht zu diesem Schritt bereit. Die restlichen 15% blieben unentschieden[9]. Der »Spaltung und Schwächung der einzigen realistischen und unabhängigen revolutionären Partei in Deutschland«, wie Toni Sender schreibt (S. 171), folgte nun der mühsame Neuaufbau. Als sich 1922 USPD und SPD zusammenschlossen, war dies erneut eine Entwicklung, die Toni Sender nicht befürwortete. Ihrer Meinung nach war der Zusammenschluß verfrüht; die Programme beider Parteien stimmten noch zu wenig überein. Aber sie akzeptierte den Mehrheitsbeschluß für die Vereinigung. In der SPD stand Toni Sender fortan dem linken Parteiflügel nahe, der die »opportunistische« Koalitionspolitik der SPD ablehnte[10].

Im Reichstag[11] war Toni Sender bis 1933 Mitglied des Außenpolitischen Ausschusses, ebenso saß sie in den Ausschüssen für Wirtschafts- bzw. Sozialpolitik. Ziele, für die sie sich einsetzte, waren unter anderem: freie Handelsbeziehungen, wirtschaftliche Einheit Europas, allgemeine internationale, kontrollierte Abrüstung; in diesem Zusammenhang lehnte sie auch jede Dienstverpflichtung von Frauen im Kriegsfall ab[12].

Der Frauenanteil im deutschen Reichstag – die Revolution 1918 hatte den Frauen das allgemeine, gleiche, aktive und passive Wahlrecht gebracht – lag in der Weimarer Republik zwischen 9,6% (1919) und – als niedrigstem Anteil – 5,7% (1924)[13]. Anders als Toni Sender konzentrierten sich viele weibliche Abgeordnete auf die Familien- und Sozialpolitik. Das war einmal dadurch bedingt, daß – vor allem Anfang der zwanziger Jahre – die weiblichen Abgeordneten überwiegend aus dem Lehrerinnen- oder Hausfrauenberuf kamen. Nur wenige unter ihnen waren in der Partei- und Gewerkschaftsarbeit geschult. Entsprechend ihrem bisherigen Wirkungsbereich hielten sie sich vor allem auf dem Gebiet der Familien- und Sozialpolitik für kompetent. Darüber hinaus fühlten sich nicht wenige unter ihnen gemäß einer verinnerlichten Weiblichkeitsideologie ausschließlich zum »Mütterlich-Sozialen« berufen.
Tatsächlich bestand aber auch auf seiten vieler männlicher Abgeordneter ein Interesse, die Aktivitäten der Frauen auf dem

Gebiet der sozialen Arbeit zu binden. Das äußerte sich unter anderem darin, daß man die Frauen auf diesem Gebiet in ihrer Expertenrolle bestätigte. Auf diese Weise hielt man den durch den Fraueneinzug ins Parlament bewirkten »Schaden« für die Männer – in bezug auf Parteiämter und Mandate – so gering wie möglich. Daher konnten die weiblichen Abgeordneten der Weimarer Republik zwar insgesamt wichtige Leistungen auf dem Gebiet der Sozialpolitik, der Wohlfahrt vorweisen, aber es gelang ihnen weder auf dem linken noch rechten Flügel in den Bereich politischer Macht vorzudringen. Parteien und Parlamente konnten sich weiterhin erlauben, Frauen als eine Minorität zu behandeln, der man mit kleinen Reformen gefällig war.

Toni Sender schreibt über ihre Erfahrungen als Frau im Parlament: »Eine Frau muß größere Anstrengungen unternehmen, muß mehr Tüchtigkeit beweisen als ein Mann, um als ebenbürtig anerkannt zu werden. Sobald ihre Fähigkeiten jedoch erkannt und anerkannt werden, spielt die Geschlechtszugehörigkeit keine Rolle mehr.« (S. 221) Es hängt sicher mit Toni Senders jahrelanger Parteiroutine und ihrer eigenen Arbeits- und Lebensform zusammen, daß sie sich mit solcher Praxis »gnädiger« Anerkennung nicht kritischer auseinandersetzte.

Toni Sender würdigt in ihrer Autobiographie die Arbeit der weiblichen Reichstagsmitglieder, geht aber kaum auf einzelne Politikerinnen ein. Von ihren USPD- bzw. SPD-Kolleginnen erwähnt sie einzig Louise Zietz, der sie in vieler Hinsicht sehr nahestand. Mit ihr teilte sie die Überzeugung, daß Frauen in allen politischen Bereichen mitarbeiten sollten. Rosa Luxemburg wird mehrmals kurz erwähnt. Über Clara Zetkin schreibt sie ausführlicher im Zusammenhang mit der Antikriegskonferenz in Bern; daß beide seit 1920 gemeinsam im Reichstag saßen, Clara Zetkin allerdings als KPD-Abgeordnete, erwähnt Toni Sender nicht. Hier mag mit eine Rolle gespielt haben, daß Toni Sender während des amerikanischen Exils eine entschieden antikommunistische Haltung entwickelte, die sich insgesamt auf die Autobiographie auswirkte.

Toni Sender blieb neben ihrer Reichstagstätigkeit noch bis 1924 Frankfurter Stadtverordnete. Im November 1927 übernahm sie die Leitung der SPD-Zeitung *Frauenwelt*. Am wichtigsten jedoch wurde für sie in den zwanziger Jahren die Arbeit in der Gewerkschaftsbewegung und der Sozialistischen Internationale. Mitverantwortlich dafür mag ihre Enttäuschung über die nationale politische Entwicklung gewesen sein. Von 1920 bis

1933 gab Toni Sender die *Betriebsräte-Zeitung* der Metallarbeiter-Gewerkschaft heraus. Die »Eiserne Internationale« (Internationale der Metallarbeiter-Gewerkschaft) wurde ihre »zweite
Heimat«.

In den zwanziger Jahren unternahm Toni Sender zahlreiche
Auslandsreisen, die überwiegend mit ihrer gewerkschaftlichen
und politischen Arbeit zusammenhingen. Hinzu kam, daß Toni
Sender sehr gerne unterwegs war und es zu den Grundsätzen der
überzeugten Internationalistin gehörte, mindestens einmal jährlich ins Ausland zu reisen. Sie nahm an allen Kongressen der
Wiener Internationale bzw. Sozialistischen Arbeiter-Internatio-
nale teil und an fast allen Tagungen der Internationalen Metallarbeiter-Gewerkschaft und des Internationalen Gewerkschaftsbundes.

Nach dem Beginn der Wirtschaftskrise 1929 und dem Sturz des
Kabinetts Müller im Frühjahr 1930, der letzten parlamentarisch
legitimierten Regierung der Weimarer Republik, brachten die
Reichstagswahlen im September 1930 »einen Wendepunkt in der
deutschen Geschichte«. Die Nazis errangen ihren ersten spektakulären Erfolg und zogen mit 107 Abgeordneten als zweitstärk-
ste Partei in den Reichstag. Toni Sender machte bald darauf
persönlich die Erfahrung: »Die aktiven Gegner des Faschismus
in Deutschland waren vogelfrei, lange bevor die Nazis die Macht
ergriffen.« (S. 262) Mutig nutzte sie jede Gelegenheit, auf öffentlichen Veranstaltungen und Wahlversammlungen – bis 1933
folgten noch vier Reichstagswahlen – vor den »neuen Barbaren«
zu warnen. 1932, im bislang stürmischsten Jahr, stellte sie fest:
»Unser Leben glich immer mehr einem Tollhaus.« (S. 257) Kurz
nach dem Reichstagsbrand vom 27. Februar 1933, für viele
Gegner des Regimes das Aufbruchssignal, entschloß sich Toni
Sender zur Flucht. Am 5. März verließ sie Deutschland und ging
über die Tschechoslowakei, Belgien 1935 ins amerikanische Exil.
An dieser Stelle endet ihre Lebensbeschreibung.

Im belgischen und später amerikanischen Exil setzte Toni Sender
ihre journalistische und politische Tätigkeit fort. Der Widerstand gegen den Nationalsozialismus blieb eine ihrer wichtigsten
Aufgaben. Sie gehörte zu den Unterzeichnern des Aufrufs zur
Volksfront gegen Faschismus und Krieg (1936), an dem sich
Sozialdemokraten, Kommunisten, Mitglieder der Sozialistischen
Arbeiterpartei und Persönlichkeiten des öffentlichen Lebens
beteiligten[14]. Auf Vortragsreisen durch die Vereinigten Staaten
berichtete sie über die Entwicklung in Deutschland und Europa.

Sie arbeitete im Exekutivkomitee der Sozialistischen Demokratischen Emigrantengruppe, »Association of Free Germans, Inc.« (vorher: »American Council for the Liberation of Germany from Nazism«). Die Veröffentlichung ihrer Autobiographie gehört ebenfalls in den Zusammenhang ihrer Widerstandsarbeit. Über Erfolg und Wirkung ihres Buches war sie vermutlich enttäuscht. Im Gegensatz zu den Erinnerungen der russischen Politikerin Angelika Balabanova »My Life as a Rebel« (Toni Senders Buchtitel scheint darauf anzuspielen), die ein Jahr zuvor, 1938, in New York und schon 1927 in Berlin erschienen waren, brachte es Toni Senders Autobiographie nur auf eine englische Lizenzausgabe (1945).

Toni Senders Wohnsitz in den USA war zunächst Washington. 1941 zog sie nach New York, wo sie bis 1944 als Direktorin für europäische Arbeitsforschung im Office of Strategic Services (OSS) arbeitete. In dieser Funktion schrieb sie Berichte über die Arbeitsverhältnisse und die Lage der Arbeiter in Deutschland und einigen besetzten Staaten sowie über die sozialistische Emigration und stellte eine Liste »zuverlässiger« Informationsquellen in Deutschland zusammen. 1943 erhielt sie die amerikanische Staatsbürgerschaft. Ab 1944 war sie als Wirtschaftsspezialistin bei der »United Nations Relief and Rehabilitation Administration« tätig.

Ende 1947 kam Toni Sender nach Europa, um an einer Tagung der Menschenrechtskommission in Genf teilzunehmen. Sie benutzte diese Gelegenheit zu einem kurzen Abstecher nach Frankfurt; es war ihr erster Nachkriegsbesuch dort. Auf ihre Mitteilung hin, daß die Amerikaner die Schulkinder-Speisung in Deutschland einstellen wollten, konnte in Frankfurt eine Dokumentation zusammengestellt werden, die die Fortsetzung der Schulspeisung bis Anfang der fünfziger Jahre bewirkte.

Was Toni Senders politische Zielsetzung im amerikanischen Exil betrifft, so läßt sie sich – wie in der Weimarer Zeit – weder traditionell links noch rechts einordnen. Offenkundig ist, wie bereits erwähnt, ihr Antikommunismus, der auch in ihrer Autobiographie zum Ausdruck kommt. Er läßt sich in dieser Schärfe nicht durchweg auf die jüngere Toni Sender übertragen. Eine positive Haltung gegenüber dem »revolutionären Rußland« zeigt noch ihre Rede »Die Frauen und das Rätesystem« (1919). Ihre kritischere Einstellung verstärkte sich anläßlich der Spaltung der USPD (1920), später dann in den USA. Mitverantwortlich dafür waren sicher zum einen die Exilsituation, aber vor allem die politischen Entwicklungen in der Sowjetunion unter

Toni Sender, Juni 1939

der Herrschaft Stalins und schließlich Informationen über Zwangsarbeit in kommunistischen Ländern, deren Untersuchung sie als Gewerkschaftsbeauftragte forderte.

Seit 1947 war Toni Sender Vertreterin (Consultant) der »American Federation of Labour« beim Wirtschafts- und Sozialrat der Vereinten Nationen und seit 1949 – beim selben Gremium – Vertreterin des Internationalen Bundes Freier Gewerkschaften, einer Gegengründung zum (kommunistischen) Weltgewerkschaftsbund. Über sie und ihre Tätigkeit dort schrieb die *New York Times*:

»Sie war ein vertrauter Anblick bei den Vereinten Nationen. Aufgrund ihres politischen Hintergrunds war sie eine großartige Rednerin. Dabei war sie ganz Spitze und Wohlgeruch – trotz des immer präsenten Aktenkoffers. Unsentimental, wie sie war, aber sanft, leidenschaftlich freiheitsliebend, aber herzlich mit Freunden, liebte es Miss Sender – die vor dem Wirtschafts- und Sozialrat (der Vereinten Nationen) sprechen konnte, weil der Internationale Bund Freier Gewerkschaften eine der neun dort zugelassenen regierungsunabhängigen Organisationen war – mit den Kommunisten Sticheleien auszutauschen. Sie erinnerte sich voller Genugtuung daran, wie sie während der Ratssitzung 1951 die polnischen und sowjetischen Delegierten fast zum Fluchen brachte. Sie verlangte eine Untersuchung kommunistischer Zwangsarbeit und trat für Vollbeschäftigung, die Menschenrechte und Abrüstung ein[15].«

1956 mußte Toni Sender ihre Tätigkeit als Vertreterin des Internationalen Gewerkschaftsbundes aufgeben. Sie litt an der Parkinsonschen Krankheit.

Im amerikanischen Exil hatte Toni Sender mit zahlreichen Parteigenossen und ehemaligen Reichstagskollegen Kontakt. Eine enge freundschaftliche Beziehung bestand zu Egon F. Ranshofen-Wertheimer, der beim Völkerbund in Genf und später, während des Krieges, in Washington und New York tätig war[16]. Zu ihrem Bekanntenkreis in New York gehörte nach Kriegsende auch Eleanor Roosevelt, die Witwe des amerikanischen Präsidenten, UNO-Delegierte und von 1947–51 Vorsitzende der UN-Kommission für Menschenrechte. In New York lebten ebenfalls mit ihren Familien die Geschwister Toni Senders, Dr. Benno Sender und Jenny Fink, in London dagegen Rachel Kormis. Toni Sender beschäftigte sich in den letzten Jahren auch mit der orthodox-jüdischen Gedankenwelt; während ihrer Reichstagsjahre hatte sie sich als Dissidentin bezeichnet. Sie starb am 26. Juni 1964 an den Folgen eines Schlaganfalls.

Toni Sender im Gespräch mit Eleanor Roosevelt

Toni Sender, so wie wir sie in ihrer Autobiographie erleben, war revolutionäre Kämpferin, Praktikerin – eine Frau, die ständig aktiv war. Ihr Engagement läßt danach fragen, wie sich solche politisch-revolutionäre Tätigkeit auf das persönliche Leben von Frauen auswirkt. Denn die Gesetze und Formen politischer Arbeit waren – und sind bis heute – auf die männliche Lebenssituation zugeschnitten.

Von den im Deutschen Reichstag vertretenen Frauen waren etwa 58% verheiratet oder verwitwet. In SPD und KPD war die Zahl der verheirateten Frauen insgesamt doppelt so hoch wie die der unverheirateten[17]. Toni Sender hatte sich nach eigener Aussage schon früh entschlossen, nicht zu heiraten. Später erklärte sie: »Ich glaube... daß wir uns entscheiden müssen, welcher Hauptaufgabe wir unser Leben widmen wollen... Wir leben in einer revolutionären Zeit. Familiäre Bindungen könnten einen früher oder später daran hindern, den Mut und die Selbstlosigkeit aufzubringen, die eine große Sache erfordern – insbesondere im Fall einer jungen Frau.« (S. 229)

Unabhängig davon, daß bei Toni Senders Entscheidung auch andere Gründe mitgespielt haben mögen, nicht zuletzt die frühe Erfahrung familiärer Auseinandersetzungen um ihre politische Arbeit – ihre Befürchtungen bestanden zu Recht. Zwar wurde in der Arbeiterbewegung vielfach das Bild der Familie als »Arbeits- und Kampfgemeinschaft« (Clara Zetkin) beschworen, in der Mann und Frau gleichberechtigt für den Sozialismus stritten, aber die private Praxis – sowohl führender Sozialdemokraten[18] wie auch »der Basis« – sah anders aus. Für Familienpflichten blieben allein die Frauen zuständig, was ihre Bewegungsfreiheit erheblich einschränkte und ihre politische Mitarbeit erschwerte. Die Sozialdemokratin Käte Duncker berichtete, daß selbst dann in den Versammlungen überwiegend Männer saßen, wenn eine Frau über ein Thema sprach, das vor allem Frauen interessierte; den Vorschlag, ihre Frauen kommen zu lassen und selbst bei den Kindern zu bleiben, empfanden diese Männer als eine »furchtbare Herabwürdigung«[19]. Aber es waren auch die Frauen selbst, die am traditionellen Verständnis der Familie und Frauenrolle festhielten. Dabei ist zu berücksichtigen, daß die Möglichkeit, mehr Zeit für die Familie und Kinder zu haben, proletarischen Frauen als Verbesserung ihrer Lage erscheinen mußte.

Toni Sender kannte diese Probleme aus ihrer Tätigkeit in der Frauenagitation. Ihre Überwindung erwartete sie von der sozialistischen Revolution. Vorrang hatten daher für sie die Organisierung der Frauen und die Stärkung der Partei. Allerdings vertraute sie nicht blindlings der ökonomisch-mechanistischen Theorie, dem Versprechen einer automatischen Befreiung der Frauen im Sozialismus. Sie erhoffte sich von der Organisierung der Frauen die Förderung ihres Selbstbewußtseins und ihrer Bereitschaft, die eigene Sache selbst in die Hand zu nehmen. (S. 302) Was die dazu notwendige Entlastung der Frauen im Haushalt und in der Kindererziehung betraf, so plädierte sie – zum Beispiel in ihrer Rede auf der Leipziger Frauenkonferenz 1919 (»Die Frauen und das Rätesystem«) – für die Einführung des Gemeinschaftsprinzips in Haushalt und Erziehung gegen alle »lieb gewordenen und treu gehegten Vorurteile« (S. 307). Daß aber die Hausarbeit und die Gestaltung eines »freundlichen und anmutigen« Heims grundsätzlich Frauenarbeit sind, stellte sie dabei nicht in Frage – möglicherweise mit Rücksicht auf konkrete »alte« Bedürfnisse.

Hervorzuheben ist ihre Forderung, *gleichzeitig* mit der sozial-ökonomischen Umwandlung auch die moralische in Angriff zu nehmen: »Und dennoch müssen wir heute bereits darangehen, aufzuräumen mit den überkommenen und fest in uns eingepflanzten bürgerlichen Moralbegriffen; wenn auch vielleicht die Frauen davon am stärksten infiziert sind, so mußten sie doch auf der anderen Seite gerade als Frau am meisten unter der bürgerlichen Doppelmoral, ihrer Unmoral leiden.« (S. 308) Konkrete Überlegungen zu Natur und Inhalt einer neuen Moral äußerte sie hier allerdings nicht.

Wie aber lebte Toni Sender selbst als persönlich unabhängige Politikerin in der Weimarer Zeit angesichts verfestigter Rollenmuster und (Doppel-)Moralvorstellungen? Sie war eine sehr gesellige Persönlichkeit, ging gern aus, interessierte sich für kulturelle Veranstaltungen, war eine leidenschaftliche Tänzerin. Sehr unternehmungslustig zeigt sie eine Fotografie aus den zwanziger Jahren: im modischen Hänger mit tief angesetztem schwingenden Rock, Perlenkette, onduliertem kurzen Haar (S. 156).[20] Ebenso war sie von eiserner Selbstdisziplin und folgte dem Ideal selbstloser Pflichterfüllung. Das bedeutete die Zurückstellung persönlicher Wünsche und sicher auch die Verdrängung menschlicher Konflikte, wie sie alte »vorrevolutionäre« Wünsche oder Phantasien hervorrufen mögen; denn sie lassen sich nicht wie gebrauchte Kleider ablegen. Was ihre Intimsphäre, was zwiespältige Gefühle oder schmerzliche Erfahrungen im Privatbereich betrifft, so wahrt Toni Sender in ihrer Autobiographie weitgehend Diskretion.

In mancher Hinsicht erscheint sie als Vertreterin jenes neuen Frauentyps, den ihre Zeitgenossin, die russische Politikerin Alexandra Kollontai, 1918 in ihrem Buch »Die neue Moral und die Arbeiterklasse« beschreibt (deutsche Ü. 1920). Für diese »neue Frau« steht die eigene Arbeit, die eigene Leistung im Lebensmittelpunkt, während die Liebe eine untergeordnetere Rolle spielt. Denn: »Verliebtsein, Leidenschaft, Liebe: das sind nur vorübergehende Perioden in ihrem Leben. Dessen wahrer Inhalt ist das ›Heilige‹, dem die neue Frau dient: die soziale Idee, die Wissenschaft, der Beruf, das Schaffen.« (S. 36) »Die Frau der Gegenwart«, schreibt Alexandra Kollontai (sie stützte sich vor allem auf zeitgenössische Literatur), »fühlt in der Ehe eine Fessel, selbst wenn keine äußere, formale Bindung besteht. Die Psyche des alten Menschen, die noch in uns lebendig ist, schafft Fesseln moralischer Natur, die selbst den äußeren Fesseln an Stärke nicht nachstehen.« (S. 33) Die Befreiung von diesen »moralischen Fesseln«, die bislang eine Vereinbarung von innerer Freiheit und Selbständigkeit mit der Liebe verhinderten, gehörte zu jener Emanzipation, wie sie durch die sozialistische Gesellschaftsordnung möglich werden sollte.

Alexandra Kollontais Überlegungen und Thesen zur Emanzipation der Frau und der Sexualmoral, die hier nicht ausführlicher dargestellt werden können[21], waren in ihrer Radikalität eine Ausnahme. Zwar hatte es auch in der deutschen sozialistischen Frauenbewegung, sogar schon um die Jahrhundertwende, Ansätze zur Problematisierung der herkömmlichen Moralvorstellungen und radikale Vorschläge zur Änderung der Familienstruktur gegeben[22], aber die Auswirkungen der geschlechtsspezifischen Arbeitsteilung auf die Formen der Arbeit, die Formen der menschlichen Beziehungen zwischen Mann und Frau wurden nicht mit der Gründlichkeit und Schärfe aufgegriffen und diskutiert wie die politischen und wirtschaftlichen Fragen.

Hier bestehen bis heute die Schwierigkeiten, und sie betreffen auch nach wie vor das Problem, das Toni Sender in ihrer Rede »Die Frauen und das Rätesystem« behandelt, nämlich Mitbestimmung und notwendige Integration der Frauen in die politische Arbeit. Auffällig ist, daß heute im Bundesparlament – im Gegensatz zu anderen Bereichen des öffentlichen Lebens – der Frauenanteil mit knapp 8% (1980) noch so unverändert niedrig ist wie vor 60 Jahren und daß zum Beispiel jene Frauengeneration kaum vertreten ist, die kleine oder schulpflichtige Kinder hat, was alles Folgen für die Politik dieses Parlamentes hat (und wiederum dazu beiträgt, daß Frauen häufig wenig Neigung zeigen, sich mit *dieser* Politik auseinanderzusetzen). Die gutgemeinte Bemerkung über eine junge Parlamentarierin, daß für sie »die politische Arbeit nicht gleichbedeutend ist mit Verzicht auf Familie – sie hat drei Kinder«[23], kann nicht darüber hinwegtäuschen, daß die Konflikte der Frauen so lange unlösbar bleiben, wie die gewachsenen Strukturen der (politischen) Arbeits- und Familienwelt nicht verändert werden und politisches Handeln als separater Bereich organisiert bleibt.

Die Auseinandersetzung mit den Lebenszeugnissen der Politikerinnen der ersten Generation, wie zum Beispiel Toni Sender, vor allem auch wenn sie gegen den Strich gelesen werden, kann dazu beitragen, den Blick für diese Probleme, Widersprüche und Konflikte zu schärfen, um Wege zu finden, sie zu überwinden.

ANMERKUNGEN

1 David W. Morgan, *The Socialist Left and the German Revolution. A History of the German Independent Social Democratic Party, 1917–1922.* Ithaca and London 1975; S. 469 f.
2 Toni Sender gebrauchte beide Schreibweisen. Beispiele: ihre persönliche Eintragung ins Formular für die Stadtverordneten-Versammlung in Frankfurt 1919 lautet Tony S.; Titelblatt des gedruckten Vortrags »*Die Frauen und das Rätesystem*« (Nov. 1919): Toni S.; Titelblatt der Broschüre »*Große Koalition? Gegen ein Bündnis mit der Schwerindustrie*« (1923): Tony S.; »*Autobiography of a German Rebel*« (1939): Toni Sender.
3 Paul Arnsberg, *Die jüdischen Gemeinden in Hessen.* Bd. 1, Frankfurt a. M. 1971, S. 70–73.
4 »So wurde ich Sozialistin«; Dossier Toni Sender (Frankfurter Stadtarchiv).
5 Vgl.: *Frauen gegen den Krieg.* Hg. von Gisela Brinker-Gabler. Frankfurt 1980 = Die Frau in der Gesellschaft – Frühe Texte (Fischer Taschenbuch 2048).
6 Robert F. Wheeler, *Curt Geyer und die USPD*, in: *Die revolutionäre Illusion. Zur Geschichte des linken Flügels der USPD. Erinnerungen von Curt Geyer.* Hg. von Wolfgang Benz und Hermann Graml. Mit einem Vorwort von Robert F. Wheeler. Stuttgart 1976; S. 10.
7 Vgl. Erhard Lucas, *Frankfurt unter der Herrschaft des Arbeiter- und Soldatenrats 1918/19.* Frankfurt 1969.
8 Lore Agnes, Marie Karsch, Anna Nemitz, Marie Wackwitz, Frieda Wulff, Mathilde Wurm, Anna Ziegler, Louise Zietz.

9 Robert F. Wheeler, *Curt Geyer und die USPD* (Anm. 6), S. 16.

10 Hanno Drechsler, *Die Sozialistische Arbeiterpartei Deutschlands (SAPD). Ein Beitrag zur Geschichte der deutschen Arbeiterbewegung am Ende der Weimarer Republik.* Meisenheim am Glan 1965; S. 3, 11 f., 18 f., 22, 52, 63 f., 66.

11 Das Kapitel, in dem Toni Sender über ihre Reichstagsarbeit berichtet, hat im Original die Überschrift: *A Member of the Reichstag in my Twenties.* Die Altersangabe ist nicht korrekt. Als Toni Sender am 6. Juni 1920 MdR wurde, war sie 31 Jahre alt. Die Altersangabe wurde in der Kapitelüberschrift der vorliegenden Übersetzung weggelassen. Zwei weitere falsche Altersangaben (Originalausgabe S. 25, 204) wurden im vorliegenden Text korrigiert bzw. weggelassen.

12 Frauen gegen den Krieg (Anm. 5), S. 272.

13 Gabriele Bremme, *Die politische Rolle der Frau in Deutschland. Eine Untersuchung über den Einfluß der Frauen bei Wahlen und ihre Teilnahme in Partei und Parlament.* Göttingen 1956, S. 131.

14 »Bildet die deutsche Volksfront! Für Frieden, Freiheit und Brot! Aufruf an das deutsche Volk«, in: *Der deutsche antifaschistische Widerstand 1933–1945.* 2. Aufl., Frankfurt 1979.

15 Nachruf auf Toni Sender in der *New York Times* (June 27, 1964).

16 Veröffentlichte u. a.: *Das Antlitz der britischen Arbeiterpartei*, mit einer historischen Einleitung von G. D. H. Cole. Berlin 1929 (engl. Ü. 1929); *The International Secretariat, a great experiment in international Administration.* Washington 1945. Vgl.: Österreicher der Gegenwart. Bearb. v. R. Teichl. Wien 1959.

17 Bei den nichtsozialistischen Parteien war das Verhältnis genau umgekehrt. Dabei spielte sicher mit eine Rolle, daß in diesen Parteien zahlreiche Frauen aus der bürgerlichen Frauenbewegung vertreten waren; diese Bewegung war in ihren Anfängen entscheidend von der Bemühung geprägt, *ledigen* Frauen Berufsmöglichkeiten zu schaffen, während man an der höchsten Bestimmung der Frau als Ehefrau und Mutter festhielt.

18 Ausführlich zu Bebel, Kautsky und Liebknecht: Heinz Niggemann, *Emanzipation zwischen Sozialismus und Feminismus. Die sozialdemokratische Frauenbewegung im Kaiserreich.* Diss. Bochum 1979, S. 345 ff.

19 Zitiert nach Niggemann (Anm. 18), S. 342 (Frauenkonferenz 1908).

20 Auch später legte Toni Sender auf ihre äußere Erscheinung größten Wert, wie die Fotos aus den USA zeigen.

21 Vgl. Monika Israel (Einleitung zur Neuausgabe, Münster 1977) und das Nachwort Iring Fetschers in: Alexandra Kollontai, *Autobiographie einer sexuell emanzipierten Kommunistin.* Herausgegeben und mit einem Nachwort von I. F., Berlin 1977.

22 Lily Braun, *Frauenarbeit und Hauswirtschaft.* Berlin 1901; Entgegnung darauf von Clara Zetkin in der *Gleichheit*, Nr. 13, 14, 15, 16 (1901). Erwiderungen von Oda Olberg, Emma Ihrer, Wally Zepler auf einen Beitrag Edmund Fischers, in dem er die »natürlichen« Aufgaben der Frau in der Familie sah: *Sozialistische Monatshefte* 1905 f. Ebenso: Clara Zetkin, Sozialdemokratie und Volkserziehung. Referat, abgedruckt in: Protokoll über die Verhandlungen des Parteitages der Sozialdemokratischen Partei Deutschlands. Abgehalten zu Mannheim vom 23. bis 29. September 1906. Berlin 1906. Auszüge aus den Beiträgen Lily Brauns, Wally Zeplers, Clara Zetkins und den vollständigen Beitrag von Emma Ihrer in: *Frauenarbeit und Beruf.* Hg. und eingel. von Gisela Brinker-Gabler. Frankfurt 1979 = Die Frau in der Gesellschaft – Frühe Texte (Fischer Taschenbuch 2046).

23 Vorspann zu: *Berufsbild Parlamentarierin. Sechzig Jahre Frauenwahlrecht.* Von Anke Martiny, in: *Frankfurter Allgemeine Zeitung* (31. März 1979).

Für freundliche Auskünfte und Überlassung von Bildmaterial danke ich: Liselotte Ehntholt (Pforzheim), Ernest Hamburger (New York, N. Y.), Sofie Quint (Frankfurt am Main), Helen Rosen (New York, N. Y.), Margot Slade (Poughkeepsie, N. Y.), Henry W. Spiegel (Lanham MD); Stadtarchiv Frankfurt am Main (Dr. Andernacht, Prof. Dr. Klötzer, Dr. Bund).

Toni Sender

I. KINDHEIT IM KAISERREICH

Ich muß als Kind zu Hause sehr verschlossen gewesen sein. Als ich vor einigen Jahren mit meiner Schwester Recha Kindheitserinnerungen austauschte, sagte sie plötzlich: »Weißt du, an dich habe ich aus der damaligen Zeit nicht viele Erinnerungen, weil du fast nie geredet hast.«

Die Individualität eines Menschen entwickelt sich in frühester Jugend, aber sie wird nicht immer als Segen empfunden. Sie kann verwirrend und beunruhigend sein. Man weiß nicht, wo man hingehört. Eine unbewußte Kraft scheint einen von den Menschen wegzutreiben, die man liebt. Andererseits weiß man nicht, wo man sich hinwenden soll. Aber besser allein in die Irre gehen, als immer geführt, beschützt und herumkommandiert zu werden.

Ich muß meine Eltern um Verzeihung bitten, daß ich ein so widerborstiges Ding war und mich so scheu aus der frohen Atmosphäre unserer Familie absonderte. Meine Eltern verlangten blinden Gehorsam, und wenn ich mich angepaßt hätte, wäre ich in diesem warmen und freundlichen Haushalt in Biebrich geborgen gewesen. Vater war ein sehr fröhlicher, humorvoller Mensch, ein echter Rheinländer, der das Leben liebte. In seiner Kindheit und Jugend hatte er Jahre in Frankreich verbracht, denn sein Vater hatte es sich sehr angelegen sein lassen, ihm eine umfassende Bildung zu vermitteln. Er liebte die Pariser Atmosphäre und träumte davon, nach Beendigung des beruflichen Lebenskampfes in die geliebte Stadt zurückzukehren. Doch dies blieb leider immer ein Traum. Der Krieg und die Inflation verhinderten seine Verwirklichung.

Trotz seines Werdegangs hatte mein Vater eine sehr autoritäre Haltung gegenüber seinen Kindern. Seine Erziehungsmethoden waren sehr streng. Wir mußten seine Autorität hinnehmen, ohne Fragen zu stellen. Widerspruch war nicht erlaubt. Außerdem war er ein zutiefst orthodoxer Jude und jahrelang Vorsteher der jüdischen Gemeinde und erwartete von uns, daß wir in seine Fußstapfen treten würden. Während meiner Kindheit sprach ich kaum je mit meinem Vater, außer an jenen seltenen Feiertagen, wenn er mit uns einen Ausflug in den Taunus oder in die Wälder am Rhein machte oder mit uns eine der alten Burgen besichtigte. Dann war er ein guter Kamerad, der sein Land gut kannte und es genoß, bei Sonnenschein durch schöne Landschaften zu wandern. Bei solchen Anlässen wagte ich es, ihn nach den Namen von Blumen, Bäumen, Bergen und Flüssen zu fragen. Als ausgezeichneter Bergsteiger war er stets an der Spitze unserer kleinen Karawane. Nach stundenlangen Märschen führte er uns zu irgendeinem malerischen Gasthof, wo wir unseren Proviant auspackten. Mutter gab uns immer reichlich zu essen mit, und wir durften uns dazu unsere jeweiligen Lieblingsgetränke bestellen. Vater stimmte sogar mit ein, wenn wir Volksweisen oder Wanderlieder sangen. Für uns alle waren dies heitere Stunden – bis die tristen Tage der Unterdrückung und des Gehorsams wieder begannen...

Mutter kam nie mit, sondern zog es vor, allein zu Hause zu bleiben und die Ruhe zu genießen. Sie war in der Schweiz als Tochter einer wohlhabenden, aus Frankreich stammenden Familie zur Welt gekommen, und sie war pessimistischer veranlagt als mein Vater. Sie hatte in sehr jungen Jahren ihre Mutter verloren, ihr Vater hatte wieder geheiratet, und sie hatte es dann ziemlich schwer gehabt, was sich auf ihr Wesen ausgewirkt haben mag. Sie war sehr intelligent und energisch, eine strenge Mutter, die absoluten Gehorsam verlangte – eine Forderung, die große Schwierigkeiten und viele Mißverständnisse zwischen uns zur Folge hatte. Ich war gerne bereit, mich überzeugen zu lassen, konnte es aber nie ertragen, daß man mir Befehle erteilte. Trotz dieser ständigen inneren Auflehnung zweifelte ich nie daran, daß meine Mutter nur unser Bestes wollte, und ich hatte volles Vertrauen sowohl zu ihrer Güte als auch zu ihrer Tüchtigkeit. Selbst in schwierigeren Zeiten, als unsere Diskussionen erbitterter wurden, zweifelte ich weder an ihren noch an Vaters guten Absichten. Es gab nicht eine Woche in meinem Leben, in der ich ihnen nicht schrieb. Dennoch kam es vor, daß ich später, als ich in Frankfurt lebte und sie übers Wochenende besuchte, mich manchmal frühmorgens heimlich aus der Stadt stahl, ohne mich von irgend jemandem zu verabschieden. Das geschah, wenn wir am Vorabend eine heftige Auseinandersetzung hatten, bei der sich meine Eltern all meinen Bitten verschlossen. Doch sobald ich in Frankfurt ankam, schrieb ich ihnen einen freundlichen Brief; die Zwietracht hatte mich mehr geschmerzt als sie.

Es gab einen Platz, den ich in den Jahren meiner Kindheit heiß liebte – den uralten, großen Maulbeerbaum in unserem Hof bei dem noch älteren Gartenhäuschen. Wenn ich nur auf den Baum klettern und mich so unsichtbar machen konnte, um ungestört zu träumen, dann war ich völlig glücklich. Eines Tages geschah etwas Merkwürdiges. Meine Mutter, unser unternehmungslustiger Geist, hatte beschlossen, auf dem sehr großen Grundstück hinter unserem Haus ein kleines Mietshaus zu errichten. Das bedeutete, daß der alte Maulbeerbaum, der im Wege war, gefällt werden mußte. Ein orthodoxer Jude darf jedoch keinen lebenden Baum fällen – wer die baumlosen Hügel von Palästina gesehen hat, kann dieses Verbot verstehen. Was sollten wir tun? Mein Vater zerbrach sich den Kopf. Aber eines Nachts tobte ein schwerer Sturm. Am Morgen, als mein Vater in den Hof ging, rief er uns. Wir standen alle stumm da und staunten über den Anblick, der sich uns bot. Der alte Baum lag auf der Erde. Der Sturm hatte ihn entwurzelt.

Natürlich erwartete man von uns Kindern, daß wir uns wie die Sprößlinge anderer wohlanständiger Mittelstandsfamilien betrugen. Welche Qual diese Samstags- oder Sonntagsspaziergänge durch den alten Park mit seinen riesigen Kastanienbäumen und dem See, auf dem eine Prozession sehr hochmütig aussehender Schwäne schwamm, die ebenso klassenbewußt schienen wie manche Leute, die sie bewunderten! Wir waren alle sehr sorgfältig gekleidet, und man erwartete von uns, daß wir ebenso makellos zurückkehrten, wie wir weggegangen waren. Was für eine Fessel für ein lebhaftes Kind! Wieviel lieber hätte ich mit den Gassenjungen auf der Rheinpromenade oder am Flußufer gespielt.

Erst viele Jahre später, als ich bereits auf eigenen Füßen stand, hatte ich ein Auge für die Schönheit der hügeligen Rheinufer und den Zauber jenes alten Parks des früheren Herzogs von Nassau. Man kann in einem Paradies leben und doch keine Freude daran haben, wenn die Atmosphäre bedrückend ist.

Das Beste, was mir am Wochenende passieren konnte, war, daß mir mein Vater befahl, zu Hause zu bleiben, mein Sonntagskleid auszuziehen und den Tag allein im Hause zu verbringen. Was für eine wunderbare Strafe! Allein bleiben zu dürfen war alles, worum ich gebeten haben würde, wenn ich es nur gewagt hätte!

Meine Eltern waren der Ansicht, daß ich nicht mit den richtigen Kindern spielte und befreundet war. Die Kinder der reicheren Familien waren so steif, wie man das von mir erwartete, und interessierten mich daher nicht. Die Mädchen, mit denen ich herumtollen konnte, entstammten weniger begüterten Familien und waren in der Regel auch schlechtere Schülerinnen. Aber ich hatte eine tiefe Abneigung gegen die biederen Vergnügungen der anderen Mädchen. Wenn die Freundinnen meiner Schwestern kamen, versuchte ich mich immer von ihren Spielen auszuschließen. Um wieviel besser war es, sich ungesehen auf einen der Dachböden zu schleichen. Dort standen große Kartons mit Büchern, darunter auch Klassiker und sämtliche Ausgaben der *Gartenlaube,* ein Familienmagazin mit Erzählungen und Fortsetzungsromanen, das faszinierend gewesen sein muß, denn ich vergaß oft, in die unteren Geschosse zurückzukehren, bis mich die Dämmerung daran erinnerte, daß es Zeit war aufzuhören. Auf dem Dachboden gefiel es mir auch aus anderen Gründen. Ich probierte dort die abgelegten Kleider meiner Mutter an und stöberte unter den alten Möbeln der Familie und vielem anderen alten Krimskrams herum, den man zu Maskeradezwecken hätte verwenden können, aber dazu kam nie die Gelegenheit. Wenn ich ein Geräusch hörte, versteckte ich mich in einer großen Kiste und rührte mich nicht. Oft hörte ich sie mich rufen, aber ich verriet meinen Schlupfwinkel nie.

In den Sommerferien schickten mich meine Eltern einmal mit meiner älteren Schwester und meinem Bruder in den Schwarzwald, wo wir bei Verwandten auf deren Bauernhof wohnten. Zum ersten Mal genoß ich Freiheit. Obwohl ich erst neun Jahre alt war, schrieb ich meinen Eltern, daß ich dableiben und in der benachbarten Stadt zur Schule gehen wolle. Natürlich erlaubten sie mir das nicht. Als ich wieder nach Hause kam, fragte mich meine Mutter: »Liebst du uns so wenig, daß du uns verlassen willst?« Ich konnte ihr die Gründe nicht erklären, die mich zu meiner Bitte veranlaßt hatten.

Die Atmosphäre in der Schule entsprach derjenigen zu Hause. Es herrschte sehr strenge Disziplin. Da war keine Zeit für neugierige Fragen. Gehorsam, Gehorsam – immer Gehorsam! Ich fügte mich. Wenige Lehrer hatten wahrscheinlich eine Vorstellung von der Heftigkeit der inneren Rebellion, die ich niederhielt. Meine Eltern erwarteten von mir, daß ich Klassenbeste blieb, auch nachdem ich eine Klasse übersprungen hatte. Dies trug zu meinem Mißbehagen bei. Obwohl ich ihren Ehrgeiz nicht teilte, wagte ich es nicht, sie zu enttäuschen.

Sehr oft langweilte ich mich in der Schule fürchterlich. Es war mir ein Rätsel, warum ich die Schule nicht mochte, denn ich wußte, daß ich einen ungeheuren Lerneifer hatte und alles über das Leben und die Natur erfahren wollte. Nur eines beeindruckte mich in meinen frühen Schuljahren und sollte mein ganzes weiteres Leben beeinflussen. Als ein neuer Direktor an unsere Schule kam, ließ er in den Klassenzimmern Plakate mit alten Lebensweisheiten aufhängen. Von den Sprüchen, die in meiner Klasse hingen, prägte sich mir besonders der folgende ein: »Nichts halb zu tun ist edler Geister Art.« Diese Mahnung hat mich mein ganzes Leben lang begleitet und mich oft ermutigt und an den hohen Anspruch erinnert, mit dem ich angetreten war.

Vor der Schulentlassung mußte ich die Frage meiner Weiterbildung lösen. Als mich der Direktor unserer Höheren Töchterschule in sein Büro rief, um mich zu fragen, ob ich Lust hätte, eine Klasse zu überspringen und in sehr jungem Alter abzugehen, war ich glücklicher denn je. Mit ungeheurer Spannung wartete ich auf den Augenblick, in dem die Schulzeit vorbei wäre. Es war mein geheimer Wunsch, das Elternhaus zu verlassen, in eine andere Stadt zu ziehen, allein zu leben, frei und unabhängig zu sein und mein Leben selbst in die Hand zu nehmen.

Ein stark ausgeprägter Instinkt sagte mir schon in frühesten Schultagen, daß ich fliehen müsse, daß Biebrich nicht die Atmosphäre sei, in der ich mich am besten entwickeln könne, um ein wertvolles Mitglied der Gesellschaft zu werden. Ich beschloß daher ganz bewußt, eine Studienrichtung einzuschlagen, zu deren Zweck ich eine Schule besuchen mußte, die es in meiner Heimatstadt und deren näherer Umgebung nicht gab, so daß ich sofort von zu Hause wegziehen mußte. Nicht weniger wichtig war mir, daß mich das erworbene Wissen befähigen würde, so bald wie möglich selbst meinen Unterhalt zu verdienen. Diese Überlegungen teilte ich jedoch meinen Eltern nicht mit, als ich die Sache mit ihnen besprach und sie bat, mich für eine zweijährige Ausbildung an einer Handelsschule in das etwa sechzig Kilometer von Biebrich entfernte Frankfurt gehen zu lassen. Meine Eltern waren überrascht. Aber da sie auf etwas viel Extravaganteres gefaßt waren, gaben sie ihre Zustimmung, allerdings erst, als ihnen klar wurde, wie entschlossen ich war. Daß ich vorhatte, nach Ablauf der zwei Jahre nicht zurückzukehren, sagte ich niemandem.

Wie glücklich ich am Tage meiner Schulentlassung war – das Tor zur Freiheit stand nun offen! Es gab nur noch ein Hindernis zu überwinden. Ich war erst dreizehn und lag damit einige Jahre unter dem Zulassungsalter für die Handelsschule. Mein Vater fuhr mit mir nach Frankfurt, um mit dem Direktor zu sprechen. Wir waren mit meinem guten Abgangszeugnis von der Schule in

Biebrich bewaffnet. Es verfehlte seine Wirkung auf den Direktor nicht, und ich wurde in die Schule aufgenommen.

Heute kann ich gestehen, daß ich keine Vorstellung davon hatte, zu welcher Laufbahn ich mich da eigentlich entschloß. Ich kannte niemanden, der in der Welt des Kommerzes tätig war. Das einzige, was für mich zählte, war, daß ich in zwei Jahren nicht mehr von meiner Familie abhängig sein würde – das erschien mir wie der Himmel auf Erden.

Die Wirklichkeit erwies sich allerdings als weniger romantisch, als ich sie mir erträumt hatte. Ich wohnte in Frankfurt in einer Pension, die von Freunden meiner Eltern geführt wurde, und war dort bald die Zielscheibe von Neckereien all der anderen Jugendlichen. Zuerst kapierte ich nicht. Meinten sie es ernst, oder machten sie Spaß? Wie kamen sie bloß auf so viele doppeldeutige Worte? Es dauerte einige Zeit, und das war für mich eine bittere Lehrzeit, bis ich lernte, mich zu revanchieren, und die nötige Courage aufzubringen, zum Gegenangriff überzugehen.

Sehr bald mußte ich entdecken, daß diese neue Atmosphäre kaum freier war als die zu Hause. Die Familie war ebenso konservativ wie meine eigene und erfüllte bereitwillig den Auftrag meiner Eltern, gut auf mich aufzupassen. Dennoch gelang es mir, zwei der Mädchen der Familie in mein Komplott einzuweihen, das darin bestand, eine Stellung zu finden, bevor meine Eltern davon erfuhren und meine Absicht vereiteln konnten. Ein weiterer Teilnehmer an diesem Komplott war der Leiter der Handelsschule. Ich sprach mit ihm, bevor das letzte Schulhalbjahr zu Ende ging, und bat ihn, mir mein Abschlußzeugnis vorzeitig zu geben, falls es mir gelingen sollte, vor Ende der Schulzeit eine Stellung zu finden.

Jemand erzählte mir, daß bei einer bekannten Immobilienfirma eine Stelle frei sei. Ich bewarb mich darum und wurde aufgefordert, mich vorzustellen. Ich war ungeheuer aufgeregt, vergaß aber nicht eine wichtige Vorsichtsmaßnahme. Ich sah mit meinen fünfzehn Jahren noch sehr kindlich aus. Ich war klein und ziemlich schmächtig und hatte das Gesicht eines Schulmädchens; mein Haar war in zwei dicke dunkle Zöpfe geflochten. Niemand hätte geglaubt, daß ich verantwortungsvollen Aufgaben gewachsen sei. Deshalb bat ich eine meiner Hauswirtinnen, mir eines ihrer Kleider und einen Hut zu leihen. Ich steckte meine Haare hoch. Der Trick verfing. Ich wurde angenommen!

Was dann folgte, mag der jungen Generation von heute unglaublich erscheinen. Zuerst kamen meine Eltern, um mich zu überreden, die Stelle aufzugeben und nach Hause zurückzukehren. Ihre Bemühungen schlugen fehl. Dann folgten Besuche von Onkeln und Tanten und anderen Verwandten, die mir alle klarzumachen suchten, daß ich eine Schande für die ganze Familie sei, weil ich für meinen Lebensunterhalt arbeitete. Ich konnte dem nicht zustimmen. Je länger ich ihnen zuhörte, desto fester war ich entschlossen, bei der Stange zu bleiben.

Inzwischen hatte ich jedoch festgestellt, daß meine Arbeit kaum dem Bild entsprach, das ich mir von einer solchen Existenz gemacht hatte. Zehn oder elf Stunden täglich zu arbeiten, nur um für die Firma einen Gewinn zu erwirtschaften, schien meinem Leben nicht mehr Sinn zu verleihen.

Jahrelang führte ich so etwas wie ein Doppelleben. Ich liebte meine Familie zu sehr, um ihr dauernd Kummer und Sorgen bereiten zu wollen – aber auf der anderen Seite war ich nicht so schwach und feige aufzugeben, selbst wenn ich mir durch meine Weigerung Schwierigkeiten einhandelte. Der einzige Ausweg bestand darin, jeder Diskussion über die Dinge, die mich beschäftigten, aus dem Wege zu gehen und alle meine Aktivitäten vor meinen Eltern und vor den Leuten in der Pension geheimzuhalten.

Es war ein mühsames, hartes und aufreibendes, aber, wie es uns schien, dennoch interessantes Leben, das wir in jenen Tagen vor dem Ersten Weltkrieg in Frankfurt führten. »Wir« waren eine Gruppe von Mädchen und Jungen aus dem Mittelstand, die den Wunsch hatten zu arbeiten, nicht aus ökonomischer Notwendigkeit heraus, sondern weil wir nützliche Mitglieder der Gesellschaft werden wollten. Viele von ihnen hatten ebenso wie ich ein komfortables Elternhaus und die Aussicht auf ein bequemes Leben aufgegeben. Wir wollten nicht nur unser Leben selbst in die Hand nehmen, sondern hatten auch das Bedürfnis, der Gemeinschaft zu dienen. Unser Ziel war nicht bloß, für uns selbst Befriedigung zu finden, sondern das Leben für alle zufriedenstellender und reicher zu machen.

In unserem Idealismus ließen wir uns vielleicht von Erwartungen leiten, die zu hoch gegriffen waren. Meine Arbeit in einer Immobilienfirma, die zu den bedeutendsten in Deutschland zählte, bot mir speziell in den ersten Monaten wenig echte Erfüllung. Und für meine Freizeit nach den Bürostunden zahlte ich einen hohen Preis. Die Tage erschienen mir endlos lang. Die Atmosphäre in dem Büro zeichnete sich nicht durch ein hohes geistiges Niveau aus. Ich kam dort zum ersten Mal mit Angehörigen der Arbeiterklasse in nähere Berührung. Keiner von ihnen gehörte einer Gewerkschaft an oder stand irgendwie mit der Arbeiterbewegung in Verbindung. Ihr Wunsch schien es zu sein, in den Mittelstand aufzusteigen, was mir ein unwürdiges Ziel zu sein schien. Ich war eben im Begriff, diese Klasse zu verlassen, und sympathisierte nicht mit ihr. Meine Vorgesetzten gaben mir zunächst sehr untergeordnete Tätigkeiten wie Abschreiben und Archivieren. Das erschien mir angesichts meiner zweijährigen Ausbildung an der Handelsschule unangemessen, aber aus Furcht, die Stelle zu verlieren, wagte ich nicht zu protestieren. Ich fand jedoch eine Möglichkeit, mich zu wehren – eine bekannte syndikalistische Waffe, obwohl ich damals dieses Wort noch nicht kannte. Ich übte mich in passivem Widerstand und verlangsamte mein Arbeitstempo, bis mich meine Vorgesetzten mit anderen, etwas interessanteren Aufgaben betrauten. Ich erhielt nicht nur eine verantwortungsvollere Tätigkeit, sondern mein sehr kleines Gehalt wurde auch um ein Mehrfaches erhöht. Ich hatte wirklich Glück, befördert, statt auf die Straße gesetzt zu werden! Aber ich überwand die Enttäuschung des ersten Jahres nach vielen heimlichen Tränen. Ich konnte nicht zulassen, daß irgend jemand von meinem Unglück erfuhr und vielleicht meine Familie informierte, die nur zu bereit gewesen wäre, über mein Scheitern zu triumphieren. Und bald war ich imstande, mir eine neue Lebensphilosophie zuzulegen. Ihr Hauptgedanke war: »Das Leben beginnt, wenn die Bürozeit vorüber ist.« Damals bedeutete das jedoch, daß das Leben erst um acht oder neun Uhr abends begann.

Obwohl ich vom Geschäftsleben nicht fasziniert war, entwickelte ich schließlich doch einen gewissen Ehrgeiz. Die Firma erkannte das an und übertrug mir schließlich die Leitung der Hypothekenabteilung. Einer sehr jungen Angestellten wurden damit die Verhandlungen mit Baufirmen anvertraut, die sich um Kredite und Hypotheken für neue Bauvorhaben bewarben, und dazu die Kontakte mit den Sachverständigen und die Korrespondenz mit den Hypothekenbanken. Meine Arbeitgeber setzten größeres Vertrauen in mich als meine Eltern und räumten mir ein beträchtliches Maß an Selbständigkeit in meiner Arbeit ein. Später wurden meine Pflichten um wichtige Aufgaben im Bereich der Werbung erweitert.

Es waren gewiß nicht meine persönlichen Erfahrungen mit Arbeitgebern, die mich meinen später eingeschlagenen Weg wählen ließen. Mein Verhältnis zu ihnen war immer freundlich, ein Umstand, der es mir erleichterte, eine Weltanschauung zu entwickeln, die frei von Ressentiments gegenüber einzelnen war.

Von Anfang an bot sich mir oft Gelegenheit, mich mit dem Funktionieren unserer ökonomischen Maschinerie vertraut zu machen, und ich lernte so durch die Praxis, bevor meine theoretische Neugier erwachte.

Dies geschah jedoch früh genug. Ein brennendes Verlangen, alle Aspekte des Lebens zu begreifen, trieb mich von privater Lektüre zu Abendkursen und Vorträgen. Fragen der Religion und Philosophie erschienen mir ungeheuer dringlich. Meine engste Freundin zu dieser Zeit war Hanna G., ein Mädchen, das aus einem ähnlichen Milieu stammte wie ich und von dem gleichen Lerneifer erfüllt war. Wir hatten niemand, der uns beriet. Wir hatten beide eine konservative, orthodoxe Erziehung genossen und wurden beide von Zweifeln gequält. Wir konnten nicht »mit unserem Blut denken« – um die Sprache der modernen Barbaren* zu gebrauchen –, sondern nur mit unserem Verstand, unserer Logik. Ich war in frühester Jugend zweifellos tief religiös gewesen und hatte manchmal an meiner eigenen Familie insgeheim Kritik geübt, weil sie mir nicht fromm genug erschien. Ich fürchtete, meinem eigenen Ideal eines wirklich gläubigen Menschen nicht genügen zu können, und litt sehr unter dieser Unvollkommenheit.

Ja, dachte ich, es muß ein höheres Ziel im Leben geben als diesen täglichen Kampf um beruflichen Erfolg und die Achtung oder gar den Neid anderer. Es muß Ideale geben, die über die oberflächlichen Zielsetzungen des Alltags hinausgehen – Ideale von absolutem Wert, die vielleicht unerreichbar sind, aber für die wir uns dennoch mit allen Kräften einsetzen müssen.

Später wurden wir bescheidener, Hanna ebenso wie ich. Wir fanden keine endgültigen Antworten, aber wir weigerten uns, den Glauben als Deckmantel für unsere Unwissenheit zu akzeptieren, da wir nicht bereit waren, unsere Unwissenheit als endgültig zu betrachten. Wir wollten die Tür weit offen für unseren suchenden Geist lassen. Wir weigerten uns, unserem Denken Schranken zu setzen, das Streben nach mehr Wissen aufzugeben und an irgendeinem Punkt auf den Gebrauch unseres Verstandes zu verzichten. Statt eines bequemen Glücks und der Harmonie mit unseren Nachbarn nahmen wir das Recht in Anspruch, die Wahrheit um der Wahrheit willen zu suchen. Unser Lohn war die Freude, die wir empfanden, wenn uns bewußt wurde, daß es uns gelungen war, unser Verständnis der Welt und des Lebens, wenn auch nur in bescheidenem Maße, zu erweitern.

* Nationalsozialisten

Wonach suchten wir so besessen? Unzufrieden mit Ideologie und Moral der Bourgeoisie suchten wir nach einem tragfähigeren Fundament für unsere Ethik. Der tiefe und nachhaltige Eindruck, den Henrik Ibsen auf unsere Generation machte, ist kaum zu überschätzen. Sein Kreuzzug gegen die Lügen der Konvention hatte die Wirkung eines reinigenden Gewitters. Zusammen mit Hanna und ihrer jüngeren Schwester Toni las ich eines seiner Werke nach dem anderen; wir versäumten keine Aufführung seiner Stücke. In unserem kleinen Kreis führten wir gelehrte Diskussionen über seine Ideen. »Durch unser eigenes Verhalten müssen wir diesem Gedanken Leben verleihen.« Das verstand jeder von uns. Älteren Menschen mag unsere Haltung kindisch und übertrieben erschienen sein. Ich war beispielsweise um keinen Preis bereit, einen Verwandten zu besuchen, für den ich keine echte Freundschaft empfand. »Keine Konzession gegenüber der konventionellen Lüge«, war unsere Maxime. Aber natürlich mußte man all diese Lügen der Konvention zunächst in seinem eigenen Lebensbereich aufdecken.

Besonders beeindruckte mich Ibsens *Brand*. Ich konnte die Szene nicht vergessen, in der Brand gegen die Versuchung ankämpft, bei seiner kranken Frau und seinem Kind zu bleiben, statt seine Pflicht zu erfüllen, und der Arzt ihm den Spiegel vorhält:

> »So nachgiebig dem eigenen Elend
> Und zu der Welt so mitleidlos
> o weh
> Ist das ein Bild Titans?«

Aber Brand überwindet die Versuchung. Er verläßt Frau und Kind, um seiner Pflicht Genüge zu tun. In späteren Jahren, als es mir manchmal fast unmöglich erschien, Pflicht und Neigung zu vereinbaren, erinnerte ich mich oft an Brands Unentschlossenheit.

Es muß etwa um diese Zeit gewesen sein, daß ich zu meiner Mutter sagte: »Mutter, weißt du, du brauchst dich nicht um eine Aussteuer für mich zu sorgen. Ich möchte und brauche keine.« Sie war zunächst überrascht, nahm aber meine Äußerung dann nicht ernst. »Wieder eine von deinen verrückten Ideen!« war ihre Antwort. Sie hielt es für eine romantische Anwandlung, die mit der Zeit vorübergehen würde.

Es folgte eine Periode der Rastlosigkeit. Fast jeden Abend besuchte ich irgendwelche Kurse. Welch eine Nervosität gegen Ende des Tages, wenn die Büroarbeit noch nicht fertig war!

Würde ich rechtzeitig wegkönnen? Ich wußte es nie, bis zur letzten Sekunde. Und nicht selten versäumte ich meinen Kurs, nur wegen irgendeiner Kleinigkeit, um die ich mich hätte früher kümmern können, wenn meine Vorgesetzten etwas mehr Rücksicht auf das Privatleben ihrer Angestellten genommen hätten.

Außer Philosophie besuchten wir Kurse in Anthropologie, Geschichte und Kunstgeschichte. Es genügte uns jedoch nicht, Vorträgen zu lauschen und Fragen zu stellen. Wir hatten ein sehr starkes Bedürfnis nach weiteren Diskussionen. Aber wie sollten wir es befriedigen? Keiner von uns verfügte über mehr als ein winziges Schlafzimmer in einer Pension. Es war unmöglich für einen Jungen oder ein Mädchen, junge Leute auf dem eigenen Zimmer zu empfangen. Wie konnten wir uns treffen? Wir fanden einen Ausweg. Ich entdeckte, daß es auf dem Hauptbahnhof ein großes Schreibzimmer gab, das in den späten Abendstunden fast immer leer stand. Dort gingen wir nach den Vorträgen oder Kursen hin. Wir diskutierten über das Thema des Abends, schrieben Zusammenfassungen der Vorträge und Debatten und merkten nicht, wie schnell die Zeit verging. Oft war es beinahe Mitternacht, bis wir fertig waren.

Um diese Stunde erhob sich für mich ein neues Problem. Würde man mir die Tür meiner Pension aufschließen, um mich einzulassen? Meine Eltern hatten angeordnet, mir keine Schlüssel auszuhändigen. Ich hatte früh zu Hause zu sein. Jetzt war es Mitternacht. Da stand ich im strömenden Regen, in einer finsteren Nacht. Im Hause brannte kein Licht. Dennoch klingelte ich. Niemand kam. Ich wagte es, wieder und wieder zu läuten, mit dem gleichen negativen Ergebnis. Ausgesperrt! Die Zeit verging, inzwischen war es fast ein Uhr. Undenkbar für ein kindlich wirkendes Mädchen von siebzehn Jahren, ohne Gepäck in ein Hotel zu gehen. Mein erster Gedanke war Hanna – aber sie wohnte so weit entfernt, und ich fürchtete mich etwas vor der langen, einsamen Fahrt. Ob mich Leah aufnehmen würde? Sie war eine junge verheiratete Frau, außergewöhnlich gütig, voll Sympathie und Verständnis für die Jugend. Sie nahm mich auf.

Leah wurde mein rettender Engel, bei dem ich Zuflucht fand, wann immer ich obdachlos war. Die Folge waren jedoch Spannungen im Verhältnis zu meinen Eltern und den Freunden in der Pension. Ich konnte ihnen nicht so leicht verzeihen, daß sie mich so oft an kalten Nächten aussperrten. Es schien mir eine merkwürdige Art, über meine Tugend zu wachen.

Mein Wunsch zu entfliehen wurde immer stärker. Ab und zu kam mich meine Mutter oder mein Vater besuchen, und sie versuchten mir klarzumachen, daß ich es weit genug getrieben hätte und nach Hause zurückkehren sollte.

»Deine Lebensweise ist auf die Dauer unmöglich«, sagte meine Mutter. »Um sechs Uhr früh stehst du auf, um vor dem Büro Klavier zu üben – ich hatte zu diesem Zweck ein Piano gemietet –, dann arbeitest du den ganzen Tag, und abends besuchst du noch Kurse.«

Meine Antwort lautete: »Ich bin bereit, auf dich zu hören – erlaube mir, meinen Beruf zu wechseln!«

Ich schmiedete neue Pläne. Es gab nur wenige Berufe, die ich in manchen Augenblicken dieser Zeit nicht bereitwillig ausprobiert hätte. Ich war jedoch noch nicht volljährig und mußte die Zustimmung meiner Eltern erlangen, bevor ich eine neue Ausbildung beginnen konnte.

Ich pflegte daher meine Eltern zu besuchen, wenn ich ein neues Vorhaben mit ihnen besprechen wollte.

»Welchen Plan bringst du uns denn heute mit?« fragte mich mein Vater jedesmal, wenn er mich am Bahnhof abholte. Aber seine Reaktion auf meine Vorschläge war immer negativ. Trotz all der Gastlichkeit, die man mir bot, fuhr ich jedesmal aufs neue mit einem tiefen Gefühl der Enttäuschung weg. An dem Tag, an dem sie ihr endgültiges Veto gegen meinen Wunsch einlegten, Nationalökonomie zu studieren, war ich zutiefst unglücklich. Mein Plan war bis ins kleinste Detail ausgearbeitet. Ich wollte nicht, daß meine Eltern in irgendeiner Weise zu den Kosten dieses Studiums beitrugen. Denn ich war es inzwischen gewohnt, zu studieren und daneben meinen Lebensunterhalt zu verdienen. Aber ihr Widerstand blieb unüberwindlich. Wahrscheinlich hätte ich versucht, meinen Plan trotzdem zu verwirklichen, aber unser Hausarzt warnte mich, wenn ich meine Auflehnung fortsetzte und meinem Vater weitere Nervenbelastungen zumutete, könne dies bedauerliche Folgen für seine Gesundheit haben. Damit war die Sache natürlich erledigt. Ich hatte nicht vor, mein eigenes Leben auf Kosten meines Vaters zu führen.

Nach meiner Rückkehr nach Frankfurt brach der Konflikt sofort aufs neue aus. Ich konnte mich unmöglich selbst aufgeben und wie ein Automat leben, während rings um mich die faszinierendsten Dinge passierten. Damals entwickelte sich gerade unter der Führung von Theodor Barth* in Berlin echtes demokratisches Denken in Deutschland. Barth war eine große Persönlichkeit und ein faszinierender Schriftsteller. Wir lasen immer mit gro-

* Richtig: Erwin Barth

ßem Interesse seine Artikel in der Berliner *Nation*. Er vermittelte uns unsere erste politische Bildung und brachte uns den Gedanken echter Selbstverwaltung nahe. Sein Einfluß war freilich nur von begrenzter Dauer; die meisten seiner Anhänger stießen später zur sozialdemokratischen Bewegung. Wir gaben uns natürlich nicht damit zufrieden, uns nur eine Meinung anzuhören. Wir besuchten die Versammlungen aller politischer Parteien. Ich fühlte mich schon bald versucht, mich an den Diskussionen zu beteiligen, aber da ich mich für zu jung hielt, wagte ich es nicht. Ich fand einen Ausweg, indem ich schriftlich Fragen stellte.

Im Laufe unserer Orientierungsversuche begannen wir uns für die Arbeiterbewegung zu interessieren. Eine Gewerkschaft der Büroangestellten war eben gegründet worden. Die Zahl der Mitglieder betrug jedoch noch nicht mehr als sechzig oder achtzig. Die Arbeitsbedingungen dieser Kategorie von Berufstätigen waren jedoch in vielfacher Hinsicht verbesserungsbedürftig. Hanna und ich versprachen uns keine Vorteile für uns selbst, denn wir waren relativ gut bezahlt. Aber wir wußten genug über die Arbeitsbedingungen in vielen anderen Firmen, und auch wir hatten unsere Erfahrungen mit langer Dienstzeit. Stärker als alle diese Erwägungen war jedoch das Gefühl: »Wir wollen nicht zur Klasse der Müßiggänger, zur Bourgeoisie, gehören, deshalb müssen wir unsere aktive Solidarität mit der Arbeiterschaft demonstrieren.« Wir traten der Gewerkschaft bei. Wenn unsere Dienstherren davon erfuhren, würde dies wahrscheinlich den Verlust unserer Stellungen bedeuten – aber wir waren bereit, dieses Risiko einzugehen.

Wir gaben uns nicht damit zufrieden, beitragszahlende Mitglieder zu sein, sondern arbeiteten freiwillig in der Gewerkschaft mit. Wie es uns möglich war, trotz unseres ausgefüllten Tagesablaufs die nötige Zeit aufzubringen, kann ich jetzt nicht mehr begreifen. Aber wir schafften es. Die Gewerkschaft gab uns Listen von Büroangestellten, deren Eltern gewerkschaftlich organisierte Arbeiter waren. Wir sollten sie zu Hause aufsuchen, um mit ihnen über die Notwendigkeit von Solidarität unter den Werktätigen zu sprechen. Dies war keine leichte Aufgabe für ein immer noch ziemlich scheues »bürgerliches« Mädchen, und ich verbuchte auch keine besonderen Erfolge. Wie oft geschah es, daß die Mutter, eine Arbeiterin, mich freundlich empfing, aber sobald sie den Zweck meines Besuchs erfuhr, mich aus der Wohnung wies. Ihre Töchter und Söhne sollten keine Arbeiter werden und nicht in die Gewerkschaft hineingezogen werden.

Eine weitere Aufgabe bestand darin, in den Abendstunden, insbesondere am Samstagabend, bestimmte Firmen zu beobachten, um festzustellen, wie lange die Angestellten arbeiten mußten. Diese Firmen waren dafür bekannt, daß sie ihre Angestellten stärker ausbeuteten als der Durchschnitt. Wenn wir die Fakten eruiert hatten, mußten wir bereit sein, vor der Polizei und später vor Gericht auszusagen.

Bald hatte ich zum ersten Mal Gelegenheit, an einer politischen Diskussion teilzunehmen. Und noch dazu für eine ausgezeichnete Sache. Natürlich waren wir sehr jung und unerfahren und durchschauten nicht vollständig, worum es da ging.

Die Wahlgesetze Preußens vor dem Weltkrieg waren empörend ungerecht. Bei den Landtagswahlen waren die Wahlberechtigten entsprechend ihren Besitzverhältnissen in drei Klassen eingeteilt. Die Wohlhabendsten, deren Zahl gering war, erhielten die meisten Sitze; die zweite Klasse der weniger Vermögenden verfügte ebenfalls über eine erhebliche Anzahl von Sitzen. Die Masse der Besitzlosen hatte die wenigsten Sitze, obwohl sie die überwältigende Mehrheit der Bevölkerung ausmachte. Die Wahl erfolgte indirekt. Man konnte nur für Wahlmänner stimmen, die dann die Mitglieder des Landtags für ihre »Klasse« ernannten. Dieses System sollte den Überresten des Feudalismus und den Besitzern der Schwerindustrie in diesem wichtigsten Teil Deutschlands die Herrschaft sichern. Alle Forderungen nach Reformen wurden abgelehnt.

Die Linksparteien in Preußen beschlossen, gegen dieses empörende Gesetz zu demonstrieren. Die meisten von uns waren noch nicht im wahlberechtigten Alter, aber es war selbstverständlich, daß wir daran teilnehmen würden. Die erste dieser Demonstrationen war ein Aufmarsch, und da er an der Peripherie stattfand, wurden die Arbeitermassen, die daran teilnahmen, von den Behörden nicht belästigt. Die nächste Demonstration sollte ein Aufmarsch in der Stadt sein. Die preußische Polizei verbot sie auch prompt. Die veranstaltenden Organisationen bestanden darauf, daß die Bürger ein Recht auf die Straße hätten und der Aufmarsch dennoch stattfinden würde. Meine Gruppe marschierte selbstverständlich mit. Damals machten wir zum erstenmal Bekanntschaft mit dem alten preußischen Polizeiknüppel.

Als unsere Gruppe durch die Zeil, die Hauptverkehrsader der Stadt, marschierte, traten uns Dutzende von bewaffneten Polizisten entgegen und begannen sofort auf die Leute einzuschlagen.

»Was haben wir getan? Ist die Straße für steuerzahlende Bürger verboten?« wagte ich zu fragen.

Die Antwort war ein Hagel von Schlägen. Mein Rücken schmerzte furchtbar. Nie im Leben war ich so wütend gewesen. Ich versuchte, in das nächste Gebäude zu flüchten – abgesperrt! Die Polizei folgte mir. Schließlich versuchte ich es an einer anderen Tür. Sie war offen. Die Polizei auf den Fersen, rannte ich die Treppe hinauf und fand schließlich bei einer fremden, aber freundlichen Familie Zuflucht, bis die Schlacht vorüber war.

Dieser Abend ist Tausenden als Frankfurts »Blutnacht« in Erinnerung geblieben. Viele Demonstranten wurden schwer verwundet. Der ganze Vorfall machte die preußische Polizei noch verhaßter als zuvor. Der Tag unserer Rache wird kommen – das war unser geheimer Schwur; dann wird es in der Stadt eine freie Bürgerschaft geben und das Land wird von der Herrschaft der Feudalherren und ihrer brutalen Söldner befreit sein.

Die Gefahr der Entdeckung machte mir schwer zu schaffen. Aber wie konnte ich aufhören? Ich war von einem inneren Zwang getrieben, der stärker war als ich, und mußte den Weg weitergehen, den ich eingeschlagen hatte. Nicht zufrieden mit nur geringfügigen Verbesserungen der Lebensbedingungen der Arbeiterklasse stellte ich die Frage: »Ist es nicht möglich, eine Welt zu schaffen, in der man wirklich seine Ideale leben kann, statt sie bloß zu verkünden?« Mit einer kleinen Gruppe von Freunden sprach ich mit dem Bibliothekar in der Arbeiterbücherei und kam dadurch in Kontakt mit Büchern über den Sozialismus. Das war eine schwierige Materie. Wir brauchten Zeit für dieses komplizierte Studium, deshalb beschlossen wir, uns frühmorgens vor dem Büro im Park zu treffen, um zusammen zu lesen und zu studieren. Ältere Leute sagten, wir seien verrückt – aber sie hatten keine Vorstellung von der Befriedigung, die wir empfanden, wenn unsere Mühen durch die Erschließung einer neuen Welt belohnt wurden.

Und wir genossen diese frühen Morgenstunden, nicht nur um des Studiums willen, sondern auch aus Freude an der Natur. Der Park zieht sich in Frankfurt wie ein Gürtel um die Innenstadt. Unter den schattigen Bäumen hießen uns Bänke willkommen, und das Auge konnte sich am frischen Grün der Büsche und Wiesen erfreuen. Es war noch ganz still. Nur ab und zu fuhr ein Junge auf seinem Fahrrad vorbei, der die Kunden seines Meisters mit Brot belieferte. Oder es ertönte aus der Ferne das Geräusch trabender Pferdehufe und langsam rollender Räder – der Wagen des Milchmannes. Sehr selten störte uns ein Spaziergänger – in diesen Stunden gehörte der Park uns und den fröhlich zwitschernden Vögeln.

Die Zusammenkünfte der sozialistischen Bewegung, an denen ich teilzunehmen begann, fand ich zunächst weder anziehend noch befriedigend. Ich zögerte mit meinem Beitritt; mir mißfielen die unästhetischen Versammlungsräume, die unattraktive Umgebung. Manche Vorträge waren uninteressant. Es dauerte einige Zeit, bis ich begriff, daß ich diese Skepsis überwinden und selbst dazu beitragen mußte, daß die Dinge so verliefen, wie ich es für richtig hielt. Schließlich trat ich bei und spürte, daß dies ein entscheidender Augenblick in meinem Leben war.

Am folgenden Ersten Mai war ich zufällig bei meinen Eltern zu Besuch. Ich stand vor einem Problem. Wie konnte ich es einrichten, an der sozialistischen Versammlung teilzunehmen? Ich wußte noch nicht wie, aber ich war entschlossen hinzugehen. Es war unmöglich, das meinen Eltern zu sagen. Im letzten Augenblick erzählte mir jemand, daß am Morgen im Park ein Konzert stattfinden solle. Ich sagte meiner Mutter, daß ich da hingehen wolle, und machte mich auf den Weg zur sozialistischen Maidemonstration.

Sie war nicht sehr aufregend – aber ich hatte das Gefühl, meine Pflicht getan zu haben. Als ich nach Hause kam, wurde ich eisig empfangen. Mutter und Vater hatten aus irgendeiner Quelle erfahren, daß ich bei der sozialistischen Versammlung gewesen war.

»Wie konntest du auf den absurden Gedanken kommen, dich an einen so verrufenen Ort zu begeben und dich mit einem solchen Pöbel zu treffen?« fragte meine Mutter mit scharfer Stimme. »Hast du dir nicht klargemacht, daß sich dein Benehmen auf den Ruf deines Vaters und sein Geschäft auswirken wird?«

Ich hielt es für besser, nicht zu antworten. Das hätte die Dinge nur noch verschlimmert, und mir war natürlich bewußt, daß alle achtbaren Leute in der Stadt mein Verhalten als skandalös betrachten würden.

Ich konnte nicht so weiterleben, ich wollte nicht immer weiterlügen und mich wie eine Ausgestoßene behandeln lassen. Die Sehnsucht nach mehr Freiheit war unwiderstehlich. Frankreich wurde zum Ziel meiner Träume. Die große Französische Revolution mußte ihre Spuren hinterlassen haben – Frankreich mußte das Land echter Freiheit sein. Ich bat alle Bekannten, die Beziehungen zum Ausland hatten, mich über jede Arbeitsmöglichkeit, jedes Stellenangebot in Paris zu informieren.

Hilfe kam schließlich von eher unerwarteter Seite. Einer der jungen Männer in meiner Pension, der eine gehobene Position in einer Metallfirma innehatte, erzählte mir, daß die Pariser Niederlassung seines Unternehmens eine erfahrene Mitarbeiterin suche, die perfekt Französisch und Englisch könne und auch Stenografie auf deutsch, englisch und französisch beherrsche.

Ich konnte die englische und französische Kurzschrift nicht – aber was hätte ich nicht alles versprochen, um fortzukönnen! Ich bewarb mich kühn um die Stellung, in der Absicht, mir die Fertigkeiten, die mir noch fehlten, später anzueignen. Ich war bereit, Tag und Nacht zu arbeiten, um nicht mehr in Deutschland bleiben zu müssen. Meine Bewerbung wurde angenommen und mir ein gutes Gehalt in Aussicht gestellt. Meine Eltern waren natürlich dagegen, aber sie wußten, daß ich mich diesmal nicht abhalten lassen würde. Bei unserem Abschied fragte mich mein Vater, ob ich der sozialistischen Bewegung in Frankreich beitreten würde. Natürlich würde ich das, aber ohne seinem Ruf zu schaden, versprach ich ihm.

Wie glücklich ich war – endlich stand mir die Tür zur wirklichen Freiheit offen. Paris!

Toni Sender

II. PARIS: VORSPIEL ZUM WELTKRIEG

Meine Erleichterung über das Verlassen des Landes, wo meiner Selbständigkeit solche Fesseln auferlegt worden waren, verblaßte bald angesichts der neuen Erfahrungen, die zumindest anfangs ziemlich dornig waren.

Paris enthüllte an diesen regnerischen Oktobertagen im Jahre 1910 nicht seinen vollen Glanz, ganz zu schweigen von seinen versteckten Reizen. Graue Wolken hingen wochenlang über der Stadt. Es war keine ermutigende Atmosphäre, um sich an eine neue Stadt und eine neue Lebensweise zu gewöhnen. Zum Glück wurde die Pariser Filiale des Metallkonzerns von einem sympathischen Mann geleitet; meine ersten Wochen in Paris wären sonst noch viel schwieriger, wenn nicht unerträglich gewesen. Da ich Französisch nur in der Schule gelernt und gelegentlich meinen Vater zu Hause französisch sprechen gehört hatte, konnte ich die Sprache zwar wohl verstehen und auch sprechen. Aber die spezielle Terminologie der Metallbranche mit all ihren Fachausdrücken war für mich ein Buch mit sieben Siegeln. Ich verstand nur wenig von all dem, was der Betriebsleiter in den ersten Tagen zu mir sagte. Würde ich Metallurgie studieren müssen, um all dem folgen zu können? Aber noch dringender war die Notwendigkeit, schnell französische und englische Kurzschrift zu lernen, die ich zu können behauptet hatte. Ich kaufte mir die Lehrbücher und studierte nachts emsig.

So fremd einem ein Ort auch sein mag, man findet immer einen freundlichen Menschen, der bereit ist, einem zu helfen. Ich befand mich natürlich aufgrund meiner eigenen Mängel in einer schwierigen Situation und begann mich zu fragen, was ich tun würde, falls ich meine Stelle verlor, denn ich hatte sie ja nur auf Probe erhalten. Auf jeden Fall war ich entschlossen, nicht nach Deutschland zurückzukehren, selbst wenn mir nur die niedrigste Art von Arbeit offenstehen sollte. Ich erzählte Lucien, einem jungen französischen Angestellten der Firma, von meinen Schwierigkeiten. Ich brauchte jemand, der mir diktierte, damit ich mich in französischer und englischer Kurzschrift üben konnte. Und ich brauchte jemand, der mir das Abc des Erzhandels erklären konnte. Lucien war selbst noch nicht ganz damit vertraut, aber er stellte mir sein ganzes Wissen zur Verfügung und trug in den folgenden Monaten viel dazu bei, daß ich mich heimisch zu fühlen begann. Wir blieben immer gute Kameraden. Zum Dank für seine Gefälligkeit weihte ich ihn in meine Forschungsergebnisse in bezug auf die sozialen und politischen Institutionen seines Landes ein.

Wollte ich mir neue Schwierigkeiten einhandeln? Ich glaube nicht. Ich war einfach sehr neugierig. Jetzt, da ich in einem neuen Land lebte, mußte ich mir neues Wissen aneignen. Als ich mich nach der Möglichkeit eines Abendstudiums erkundigte, erfuhr ich, daß in der Nähe meines Büros, im Lycée Condorcet, eine Association Philotechnique Abendkurse abhielt. Ich schrieb mich dort für zwei oder drei Abendkurse ein und bewarb mich später auch an der Sorbonne um Zulassung.

Was ich beim Abschied zu meinem Vater gesagt hatte, war jedoch nicht vergessen. Ich suchte Kontakte zur Arbeiterbewegung. Die Leute, die ich anfangs traf, wußten wenig darüber. Aber in der *Humanité,* der damals von Jean Jaurès redigierten Tageszeitung, entdeckte ich, wonach ich suchte: Ecole dès Etudiants Socialistes – Schule für sozialistische Studenten. Ich besuchte eine Vorlesung. Dort erfuhr ich, daß an der Schule fortgeschrittenere sozialwissenschaftliche Seminare stattfanden. Ich war kühn genug, mich um Zulassung zu diesen zu bewerben, trotz der Tatsache, daß ich keine reguläre Studentin war, mich erst einige Wochen im Lande aufhielt, Anfang zwanzig war und die Sprache nur unvollkommen beherrschte. Aber ein starker Wille kann all dies überwinden, dachte ich.

In diesen Jahren vor dem Krieg wurde ein deutscher Sozialist im Ausland überall mit dem größten Respekt empfangen. Es war, als ob die Gelehrsamkeit der Begründer des wissenschaftlichen Sozialismus auf uns alle ausgestrahlt hätte. Dennoch fühlte ich mich des höchst respektvollen Empfangs, den mir die französischen Studenten bereiteten, gänzlich unwürdig. Beim ersten Seminartreffen wurde ich beauftragt, den ersten Band von Werner Sombarts *Kapitalismus* zu lesen und in vierzehn Tagen darüber ein Referat zu halten. Das jagte mir einen Schrecken ein, aber ich wagte nicht, meine Angst zu zeigen, und akzeptierte die Aufgabe.

Jetzt begann die Jagd nach dem Buch. Da ich den ganzen Tag arbeiten mußte, konnte ich nicht in der Bibliothek lesen, sondern nur abends zu Hause. Mit Paris nicht vertraut, verlor ich einige Tage mit der Suche nach dem Buch. Als ich es endlich erhielt, blieb ich den größten Teil meiner Nächte auf und vertiefte mich in Werner Sombarts Werk. Was für eine Aufgabe! Mit der ökonomischen Terminologie auch in meiner eigenen Sprache noch nicht genügend vertraut, mußte ich auf deutsch lesen und mir sofort auf französisch dazu Notizen machen. Es überstieg fast meine Fähigkeiten. Aber konnte ich meine neuen Freunde enttäuschen? Indem ich zwei Wochen lang großenteils auf Schlaf verzichtete, erfüllte ich die mir gestellte Aufgabe, wenn auch nicht gerade glanzvoll. Ich schwor mir, künftig vorsichtiger zu sein. Ich war unerhört erleichtert, als alles vorüber war und ich wieder die Nacht durchschlafen konnte.

Die Ruhepause war nicht von langer Dauer. Ich wohnte damals in der Rue Lafayette, einer ziemlich teuren Straße, in der Pension einer alten englischen Lady. Sie hatte einige recht merkwürdige Eigenheiten. In ihrem Salon neben meinem Zimmer hielt sie drei Papageien, die miteinander um die Wette krakeelten. Sie fühlte sich auch zur Wächterin über die Tugend ihrer Logiergäste berufen. Ich nahm damals bei einem Cousin von mir, einem Philologen, Stunden in französischer Literatur. Während ich anfangs zu diesem Zweck in seine Wohnung gegangen war, hatte er mir dann vorgeschlagen, auf mein Zimmer zu kommen. Natürlich hatte ich diesen Vorschlag akzeptiert. War ich nicht in der freien Stadt Paris? Aber er kam nur einmal. Nachdem er gegangen war, rauschte die Pensionswirtin in mein Zimmer. Sie dulde keine Männerbesuche! Und sie nehme keine Erklärungen entgegen.

Es gab nur eine Lösung – sofort ausziehen. Inzwischen hatte ich Paris besser kennen- und es lieben gelernt. Das eigentliche Paris war sowieso nicht in der Nachbarschaft der großen Boulevards zu finden. Das Paris, das ich liebte, war das Paris vom Montmartre, der Tuilerien, des Louvre, der Notre Dame und der Seine mit ihren alten Brücken und den *bouquinistes*, den Buchtrödlern, die an ihren offenen Ständen alte Bücher und Radierungen feilboten. Am meisten liebte ich das linke Ufer, das Quartier Latin, in dessen vorurteilsfreier Atmosphäre das heitere Leben der Studenten und Künstler, aber auch ernsthaftes Studium gediehen. Selbst heute noch kann ich nicht an den Jardin de Luxembourg denken, ohne eine tiefe Sehnsucht nach seinen alten schattigen Bäumen, dem Medici-Brunnen, dem malerischen Völkchen der Künstler, Studenten und Bürger, die sich dort herumtrieben, und den leuchtenden Farben alter Zeiten zu empfinden, die hier wie durch ein Wunder erhalten geblieben zu sein schienen.

Ich freundete mich mit französischen und russischen Studenten an, und drei von uns, Ljuba, Evgueni und ich nahmen uns zusammen eine Wohnung in der Nähe des Luxembourg-Gartens. Jetzt fühlte ich mich endlich frei. Zum erstenmal in meinem Leben fühlte ich mich irgendwo zu Hause!

Unsere Wohngemeinschaft bestand nicht sehr lange. Ich zog später in die Rue Severo, eine kleine stille Straße im vierzehnten Distrikt am linken Ufer, wo ich bis zum Ende meines Aufenthalts in Paris blieb. Hier schloß ich meine schönsten Freundschaften, lernte die engagiertesten Genossen kennen, und hier war ich auch mit jenen großen Männern zusammen, die mein Sein und Handeln am stärksten beeinflußten. Es war die aktivste und wundervollste Zeit meines Lebens. Wir waren jung, voll Idealismus und Studiereifer. Wir waren zu jedem Opfer bereit. Wir alle mußten uns unseren Lebensunterhalt schwer verdienen – aber es blieb uns immer noch Zeit für die gemeinsame Sache.

Natürlich war ich der Sozialistischen Partei beigetreten. Ich stellte meinen Antrag und wurde wie ein alter Freund aufgenommen. Sofort wurde ich von den verschiedenen Fraktionen umworben. »Bist du ein Guesdist?« fragten mich die einen. »Willst du nicht zu den Jaurèsisten kommen?« lockten die anderen. Und schließlich meldeten sich noch die *anciens Hervéistes*. Genügte es nicht, einer Partei anzugehören? Ich war immer der Ansicht, das beinhalte genügend Einschränkung des eigenen freien Willens. Man gibt immer einen Teil seiner Unabhängigkeit auf, wenn man einer Organisation beitritt. Ich war deshalb entschlossen, nie einem bestimmten Flügel anzugehören. Sicherlich ist es angenehmer, nicht durch irgendeine Parteizugehörigkeit gebunden zu sein. Wenn man jedoch nicht nur ein ausgeprägter Individualist, sondern auch von dem Wunsch erfüllt ist, einer Gemeinschaft anzugehören, und wenn einem bewußt ist, daß das Wohlergehen des Individuums und der Gemeinschaft wechselseitig einander bedingen, dann würde man es als egoistisch empfinden, seine Verpflichtung gegenüber der Gesellschaft zu negieren. Mancher Individualist wünscht sich auch eine bessere Gesellschaft. Er kann sie nicht allein schaffen – und er kann nicht über längere Zeit hinweg ein wirklich erfülltes Leben auf Kosten der anderen führen. Mit die größte Kunst im Leben ist es wohl, die richtige Synthese zwischen einem ausgeprägten Individualismus und der aktiven Teilnahme am Kampf um die Gestaltung einer besseren Welt zu finden.

Diese Synthese ist in Frankreich mit seiner langen Tradition von Freiheit und Toleranz leichter zu verwirklichen als in jedem anderen Land unseres Kontinents. Dort wurde ich tüchtig geschult in echten demokratischen Verfahrensweisen innerhalb einer Organisation. Die Französische Sozialistische Partei zeichnet sich traditionsgemäß durch große Achtung vor den Überzeugungen jedes einzelnen Mitglieds aus. Proportionale Repräsentation ist das Grundprinzip von der Basis bis zur Spitze, in den Ortsvereinen, den Bezirksorganisationen, auf den Nationalparteitagen und im Parteivorstand. Nirgends herrscht die Mehrheit absolut. Immer und überall wird der Minderheit in fairer Weise Gelegenheit gegeben, sich zu äußern und darum zu kämpfen, Mehrheiten für sich zu gewinnen. Und obwohl die Diskussionen dem französischen Temperament entsprechend immer leidenschaftlich geführt werden, bleibt man auch dem Andersdenkenden gegenüber Freund und Genosse. Meinungsverschiedenheiten müssen keinen Haß erzeugen, obwohl man den Eindruck erhielt, daß bittere, unversöhnliche Kämpfe ausgetragen wurden, wenn man freitagsabends auf den Versammlungen des berühmten vierzehnten Kreisverbandes der Sozialistischen Partei von Paris den hitzigen Debatten folgte.

Kaum war ich dem vierzehnten Kreisverband beigetreten, da wurde ich zur stellvertretenden Vorsitzenden gewählt. Ich fühlte mich sehr geehrt, aber noch größer war meine Überraschung. Womit hatte ich das verdient, eine Deutsche, ein sehr junges Mädchen in einer Organisation, der so viele kultivierte und verdiente Leute angehörten? Der vierzehnte Kreisverband war in den Vorkriegstagen berühmt für sein hohes intellektuelles Niveau und seinen militanten Geist. Ich nahm dankbar an, und ich darf sagen, daß ich mein Bestes tat, um das Vertrauen zu rechtfertigen, das die Genossen in mich gesetzt hatten.

Diese Aufgabe wurde mir durch den Vorsitzenden erleichtert, eine interessante Persönlichkeit namens D. Paoli aus der berühmten korsischen Familie von General Pasquale di Paoli. Er war von großer, doch feingliedriger Gestalt, hatte dichte schwarze Haare und edle Züge mit tiefliegenden, glutvollen Augen, die große Leidenschaftlichkeit verrieten, und war eine sehr eigenwillige und dabei gütige Persönlichkeit. Wie für einen Paoli üblich, hatte ihn seine Familie für die Offizierslaufbahn in der Armee bestimmt und auf eine Offiziersschule geschickt. Er hatte sich gegen die Disziplin aufgelehnt, war geflohen und dann einer der gebildetsten und loyalsten Kämpfer für den Sozialismus geworden. Seltsamerweise wurden wir die besten Freunde, verbunden nicht nur durch die Arbeit für die Bewegung, sondern auch durch literarische und andere Interessen. Er hatte nur eine Leidenschaft, die ich als junges Mädchen nicht ganz verstehen konnte: Paoli verlor nie sein brennendes Interesse für das

Studium militärischer Strategie. Was konnte einen begeisterten Sozialisten veranlassen, ein solches Interesse für Strategie zu entwickeln? War es das ruhelose Blut seines großen Vorfahren, des berühmten Generals, der in einem heroischen Kampf Korsika von der Herrschaft Genuas befreit und dieser kurzlebigen Insel-Republik eine Verfassung gegeben hatte, in der Jahre vor der Unabhängigkeitserklärung und der Französischen Revolution die Menschenrechte niedergelegt worden waren? Eine Wiedergeburt erlebten in diesem jungen Sozialisten des zwanzigsten Jahrhunderts auch die Qualitäten seines Urahns als Kämpfer – eines Kämpfers für die Freiheit seines Landes und für die Freiheit der Menschen in seinem Land.

Noch überraschender war, daß der Korse Paoli mit mir zusammen gewisse deutsche Organisationsformen in der französischen Bewegung einzuführen versuchte. Das latinische Temperament der Franzosen macht sie etwas unbeständig. Ihre Organisationen gleichen deshalb oft einem Sieb – es herrscht ein ständiges Kommen und Gehen. Heute treten sie einer Partei bei – morgen lassen sie die Mitgliedschaft wieder fallen, ohne sich deshalb weniger zugehörig zu fühlen. Wir versuchten, durch politische Aufklärungsarbeit und durch die Bildung kleiner Zellen mit sehr engem Kontakt zwischen dem Gruppenleiter und den Mitgliedern die Bindungen an die Bewegung zu festigen. Soweit ich es anhand meiner kurzfristigen Erfahrungen beurteilen konnte, schien dieses System zu funktionieren.

Unsere Zusammenarbeit verlief natürlich nicht immer glatt und reibungslos. Paolis aufbrausendes Temperament ging oft mit ihm durch, und ich war sicher manchmal zu empfindlich. In solchen Fällen tat Grazziani, ein anderer Korse, sein Bestes, um uns den Vorfall vergessen zu lassen, obwohl er normalerweise noch viel hitziger und ungezügelter war als ich. Er war wirklich ein guter Samariter, dieser ungezwungene Bursche, der jetzt der französischen Abgeordnetenkammer angehört; er studierte nicht besonders gern, verfügte aber über viel gesunden Menschenverstand und war ein eindrucksvoller Redner.

In unserem Kreisverband fehlte es uns in der Tat nicht an guten Rednern. Fast alle Mitglieder waren erstklassige Rhetoriker! Viele Franzosen sind geborene Redner. Jeden Freitagabend hatten wir im hinteren Saal eines Wirtshauses unsere Vortragsversammlung. Es war dort weder besonders elegant noch gemütlich, aber all das war vergessen, sobald die Versammlung eröffnet war. An den Vortrag schloß sich jedesmal eine leidenschaftliche Debatte an, eine echte intellektuelle Auseinandersetzung, an der wir uns alle beteiligten. Es war eine gute Schulung in Logik und klarem Ausdrucksvermögen. Wenn um Mitternacht oder ein Uhr der Wirt kam, um uns zu erinnern, daß es Zeit sei zu gehen, waren wir nie fertig. Aber das war nicht das Ende. Wir gingen in das nächste Café und setzten die Diskussion dort fort.

Wir scharten uns alle um Père Bracke, unseren Abgeordneten in der Deputiertenkammer, den wir alle innig liebten. Alexandre Bracke – »Bracke« war lediglich ein sogenannter politischer Name – war auch unter seinem eigentlichen Namen Desrousseaux sehr bekannt; er war Professor für Griechisch an der Sorbonne und einer der größten Gelehrten auf dem Gebiet der Sozialwissenschaften. Ein Mann von massigem flämischem Körperbau, wie man ihn in Nordfrankreich häufig antrifft, verkörperte er den edelsten Typus von Führer und Freund. Er half mir immer bei meinem Studium und ist mir bis zum heutigen Tag einer meiner liebsten Freunde geblieben. Er besitzt nicht das typische französische Redetalent; dennoch hörte man ihm höchst aufmerksam zu, weil wir alle wußten, daß er uns Wesentliches mitzuteilen hatte. Obwohl er zu den angesehensten Persönlichkeiten zählte, habe ich nie ein Anzeichen von Überheblichkeit an ihm bemerkt. Er war ein echter Freund der Werktätigen, und zwar nicht auf eine distanzierte Weise, er setzte sich oft mit einem Arbeiter zusammen und diskutierte bei einer Tasse Kaffee mit ihm über seine politischen Probleme. Bracke kennt die Seele seines Volkes, und diese Menschen lieben ihn. Er spricht keine Fremdsprachen, aber er liest und versteht mehrere und hat viele wichtige ausländische Werke, insbesondere der deutschen Wissenschaft, ins Französische übersetzt. Man kann sich vorstellen, wie sehr das junge Mädchen die bis in die Nacht andauernden Diskussionen mit diesem Mann schätzte. Und wenn wir uns schließlich trennten, dann immer mit tiefem Bedauern.

Mein Kreisverband wählte mich zur ständigen Delegierten im Bundesrat der Sozialistischen Föderation der Seine. Er trat gewöhnlich am Montagabend zusammen, um über politische und taktische Fragen zu diskutieren. Die Delegierten unseres vierzehnten Kreisverbandes galten als die bemerkenswertesten – und manchmal zugegebenermaßen als die undiszipliniertesten. Wir scheuten uns in der Tat nie, einen bestimmten Standpunkt einzunehmen, und setzten uns leidenschaftlich für unsere Auffassungen ein. Nicht selten mußten wir jedoch eine Niederlage hinnehmen. Eine der interessantesten Ratsversammlungen fand statt, als Captain Gérard, ein hoher Generalstabsoffizier und der engste Freund von Jean Jaurès, einen Vortrag über Jaurès' neues Buch *Die Neue Armee* hielt, das sich mit dem aktuellen Thema der Verteidigung der Republik und der Demokratie auseinandersetzte. Sicher hat es nie einen glühenderen Anhänger und Verfechter des Friedensgedankens gegeben als Jean Jaurès. Aber er war nicht von der rein emotionalen, defätistischen Sorte. Er wußte genau, daß eine Demokratie militant sein muß, und er führte uns vor Augen, wie sehr eine echte Demokratie vom inneren Zustand der Armee abhängig ist. Captain Gérard, von großer Statur und mit einem feinen vergeistigten Gesicht, hielt zwei der interessantesten und kenntnisreichsten Vorträge, die wir je hörten.

Woher nahm ich die Zeit, mich in diesen glücklichen, wenn auch unruhigen Jahren für so viele Dinge zu engagieren? Ich täuschte mich nicht hinsichtlich der Notwendigkeit weiterer Studien. Mein spezielles Interesse galt der Jurisprudenz und der Wirtschaftswissenschaft. Aber meine Tage waren von der Büroarbeit in Anspruch genommen, deshalb ging ich zu dem Leiter der Bibliothek Sainte-Geneviève, der berühmten alten Büchersammlung in der Nähe des Panthéons, um mir eine Sondererlaubnis zu erwirken, dort abends zu arbeiten. Viele Abende verbrachte ich dort allein oder zusammen mit einer Kommilitonin.

Die frühen Morgenstunden benutzte ich meinem Frankfurter Brauch folgend dazu, mit einem jungen französischen Studenten *Das Kapital* von Karl Marx zu lesen, diesmal auf französisch.

Obwohl ich überzeugt war, daß man ein anderes Volk nur dann kennenlernt, wenn man den Alltag, die Freuden und Leiden der Bevölkerung teilt, nicht jedoch, wenn man seine Freizeit mit den eigenen Landsleuten verbringt, vernachlässigte ich die Deutschen in Paris nicht. Sascha und Wally Grumbach hätten mir das nicht erlaubt. Sascha war ein junger Elsässer, ein fähiger Journalist, Korrespondent für über ein Dutzend deutsche Arbeiterzeitungen. Er ist jetzt Abgeordneter der französischen Abgeordnetenkammer und in Paris und Genf außenpolitisch tätig. Als wir uns in Paris kennenlernten, war er jedoch in der deutschen Arbeiterbewegung aktiv. Seine Frau Wally, eine schöne Brünette und begabte Musikstudentin mit einer angenehmen Altstimme und Tochter einer wohlhabenden Familie, hatte ihr Elternhaus verlassen und ihre Karriere aufgegeben und war heimlich von Frankfurt durchgebrannt, um Sascha in Paris wiederzusehen und zu heiraten. Mit den Grumbachs ging ich fast jeden Samstagabend in den deutschen sozialistischen Leseclub, der in einem Genossenschaftsgebäude in der Rue de Bretagne Räume gemietet hatte, um den Deutschen in Paris eine Bibliothek und einen Lesesaal bieten zu können.

Diese Samstagzusammenkünfte waren immer gut besucht – in jenen Jahren, die politisch etwas ruhiger waren als die Gegenwart, scheint der Wissensdurst größer gewesen zu sein. Der Buchladen, der an jedem Samstagabend im Versammlungssaal improvisiert wurde, verkaufte an jedem dieser Abende Bücher im Wert von zweihundert bis dreihundert Francs, überwiegend wissenschaftliche Werke, weniger Belletristik. Gewöhnlich entsandten manche französischen Gewerkschaften an diesen Samstagabenden Vertreter dahin, um Geld für ihre streikenden Mitglieder zu sammeln. Sie wußten, daß es sich lohnte. Obwohl die meisten Clubmitglieder Arbeiter waren, gaben sie immer ihr Scherflein. In diesem Club lernte ich Otto Pohl kennen, einen Österreicher, Korrespondent der *Wiener Arbeiterzeitung* und des Berliner *Vorwärts*. Otto Pohl war ein überaus kultivierter und intelligenter Mensch und ein echter Bohemien. Obwohl ich ihn nie wiedersah, habe ich sein geistvolles Geplauder in seinem Stammcafé am Boulevard Saint-Michel nie vergessen. Kurz nach dem Weltkrieg wurde er österreichischer Botschafter in Moskau. Die Vorstellung fällt mir schwer, daß er sich irgendwo außer im Quartier Latin von Paris zu Hause fühlen könnte.

Die Sonntagnachmittage gehörten Wally und mir. Es war uns gelungen, im selben Haus Wohnungen zu finden, und wir halfen einander soviel wie möglich. Sie schrieb Kunstkritiken für einige deutsche Zeitungen und erhielt Pressekarten für Theater und Konzerte, die wir gemeinsam benutzten. Unsere Neugier führte uns auch in die Kunstgalerien. Diese Einführung in die französische Malerei, insbesondere die Impressionisten und die ersten Anfänge der futuristischen und kubistischen Kunst, weckten in mir eine Vorliebe für die impressionistische Schule, die für meine spätere Arbeit bedeutsam wurde. An den Sonntagnachmittagen studierten Wally und ich jedoch Geschichte und Werke über den Sozialismus. Im obersten Geschoß des bescheidenen Hauses in der stillen Rue Severo verbrachten wir unsere glücklichsten Tage – lernend, diskutierend, in unseren kargen und doch gemütlichen Zimmern Freiheit genießend.

Durch die Grumbachs und den Deutschen Club lernte ich viele ausländische Besucher kennen. Einer von ihnen war Engelbert Pernerstorfer, der große österreichische Sozialistenführer, schon damals ein alter Mann, aber noch im Besitz all seiner Ritterlichkeit und seines Charmes. Eines Tages traf Karl Liebknecht mit seiner Frau Sonja zu einem Urlaub in Paris ein. Karl, später einer der spektakulärsten und mutigsten Kämpfer gegen den Krieg, machte damals einen eher zurückhaltenden, wenn auch interessanten Eindruck. Natürlich ließen wir uns nicht die Gelegenheit entgehen, ihn im Deutschen Club einen Vortrag halten zu lassen. Er brachte uns wertvolle Informationen, und unsere französischen Freunde meinten, daß seine Botschaft auch an die französische Bevölkerung weitergegeben werden sollte. Jean Longuet, ein Enkel von Karl Marx, hatte mit Liebknecht einen Termin für ein Interview für die *Humanité* vereinbart. Als Longuet in den Club kam, wollte Karl zunächst nicht mit ihm sprechen. Er wollte keine Interviews geben. Uns anderen war diese Situation schrecklich peinlich. Nicht nur war es ein Affront gegenüber der französischen Partei, sondern Longuet war auch international gesinnt wie nur wenige und überhaupt einer der freundlichsten und loyalsten Genossen. Einige von uns intervenierten deshalb, und es gelang uns nach schwierigen Verhandlungen, Karl zu einer Sinnesänderung zu bewegen. Wir entschädigten ihn und Sonja, indem wir ihnen Paris bei Tag und Nacht zeigten. Wir hatten alle eine vergnügte Zeit. Dieser Besuch muß ihm in leuchtender Erinnerung geblieben sein, insbesondere in den folgenden schrecklichen Jahren, zuerst in den Schützengräben – in die er ging, obwohl er Mitglied des Reichstags war! – und später in seinem Kampf gegen die Militär- und Zivilbehörden wegen ihrer Kriegspolitik, einem überaus mutigen Kampf, der mit seiner und Rosa Luxemburgs Ermordung im Januar 1919 durch verbrecherische Soldateska endete.

Als Redner beeindruckte mich jedoch keiner der Deutschen – ich hatte August Bebel und Ludwig Frank, beide große Rhetoriker, gehört – so sehr wie die Franzosen. Wenn es sich irgendwie einrichten ließ, versäumte ich nie einen Vortrag von Francis de Pressensé. Pressensé, Sproß einer Adelsfamilie, ehemaliger Staatssekretär des Bildungsministers, früherer Diplomat und einer der Herausgeber der konservativen *Temps*, hatte sich mit Leib und Seele in die Dreyfus-Affäre gestürzt. Sein tiefer Gerechtigkeitssinn war verletzt, und dieser historische Kampf veranlaßte ihn, genauer hinter die Kulissen einer korrupten herrschenden Clique zu schauen und die Hintergründe der sozialen Auseinandersetzungen aufzudecken. Die Dreyfus-Affäre machte aus diesem Aristokraten einen überzeugten Sozialisten, der seine großen und edlen Gaben und sein umfangreiches Wissen in den Dienst der Arbeiter stellte. Er hielt fast ausschließlich Vorträge über Außenpolitik. Dieser galt auch sein Hauptinteresse in der Abgeordnetenkammer. Er verfügte nicht über die typischen Attribute eines Redners, weder die dramatische Sprache noch die Gestik. Francis de Pressensé war teilweise gelähmt und sprach daher fast ohne Gesten. Aber wenn man ihn hörte, hatte man das Gefühl, ungeheuer viel zu lernen. Und ein weiteres Gefühl wurde durch Pressensés ruhige Darstellung geweckt – ein Gefühl, dessen ich mir am deutlichsten bei seiner Anklage gegen den Krieg bewußt wurde, den Italien gegen Tripolis führte. Italiens erstes »erfolgreiches« nordafrikanisches Abenteuer. Er erweckte in seinen Zuhörern den Gedanken, daß es auch in der Politik und insbesondere in den auswärtigen Angelegenheiten eine Moral geben muß; daß alle Völker, ob »zivilisiert« oder »primitiv«, Anspruch auf Gerechtigkeit haben. Die französischen Arbeiter müssen dies auch empfunden haben, denn sie strömten immer in Scharen zu den Vorträgen dieses Freundes, der so anders war als die üblichen latinischen Redner, sowohl ein Lehrer als auch ein Prediger.

Welch ein Kontrast zu diesem Mann war Gustave Hervé, der frühere Anarchist, der wegen seiner radikalen antimilitaristischen Propaganda Jahre im Gefängnis verbracht hatte! Im Gefängnis hatte er zu lesen begonnen und seine Auffassung geändert. Übrigens hat sich sein Standpunkt später noch weiter gewandelt, heute ist er einer der überzeugtesten Nationalisten in Frankreich. Hervé war immer ehrlich. Charles Rappoport, der spätere französische Kommunistenführer, pflegte über Hervé zu sagen: »Hervé ist immer ehrlich. Er sagt, was er denkt. Leider denkt er nicht!«

Als ich Hervé kennenlernte, war er gerade aus dem Gefängnis entlassen worden und sollte auf einer Versammlung sprechen, um der Öffentlichkeit – einschließlich seiner ehemaligen anarchistischen Freunde, die inzwischen erbitterte Gegner waren – zu erklären, warum er sich vom Anarchismus abgewandt hatte und Sozialist geworden war. Auch ich war neugierig und ging zum Salle Wagram. Am Eingang herrschte ein großes Gedränge; man spürte die allgemeine Erregung. Ich wurde in den Saal geschoben und in die vorderste Reihe gedrängt. Bald füllten sich auch die Galerien. Die Luft war elektrisch geladen. Wir warteten auf Hervé. Die Menge wurde ungeduldig. Je länger wir warteten, desto drückender wurde die Hitze, desto größer die Unruhe. Die Spannung nahm immer mehr zu. Schließlich erschien Hervé auf dem Podium – stämmig gebaut, mit einem strengen, mönchähnlichen Habit bekleidet. Er begann zu reden. Aber von seinen ersten Worten an hatte ich das Gefühl, daß gleich etwas geschehen werde. Und es ging sehr schnell. Laute und erbitterte

Zwischenrufe, Beleidigungen, Anklagen. Dann fiel der erste Schuß. Viele weitere folgten. Es war ein Alptraum. Verwundete wurden weggetragen. Von der Galerie wurden Stühle herunter-geworfen. Tische krachten zusammen, Beleuchtungskörper zersplitterten – furchtbare Verwirrung und Panik griffen um sich. Einige versuchten wegzulaufen. Es war unmöglich. Ich und die Leute um mich herum mußten sitzenbleiben, warten, in der Hoffnung, nicht verwundet zu werden. Schließlich traf Polizei ein. Einige der bewaffneten Anarchisten wurden verhaftet. Diese Männer konnten Hervé nicht verzeihen, daß er seinem früheren Glauben abgeschworen hatte.

Eine neue Bewegung, zu deren Mitbegründern Wally und ich zählten, war die Frauenarbeiterorganisation. In der Sozialisti-schen Partei gab es auch Frauen, darunter einige sehr gescheite und tüchtige. Aber ihre Zahl war gering. Die große Mehrheit der Französinnen hielt sich von der politischen Szene fern. Es ist immer meine Überzeugung gewesen, daß in einer freien Gesell-schaft ohne die Mitarbeit der Frauen, zumindest ohne ihre Sympathie, keine tiefgreifenden sozialen Umwälzungen bewirkt werden können. In allen katholischen Ländern und auch in Frankreich blieben die Frauen der politischen Szene fern. Wir meinten, daß dagegen etwas unternommen werden müsse. Wally und ich trafen mit der erfahrenen Feministin Elisabeth Renaud, mit Marianne Rauze, Alice Jouenne, einer Lehrerin, Suzanne Gibault und anderen zusammen und gründeten eine sozialisti-sche Frauengruppe. Ich übernahm die Aufgabe, alle Verbände und Gruppierungen der Arbeiterbewegung zu besuchen, um dafür Interesse zu wecken. Wochenlang widmete ich meine Abende, außer denjenigen, an denen ich Seminare hatte, aus-schließlich dieser Arbeit. Als Nebenprodukt lernte ich ganz Paris kennen, nicht immer von seiner erfreulichsten Seite. Manche Arbeitergruppen versammelten sich in richtigen Bruchbuden. Die ersten Versuche zeitigten durchaus ermutigende Ergebnisse. Damals gab es trotz aller Theorie unter den männlichen Soziali-sten nicht viele Feministen. Sie empfingen jedoch die ziemlich mädchenhaft aussehende Frau, die ich noch war, mit gutem Willen und schienen die Appelle, die ich in kurzen Ansprachen an sie richtete, freundlich aufzunehmen. Und ich machte weiter. Abend für Abend. Das Eis schien gebrochen. Leider zerstörte der Krieg später diese vielversprechende Saat.

Eine großartige Entschädigung für diese harte Arbeit waren die köstlichen samstäglichen Mittagsmahle eines kleinen Freundes-kreises mit Jules Guesde. Er gehörte der alten Garde des internationalen Sozialismus an. Guesde hatte Marx und Engels in London kennengelernt und mit ihnen am Parteiprogramm gearbeitet. Er war ein echtes Beispiel des Propheten, der sein ganzes Leben einer großen Sache widmet. Sein ernster, schöner Kopf mit den durchdringenden blauen Augen, der Adlernase und dem langen grauen Bart verriet sofort eine außergewöhnliche Persönlichkeit. Dieser große Gelehrte, dessen ungewöhnlicher Intellekt ihm eine glanzvolle Karriere eröffnet hätte, lebte sein ganzes Leben lang in Armut und oft in Elend, weil er sich ganz in den Dienst der großen Sache stellte, für die er sich einmal entschieden hatte, durch das ganze Land von Stadt zu Stadt wandernd, lehrend, erziehend, die Massen zum Denken und Handeln aufrufend. Er hatte ein besonderes Geschick darin, die richtigen Männer dafür auszusuchen, die von ihm begonnene Arbeit fortzusetzen. Mit diesen Männern hielt er engen Kontakt, beriet sie und betrieb auf diese Weise überaus systematische Bildungsarbeit, eine Arbeit, die bis zum heutigen Tag ihre Früchte trägt. Neben dieser Tätigkeit schrieb Guesde ausgezeichnete Pamphlete, gab eine Zeitschrift heraus, saß in der Deputiertenkammer und beteiligte sich an der Arbeit der Sozialistischen Internationale. Seine Reden waren sarkastisch und beißend und zeichneten sich durch unwiderlegbare Logik aus. Aber er war unerbittlich, wenn man gegen die Marxsche Theorie verstieß, als deren Wächter er sich betrachtete.

Bei unseren Mittagessen zeigte sich Guesde von seiner liebenswürdigsten Seite. Natürlich war auch sein Schüler, Professor Bracke, anwesend, um nötigenfalls die Wogen zu glätten. Eine Diskussion, an die ich mich erinnere, befaßte sich mit der Verstaatlichung der Industrie, Guesde verurteilte entschieden, daß sie in der Gesellschaft mit Sozialisierung gleichgesetzt wurde. Echte Sozialisierung konnte es nach Ansicht Jules Guesdes erst dann geben, wenn durch Abschaffung der Klassen eine echte Volksherrschaft verwirklicht war, wenn die Herrschaft über Menschen durch die Verwaltung von Sachen ersetzt war. Ich konnte nicht allem zustimmen, was er sagte, aber ich war klug genug, nicht jedesmal eine Debatte vom Zaun zu brechen, wenn dies geschah. In mancher Hinsicht erschien mir Guesde zu absolut, zu sehr zu »alles oder nichts« neigend, obwohl er unbestreitbar für Reformen eintrat, die das Leben der Armen erleichtern und ihre Handlungsfreiheit vergrößern würden.

Im Frühjahr 1914 brach eine sehr aufregende Zeit an. Die Parlamentswahlen standen vor der Tür, was für Paoli und mich anstrengende Arbeit bedeutete. Wir mußten den Wahlkampf in zwei Wahlkreisen organisieren, wobei unser Kandidat im Viertel um die Bastille keine Chance hatte, gewählt zu werden. Der andere war der unseres Freundes Bracke, der nur bei Einsatz aller Kräfte gehalten werden konnte. Der Kampf versprach sehr hitzig zu werden. Die Sozialistische Partei hatte beschlossen, sich dem Gesetzentwurf der Regierung für eine dreijährige Wehrpflicht energisch zu widersetzen: Der Widerstand dagegen sollte das zentrale Wahlkampfthema bilden.

Es war stets und ist immer noch ein Charakteristikum der französischen sozialistischen Bewegung, daß alle Tätigkeiten ehrenamtlich und ohne Unterstützung durch bezahlte Kräfte ausgeübt werden, auch während des eigentlichen Wahlkampfes.

»Vater« Bracke ließ mir eines Tages mitteilen, daß er mich so schnell wie möglich zu sehen wünsche.

»Du mußt an diesem Wahlkampf aktiv teilnehmen«, erklärte er.

»Wir werden mit einer Frauenversammlung beginnen, bei der du die Hauptrednerin sein wirst.«

»Unmöglich, Vater Bracke.«

»Aber hast du nicht an unseren Diskussionen teilgenommen? Warum solltest du nicht auch auf öffentlichen Versammlungen sprechen?« beharrte er.

»Aus vielen Gründen. Ihr seid es in diesem Land nicht gewohnt, daß Frauen einen Wahlkampf führen; ich bin nicht nur eine Frau, sondern auch eine Deutsche. Dieses dreijährige Wehrpflichtgesetz, das wir so bitter bekämpfen, ist die französische Antwort auf das deutsche Rüstungsgesetz. Es ist eine zu heikle Aufgabe für eine deutsche Frau, dies mit einem französischen Publikum zu erörtern.«

»Keineswegs«, war Brackes Antwort. »Du sollst sprechen, gerade weil du eine Frau und eine Deutsche bist. Wir wollen demonstrieren, daß wir es ernst meinen, wenn wir für das Prinzip des Internationalismus und für das Frauenwahlrecht eintreten.«

Tatsächlich hatten die Frauen in Frankreich damals noch kein Stimmrecht – sie haben es bis heute noch nicht[*]. Nicht alle Mitglieder der Legislative sind so überzeugte Feministen wie Bracke. Natürlich handelte er getreu der Tradition des großen Meisters Jules Guesde, wenn er den Wahlkampf als ausgezeichnete Gelegenheit für politische Bildungsarbeit betrachtete.

[*] Sie erhielten es 1945.

Mit Herzklopfen sah ich den Tag der ersten Versammlung näherrücken. Als ich den Saal betrat, war er bereits überfüllt. Leute standen auf den Straßen. Das Experiment schien soweit geglückt – es war etwas Neues, und die Menschen waren neugierig. Es sprachen mehrere Rednerinnen, darunter einige Neulinge wie ich. Die Begeisterung war groß und riß uns alle mit. Die Versammlung war ein enormer Erfolg und ermutigte uns zu weiteren.

Einen Wahlkampf kann man jedoch nicht nur mit Begeisterung führen. Ganz ohne Geld geht es nicht, aber unser Säckel war völlig leer, als der Kampf begann. Es gab nur einen Ausweg – wohlhabende Mitglieder um Unterstützung anzugehen. Paoli wie auch ich lehnten diesen Weg ab, weil wir der Organisation keine Verpflichtungen gegenüber solchen Personen auferlegen wollten. Was dann? Der Drucker mußte bezahlt werden, und zwar schleunigst. Solche Kosten sind in Frankreich sehr hoch, da der Wahlkampf vorwiegend mit aufwendigen Plakaten ausgefochten wird, für die die Stadt allen Parteien Werbeflächen zur Verfügung stellt. Wir wurden uns schließlich einig, daß wir unsere eigenen schmalen Bankkonten für Wahlkampfzwecke benutzen mußten und daß wir in diesen Wochen mit möglichst wenig auskommen mußten, um den Rest der Partei zur Verfügung stellen zu können.

Wir hatten das Glück, uns als Gastreferenten den größten Redner sichern zu können, den ich je gehört habe: Jean Jaurès. Ich geriet sofort in den Bann seiner magnetischen Persönlichkeit. Dieser Mann mit seiner umfassenden Bildung und seinem außerordentlichen Phantasiereichtum, dessen Worten stets die höchste Achtung gezollt wurde, wo immer er erschien – dieses Genie war gleichzeitig von rührender Einfachheit. Ich nahm mir die Freiheit, ihn an unsere erste Begegnung Jahre zuvor in Deutschland zu erinnern. Er war auf dem Rückweg von einem internationalen Kongreß mit Sozialisten aus verschiedenen Ländern nach Frankfurt gekommen. Er sollte auf einer Massenversammlung im Freien sprechen. Die preußische Polizei zeigte sich von ihrer obstruktivsten Seite, indem sie erklärte, daß nur Reden in deutscher Sprache gehalten werden dürften. Aber diesmal wurde ihnen ein Schnippchen geschlagen. Jaurès erklärte sich bereit, Deutsch zu sprechen! Sein Deutsch war nicht perfekt, und er war auf dieses plötzliche Abenteuer nicht vorbereitet. Aber diejenigen von uns, die Französisch konnten, gruppierten sich um das Podium, und wenn Jaurès um ein deutsches Wort verlegen war, soufflierten wir es ihm schnell zu. Der Erfolg seiner Rede wurde

Jean Jaurès

so noch erhöht – die Zuhörer bewunderten den großen französischen Redner um so mehr, weil er sich in ihrer eigenen Sprache an sie wandte. Außerdem hatten sie die Befriedigung, der preußischen Polizei eins auszuwischen.

Ich habe seither nie wieder einen Redner gehört, dessen Persönlichkeit und Sprache eine so gewaltige Wirkung auslösten. Jaurès war kräftig gebaut, seine Statur erinnerte an seine bäuerliche Herkunft. Seine Gesten waren sparsam und fast etwas schwerfällig. Aber was für ein klarer, brillanter Geist, welch zwingende Logik! Seine Worte zeichneten sich durch sprachliche Schönheit, eine Fülle von oft der Natur entnommenen Bildern und tiefen Idealismus aus. Ein Meister des Wortes und Improvisationskünstler, begnügte sich Jaurès dennoch nicht damit, lediglich zu improvisieren. Obwohl er ohne Aufzeichnungen zu sprechen pflegte, war jede Rede im voraus wohl durchdacht. Es ist deshalb nicht überraschend, daß dieser Mann, der so viele Reden hielt, nie ein Wort zurücknehmen mußte; ebensowenig war der Journalist Jaurès je gezwungen, einen Fehler richtigzustellen. Er war sich der großen Verantwortung des geschriebenen wie auch des gesprochenen Wortes stets bewußt.

Unser vierzehnter Pariser Kreisverband mit seiner notorischen Kampfeslust konnte natürlich nicht die ganze Wahlkampagne völlig friedlich durchstehen. Wie ich bereits sagte, basierte der Wahlkampf auf dem sozialistischen Widerstand gegen das dreijährige Wehrpflichtgesetz. Im zweiten Wahlkreis, wo wir den Kampf organisieren mußten, ohne daß unser Kandidat eine echte Chance hatte, beschloß unser Kreisverband, unseren Kandidaten vor dem zweiten Wahlgang zurückzuziehen (dieser wurde nötig, wenn keiner der Kandidaten im ersten Wahlgang eine Mehrheit erzielte), ohne uns für einen der beiden verbleibenden Bewerber auszusprechen. Der Kandidat der Radikalen Partei, deren Versammlungen wir verfolgten, hatte niemals klar für oder gegen das Wehrpflichtgesetz Stellung bezogen. Warum sollten wir unseren Wählern raten, diesem unsicheren Kantonisten den Vorzug zu geben, argumentierten wir. Als Jaurès von unserem Beschluß erfuhr, sprach er sich in der *Humanité* entschieden dagegen aus. »Wir müssen den progressiven gegen den reaktionären Kandidaten unterstützen«, forderte er. Wir waren schockiert. Sofort feuerten wir eine grimmige Replik an Jaurès ab. Es kann sein, daß wir in unserem jugendlichen Ungestüm dabei etwas über die Stränge schlugen.

Die letzte Versammlung, die für unseren Kandidaten Professor Bracke geplant war, sah als Höhepunkt wieder eine Ansprache des Hauptredners Jaurès vor. Die Versammlung begann. Ein Redner nach dem anderen ergriff das Wort. Jaurès war noch nicht eingetroffen. Ich sah zu Paoli hinüber – seine Augen suchten die meinen. Würde er kommen? Waren wir in unserer Antwort auf seinen Leitartikel zu weit gegangen? Mir war gar nicht wohl zumute. Plötzlich ging eine Bewegung durch den Saal – die Menge jubelte Jaurès zu! Er war gekommen, und er hatte es so arrangiert, daß unsere Versammlung seine letzte an diesem Abend war – natürlich mußte er an diesem Tag auf vielen sprechen –, um nicht gleich wieder davoneilen zu müssen. Er wollte nach der Versammlung bei uns bleiben, um uns zu zeigen, daß er unsere Opposition nicht verübelte. Ein echter Demokrat und großzügiger Mensch!

Wie weit war Jaurès von jeder Spur von Hochmut entfernt! Jede Begegnung mit ihm war daher ein wirkliches Erlebnis – insbesondere das Treffen, zu dem mich ein Kreis seiner Freunde einlud, als Jaurès von seiner Reise nach Südamerika zurückkehrte. Unterwegs hatte er die junge Republik Portugal besucht und war dort mit allen erdenklichen Ehren vom Parlament empfangen worden. Wir lauschten alle atemlos seinem Erfahrungsbericht, als er sich plötzlich unterbrach. Er hatte gesehen, wie ein Genosse ein Photo von seiner kleinen Tochter aus der Tasche zog und es seinem Freund zeigte. Jaurès wollte das Bild des Kindes sehen. Er hatte viel Verständnis für die schlichte, menschliche Seite des Lebens!

Welch glückliche Stunden, als spät nachts an diesem Aprilsonntag die Wahlergebnisse bekanntwurden. Arm in Arm mit Bracke in unserer Mitte zogen wir singend durch die Straßen – unser Kampf gegen das Wehrpflichtgesetz war von einem großartigen Erfolg gekrönt. Einhundertzwei sozialistische Abgeordnete waren gewählt worden – darunter auch Bracke. Die Bevölkerung hatte unser Eintreten für den Frieden honoriert.

Kurze Zeit darauf alarmierten die Schüsse von Sarajevo die Welt. Mit größerem Unheil war zu rechnen. Aber wir gaben die Hoffnung auf Erhaltung des Friedens nicht auf. Die beste Gelegenheit dafür schien der Internationale Sozialistenkongreß zu bieten, der für den Spätsommer 1914 nach Wien einberufen worden war. Dieser Kongreß sollte sich mit einem Antrag befassen, den der französische Sozialist Edouard Vaillant und der alte englische Arbeiterführer Keir Hardie eingebracht hatten – ein Antrag, der die Notwendigkeit proklamierte, im Falle eines Kriegsausbruchs einen Generalstreik auszurufen. Die französische Partei gab ihrer demokratischen Tradition getreu ihren

Mitgliedern auf einem nationalen Parteitag Gelegenheit, die Tagesordnung des Wiener Kongresses zu diskutieren. Ich nahm als Delegierte an diesem Parteitag teil, auf dem ich später als Delegierte zum Wiener Kongreß gewählt wurde. Ich sehe noch die Gestalt des alten ehrwürdigen Kämpfers Vaillant vor mir, eines ehemaligen Blanquisten* und Mitglieds der Pariser Kommune. Alle zollten ihm Respekt, aber wir konnten uns auch den Gegenargumenten nicht verschließen, die Jules Guesde mit Leidenschaft und durchdringender Logik auf dem Parteitag vertrat. Guesde erklärte, die Ausrufung eines Generalstreiks im Falle eines Krieges sei nur in Ländern mit einer sehr fortgeschrittenen Arbeiterbewegung möglich, mit dem Ergebnis, daß unterentwickelte Länder, durch keine wirksamen Streik behindert, große Vorteile aus der Lage ziehen könnten. Dies sei ein Resultat, das die Verfasser des Antrages bestimmt nicht beabsichtigten.

Aber als sich die Delegierten des Pariser Parteitags trennten, herrschte bereits Zweifel, ob irgendeiner von uns Gelegenheit haben würde, nach Wien zu fahren. Am internationalen Horizont zogen dunkle Wolken auf. Vorübergehend wurde die Aufmerksamkeit der Franzosen, insbesondere der Pariser, durch ein anderes Ereignis gefesselt: der Prozeß von Madame Caillaux, der Frau eines französischen Kabinettsministers. Madame Caillaux hatte sich mit einem Revolver bewaffnet, war in die Redaktion des reaktionären Pariser Blattes *Figaro* gegangen, hatte sich Zutritt zu dessen Chefredakteur Calmette verschafft und ihn erschossen. Was hatte diese außergewöhnliche Tat provoziert? Calmette hatte in seinem Blatt eine bösartige Verleumdungskampagne gegen Joseph Caillaux geführt und dessen Eheleben in den Schmutz gezogen. Die meisten Pariser ergriffen für Madame Caillaux Partei, die ihren Mann vor dem Mord nicht in ihre Absichten eingeweiht hatte. Ganz Paris sprach über den Prozeß, als seien Leben und Freiheit von Madame Caillaux viel wichtiger als die bevorstehende Entscheidung über Krieg oder Frieden.

In unserem Kreis konzentrierte sich das Interesse natürlich auf die Entwicklung der internationalen Lage. Ungeduldig erwarte-

---

* Blanquisten = Anhänger von Louis Auguste Blanqui (1805–1881); Blanqui, der erste »révolutionnaire professionnel« (Dommanget) war führend beteiligt an den revolutionären Bewegungen in Frankreich zwischen 1830 und 1880; sein Hauptwerk: *Critique sociale* (1885, dt. 1886). Die Blanquisten vereinigten sich 1901 mit den Alemanisten und Marxisten zum *Parti socialiste de France*, der jede Regierungsbeteiligung ablehnte.

ten wir die Rückkehr unserer Delegierten zur Vorstandsversammlung der Sozialistischen Internationale, die in großer Eile einberufen worden war. »Vater« Bracke hatte mir gesagt, er werde sofort nach seiner Rückkehr mit Jaurès sprechen.

Ob es wirklich zum Krieg kommen würde? Wie immer in kritischen Zeiten, verbrachte ich viel Zeit auf den Straßen, um mir einen Eindruck von der Stimmung der Bevölkerung zu verschaffen. Auf den großen Boulevards machten die *Camelots du roi* Radau. Lautstarke junge Royalisten schrien den Schlachtruf: »*A Berlin!*«! Das nationalistische Pack schien bereits aufgewiegelt. Aber als ich an diesem Abend in den Kreis meiner Freunde trat, schlug mir eine andere Atmosphäre entgegen. Sie hatten die Hoffnung für die Erhaltung des Friedens noch nicht aufgegeben. Demonstrierten die Volksmassen nicht in allen Teilen Deutschlands für den Frieden? Und hier in Frankreich bot Jaurès seinen ganzen Einfluß auf, um den Frieden zu erhalten, indem er die Regierung aufforderte, nicht nur ihre eigenen Maßnahmen zu dämpfen, sondern auch ihren russischen Verbündeten zu einem gemäßigten Kurs zu bewegen. Solange Jaurès hoffte, hatten auch wir Hoffnung.

So saßen wir am Abend dieses letzten Julitages des Jahres 1914 zusammen. Meine Freunde wußten, daß die Situation für mich besonders heikel war. Als Deutsche konnte ich im Fall eines Krieges nicht in Frankreich bleiben, ohne in ein Konzentrationslager gesteckt zu werden. Viele freundliche Angebote wurden mir gemacht – ich sollte auf jeden Fall in Frankreich bleiben, Genossen würden mich vor den Behörden verstecken. Ich dürfe sie nicht verlassen, beschworen sie mich. Tief gerührt über solch aufrichtige Freundschaft, sagte ich mir dennoch, daß ich meine Freunde nicht in eine brenzlige Lage bringen dürfe, falls es wirklich zur Katastrophe kommen sollte.

Aber wir hatten noch nicht alle Hoffnung aufgegeben. Jaurès war noch da. Er verzweifelte nicht. Bracke, der in jenen Tagen am meisten um mich besorgt war, riet mir, nicht abzureisen, solange noch ein Funken Hoffnung bestand. Am 31. Juli war ich noch in Paris. Mein Dienstherr riet mir, sofort abzureisen – einige Stunden zuvor waren die Telefonverbindungen mit Deutschland unterbrochen worden. Das Deutsche Reich hatte bereits einen Zustand der »Kriegsbereitschaft« erklärt. Die Spannung wurde unerträglich. Als ich schließlich zu meinen Freunden zurückkehrte, schienen die letzten Hoffnungen zu schwinden. Aber wir warteten immer noch auf Nachricht von Jaurès. Wir warteten...

Schrill und entsetzlich wurde das Schweigen schließlich gebrochen: »Jaurès ermordet!« Unmöglich, das konnte nicht sein – daß sie so bald anfangen würden, ihre eigenen Leute zu töten, den Besten von allen zu vernichten! Es war so sinnlos, es durfte nicht wahr sein. Aber dann trafen die Einzelheiten des abscheulichen Mordes ein und beseitigten jeden Zweifel. Die alte Hetze der Ultranationalisten gegen den edelsten Freund des Volkes hatte schließlich die Hand eines von ihnen bewaffnet. Die Ultranationalisten wollten den Krieg – deshalb mußte der entschlossenste Friedensfreund als erster beseitigt werden. Jetzt drängte mich sogar mein guter Freund Bracke zu einer Entscheidung.

Eine Möglichkeit, in Frankreich zu bleiben, wurde mir von einem sehr lieben Freund geboten, der in diesen glücklichen Pariser Jahren meinem Herzen am nächsten stand. Er war einige Jahre älter als ich, teilte meine Interessen und verfügte über mehr Erfahrung als ich. Er studierte Pharmazie und stand vor dem Abschluß seines Studiums. Ob ich nicht bereit wäre, ihn zu heiraten? Dann könnten wir zusammenbleiben und ich würde nicht weglaufen müssen. Ich zögerte. Unter den gegebenen Umständen, fürchtete ich, würde mich die Heirat in wirtschaftlicher und anderer Hinsicht von meinem Freund zu abhängig machen. Ich kannte mich gut genug, um zu wissen, daß es mein starkes Unabhängigkeitsgefühl zu sehr belasten und möglicherweise die Harmonie zerstören würde, die bisher zwischen uns geherrscht hatte.

Ich sprach mit meinem Freund über die Schwierigkeiten, die ich vorhersah. Er widersprach heftig, zeigte aber auch ein rührendes Verständnis für meine Natur. Schließlich entschloß ich mich im Interesse aller und gegen den Willen meiner Freunde zur Abreise.

Alles, was mir teuer war, mußte ich aufgeben. In dieser Stunde war es jedoch nicht der Gedanke an meinen persönlichen Verlust, was mich in Aufruhr versetzte, sondern die Erkenntnis, daß diese idealistischen jungen Freunde auf die blutigen Schlachtfelder geschickt werden würden, daß sie leiden und viele von ihnen vielleicht nie zurückkehren würden, daß sie den Bomben und Granaten ausgesetzt sein würden, die meine Landsleute auf sie niederregnen lassen würden. Konnte es ein grausameres, sinnloseres Schicksal geben?!

III. KAMPF FÜR FRIEDEN
IM DEUTSCHLAND DER KRIEGSJAHRE

»Alle Verbindungen mit Deutschland sind stillgelegt«, sagte man mir am Bahnhof.

»Schon?« fragte ich überrascht.

»Die Deutschen haben das getan.«

»Fahren Sie nach Belgien oder in die Schweiz«, riet mir jemand. Ich entschloß mich für die Schweiz, zum Glück. In Belgien waren bereits deutsche Truppen einmarschiert, aber das wußten wir noch nicht.

»Dieser Krieg kann nicht sehr lange dauern«, sagte ein französischer Offizier, der in das befestigte Belfort unterwegs war, im Zug zu mir. »Es wird ein Krieg der Technik und des Materials, und wir werden sie schlagen.«

Ich mußte mehrere Male umsteigen. Die Mobilisierung war bereits in vollem Gange. Es war herzzerreißend, Familien mit vielen Kindern zu sehen, die aus dem Land flohen, in dem sie glücklich gewesen waren. Der Mann würde am nächsten Morgen ein deutscher Soldat sein und gegen Menschen kämpfen müssen, die seine Freunde gewesen waren.

Ich fuhr nach Basel, um in der Nähe der deutschen Grenze zu sein. Der gesamte Grenzverkehr war unterbrochen. Natürlich hatte ich keinen Reisepaß. Keine Frau hatte einen vor dem Krieg. Ich versuchte, zu Fuß die Grenze zu überschreiten. Unmöglich.

»Beweisen Sie, daß Sie eine Deutsche sind«, wurde ich barsch aufgefordert.

»Ich habe nur meine Sprache als Beweis.«

Der Offizier war nicht interessiert.

»Wir brauchen keine Frauen. Die Männer, die an die Front müssen, kommen zuerst auf die Züge!«

Die gleiche Erfahrung wiederholte sich am deutschen Konsulat. Ich besuchte Verwandte, eine Schweizer Familie. Der Sohn bereitete sich auf seinen Eintritt in die Armee vor. Ich verbrachte den ganzen Tag in dieser Schweizer Stadt. Ein zweiter Tag verging ähnlich. Die Stimmung in der deutschen Schweiz war ausgesprochen prodeutsch. Ich mußte mich hüten, ein kritisches Wort zu äußern, und die Spannung war zu unerträglich für mich, um dort bleiben zu können.

Der 4. August kam und mit ihm eine Schreckensmeldung. Die deutschen Sozialisten hatten für die Kriegskredite gestimmt. Alles schien zusammenzubrechen. »Wie konnten sie?« fragte ich mich. »Haben sie die Verantwortung der Österreicher, beginnend mit dem provokativen Ultimatum an Serbien, nicht begriffen? Ohne Unterstützung der deutschen Regierung hätte Wien niemals gewagt, so weit zu gehen.«

Weitere Tage des Wartens folgten. Meine Eltern, die nicht wußten, wo ich war, mußten in großer Sorge sein. Ich sandte ihnen Telegramme und Briefe, bezweifelte aber, daß diese sie erreichen würden. (Das taten sie nicht. Wochen später trafen sie alle zusammen ein, lange nachdem ich angekommen war.)

Nach drei Wochen Aufenthalt in der Schweiz verlor ich die Geduld. Ich suchte den Konsul auf und erklärte ihm: »Ich bin bereit hierzubleiben, so lange Sie wollen, aber Sie werden für meinen Unterhalt aufkommen müssen. Ich habe nämlich bald kein Geld mehr.« Das schien ihn zu beeindrucken. Nach weiteren Verhandlungen erhielt ich eine schriftliche Genehmigung, die Grenze zu Fuß zu passieren.

In Leopoldshöhe, der ersten deutschen Stadt, kletterte ich in einen Güterzug voll deutscher Truppen auf dem Weg zur Front. Die meisten von ihnen waren verheiratete Männer und nicht besonders kampfbegeistert. Der Zug stand stundenlang still. Es war ein heißer Augusttag; unser Waggon stand in der Sonne, und die Luft wurde immer heißer und verpesteter. Es gab kein Wasser außer dem, das die Soldaten in ihren Feldflaschen mitgebracht hatten. Das teilten sie mit mir.

Was für eine Fahrt! Es gab nur Militärzüge, Güterwagen, und ich wußte nie, ob ich den richtigen Zug bestiegen hatte. Ich mußte mich auf meine Kenntnis dieses Landesteiles verlassen und bei der nächsten Station herausspringen, wenn ich merkte, daß der Zug von meiner Route abwich. Zwei Tage und Nächte lebte ich von den Rationen, die die Soldaten mir gaben. Man konnte nicht schlafen, und es gab keine frische Luft.

Meine Eltern waren überrascht und noch mehr erleichtert, als ich plötzlich vor ihnen stand.

»Der Krieg kann nicht lange dauern«, zitierte ich die Worte des französischen Offiziers. »Ich werde hier bei euch bleiben, bis er vorüber ist, und dann so bald wie möglich nach Frankreich zurückkehren.«

Unser Hausarzt, der von meiner Ankunft gehört hatte, kam und bat mich, im Militärkrankenhaus auszuhelfen, wo er als Chirurg tätig war. Man würde mich in einem Schnellverfahren ausbilden, und ich könnte mich nützlich machen, meinte er.

»Die Wunden des Krieges heilen?« fragte ich mich. »Vielleicht sollten wir gerade das tun«, stimmte ich zu. Sie führten mich in einen Operationssaal, wo ich assistieren und Einzelheiten der Verwundungen und Behandlungen notieren mußte.

Täglich trafen verwundete Soldaten ein. Die meisten von ihnen waren sehr jung. Sie berichteten über ihre Kriegserlebnisse, ohne sich der Grausamkeit ihrer Sprache bewußt zu sein. In den ersten Wochen wurde ein anscheinend nicht schwer verwundeter junger Mann in den Operationssaal gebracht, dessen Mund weit offen stand.

»Er kann ihn nicht schließen«, sagte der Sanitäter.

Die Augen des jungen Soldaten sahen angsterfüllt aus. Nachdem er den Raum verlassen hatte, sagte einer der Ärzte: »Tetanus, und wir haben noch kein Antitetanusserum hier. Ich werde darum telegraphieren. Hoffen wir, daß es nicht zu spät kommt.« Er tat alles, was er konnte. Der junge Soldat wurde isoliert und gut versorgt – aber das Serum kam zu spät. Er war unser erster Todesfall.

Die meisten Verwundeten waren offensichtlich heilfroh, den Schützengräben entronnen zu sein, und legten keinen Wert darauf, daß ihre Wunden allzu rasch heilten. »Heimatschuß« nannten sie eine schwerere Verwundung, die sie für längere Zeit im Krankenhaus weit hinter der Front festhielt. Aber die meisten von ihnen wurden wieder in die Schützengräben zurückgeschickt, trotz all ihrer Bemühungen, diesen zu entgehen. Und ich mußte mithelfen, sie wieder hinauszuschicken. Bald durchschaute ich unsere Illusion, daß wir »Wunden heilten«. Nein, unsere Funktion bestand im Grunde nicht darin, Wunden zu heilen, sondern Männer dafür fit zu machen, daß sie wieder in die Schlacht – und vielleicht in den Tod geschickt werden konnten. Ich spürte, daß ich diese Arbeit nicht fortsetzen, daß ich nicht mithelfen konnte, Menschen zu heilen, nur damit sie aufs neue wieder als Kanonenfutter hinausgeschickt wurden.

Die Zentrale des Metallkonzerns, für den ich in Paris gearbeitet hatte, erfuhr von meiner Rückkehr nach Deutschland und lud mich ein, nach Frankfurt zu kommen. Sie brauchten meine Dienste. Auf ihre erste Aufforderung reagierte ich zögernd – aber sobald ich mir über meine Erfahrungen in dem Militärlazarett klar geworden war, folgte ich dem Ruf.

Die Unternehmensleiter kannten meine sozialistischen Überzeugungen. Ich hielt es für meine Pflicht, ihnen auch meine

Einstellung zum Krieg mitzuteilen. Ich fühlte mich daher in meinen geschäftlichen Beziehungen nie unbehaglich, denn diese basierten immer auf Offenheit und Ehrlichkeit, und meine Vorgesetzten erkannten das an.

»Glauben Sie, daß Sie Organisationstalent besitzen?« fragte mich N. S., einer meiner Vorgesetzten, eines Tages. »Wir möchten, daß Sie eine ganz neue Abteilung einrichten, die gerade jetzt von besonderer Bedeutung ist.«

Ich antwortete, daß ich mir diese Aufgabe zutraue, und trug meine diesbezüglichen Pläne vor, die gebilligt wurden. Es war eine heikle Aufgabe. Von 1914 bis 1918 war fast das gesamte Wirtschaftsleben, und dies galt in verstärktem Maße für den Metallsektor, auf die Erfordernisse des Krieges ausgerichtet. Durch die neue Abteilung, die ich leitete, gingen die vertraulichsten Unterlagen über Produktion und Finanztransaktionen. Zu ihrem Aufgabenbereich gehörten auch die Beziehungen zum Kriegsministerium und die Errichtung neuer Werke im Dienste der Kriegsindustrie, und sie überwachte auch den Betrieb von Firmen, die bereits im Besitz des Konzerns waren. Außer um die in meiner Abteilung anfallende Arbeit mußte ich mich auch um einen großen Teil der Auslandskorrespondenz kümmern. Einer meiner Vorgesetzten fand heraus, daß ich mich in juristischen Fragen auskannte, ein Umstand, der mir zusätzliche Pflichten aufhalste.

Niemand, der sich während des Weltkriegs seinen Unterhalt verdiente, konnte es vermeiden, mit Arbeit in Berührung zu kommen, die mit der Produktion von Kriegsmaterial zusammenhing. Meine Position war jedoch noch etwas schwieriger als die eines Fabrikarbeiters, weil sie mir Kenntnis vieler Geheimnisse verschaffte, die für die Antikriegsbewegung von Interesse gewesen wären. Welche Haltung sollte ich einnehmen? Die einer gespaltenen Loyalität, einerseits gegenüber der Antikriegsbewegung und andererseits gegenüber der Firma? Sollte ich um meiner Sache willen »von innen bohren«? »Nein«, entschied ich. »Ich muß Vertrauen mit Vertrauen vergelten. Wenn sie mir in der Firma vertrauen, muß ich ihnen zeigen, daß ich es verdiene. Ich kann meiner Sache nicht durch Betrug dienen. Einem großen Gedanken kann man nicht mit anrüchigen Mitteln dienen.« Sobald ich diesen Entschluß gefaßt hatte, widerstand ich der Versuchung, jegliches Wissen, das ich in Erfüllung meiner geschäftlichen Pflichten erworben hatte, für meine Antikriegsaktivitäten nutzbar zu machen.

Obwohl meine erste Reaktion auf die Unterstützung der Kriegskredite durch die deutschen Sozialisten der Vorsatz war, meine Mitgliedschaft in der Partei aufzugeben, ließ ich diesen Isolierungsgedanken fallen, als ich nach Frankfurt zurückkehrte. In Biebrich hatte mir bereits jemand gesagt, daß innerhalb der sozialdemokratischen Partei eine Opposition existiere, und ich hatte auch den Namen eines ihrer Anführer, Robert Dißmann, von der sozialistischen Landesorganisation erfahren.

Robert war eine der interessantesten Figuren in der deutschen Arbeiterbewegung und ein Mensch, den ich als Führer achtete und als Mann sehr mochte. Er stammte aus einer Familie der unteren Mittelschicht im Niederrheinischen, und seine ganze formale Bildung hatte er in einer dreiklassigen Dorfschule erworben. Als Halbwüchsiger war er Funktionär der Metallarbeitergewerkschaft seines Heimatbezirks geworden, und zwar ein erfolgreicher und populärer. Er war der unermüdlichste Arbeiter, den ich je kennengelernt habe. Wenn man einen Mann mit einem langen, herabhängenden Schnurrbart, einer besonders großen Aktentasche, vollgestopft mit Dokumenten und Büchern, und mit flatternden Kleidern durch die Straßen eilen sah, dann war das Robert bei der Arbeit. Mit einem frohen, heiteren Temperament und einem großartigen Sinn für Humor begabt, hatte ihn die Natur sicher für ein leichteres, erfreulicheres Leben ausersehen, als ihm die Umstände jetzt zu führen gestatteten. Er hatte sein ganzes Leben dem Gedanken der Befreiung der Arbeiter gewidmet und war bereit, alle persönlichen Vorteile diesem Ziel zu opfern. Kein Mensch diente der Sache mit größerer Ergebenheit. Aber die gleichen Opfer, die er sich selbst abverlangte, erwartete er auch von jedem anderen Mitglied der Partei. Man mußte auf seinen Schlaf verzichten und ebenso wie er seinen Arbeitsplatz, seine Freiheit und sein Leben riskieren, ohne besonderes Lob zu erwarten. Damit tat man seine Pflicht – das war alles. Da er sich selbst einem solchen Gesetz totaler Opferbereitschaft unterwarf, wagte keiner seiner engeren Freunde es ihm abzuschlagen, wenn er persönlichen Einsatz verlangte. Seine Forderungen waren erbarmungslos und so unerbittlich, daß sie manchmal unsere Gesundheit ruinierten – aber niemand konnte ihm einen Vorwurf machen. Er war zweifellos einer der besten Organisatoren, die die deutsche Arbeiterbewegung je hatte. Wie schade, daß er jetzt fehlt, da die schwierigste organisatorische Arbeit aller Zeiten vor uns liegt – die Organisation der Untergrundbewegung in Deutschland. Welche unschätzbaren Dienste könnten uns sein Einfallsreichtum und seine speziellen Gaben zusammen mit seiner Selbstlosigkeit jetzt leisten!

Robert Dißmann

Als ich Robert Dißmann in seinem Büro kennenlernte, war er soeben von einem Treffen mit Rosa Luxemburg zurückgekehrt, kurz bevor sie verhaftet wurde. Er war heiter gestimmt, ermutigt von den guten Nachrichten, die Rosa überbracht hatte. Ich sagte ihm, daß ich Sozialisten suchte, die den Geist der großen Antikriegsdemonstrationen in den letzten Julitagen noch nicht vergessen hätten.

»Da bist du an die richtige Stelle gekommen. Wir sammeln alle zusammen, die so denken wie du. Weißt du, daß nicht alle sozialistischen Mitglieder des Reichstages dafür waren, für die Kriegskredite zu stimmen? Vierzehn waren dagegen, und unter diesen vierzehn war auch Hugo Haase, der Fraktions- und Parteivorsitzende. Er war gezwungen, im Reichstag die Erklärung zu verlesen, mit der die Haltung der Mehrheit gerechtfertigt wurde, aber er hatte vorher mit all seiner Kraft gegen die Mehrheit gekämpft. Widerstand gegen die Haltung der Mehrheit flackert im ganzen Lande auf. Wir müssen zusammenhalten und unsere Ideen trotz des Ausnahmezustands verbreiten. Bist du bereit, uns als Rednerin zur Verfügung zu stehen?«

Er strahlte so viel Optimismus aus, daß ich nicht ablehnen konnte. Auf der folgenden Parteiversammlung verteidigte der Reichtagsabgeordnete von Frankfurt, Dr. M. Quarck, die Mehrheitsentscheidung für die Kriegskredite, indem er insbesondere auf die zaristische Gefahr hinwies. Ich war die erste Diskussionsrednerin. Ich hob die imperialistischen Ambitionen der Deutschnationalen und des Kaisers hervor und wies auf die Absurdität des Schauspiels hin, daß der Kaiser an der Spitze der Kriegs- und Regierungsmaschinerie gegen den Imperialismus anderer Nationen zu Felde ziehe. Obwohl die Mehrheit für Dr. Quarck Partei ergriff, wurde die unbekannte junge Frau von den Anwesenden freundlich aufgenommen – eine Reaktion, die den Doktor so nervös machte, daß er sich einige abfällige persönliche Bemerkungen gestattete.

»Wer ist diese junge Person, die da herkommt, um uns Lektionen über den Imperialismus zu erteilen? Ich habe sie nie hier in unserer Bewegung mitarbeiten sehen«, sagte er.

Die Zuhörer protestierten. Ein Mann erhob sich und erklärte: »Ich kenne Toni Sender. Ich stimme ihr nicht zu, aber dennoch muß ich für sie Zeugnis ablegen, denn ich habe gesehen, wie unermüdlich sie in Paris für die Bewegung gearbeitet hat.« Es war ein Mitglied des Deutschen Clubs in Paris, der auch rechtzeitig entkommen war. Diese Bemerkung wendete das Blatt zu meinen Gunsten. Sie konnten mir nicht mehr mißtrauen.

Aber die Folge war, daß die Parteiversammlungen seltener wurden. Die Praktiken innerhalb der Partei überzeugten mich, daß selbst in der deutschen Arbeiterbewegung der wahre demokratische Geist immer noch unbekannt war – er wurde nur als das Recht der Mehrheit verstanden, ihre Beschlüsse durchzusetzen. Die Rechte der Minderheiten wurden ignoriert. War es nicht eine legitime Forderung, einen Sprecher der Minderheit in der Reichstagsfraktion die Opposition gegen die Kriegskredite verteidigen zu lassen? Sie wurde nie gewährt. Die Parteiversammlungen wurden von Mal zu Mal unangenehmer. Je mehr unser Einfluß zuzunehmen schien, desto stärker wurden die Gelegenheiten zur Diskussion eingeschränkt. Schließlich wurde es gänzlich unmöglich, den Mitgliedern die Auffassung der Kriegsgegner darzulegen. Aber wir ließen nicht zu, daß die Opposition völlig unterdrückt wurde. Robert fand einen Ausweg.

»Toni, du mußt uns helfen«, sagte er eines Tages. »Wir werden einen Ortsverein des Nationalen Bundes Proletarischer Freidenker organisieren. Diese Organisation hat hier keine Zweigstelle. Ihr Bundesvorstand lehnt den Krieg ab und hat nichts dagegen, daß wir das schützende Dach dieser Organisation für unsere Antikriegstätigkeit benutzen. Ich habe eine lange Liste von Namen möglicher Mitglieder. Könntest du sie am Abend besuchen, um sie für uns zu gewinnen? Aber du mußt dich hüten, sie unsere wahren Absichten wissen zu lassen, solange du nicht weißt, wie sie zum Krieg eingestellt sind. Ich muß es deinem Urteil überlassen, die richtigen Leute zu uns zu bringen.«

Was blieb mir anderes übrig, als die Aufgabe zu übernehmen? Es war eine gute Übung in politischer Strategie. Manche meiner Zuhörer nahmen die Ziele der Freidenker sehr ernst und begannen mit mir über damit zusammenhängende philosophische Probleme zu diskutieren. Andere begriffen schnell, konnten zwischen den Zeilen lesen. Viele versprachen, zu unserer ersten Versammlung zu kommen, und sie kamen auch. Die Aufgaben, die mir für diese Versammlung übertragen wurden, waren ein Referat über die Trennung von Staat und Kirche in Frankreich und eine Darlegung der Ziele und Statuten der Proletarischen Freidenker. Über letztere wußte ich nicht viel mehr als die meisten der Anwesenden. Die nötigen Unterlagen waren nicht rechtzeitig eingetroffen. Bis zum heutigen Tage verstehe ich nicht, warum die Arbeiter eine eigene Freidenkerorganisation haben müssen. Dennoch muß ich die vielen gezielten Fragen zufriedenstellend beantwortet haben, denn nach einer ausgedehnten Diskussion fand der Beschluß, den Ortsverein zu gründen, fast einstimmige Billigung.

Von diesem Beginn bis zur Gründung der Unabhängigen Sozialistischen Partei zu Ostern 1917 war die Freidenkergruppe der Treffpunkt der Kriegsgegner. Es war nicht immer leicht zusammenzukommen. Viele der in unserer Gruppe aktiven Personen waren bekannte Politiker, und sehr bald begann sich die Polizei für uns zu interessieren. Fanatische Kriegsbefürworter verrieten den Vermietern der Versammlungsräume unsere wahren Absichten, und es wurde immer schwieriger, einen Versammlungsort zu finden. Oft, wenn eine Versammlung mit einem Redner aus Berlin arrangiert worden war, teilte man mir bei meinem Eintreffen mit, daß uns der Saal nicht zur Verfügung gestellt werden könne. Es war zwecklos, sich mit dem Gastwirt herumzustreiten. Das einzige, was man tun konnte, war, sich nach einem anderen Saal umzusehen. Doch trotz aller Hindernisse gelang es uns, alle unsere geplanten Versammlungen abzuhalten.

Auch die Militärbehörden begannen sich für unsere Tätigkeit zu interessieren. Als unsere Mitgliederzahlen zunahmen, kam es zu Denunziationen bei den Behörden. Männer, die bis dahin in der Heimat mit wichtigen Kriegsaufgaben betraut gewesen waren, wurden plötzlich einer nach dem anderen in die Schützengräben abkommandiert. Sie wußten, daß sie ihr Leben riskierten, indem sie sich zu uns gesellten. Niemand, der in den ersten Kriegsjahren zu den Proletarischen Freidenkern und nach 1917 zu der Unabhängigen Sozialistischen Partei stieß, erwartete sich von diesem Schritt persönliche Vorteile – ganz im Gegenteil: nur Gefahren, wenn nicht Schlimmeres. Zuverlässige, selbstlose und idealistische Männer und Frauen gesellten sich zu uns. Sie entwickelten in diesen Gruppen einen Kameradschaftsgeist, wie er mir nie wieder begegnet ist. Enge, lebenslange Bindungen entstanden. Ich bin überzeugt, daß keiner dieser Menschen, die den Krieg überlebten und die jetzt in der Hitlerhölle leben, aufgegeben hat. Das sind stählerne Charaktere – die Besten der Deutschen.

Vom Beginn meiner Antikriegstätigkeit an versuchte ich, mit den Genossen im Ausland in Kontakt zu bleiben. Insbesondere die französischen Genossen erwiesen sich als echte Freunde. Wir diskutierten alle brennenden Fragen in Briefen, von denen manche in den französischen Schützengräben geschrieben wurden und die über neutrale Länder an mich gelangten. Obwohl wir in unseren Auffassungen nicht völlig übereinstimmten, entdeckte ich aufs neue die alte Bereitschaft, den Standpunkt des anderen zu verstehen und gelten zu lassen.

Die Antikriegstätigkeit bezieht ihre letztendliche Rechtfertigung aus der Tatsache, daß sie international ist. Ich erfuhr von Versuchen, zu einer solchen internationalen Verständigung zu kommen. Frauen waren die ersten, die einen so wagemutigen Versuch unternahmen. Unter dem Einfluß von Rosa Luxemburg und mit der beharrlichen Hilfe von Clara Zetkin, der großen sozialistischen Frauenführerin, mit denen ich ständig in Verbindung stand, wurde im Frühjahr 1915 die Erste Internationale Antikriegskonferenz organisiert. Vor unserer Abreise zu der Konferenz besuchten Robert Dißmann und ich Clara Zetkin in ihrem Haus auf der Wilhelmshöhe bei Stuttgart. Wir wurden gewarnt, vorsichtig zu sein, weil Claras Haus observiert werde. Wir sahen niemanden in der Nähe. Clara, die mit ihrem zweiten Mann, dem Maler H. Zundel, in einem hübschen kleinen Haus inmitten eines Gartens wohnte, war damals noch Herausgeberin der sozialistischen Frauenzeitung *Die Gleichheit* und stand in engem Kontakt mit Rosa Luxemburg. Sie war eine der aktivsten Kämpferinnen gegen den Krieg und sehr bitter gegen jeden, der nicht voll mit ihren Ansichten übereinstimmte. Wir erörterten, welche Maßnahmen zu ergreifen seien, um die Opposition im Südwesten Deutschlands zu organisieren, besprachen die Tagesordnung der Berner Konferenz und schließlich, wie die Beschlüsse dieser Versammlung zu verbreiten seien, falls diese erfolgreich verlaufe. Clara geriet immer wieder in Erregung, wenn die Rede auf Personen kam, die sie für Verräter hielt. Dazu zählten nicht nur diejenigen, die für die Kriegskredite gestimmt hatten, sondern auch Kriegsgegner, die ihr nicht unerbittlich genug erschienen. Zum Glück gelang es Robert in seiner sanften Art schließlich, sie zu beruhigen, und wir trennten uns in gutem Einvernehmen von ihr.

In Bern stießen wir jedoch auf unerwartete Schwierigkeiten. Wir waren froh, daß sich nicht nur deutsche, sondern auch französische und englische Frauen zu einem gemeinsamen Zweck versammelten, während an allen Fronten die Kanonen donnerten[*]. Frauen waren die ersten, die demonstrierten, daß der Geist des Internationalismus nicht ganz ausgelöscht werden konnte. Die französische Delegierte, Louise Sammoneau, wurde nicht von

---

[*] Auf deutscher Seite nahmen neben Clara Zetkin und Toni Sender teil: Lore Agnes, Martha Arendsee, Berta Tahlheimer, Margarethe Wengels und Käte Duncker.

ihrer Partei entsandt, sondern nahm aus eigener Verantwortung teil. Ihre mutige Kampagne gegen den Krieg veranlaßte ihr Land später, sie für lange Zeit einzusperren.

Ich hatte eine lange Diskussion mit den zwei offiziellen britischen Delegierten, Margaret Bondfield (in späteren Jahren Arbeitsministerin im Kabinett MacDonald) und Marion Philipps, der hochintelligenten Anführerin der Frauengewerkschaftsbewegung in Großbritannien. Sie beharrten darauf, daß England in den Krieg eingetreten sei, um das kleine Belgien zu verteidigen, dessen Neutralität von den Deutschen verletzt worden war. Obwohl ich äußerst entschieden gegen diese Verletzung protestiert hatte, zweifelte ich am Edelmut der britischen Regierung, die so viel Unrecht in der Welt toleriert und einiges davon selbst zu verantworten hatte. Es erschien mir wahrscheinlicher, daß England um seiner eigenen Interessen willen in den Krieg eingetreten war. Die Entwicklungen seit damals haben mir leider recht gegeben.

Nikolaj Lenin* machte in Bern als Drahtzieher hinter den Kulissen einige Schwierigkeiten. Die Mehrheitsgruppe auf der Konferenz forderte eine internationale Aktion der Frauen in allen Ländern, um den Krieg sofort zu beenden und einen Frieden ohne Annexionen und Eroberungen zu erreichen. Dies war die zentrale Frage, um derentwillen wir uns versammelt hatten. Aber die russischen Frauen, die von Lenin von einem anderen Raum des Berner Volkshauses aus dirigiert wurden, brachten eine völlig andere Resolution ein. Sie forderten die sofortige Spaltung unserer jeweiligen Parteien – den endgültigen Bruch mit den Mehrheitssozialisten, die den Krieg unterstützten. Wir alle waren dagegen, die Spaltung zu erzwingen. Clara Zetkin, damals bei sehr schwacher Gesundheit, regte sich schrecklich auf, so daß viele von uns um ihr Leben fürchteten. Sie und viele andere Delegierte, die ihn kannten, waren keinesfalls erfreut, als Karl Radek, der als Assistent Lenins anwesend war, hereinkam und sich zu uns setzte. Wir kannten seinen miesen Charakter zu gut, um ihn als Mitglied haben zu wollen. Lenins Obstruktionismus erlitt schließlich eine Niederlage. Wir lehnten es ab, uns auf Befehl Lenins von den Massen zu separieren, denn unsere Agitation für den Frieden mußte ja unter diesen Massen durchgeführt werden. Erst 1920 setzte sich Lenin, diesmal mit Clara an seiner Seite, mit seinem Programm durch.

Aber das erste von Frauen organisierte internationale Treffen

* Richtig: Wladimir Iljitsch Lenin

nach Ausbruch des Krieges endete in Harmonie. Es sollte zum Sprungbrett des Kampfes für den Frieden werden.

Auf der Heimreise kam ich wieder nach Leopoldshöhe, in die erste deutsche Stadt hinter der Schweizer Grenze. Ich öffnete meinen Koffer für den Zollinspektor, nahm meine Toilettentasche heraus und gab sie ihm ohne Nervosität.

»Das sind meine Toilettensachen, und das übrige sind Kleider und Unterwäsche. Das ist alles, was ich habe.«

Liebenswürdig gab mir der Beamte die Tasche zurück. Er warf einen Blick auf mein Gepäck.

»Alles in Ordnung. Auf Wiedersehen.« Natürlich hatte der Beamte keine Ahnung, daß er ein wichtiges Manuskript in den Händen gehalten hatte.

Das Manifest der Berner Konferenz war in Sicherheit! Jetzt konnte es gedruckt und verbreitet werden. Robert Dißmann würde alles Nötige veranlassen. Ein alter Freund in Baden hielt seine Druckerei schon dafür bereit. Meine Aufgabe war, die Verteilung zu organisieren*. Es würde nicht allzu schwierig sein. Die Vorbereitungsarbeiten waren schon geleistet. Vor meiner Abreise in die Schweiz hatte ich begonnen, die berufstätigen Frauen, die gegen den Krieg waren, zu organisieren. Die Proletarierin Elisabeth S., eine aufrechte und mutige Frau, war meine beste Helferin. Wir trafen uns alle vierzehn Tage. Ich hielt ein kurzes Referat über die Nachrichten, die von den Behörden zum Druck freigegeben worden waren. Die meisten dieser Frauen waren mit Soldaten verheiratet. Ihre Lieben waren in den Schützengräben. Sie litten zu Hause an Hunger. Manche von ihnen arbeiteten in Munitionsfabriken. Sie hatten sich emanzipiert und waren selbständig geworden. In kurzer Zeit hatte das Leben sie gelehrt, was ihnen vorher niemand erklärt hatte. Sie waren tapfer und mutig. Wir trafen uns bald nach meiner Rückkehr nach Frankfurt. Wir waren stolz, daß Frauen die Berner Konferenz organisiert hatten. Elisabeth begann, den Plan für die Verteilung der Broschüre – nach der die Militärbehörden bereits Ausschau hielten – zu vervollständigen.

»Hört zu, wir werden das so machen«, sagte Elisabeth. »Jede von uns bekommt einen Bezirk zugewiesen. Wer hat, trägt eine lange Pelerine, um die Broschüren darunter zu verstecken. Wenn du keine hast, Toni, kann ich dir eine leihen. Wir beginnen jeden Tag nach Sonnenuntergang mit der Arbeit. Unauffällig müssen wir

---

* Das Flugblatt wurde in über 100 Orten im gesamten Reich verteilt. Toni Senders Aufgabe war vermutlich nur die Verteilung in Frankfurt und Umkreis.

dafür sorgen, daß die Broschüren in die Wohnungen gelangen. Jede muß ihren eigenen Verstand benutzen. Unser Stolz soll sein, nicht verhaftet zu werden und die Arbeit erfolgreich zu erledigen.«

Dieser Plan wurde befolgt. Am festgesetzten Abend begann die Verteilung in der ganzen Stadt. Keine von uns wurde an diesem Abend erwischt und verhaftet. Aber am nächsten Tag begannen die Leute, über das plötzliche Auftauchen von Antikriegspropaganda zu reden. Die Polizei sah sich gezwungen, aktiv zu werden. Zwei unserer Frauen wurden festgenommen. Ich wurde noch nicht verdächtigt. Es konnte nichts bewiesen werden, und unsere beiden Freundinnen wurden wieder freigelassen. Wir setzten die Arbeit fort.

Die Aufregung über die Broschüre hatte sich kaum gelegt, als ich von der Zollinspektion benachrichtigt wurde, daß aus der Schweiz ein Paket für mich eingetroffen sei. Ich sollte in das Amt kommen, um die entsprechenden Gebühren zu entrichten. Was konnte das sein? Ich erwartete nichts aus dem Ausland. Bei der Zollbehörde wurden mir zwei große Pakete vorgelegt. Ich ahnte, was der Inhalt sein würde – verbotene Literatur. Der Beamte öffnete die Pakete, und Dutzende von Büchern kamen zum Vorschein. Mein Herz schlug rasend. Zum Glück merkte der Beamte das nicht. Ich war erleichtert, als ich auf dem Umschlag den Titel *Das perfide Albion* las, das Schlagwort, das die deutschen Chauvinisten während des Krieges gegen England gebrauchten. Der Beamte blätterte das Buch rasch durch.

»Scheint eine gute, patriotische Sache zu sein«, meinte er.

»Gewiß, Herr Inspektor«, pflichtete ich ihm bei.

Wäre er etwas sorgfältiger gewesen, hätte er unter dem Schutzumschlag den wirklichen Titel, *J'Accuse* gesehen, das berühmte Buch eines deutschen Autors[*], der anhand von authentischen Dokumenten Deutschlands Mitschuld am Krieg nachwies. Hätte der Beamte diesen Titel entdeckt, wäre ich sofort verhaftet worden. Sascha und Wally Grumbach hatten mir diese Pakete geschickt. Ich sollte das Buch an eine Reihe sehr interessierter und einflußreicher Personen in Deutschland schicken. Diese Erklärung folgte später in einem Brief, der nicht direkt an mich adressiert war. Das Experiment war auch diesmal erfolgreich, aber die unvorsichtigen Grumbachs wiederholten es zweimal und brachten mich schließlich in ernste Gefahr, der ich vor allem aufgrund meines jugendlichen, unschuldigen Aussehens entging.

[*] Richard Grelling. *J'Accuse! Von einem Deutschen*, Lausanne 1915

Allmählich wurden mehr und mehr unserer männlichen Genossen den Militärbehörden bekannt, und einer nach dem anderen wurde zur Armee eingezogen. Es war ein schrecklicher Schlag, als Robert Dißmann an die Reihe kam. Er war die Seele der Bewegung, ihr aktiver Geist im ganzen Südwesten Deutschlands. Der einfallsreichste in bezug auf neue Gedanken und Methoden, verfügte er auch über die nötigen Kontakte zu den Berliner Parteiführern. Er war unser mitreißendster Kämpfer. Wir waren fast verzweifelt.

»Verliert nicht den Mut, Kinder«, sagte er in seinem rheinischen Dialekt. »Ich werde nicht in die Schützengräben gehen. Ich bin krank. Ich werde euch soweit wie möglich als Berater zur Verfügung stehen. Verliert nicht den Mut, ich werde es schaffen, zurückzukommen. Inzwischen muß Toni meine Arbeit tun. Versucht mit mir in Verbindung zu bleiben.«

Er hielt sein Versprechen. Bald war er in einem Militärkrankenhaus. Ich mußte ihn mit medizinischen Ratschlägen versorgen. Die Militärbehörden vertrauten ihm nicht und schickten ihn an einen entfernten, isolierten Ort, der von der nächsten Bahnstation nur durch einen zweistündigen Fußmarsch über einen Berg zu erreichen war. Ich hatte ihm ein Versprechen gegeben – ihn, falls möglich, jede Woche zu besuchen. Und das tat ich auch bei jedem Wetter. Die Nacht verbrachte ich in einem Bauernhaus im Dorf. Frühmorgens begann ich meine einsame Wanderung, durch einen dichten Wald stieg ich auf den Berg hinauf. Wenn ich schließlich bei dem Armeekrankenhaus eintraf, schaute ich zu Roberts Fenster hinauf um ein Zeichen, daß die Luft rein war – ein weißes Handtuch, das er als Fahne hinaushängte. Wenn es da war, konnte ich eintreten. Falls nicht, bestand Gefahr, und ich mußte warten, manchmal im Freien, manchmal in der Soldatenkantine. Mehr als einmal mußte ich spät abends zurückfahren, ohne ihn gesehen zu haben, wobei ich in finsterer Nacht wieder den Berg zu überqueren hatte. Die ganze Mühe war umsonst gewesen, ich konnte das Krankenhaus nicht betreten.

Wenn der Zutritt möglich war, erstattete ich ihm kurz im Flüsterton Bericht. Andere Soldaten waren im gleichen Raum anwesend. In wenig mehr als einer Stunde mußten alle Angelegenheiten erörtert und Pläne für den nächsten Zeitraum gemacht sein. Robert verlor nie seine gute Laune, seine Lebhaftigkeit und seine Zuversicht, daß er aus der Armee herauskommen werde. Aber welche Prüfungen er durchmachen mußte! Sein letzter Internierungsort war eine Irrenanstalt, in der ich ihn nur besuchen konnte, nachdem ich mir eine Reihe von Genehmigungen seitens der Militärbehörden beschafft hatte, und wo er seinen Part so vollkommen spielte, daß ich mir große Sorgen machte, ob es ihn diesmal nicht wirklich erwischt hatte.

Während der ganzen Zeit von Roberts Abwesenheit lag die Organisation für diesen Teil Deutschlands in meinen Händen. Um unsere Tätigkeiten besser zu koordinieren, hatten wir eine Konferenz für die ganze Region – das Rheinland, den Niederrhein, Baden, Württemberg – sorgfältig vorbereitet. Alles schien sehr gut arrangiert zu sein. Wir hielten uns für besonders raffiniert, einen Treffpunkt in der Nähe des Polizeihauptquartiers in Frankfurt gewählt zu haben. Einige prominente politische Repräsentanten aus Berlin nahmen an der Versammlung teil. Es war ein sonniger Sonntagmorgen. Unsere Gäste waren alle eingetroffen. Alles schien glatt zu gehen. Die Polizei hatte nicht eingegriffen, und das machte uns zuversichtlich. Einer unserer Freunde, Dr. Notter, hatte ein Referat über die Trockenlegung von Sümpfen vorbereitet. Das war der erklärte Zweck unserer Versammlung, die Erörterung von Maßnahmen zur Steigerung der landwirtschaftlichen Produktion im blockierten Deutschland.

Ich hatte soeben die Adressen aller unserer Gäste und diejenigen einiger wertvoller Kontaktpersonen aufgeschrieben, die sie empfahlen, als sich plötzlich die Tür öffnete und der Chef der Frankfurter Politischen Polizei mit einem Dutzend Kriminalbeamten in Zivil den Saal betrat. Ich saß am Vorstandstisch und erkannte die Eintretenden zum Glück sofort. Die Namensliste verschwand augenblicklich. Die Polizei näherte sich unserem Tisch.

»Was ist der Zweck dieser Versammlung? Warum haben Sie nicht die Polizei verständigt, wie es Ihre Pflicht war?« fragte Dr. Neuber, der Chef.

»Wir sprechen über die Trockenlegung von Sümpfen als notwendige nationale Maßnahme«, antwortete ich.

Dr. Neuber sah Dr. Notter an, der ihm sein Manuskript zeigte, und dann mich.

»Sie interessieren sich für die Trockenlegung von Sümpfen, Fräulein Sender? Das können Sie mir nicht weismachen. Wir werden die Namen und Adressen aller Anwesenden aufschreiben müssen.«

Dies geschah sofort, mit der Folge, daß fünf oder sechs unserer Besucher, bekannte Persönlichkeiten in Deutschland, festgenommen und ins Polizeipräsidium abgeführt wurden. Die Versammlung wurde aufgelöst.

Diejenigen von uns, die davongekommen waren, trafen sich auf der Straße wieder. Was nun?

»Einer von uns muß sich darum kümmern, die Festgenommenen freizubekommen. Die übrigen müssen die Konferenz abhalten«, erklärte ich.

»Aber wie können wir das tun? Niemand wird uns einen Versammlungsort geben.«

»Die Natur wird ihn uns geben«, erwiderte ich. »Alle unsere Freunde müssen über die genaue Stelle im nahen Wald, einen etwas abgelegenen Winkel, informiert werden. Wir werden ringsherum Wachen aufstellen, die uns warnen, falls etwas Verdächtiges zu sehen ist.«

Dieser Plan wurde durchgeführt. Wieder trafen wir uns, diesmal am Abend und besser auf der Hut. Im Stehen diskutierten und regelten wir ungestört alle unsere Angelegenheiten. In kleinen Gruppen kehrten wir in die Stadt zurück. Am nächsten Tag wurden alle unsere Gefangenen freigelassen. Es konnte ihnen nichts bewiesen werden. Die Person, die uns bei der Polizei denunziert hatte, konnte nicht allzuviel gewußt haben.

Gleich nach diesem Vorfall erhielt ich eine andere Warnung. Eine Berliner Freundin von mir, Toni G., schickte mir jedesmal regelmäßig alles verfügbare Material über den Widerstand gegen den Krieg, insbesondere der Spartakus-Gruppe, einer radikalen Bewegung, geführt von Rosa Luxemburg[*]. Durch Freunde erhielt ich einen Brief aus Berlin, wonach Toni verhaftet und im Gefängnis sei. Warum? Ohne mein Wissen war meine Post zensiert worden, und die Behörden hatten herausgefunden, daß mir Toni das geheime Material zusandte. Die Briefe, die ich erhielt, wiesen keine Öffnungsspuren auf. Dennoch empfand ich eine furchtbare Verantwortung. Toni war eine sehr zarte Frau. Wie konnte sie eine monatelange Haft durchstehen?

Ich beschloß, sofort nach Berlin zu fahren, um Hugo Haase, den Parteivorsitzenden, zu besuchen, mit dem ich seit einiger Zeit korrespondiert hatte. Haase war ein berühmter Anwalt, und ich bat ihn, Tonis Fall zu übernehmen und zu versuchen, sie so bald wie möglich freizubekommen. Er erklärte sich bereit, alles in seiner Kraft Stehende zu tun, nicht als Anwalt um des Geldes willen, sondern als Genosse. Während meines Aufenthalts in Berlin besuchte er sie und erreichte, daß sie Lesestoff erhalten durfte. Es dauerte jedoch mehrere Monate, bis sie wieder freikam.

* und Karl Liebknecht

Inzwischen waren alle meine Freunde informiert worden, daß meine Adresse nicht mehr sicher sei. Wir korrespondierten natürlich weiterhin, aber über andere Adressen.

Als sich die militärische Situation verschlimmerte, wurden die deutschen Behörden nervöser. Einige Freunde wurden verhaftet, darunter der Vorsitzende unserer Proletarischen Freidenker. Alle waren überrascht, daß ich noch frei war, am meisten ich selbst. Ich täuschte mich jedoch nicht darin, daß die Polizei und die Gerichte mich mit großem Interesse beobachteten. Wiederholt durchsuchte die Polizei meine Wohnung. Das letztemal kamen sie mit zwölf Mann. Aber alle Durchsuchungen verliefen ergebnislos. Seit dem Zwischenfall mit Toni G. war ich darauf vorbereitet, sie jeden Augenblick zu empfangen. In der Wohnung war alles in bester Ordnung – keine Briefe, keine Kopien, keine Literatur. Nur wer das selbst erlebt hat, weiß, was es heißt, an einem leeren Schreibtisch zu arbeiten und Korrespondenz abzuwickeln. Jedes Schriftstück mußte an sicheren Orten außerhalb meiner Wohnung, an schwer zugänglichen Stellen versteckt werden. Die größte Schwierigkeit stellten die Adressenlisten dar, die ich führen mußte. Es war eine meiner Aufgaben, an jedem Montagabend das in Berlin erscheinende *Mitteilungsblatt* an alle unsere Gruppen in Südwestdeutschland zu verschicken. Dieses Wochenblatt wurde von den Berliner Sozialisten herausgegeben, die gegen den Krieg waren, und es enthielt wertvolle Informationen, an die man sonst nicht herankam. Wie viele Nächte arbeiteten wir durch, um all das Material aus dem Haus zu schaffen!

Ich arbeitete Tag und Nacht, ohne Anzeichen von Müdigkeit. Ich gab meinen Vorgesetzten keinen Anlaß, mir Nachlässigkeit vorzuwerfen. Ich wollte sie um keinen Preis enttäuschen, deshalb erfüllte ich gewissenhaft meine Pflichten. Ich konnte von meinen Arbeitgebern nicht erwarten, daß sie meine Überzeugungen teilten, aber wir hatten oft interessante politische Diskussionen, vor allem während der Friedensverhandlungen zwischen Deutschland und Rußland in Brest Litowsk*. Natürlich waren sie überzeugte Kapitalisten, aber aufgeschlossen und kritisch eingestellt.

Als ich meine erste Vorladung vor Gericht bekam, war ich darauf gefaßt, eingesperrt zu werden. Was sie von mir wollten, war jedoch, daß ich gegen Freunde, Kriegsgegner in anderen Städten, aussagen sollte. Nach der zweiten Erfahrung dieser Art hatte ich

---

* 3. März 1918, Friede mit Sowjetrußland in Brest-Litowsk.

jedoch keine Zweifel mehr, daß man erreichen wollte, daß ich mich selbst belastete. Ich war nicht ganz so naiv, wie sie das gerne gehabt hätten. Obwohl ich ohne die Unterstützung eines Anwalts aussagen mußte und mir auf den Vorladungen nie mitgeteilt wurde, in welchem Fall ich als Zeugin erscheinen sollte, vermied ich es, sowohl Freunde als auch mich selbst zu belasten. Manchmal gelang mir das, indem ich vorgab, ein schlechtes Gedächtnis zu haben. Natürlich wurde mir nie gesagt, was die anderen Zeugen oder der Angeklagte selbst bereits gestanden hatten und was daher nicht geleugnet werden konnte. In einigen Fällen gelang es mir, die Angeklagten über meine Aussage zu informieren, indem ich sie aus dem Gefängnis zu einem Arzt oder Zahnarzt bringen ließ, wo sie ein gemeinsamer Freund erwartete. Man bekommt mit der Zeit auch in der Untergrundarbeit eine gewisse Routine, insbesondere, wenn das eigene Gewissen rein ist, in der Überzeugung, daß alles, was man tut, im Interesse der Menschen geschieht. Wenn es keine Demokratie gibt und die Behörden aufgrund von Ausnahmegesetzen regieren, sind diejenigen, die sich weigern, das Denken einzustellen, gezwungen, zu Untergrundmethoden zu greifen. Die Kriegsziele der herrschenden Klassen in Deutschland waren inzwischen klarer denn je geworden. Dazu zählte die Annexion der Täler von Briey und Longwy in Frankreich sowie des größeren Teils von Belgien und eines Teils des russisch-polnischen Territoriums, während die baltischen Staaten Vasallen Deutschlands werden sollten.

Ich war in Kontakt mit Hugo Haase, Eduard Bernstein – der Vater des sozialistischen Revisionismus, aber ein entschiedener Kriegsgegner – und Karl Kautsky, dem großen marxistischen Wissenschaftler, und ich hielt sie über die Stimmung der Antikriegsgruppen in Südwestdeutschland auf dem laufenden. Kautsky hatte Ende 1915 in der Zeitschrift *Neue Zeit* erklärt, daß die Minderheit innerhalb der sozialistischen Parlamentsfraktion nicht länger schweigen könne, sondern offen gegen den nächsten Antrag für Kriegskredite stimmen müsse. Die Folge war, daß am 24. März 1916 zwanzig sozialistische Mitglieder des Reichstags gegen die Kredite stimmten. Haase rechtfertigte diese Haltung als Sprecher dieser Minorität. Wir alle stimmten diesem Schritt zu, obwohl damit die Einheit der sozialdemokratischen Fraktion im Reichstag zerbrochen war. War die parlamentarische Plattform nicht der einzige Ort im Lande, wo so etwas wie Redefreiheit möglich war? Aber Intoleranz beherrschte die Stunde. Die zwanzig Abgeordneten wurden aus der sozialistischen Parlamentsfraktion ausgeschlossen und bildeten einen separaten Block*.

Die Intoleranz der Mehrheitssozialisten zeigte sich auch bei den Parteiversammlungen in Frankfurt und anderswo. Auf Betreiben der Mehrheitsgruppe wurden wir jeder Gelegenheit zu freier Diskussion beraubt.

Die Mehrheit hatte beschlossen, ihren Anführer Philipp Scheidemann nach Frankfurt kommen zu lassen, um ihren Standpunkt zu vertreten. Daraufhin hatten wir den Reichstagsabgeordneten Ewald Vogtherr, einen der zwanzig Kriegsgegner, eingeladen. Als die Versammlung eröffnet wurde, schlugen wir vor, Vogtherr die gleiche Redezeit einzuräumen wie Scheidemann. Der Antrag wurde der Versammlung vorgelegt, und die Abstimmung überzeugte uns, daß wir eine Mehrheit hatten. Aber der Vorsitzende lehnte es ab, die Stimmen zu zählen, und erklärte, die Mehrheit sei dafür, nur Scheidemann zu hören. Zu diesem Zeitpunkt rekrutierte sich die Mehrheit der Kriegsgegner aus Frauen, die in Frauengruppen geschult worden waren. Sie waren wütend über diese Entscheidung des Versammlungsleiters und protestierten heftig gegen dieses diktatorische Vorgehen. Die Versammlung zeigte Anzeichen von Unruhe. Dann geschah etwas, das ich naiverweise nie für möglich gehalten hätte. Eine Handvoll Männer griff zu physischer Gewalt, um alle protestierenden Frauen vor die Tür zu setzen! Als sie zu mir kamen, forderte ich sie heraus: »Wagt ihr es, mich anzurühren?« Sie kamen mir nicht nahe, aber natürlich wollte ich nicht unter Leuten bleiben, die alle demokratischen Rechte mit Füßen getreten hatten.

Ich behielt jedoch einen kühlen Kopf. Ich rief unsere Mitglieder zusammen und sagte zu ihnen: »Diese Erfahrung hat gezeigt, daß die Befürworter der Kriegskredite Angst haben, daß wir, die Gegner, in der Partei die Mehrheit bekommen könnten – deshalb ihre Provokation, um uns zum Verlassen der Organisation zu bewegen. Doch wir wollen die Einheit der Arbeiterbewegung. Lassen wir uns nicht ins Bockshorn jagen. Wir sind zuversichtlich, daß unsere Überzeugungen richtig sind und am Ende siegreich sein werden.«

---

* Am 21. Dezember 1915 hatte erstmals eine Minderheit von 20 SPD-Abgeordneten im Plenum gegen die Kriegskredite gestimmt. Bei der weiteren Bewilligung von Kriegskrediten durch die Mehrheit am 24. März 1916 stimmten 18 Abgeordnete dagegen (Liebknecht und Rühle waren schon im Januar aus der Fraktion ausgeschieden); sie bildeten die Sozialdemokratische Arbeitsgemeinschaft (SAG) im Reichstag.

Es bedurfte eines hohen Maßes an Selbstbeherrschung, um diese Marschrichtung einzuhalten. Es wurde immer offenkundiger, daß die Mehrheitssozialisten die Partei spalten wollten. In den Parteizeitungen, auf die der Vorstand Einfluß hatte, wurden die Kriegsgegner unter den Redakteuren entlassen. Und als im Januar 1917 die sozialistischen Kriegsgegner in Berlin eine Konferenz einberiefen, wurden die Delegierten und ihre Anhänger im Lande aus der Partei ausgeschlossen, ohne Gelegenheit zu einer Rechtfertigung zu erhalten. Ich betrachte es nach wie vor als eine Ehre, zu denjenigen gehört zu haben, die vom Parteivorstand informiert wurden, daß sie sich als außerhalb der Partei stehend zu betrachten hätten.

Da alle unsere Opfer für die Einheit der Arbeiterbewegung vergebens gewesen waren, drängte ich Haase, Kautsky und Bernstein, sofort zu handeln. Es war offensichtlich unsere Pflicht, dem Friedenswillen der hungernden Millionen Ausdruck zu verleihen. Ich kannte ihre Situation, denn ich hatte selbst gehungert. Natürlich hatte ich ein gutes Einkommen und hätte es mir leisten können, im Schwarzhandel für Lebensmittel jeden Preis zu zahlen. Aber ich wollte nichts auf dem schwarzen Markt kaufen. Ich hätte mich geschämt, zu den Versammlungen der hungernden Arbeiter zu gehen und gut genährt unter ihnen zu sitzen und über ihre Probleme und ihre Leiden zu diskutieren.

Viele Arbeiter erklärten sich mit ihren ausgeschlossenen Führern solidarisch. Eine neue politische Organisation mußte geschaffen werden. Die Parteiführer in Berlin kamen an dieser Erkenntnis nicht vorbei. Schließlich handelten sie. Zu Ostern 1917 wurde in der ehrwürdigen mittelalterlichen Stadt Gotha in Thüringen, deren Reichstagsabgeordneter der alte Wilhelm Bock war, ein hochangesehener Führer der Lederarbeitergewerkschaft, eine Konferenz einberufen. Wilhelm hatte am eigenen Leib Bismarcks Gesetz gegen den Sozialismus zu spüren bekommen und war ein bewährter Kämpfer. Als wir ihn einmal als Referenten eingeladen hatten, erzählte er uns von seiner Tätigkeit unter Bismarcks Gesetz und wie er die Polizei immer wieder hinters Licht geführt hatte. Er gab uns einige nützliche Tips für unsere Antikriegsarbeit.

Bock war es gelungen, die Konferenz zu organisieren, die trotz des Ausnahmezustands zum Gründungskongreß der Unabhängigen Sozialdemokratischen Partei Deutschlands werden sollte. Die besten Köpfe der Deutschen Arbeiterbewegung waren auf unserer Seite. Außer Haase, Kautsky, Bernstein und Bock war da

Kurt Eisner, der Dichter, der gütigste und gleichzeitig mutigste Mensch, der für seine überzeugte Kriegsgegnerschaft ins Gefängnis ging. Natürlich gehörte auch Clara Zetkin zu uns und auch Georg Ledebour, ein Berliner Reichstagsabgeordneter und ein Prachtexemplar des alten Typus eines Arbeiterführers. Ledebour hatte scharfgeschnittene Gesichtszüge, war schlank und hatte ein gelähmtes Bein, was ihn jedoch nicht daran hinderte, auf Berge zu steigen. Er war ein so begeisterter Wanderer, daß er mich jedesmal, wenn er zu einem Vortrag nach Frankfurt kam, bat, mit ihm in den Taunus zu gehen. Nicht selten begann er während des Ausflugs einen Disput über politische Fragen, über die wir geteilter Meinung waren. Er war streitsüchtig und halsstarrig. Es war sicher nicht immer leicht für Haase, unseren Vorsitzenden, mit Georg im Bundesvorstand auszukommen. Aber wir alle schätzten den alten Georg wegen seiner guten Eigenschaften als Kämpfer und Genosse. Er war einer der wenigen Menschen, die sich von der Plattform des Reichstags aus entschieden für eine Republik aussprachen.

Die Gothaer Konferenz verlief nicht ohne kontroverse Zwischenfälle. Die Delegierten des Spartakusbundes, aus dem später die Kommunistische Partei hervorging, traten unserer neu gegründeten Unabhängigen Sozialdemokratischen Partei mit inneren Vorbehalten bei. Uns allen war nicht ganz wohl dabei. Aber das war das einzige Anzeichen von Disharmonie. Im übrigen war es eine Zusammenkunft, die sich durch einen erfreulichen Geist von Solidarität auszeichnete.

Natürlich rechneten wir jeden Augenblick damit, daß die Obrigkeit unsere Versammlung auflösen würde, aber wir waren glücklich, wieder eine politische Heimat gefunden zu haben. Inmitten unserer ernsten Beratungen gab es auch einige heitere Augenblicke. Eines Nachts, als ich in mein Hotel zurückgekehrt war, hörte ich plötzlich Männerstimmen unter meinem Fenster Opernarien singen. Es war eine Gruppe alter Genossen, angeführt von Alfred Henke, dem Reichstagsabgeordneten aus Bremen, die mir auf dem Gothaer Marktplatz ein Ständchen darbrachten. Der Mond lächelte auf die seltsame Schar alter Kämpen. Es war ein seltener Anblick in jenen Tagen der Menschenschlächterei, des Hungers und des Leids.

Die Lebensbedingungen wurden nach dem Kongreß noch härter. Der schlimmste Winter, der des Jahres 1917, in dem fast die gesamte Nahrung ganz oder teilweise aus Rüben bestand, lag vor uns. Brot aus mit Rüben vermischtem Mehl, Rüben zu Mittag und am Abend, Rübenmarmelade – die Luft war mit dem Geruch

Georg Ledebour

von Rüben gesättigt und verursachte Brechreiz! Wir haßten Rüben und mußten sie doch essen. Sie waren das einzige Nahrungsmittel, das reichlich vorhanden war.

Bald erkannte ich, daß in der Mentalität der Menschen ein großer Wandel stattfand. Sie hatten ihr Vertrauen zu Ludendorff und Hindenburg, zum gesamten Generalstab verloren. Zu Beginn des Krieges hatten mich meine Kollegen in der Metallfirma gemieden, da bekannt war, daß ich den Krieg ablehnte. Aber mit jedem Jahr wuchs die Zahl jener, die mir freundlich begegneten. Schließlich kamen viele zu mir, um über die politische Situation zu sprechen. Sie spürten allmählich, daß den deutschen Machthabern die Dinge aus der Hand glitten.

Wenn in diesen Monaten demokratische Freiheiten existiert hätten, dann hätte unsere neu gegründete Partei sicher einen riesigen Zulauf gehabt. Das war der Grund, warum die Obrigkeit jedes öffentliche Wirken unsererseits untersagte. Wir fanden jedoch einen Ausweg. Ich wurde beauftragt, den Vortragsreisen der Sprecher anderer Parteien zu folgen, die auf öffentlichen Versammlungen reden durften, da sie den Krieg unterstützten. Meine Aufgabe war es, in der nachfolgenden Diskussion um das Wort zu bitten. Der Trick bestand darin, zuerst das Wort erteilt zu bekommen, indem man die Zuhörer neugierig machte, und sich dann so auszudrücken, daß es dem stets anwesenden Armeeoffizier schwerfiel, mich zu unterbrechen und verhaften zu lassen. Der alte Georg Ulrich, der als der »Rote Herzog aus Hessen« bekannt war, weil er für das Großherzogtum Hessen Reichstagsmitglied geworden war, zählte zu den populärsten Figuren seines Landes. Er war der Redner, in dessen Gefolge ich meistens reisen mußte. Er wurde nervös, wenn ich auftauchte. Meine Redezeit wurde beschnitten. Sie gaben mir meist nicht mehr als zehn Minuten. Aber gegen das letzte Kriegsjahr zu spürte ich die wachsende Neugier der Zuhörer, und am Ende meiner zehn Minuten konnte ich die Anwesenden selbst fragen, ob sie noch mehr zu hören wünschten. Ich hätte ihnen noch einige interessante Dinge mitzuteilen, sagte ich dann.

»Laßt sie länger sprechen!« forderten die Zuhörer.

Die Offiziere stenografierten jedes Wort mit, und ich rechnete jeden Augenblick mit meiner Festnahme, obwohl ich Formulierungen zu wählen suchte, die nicht belastend waren. Alle meine Freunde staunten, daß ich immer noch frei war. Erst später sollte ich eine Erklärung für diese verwunderliche Tatsache erhalten.

Eines Tages mußte ich nach Rüsselsheim fahren, um mich auf einer Versammlung der Arbeiterinnen der Opel-Automobilfabrik, die damals nur Munition erzeugte, während der Diskussion zu Wort zu melden. Nachdem ich geredet hatte, blieben alle Anwesenden nach Schluß der Versammlung sitzen und forderten mich auf, eine neue Versammlung zu eröffnen. Ich willigte ein, obwohl ich natürlich dazu keine Erlaubnis des Armeekommandos besaß. Eine unserer aktivsten Gruppen wurde in dieser Industriestadt gegründet.

»Beendet den Krieg!« Das war unsere Hauptforderung. Aber es war eine negative Forderung, und sie reichte nicht aus, um diejenigen von uns zu befriedigen, die in die Zukunft blickten. Die Bekämpfung der Kriegstreiber und der Verfechter einer imperialistischen Politik des Pan-Germanismus – das war unser eigentliches Ziel. Diese Kräfte, die ihre Hochburgen in der Schwerindustrie und unter den Junkern der riesigen preußischen Landgüter hatten, waren dieselben, die Deutschland daran hinderten, ein freies demokratisches Land zu werden, in dem die Menschen nicht nur das Recht hatten, »für ihr Vaterland zu sterben«, sondern es zu einer Nation mit einer Regierung des Volkes, durch das Volk und für das Volk zu machen.

Als Haase nach Frankfurt kam, um auf einer geheimen Versammlung zu sprechen, berieten wir eine ganze Nacht lang dieses Problem. Hier hatte ich zum ersten Mal Gelegenheit zu erkennen, daß dieser hervorragende Anwalt und Politiker auch über einen bedeutenden konstruktiven Geist verfügte. Keiner von uns zweifelte daran, daß die notwendige große Umwälzung in Deutschland nicht ohne Revolution zustande kommen könne. Es war überaus wichtig, daß uns eine solche Revolution nicht unvorbereitet vorfinden sollte.

»Wir können nicht erwarten, daß wir den Kriegstreibern die Macht auf längere Sicht entreißen können, wenn wir nicht die wirtschaftliche Grundlage ihres politischen Einflusses antasten«, sagte ich zu Haase.

»Dessen sind wir uns bewußt«, erwiderte er. »Ich habe Kontakt mit vielen führenden Persönlichkeiten des Wirtschaftslebens« – und er nannte mir eine Reihe von Namen, die ich jetzt nicht wiederholen kann, ohne sie der Rache der Nazis auszuliefern. »Sie sind bereit, im Falle einer solchen fundamentalen Umwälzung mit uns zusammenzuarbeiten. Im Gegensatz zu Rußland können wir uns in Deutschland keine Unterbrechung, keinen Stillstand der ökonomischen Maschinerie leisten, denn damit würden wir riskieren, daß unser Volk hungert und schließlich gegen die Revolution selbst revoltiert. Wir brauchen ein Höchstmaß an Kontinuität des industriellen Prozesses. Wenn die Mehrheit des Volkes hinter uns steht und bereit ist, eine neue, freie Welt ohne politische und ökonomische Sklaverei aufzubauen, kann es uns gelingen, Deutschland zu einer wirklichen Heimat der arbeitenden Menschen zu machen. Wir müssen den Staat von oben bis unten neugestalten. Inzwischen müssen wir uns auf diesen Augenblick vorbereiten. Wir müssen bereit sein, wenn die großen Veränderungen möglich werden.«

VÖLKER-
VERSÖHNENDE
FRAUENARBEIT
WÄHREND DES
WELTKRIEGES

Titelblatt des Berichts der Internationalen Frauenliga für Frieden und
Freiheit. Deutscher Zweig, 1920

Toni Sender

IV. AM VORABEND
DER NOVEMBERREVOLUTION

Die Leidensfähigkeit des deutschen Volkes muß gewiß über-
durchschnittlich sein. Das bewies die Bevölkerung in den
Kriegsjahren des Hungerns und Opferns. Aber auch sie erreichte mal einen Grenzpunkt. Durch meine engen Kontakte mit den
Frauen der Arbeiterklasse wußte ich, welch eine erdrückende
Last auf ihren Schultern ruhte. Die Brotkarten reichten nie für
die vielen hungrigen Münder. Oft wurden Karten für Fleisch
ausgegeben, das es nicht gab oder das man nicht kaufen konnte,
weil einem das Geld fehlte. Butter- und Fettmarken bedeuteten
nicht, daß man die aufgedruckten Quantitäten auch wirklich
erhielt. Häufig war das Wort »Butter« auf der Lebensmittelkar-
te das einzige, was man von Butter sah. Einen Teil meiner
Brotmarken gab ich gewöhnlich kinderreichen Familien. Die
Gesichter wurden blasser, die Grippe forderte viele Opfer.
Woher hätten die geschwächten Körper auch Widerstandskraft
nehmen sollen?
Viele meiner Freundinnen arbeiteten in den Munitionsfabriken,
während ihre Männer in den Schützengräben standen. Ihr Lohn
war nötig, um den Haushalt in Gang zu halten. An Sonntagen
fuhren sie mit ihren Rucksäcken aufs Land, in der Hoffnung, von
den Bauern Lebensmittel zu ergattern. Auf dem Nachhauseweg
mußten sie aufpassen, daß sie nicht der Polizei in die Hände
fielen, die ihnen die Lebensmittel wieder weggenommen hätte.
Schwarzhandel mit Lebensmitteln war natürlich verboten. Diese
Mütter, die neben ihrer täglichen Angst um ihre im Felde
stehenden Männer eine schwere ökonomische Last zu tragen
hatten, waren meine mutigsten Helferinnen im Kampf um
Frieden und eine bessere Gesellschaft. Sie verspürten nicht nur
die soziale Ungerechtigkeit am eigenen Leib – es war ihnen nicht
unbekannt, daß Butter, Fleisch und andere Lebensmittel in die
Häuser der Reichen wanderten, die es sich leisten konnten, jeden
Preis dafür zu bezahlen –, sie wußten auch, daß das Armeeober-
kommando die Wahrheit über die militärische Situation und den
Verlauf des Krieges verschwieg.
Der Krieg war verloren – und die Kämpfe gingen immer noch
weiter. Zehntausende würden noch sterben müssen. Wofür?

Hatten die Russen nicht ein Beispiel gegeben, dem man folgen sollte?

Robert Dißmann, der als »unheilbar« aus der Armee oder genauer genommen aus dem Krankenhaus entlassen worden war, hatte seine intensive Tätigkeit wieder aufgenommen. Seinem Eifer war es zu verdanken, daß die meisten Männer, die noch in den Fabriken, insbesondere in der Metallindustrie, übrig waren, hinter uns standen. In jedem wichtigen Werk hatten wir unsere bewährten Kontaktleute – in einem Tag konnten wir sie alle erreichen.

Der letzte Rest an Vertrauen zu den Machthabern der Nation brach zusammen, als im September 1918 nach dem Scheitern der Heeresoffensive und dem Abfall Bulgariens Deutschland der Verlust von Rumänien drohte. Wie konnte der Krieg weitergehen ohne rumänisches Öl und Nahrungsmittel? Das Kriegsglück hatte sich gegen Deutschland gewandt, und das konnte dem Volk nicht länger verborgen werden.

Jetzt, da alles verloren war, ergriffen die Verantwortlichen Maßnahmen, die vier Jahre früher vielleicht einen gewissen Sinn gehabt hätten. Die Regierung wurde auf eine breitere Basis gestellt. Statt daß der Kaiser die Minister ernannte, entsandten die Parteien ihre Delegierten in das Kabinett, das von dem Liberalen Max von Baden geführt wurde. Es war Angst, was Ludendorff und den Generalstab zwang, dem Volk mehr Rechte zu gewähren. Bis zur militärischen Niederlage hatte unsere Bevölkerung keine Gelegenheit erhalten, hinter die Fassade der Siegesberichte zu blicken oder die politische Lage in kritischer Weise zu erörtern. Niemand wußte das besser als wir. Nur eine einzige öffentliche Versammlung wurde uns gestattet – und das war nach dem Zusammenbruch an der Front und der drohenden Loslösung Österreichs von Deutschland.

Auf Drängen General Ludendorffs mußte die neue Regierung von Prinz Max von Baden die Alliierten um einen Waffenstillstand bitten. Er adressierte seine Bitte an Präsident Wilson. Der Präsident bezweifelte, ob die verfassungsmäßigen Änderungen wirklich tiefgreifend waren, da der Kaiser nach wie vor an der Spitze der Nation stand und die Generäle einflußreiche Positionen behielten. Das Mißtrauen gegenüber Deutschland war noch nicht geschwunden.

Der Reichsvorstand der Unabhängigen Sozialistischen Partei veröffentlichte im Oktober 1918 einen Appell, in dem es hieß: »Tiefe Umwälzungen gehen in allen Staaten vor sich. Die Welt erhält ein völlig anderes Antlitz. ... Bei diesem *Umgestaltungs-*

prozeß eine *führende Rolle* zu übernehmen, ist die historische Aufgabe des internationalen Proletariats. Begeisterung, Opferfreudigkeit und Geschlossenheit sind unbedingt zu ihrer Lösung erforderlich.«*

Dieser Geist der Opferbereitschaft wurde sehr bald von Männern bewiesen, die gewiß nicht ein Höchstmaß an politischer Bildung erhalten hatten, aber in denen die Rebellion erwacht war. Als die deutsche Hochseeflotte am 30. Oktober den Befehl erhielt, zu einem Großangriff, wie es schien gegen England, auszulaufen, weigerten sich die Mannschaften der *Helgoland* und der *Thüringen* zu gehorchen.

»Der Krieg ist verloren, vorüber. Wozu dieses sinnlose Opfer? Um den Stolz unserer Offiziere zu befriedigen, durch die wir in diesen vier Jahren genug gelitten haben? Niemals!« Das war die Reaktion der Matrosen.

Sofort wurden vierhundert Besatzungsmitglieder der *Thüringen* und der *Helgoland* verhaftet. Es war jedoch zu spät, um die übrigen einzuschüchtern. Ohne Angst vor drohender Bestrafung, ja möglicher Verurteilung zum Tode, nahmen die Matrosen die Dinge selbst in die Hände, und am 7. November** wählten sie Matrosenräte. Die Arbeiter in den Werften schlossen sich ihnen an und wählten Arbeiterräte. Die Forderungen der Matrosen waren elementar und naiv, aber an erster Stelle stand die Forderung nach Frieden und einer Beendigung des destruktiven Einflusses der Deutschnationalen, dieser Hurra-Patrioten. Diese Matrosen, die in der Mehrheit aus der Arbeiterklasse stammten, hatten es bereits 1917 gewagt, gegen die Behandlung zu protestieren, die ihnen von ihren Offizieren zugemutet wurde, und zwei von ihnen hatten dafür mit ihrem Leben bezahlt. Seit damals hatten sie Geheimbünde gebildet und Kontakt mit Reichstagsmitgliedern der Unabhängigen Sozialistischen Partei, insbesondere Hugo Haase und Wilhelm Dittmann, aufrechterhalten.

Auch Louise Zietz, ein Mitglied unseres Reichsvorstands, genoß ihr Vertrauen. Wer Louise gekannt hat, kann das gut verstehen. Ich lernte sie während des Krieges kennen, als ich dem Beratungsgremium unserer Partei angehörte. Louise stammte aus einer sehr armen Familie und war bereits in sehr jungen Jahren gezwungen gewesen, für einen Hungerlohn hart zu arbeiten. Es war erstaunlich, welche eiserne Energie dieser Frau aus einer

---

* Originalrezept nach Eugen Prager, Geschichte der U.S.P.D., Berlin 1921, S. 174.
** Richtig: am 4. November 1918 in Kiel.

Kindheit voll solcher Schinderei erwachsen war. Sie wurde Gewerkschaftsführerin, und obwohl sie wenig Bildung erhalten hatte, eignete sie sich eine große Menge an Wissen an, was sie befähigte, die Frauenvertreterin im Parteivorstand der alten Sozialistischen Partei und später eines der aktivsten Mitglieder des Reichstags zu werden. Sie war das fleißigste Mitglied des Parteivorstands und lehnte es ab, Unterschiede zwischen Frauenaufgaben und allgemeinen politischen Pflichten anzuerkennen. Ihre Wirksamkeit als Volksrednerin lag in ihrer Fähigkeit, zu verstehen, was Armut bedeutete, die sie am eigenen Leib kennengelernt hatte. Zu jeder Tages- oder Nachtstunde war sie bereit zu helfen. Die Matrosen, die 1917 gegen die brutale Behandlung und das schlechte Essen revoltiert hatten, brauchten einen Ratgeber. Sie hatten sich an Louise gewandt. Was damals eine verlorene Sache zu sein schien, wurde ein Jahr später, im November 1918, zum Signal für die deutsche Revolution.

Das Feuer brach in der Hafenstadt Kiel aus. In den ersten Novembertagen hatten Revolutionäre mit Unterstützung der Arbeiter von der Stadt Besitz ergriffen. Arbeiterführer waren eingetroffen. Würde es sich nur um eine regionale Erhebung ohne nationale Folgen handeln? Nicht, wenn es nach dem Willen der Matrosen ging! Sie hatten begriffen, daß die Erfüllung ihrer Forderungen nur nach einer fundamentalen Umwälzung in der gesamten Nation gewährleistet sein würde. Alle Deutschen, die die Notwendigkeit begriffen, eine freie und gerechte soziale Ordnung zu errichten, sympathisierten mit ihnen. Wir spürten, daß die Revolution näherrückte und wollten sie in eine Richtung lenken, die es dem deutschen Volk ermöglichte, der Welt zu zeigen, daß wirklich etwas Neues begonnen hatte. Die Welt sollte dazu gebracht werden, uns zu vertrauen.

Robert Dißmann war nach Berlin gefahren, um die Situation mit der Parteiführung zu erörtern. Bei seiner Rückkehr am frühen Morgen des Freitag, dem 8. November, holte ich ihn am Bahnhof ab. Dort wurden wir uns einig, daß der Augenblick zu handeln gekommen war. Wir beschlossen, am Abend desselben Tages alle unsere Betriebsräte ins Schlesinger Eck zu berufen, den Versammlungsort, wo wir uns endlich vor der Denunziation durch Spitzel und Polizeirazzien einigermaßen sicher fühlten. Das Schlesinger Eck war ein alter Gasthof an der Ecke der Großen Gallusstraße im Stadtzentrum. Er war ziemlich heruntergewirtschaftet worden von einem Pächter, der sein eigener bester Kunde zu sein schien. Eine finstere Treppe führte in das obere Stockwerk, wo wir unsere Büros und den Versammlungsraum

Louise Zietz

hatten. Es war nicht sehr sauber und gepflegt, und wir waren nicht überrascht, wenn uns eine Maus über die Füße lief. Aber der Wirt war ein gutmütiger Mensch und seine Frau ebenfalls. Sie waren sich bewußt, daß sie ein Risiko eingingen, wenn sie uns Asyl gewährten. Vielleicht sympathisierten sie mit unserer Arbeit. Nach einer langen Zeit des Herumziehens von Saal zu Saal, wobei wir wegen unserer Kriegsgegnerschaft ständig wieder des Hauses verwiesen wurden, waren wir dankbar für dieses Obdach, obwohl es keinerlei Komfort bot. Für das alte Schlesinger Eck empfinde ich immer noch ein warmes Gefühl der Dankbarkeit. Dort sollten wir in der Nacht dieses historischen Freitags unsere denkwürdige Versammlung abhalten.

Robert ging in sein Büro, um die Einladungen für die Betriebsräte am gleichen Morgen drucken und verteilen zu lassen; ich begab mich an meinen Schreibtisch in der Firma. Es war mir unmöglich, mich auf Zahlen und Geschäftsbriefe, Kalkulationen und Bilanzen zu konzentrieren. Große Ereignisse kündigten sich an. Ich ging zu meinem Vorgesetzten.

»Bitte gestatten Sie mir, heute das Büro zu verlassen.«

»Aus welchem Grund?«

»Ich kann nicht im Hause bleiben. Ich muß in die Stadt gehen und versuchen, Soldaten zu treffen und mit den Menschen auf der Straße zu sprechen. Es muß bald etwas geschehen, und ich empfinde es als meine Pflicht, mich nicht davon auszuschließen.«

Obwohl weit davon entfernt, Revolutionäre zu sein, bewiesen meine Vorgesetzten in jenen Tagen großes Verständnis. Auch sie waren wahrscheinlich auf stürmische Ereignisse und tiefgreifende Veränderungen vorbereitet. Sie ließen mich gehen.

Die Luft schien von Unruhe erfüllt. Oder war es bloß meine eigene Unruhe, die ich auf meine Umwelt projizierte? Nein, das konnte nicht sein, denn die Menschen, mit denen ich auf der Straße redete, reagierten zu aufgeschlossen. Nach zweiundfünfzig Monaten der Erbitterung brach schließlich ein Sturm los. Was die Menschen aufbrachte, war vor allem die Erkenntnis, daß man ihnen über vier Jahre lang nicht die Wahrheit gesagt hatte, daß man sie über die Situation auf den Schlachtfeldern getäuscht und hinsichtlich der Ereignisse in der Welt draußen bewußt irregeführt hatte. Als ich am Hauptbahnhof anlangte, sah ich eine Menschenmenge. Matrosen! Sie waren von Kiel gekommen. Ihre blauen Blusen schienen ein Symbol. Ich lief ihnen entgegen. Sie erzählten mir, was in Kiel, in der Marine, geschehen war.

»Delegationen von Seeleuten sind in alle Teile des Landes

entsandt worden, um die Botschaft zu überbringen und euch aufzufordern, uns zu unterstützen«, sagten sie.

Ich antwortete: »Das tun wir nur zu gern. Ihr könnt euch auf uns verlassen. Meine Partei ist aus ganzem Herzen auf eurer Seite. Aber könnt ihr mir sagen, wie es in der Hauptstadt, wie es in Berlin steht? Wie verhält sich die Regierung von Prinz Max von Baden?« fragte ich.

»Das wissen wir nicht. Dort scheint noch nichts geschehen zu sein. Aber sie müssen und werden sich uns anschließen.«

Ich setzte meinen Weg in den Bahnhof fort, der von einer Sondereinheit des Heeres bewacht wurde. Ihr Kommandant hatte eine Durchsuchung aller Züge aus Norddeutschland nach Aufständischen angeordnet. Ich versuchte mit den Soldaten zu reden. Ein Unteroffizier erwies sich am aufgeschlossensten. Sein Name war Stitz. Trotz seiner Jugend war er besonnen und mutig.

»Wir müssen die Durchsuchung der Züge nach revolutionären Soldaten beenden«, sagte ich zu ihm. »Versuchen Sie zu erreichen, daß die Soldaten im Bahnhof sich den Seeleuten und der Revolution anschließen!«

Stitz erklärte sich dazu bereit. Am gleichen Abend flatterten zwei große rote Fahnen über dem Eingang des Frankfurter Hauptbahnhofs.

Inzwischen erreichte uns die Nachricht, daß in München eine Republik ausgerufen worden war. Der bayerische König hatte abgedankt, und unser Kurt Eisner, der Dichter und Journalist, stand an der Spitze der neuen Regierung. Bauern hatten sich den bayerischen Arbeitern angeschlossen. Das war eine ermutigende Nachricht. Wir mußten uns beeilen, sie zu unterstützen.

Armeeoffiziere mischten sich unter das Volk. Das hatten sie bisher selten getan. Aber ihre plötzlich demonstrierte Sympathie für die Demokratie kam zu spät. Die Soldaten begannen, ihren Offizieren die Epauletten von den Schultern zu reißen. Sie wollten ihr früheres Verhältnis zu diesen Leuten nicht länger hinnehmen, das auf ihrer Seite aus blindem Gehorsam bestanden hatte. Was die Soldaten am meisten erbitterte, war jedoch vermutlich weniger diese strenge Disziplin als die Tatsache, daß sich die Offiziere als eine höhere Kaste mit gesellschaftlichen und wirtschaftlichen Privilegien betrachteten. Sie hatten nicht nur während des Krieges geherrscht, sondern die militärische Kaste hatte auch zusammen mit den Junkern – den preußischen Großgrundbesitzern – und den Schwerindustriellen aufs engste mit dem Hof zusammengearbeitet und die Nation regiert. Sie wurden deshalb als unmittelbar verantwortlich für den Krieg, für die Niederlage und das Leiden des Volkes betrachtet. Wenn man sich das unerhörte Elend der Bevölkerung vor Augen hält, war die milde Behandlung, die den Offizieren zuteil wurde, geradezu überraschend. Nur ihre Schulterstücke wurden entfernt. Keinem von ihnen wurde persönlicher oder körperlicher Schaden zugefügt. In diesen Mittagsstunden des Freitags wußten wir noch nicht, was in den Kasernen der Infanterie geschehen würde. Unter den Soldaten gärte es, wie ich hörte, aber über die Haltung des Offizierskorps war nichts bekannt.

Ich traf Freunde, die mir mitteilten, daß alle Frankfurter Parteien einen »Wohlfahrtsausschuß«* gebildet hatten und daß sie einen Appell an die Bevölkerung richten würden, sich ruhig zu verhalten und keinen Aufruhr zu stiften. Was hatte dieser Wohlfahrtsausschuß zu bedeuten? Es konnte sich nur um einen Versuch handeln, zu verhindern, daß die Wogen der Revolution auch diesen Teil des Landes erfaßten. Ich traf Robert, und wir beschlossen, eine Warnung gegen dieses Manöver zu veröffentlichen.

Wieder ging ich auf die Straßen, auf denen sich jetzt noch mehr Menschen drängten. Wir beschlossen, in die Kasernen zu gehen, um mit den Soldaten Kontakt aufzunehmen. Heinrich Hüttmann, Mitglied des Reichstages und unabhängiger Sozialist, schloß sich uns an. Wir wurden gut aufgenommen. Hüttmann sprach als erster. Ich folgte ihm. Ich berichtete ihnen über die Ereignisse in der Marine und die Botschaft der Matrosen und sprach von unserer Entschlossenheit, daß Südwestdeutschland ihrem Beispiel folgen und nötigenfalls jeglichen Widerstand zerschmettern solle. Begeisterter Beifall! Die Soldaten unterstützten die Revolution. Sie würden Soldatenräte gründen. Bevor wir gingen, wandte man sich an mich und berichtete mir, daß einige Soldaten wegen Befehlsverweigerung verhaftet worden seien. Wäre es nicht ein angebrachter erster Akt der Republik, sie freizulassen? Ich verlangte sofort die Schlüssel des Militärgefängnisses. Sie wurden mir ausgehändigt. Die freigelassenen Soldaten umarmten mich voll Dankbarkeit für ihre unerwartete Befreiung.

Es war jedoch höchste Zeit, zum Schlesinger Eck zu eilen. Unsere Freunde aus den Fabriken mußten längst eingetroffen sein. Es war schwierig, in den Straßen voranzukommen, die von Menschenmassen verstopft waren. Noch keine Meldungen aus

* Aktionsgemeinschaft von SPD und Liberalen, gebildet am 8. 11. 1918

Berlin, aber zumindest in Frankfurt unterstützte die Bevölkerung die Revolution.

Eine dicke Rauchwolke schwebte über der Versammlung im Schlesinger Eck. Ich hörte Roberts Stimme die Namen aller wichtigen Fabriken aufrufen und nach den Namen ihrer Delegierten fragen. Praktisch alle waren vertreten, insbesondere die Munitionsfabriken. Nie zuvor war dieser Saal so überfüllt gewesen. Robert berichtete über die neuesten Ereignisse in der Nation. Er erklärte, daß der Matrosenaufstand keine regionale Angelegenheit sei: die Bewegung werde sich ausbreiten, und es sei unsere Aufgabe, ihr eine Richtung zu geben. Robert besaß das unbegrenzte Vertrauen der Arbeiter. Sie kannten ihn als einen Mann, der im richtigen Moment wagemutig sein würde, der aber immer im Interesse der Massen handelte. Er würde weder leichtfertig Abenteuer riskieren, noch fürchtete er sich davor, ein Wagnis einzugehen. Er unternahm nie etwas, ohne seine Strategie zu planen. Der zweite Schritt war überlegt, bevor er den ersten unternahm. Die Fabrikarbeiter, die sein singender rheinischer Tonfall in Stimmung versetzte, liebten ihn.

Ich folgte Robert auf dem Rednerpodium mit einem Bericht über meine Erlebnisse an diesem Tag und einer Darlegung der nächsten Schritte, die ich für notwendig hielt.

»Wenn Berlin noch nicht bereit ist, müssen die Provinzen unabhängig handeln und sich in Richtung auf die Revolution bewegen«, sagte ich. »Wir können nicht auf Berlin warten. Weiteres Zuwarten kann große Gefahr bedeuten. Die Gründung dieses verdächtigen ›Wohlfahrtsausschusses‹ in Frankfurt ist eine deutliche Warnung. Wenn wir nicht schnell handeln, wird die Reaktion die Gelegenheit ergreifen, ihren Einfluß zurückzugewinnen. Wir müssen vollendete Tatsachen schaffen und unsere Aufgabe gut erfüllen. Andere Provinzen werden folgen. Frankfurt muß sich im Südwesten Deutschlands an die Spitze der Bewegung setzen. Das macht unsere rasche Entscheidung um so notwendiger. Gibt es eine Erfolgsgarantie? Keine Revolution hat eine hundertprozentige Erfolgsgarantie, aber unsere Chancen sind im Augenblick ausgezeichnet. Nicht nur sind die Massen bereit, sondern die herrschenden Klassen spüren ihre eigene Schwäche.«

Dann schilderte ich einige meiner Erfahrungen der letzten Tage mit Arbeitgebern und deren Erkenntnis, daß große Veränderungen unvermeidlich zu sein schienen.

»Wenn wir rasch und gründlich handeln, können große Dinge

Maschinengewehre sichern das Hauptquartier der Revolution,
den »Frankfurter Hof«,
wo der Soldatenrat bis zum 15. November 1918 residierte

ohne Gewaltanwendung erreicht werden. Laßt uns die Gelegenheit nutzen, die wir zum ersten Mal haben.«

Robert und ich hatten uns geeinigt, die Ausrufung eines Generalstreiks für den nächsten Morgen zu empfehlen. Aber unsere Freunde mußten zuerst in ihre Betriebe zurückkehren und die Wahl von Arbeiterräten organisieren, die die Herrschaftsinstrumente der Republik werden würden. Es war Roberts Aufgabe, die Einzelheiten der Wahl auszuarbeiten. Die Streikdauer konnte noch nicht festgesetzt werden; sie hing von Ereignissen in der Nation und weiteren Entwicklungen in unserem Bezirk ab. Die streikenden Arbeiter konnten natürlich nicht erwarten, Streikentschädigung zu erhalten. Es sollte ein politischer Streik sein, der nicht finanziert wird, sondern aus einer Bereitschaft entsteht, für das Allgemeinwohl Opfer zu bringen. Alle verstanden das, und alle waren dazu bereit. Sie hatten für ein Ziel gehungert und gelitten, das sie nicht als das ihre empfanden. Jetzt würden sie es, ohne zu zögern, für die Sache des Volkes tun.

An diesem Punkt traf einer unserer Freunde vom Heer ein und berichtete, daß gleichzeitig mit unserer Versammlung der Betriebsräte in dem eleganten Hotel Frankfurter Hof eine Zusammenkunft der Soldatenräte stattfinde. Bei ihren Beratungen herrsche große Verwirrung. Unbekannte Männer hätten die Führung übernommen, und es sei unbedingt nötig, daß eine Person mit politischer Erfahrung eingreife; sonst würde alles, was wir hier beschlossen, durch die Unerfahrenheit der Soldaten zunichte gemacht. Robert war bereit zu gehen, und er mußte den größten Teil der Nacht auf die Lösung dieser schwierigen Aufgabe verwenden.

In den ersten Stunden der Revolution waren wir mit dem Faktor konfrontiert, der sich als ihr größtes Handicap erweisen sollte: die Soldatenräte. Die Soldaten waren in der Mehrzahl politisch völlig ungeschult. Was sie forderten, war die möglichst reibungslose Beendigung des Krieges. Sie wollten endlich nach Hause und an die Arbeit zurückkehren können. Sie kümmerten sich nicht um die Notwendigkeit, jene Kräfte auszurotten, die das Volk in den Krieg geführt hatten. Es fehlte ihnen an Wissen und Verständnis der sozialen und ökonomischen Strömungen. Aber im Augenblick hatten sie die Waffen, und sie durften bei der Errichtung des neuen Deutschlands mitreden. Das Programm der Soldatenräte war im Gegensatz zu dem der Arbeiter nicht revolutionär. Sie waren kriegsmüde und natürlich bereit, die junge Republik zu unterstützen. Aber welche Art von Republik das sein würde, kümmerte sie nicht allzusehr. Sie konnten nicht verstehen, warum sich die politischen Parteien über ein Aktionsprogramm Gedanken machten. Die Praxis würde die Aufgaben enthüllen, die es zu meistern galt. Daß man scheitern kann, wenn man nicht klar in die Zukunft sieht, plant und das eigene Programm entschlossen durchführt, kam ihnen nicht in den Sinn.

Während sich Robert im Frankfurter Hof abmühte, hatte ich den Vorsitz der Betriebsräteversammlung übernommen. Wir konnten den Lauf der Revolution nicht aufhalten, während die Soldaten redeten. Einzelheiten des Generalstreiks mußten geplant werden. Ich machte das anhand von Informationen, die mir die erfahreneren Männer gaben.

Es gab verschiedene Hindernisse, auf die wir vorbereitet sein mußten. Unsere Erfahrungen mit der Frankfurter Polizei waren in der Vergangenheit nicht gerade günstig gewesen. Der Polizeipräsident, Rieß von Scheurnschloß, war ein Mann von altem Adel, der voll hinter dem alten Regime stand. Man konnte ihn nicht an der Macht lassen, ohne die Sicherheit der neuen, demokratischen Institutionen zu gefährden. Wir hatten in all den turbulenten Stunden kein Wort von ihm gehört. Ein rascher Entschluß war notwendig. Ich forderte die Männer auf, mich zu bevollmächtigen, den Polizeichef verhaften zu lassen. Inzwischen war es fast drei Uhr früh. Ich wählte vier Männer, die sich ins Polizeihauptquartier und nötigenfalls in die Wohnung des Präsidenten begeben sollten. Ich rechnete jedoch nicht damit, daß sich der Chef der Frankfurter Polizei in der Nacht, in der sein Regime vom Sturz bedroht war, zu Hause befinden würde.

»Was sollen wir mit dem Mann machen, wenn wir ihn festgenommen haben?« fragte einer der Männer, die für diese Aufgabe bestimmt worden waren.

»Bringt ihn in den Frankfurter Hof und übergebt ihn der Obhut des Soldatenrates«, ordnete ich an. »Die Soldatenräte werden die Aufgabe haben, die öffentliche Ordnung aufrechtzuerhalten, während wir, die Arbeiterräte, für alle zivilen Angelegenheiten zuständig sein werden.«

Die Versammlung stimmte mir zu, und die vier Männer machten sich auf, während wir unsere Arbeit fortsetzten.

Eine Stunde später kehrten sie zurück und erstatteten Bericht. Sie hatten den Polizeipräsidenten nicht in der Hauptwache angetroffen; er war zu Hause und schlief! Menschenmengen drängten durch die Straßen; Kasernen wurden besetzt, Häftlinge befreit, rote Fahnen auf dem Hauptbahnhof gehißt; Soldaten und Arbeiter berieten und faßten folgenschwere Beschlüsse – und während

dieser ganzen Zeit hatte der alte preußische Polizeichef tief und
vielleicht sogar unbehelligt von Träumen geschlafen. Kann es
eine bessere Illustration geben, wie weit diese Kaste vom Leben
des Volkes entfernt war? Der Anführer der Delegation, R., hatte
den Präsidenten gezwungen, sein Bett zu verlassen und sich
anzukleiden. R. fragte ihn, ob er bereit sei, die neuen Autoritäten
anzuerkennen. Der Präsident, der keine Ahnung von dem
Ausmaß hatte, das die revolutionäre Bewegung während seines
Schlummers angenommen hatte, wollte sich nicht festlegen.
Daraufhin wurde er verhaftet und den Weisungen entsprechend
im Frankfurter Hof in Schutzhaft genommen. Er wurde nie
wieder in sein Amt eingesetzt. Wir in unserem Teil des Landes
leisteten gründliche Arbeit. Sein erster Nachfolger, der in der
Nacht seiner Verhaftung ernannt wurde, war Dr. Hugo Sinzheimer, Anwalt und Professor für Sozialwissenschaft an der Universität Frankfurt, der später durch Männer aus der Arbeiterbewegung abgelöst wurde.
Aber kehren wir zum Schlesinger Eck zurück. Die nächste
wichtige Persönlichkeit, mit der wir uns auseinandersetzen
mußten, war der Bürgermeister der Stadt, Herr Voigt. Er wurde
vor die Alternative gestellt, entweder das neue Regime anzuerkennen oder zurückzutreten. Er erschien vor dem Rat und
erklärte seine Bereitschaft, sich dem Arbeiter- und Soldatenrat
uneingeschränkt zur Verfügung zu stellen. Obwohl er kein
Revolutionär war, hielt er Wort.
Inzwischen war Robert zurückgekommen, und ich ersuchte ihn,
wieder den Vorsitz zu übernehmen. Er berichtete über seine
Versuche, die zwei Räte auf einen Nenner zu bringen. Es war
ihm schließlich gelungen, die Weichen für eine Zusammenarbeit
zu stellen. Die Zeit drängte, und es lag noch viel Arbeit vor uns.
Keiner von uns war müde – wir durchlebten so spannungsreiche
und glückliche Stunden. Wir waren eine Gemeinschaft, welche
gegenseitiges Vertrauen miteinander verband. Ich war deshalb
nicht überrascht, daß niemand meine Führung in Frage stellte,
obwohl ich noch so jung war und sich viele Graubärtige im Saal
befanden.
Robert meinte, daß die Zeit gekommen sei, eine Proklamation an
die Bevölkerung zu verfassen, die sie über die Geschehnisse der
Nacht informierte und sie aufforderte, sich der Bewegung
anzuschließen und die neugeborene Republik zu unterstützen.
Die Versammlung beauftragte Dr. Georg Plotke und mich mit
der Aufgabe, diese Proklamation zu verfassen. Wir gingen sofort
an die Arbeit. Dr. Plotke war ein junger Dramaturg der Städti-

»Der Magistrat hat beschlossen« –
eine Karikatur des Zeitgenossen Lino Salini;
der Oberbürgermeister der Stadt Frankfurt,
Voigt, zieht auf sichtbaren Druck hin
die rote Fahne der Revolution auf

schen Bühnen, ein begabter Schriftsteller, der trotz seiner offiziellen Position den Mut besessen hatte, sich während des Krieges unserer Bewegung anzuschließen. Ein wirklicher Idealist, stellte er sich auf höchst selbstlose Weise der Arbeiterbewegung zur Verfügung. Er sollte jedoch bald ein Opfer seiner Selbstlosigkeit werden. Einige Wochen später nahten die Wahlen, und er wurde aufgefordert, den Wahlkampf im Taunus zu führen. Obwohl er an einer schweren Grippe litt, verließ Georg das Bett, um seine Pflicht zu tun. Einige Tage später mußten wir diesen lieben Freund, dieses vielversprechende junge Talent, begraben.

In dieser Revolutionsnacht saßen wir beisammen und versuchten gemeinsam, den Text unseres Appells auszuarbeiten. Aber obwohl er ein Mann der Feder war, hatte Georg keine Erfahrung im politischen Leben und hatte noch nicht Gelegenheit gehabt, die Massen kennenzulernen. Schließlich ersuchte er mich, die Proklamation zu schreiben und sie ihm zu übergeben; gemeinsam würden wir sie dann den Betriebsräten vortragen. Ich war in euphorischer Stimmung. War das nicht der große Augenblick im Leben des deutschen Volkes, der Augenblick, für den wir gelebt und auf den wir uns vier trostlose Jahre lang vorbereitet hatten? Konnten jetzt nicht einige unserer kühnsten Träume Wirklichkeit werden? Freilich schien in der Hauptstadt noch nichts geschehen zu sein. Aber Berlin konnte uns nicht im Stich lassen; die Revolution würde auch dort bald ausbrechen.

Ich schrieb. Ich verkündete den Erfolg der Revolution, die Gründung einer sozialen Republik. Ich teilte der Bevölkerung mit, daß Arbeiter- und Soldatenräte gebildet worden seien, die jetzt die oberste Autorität repräsentierten. Die junge Republik werde äußerste Anstrengungen unternehmen, rasch einen akzeptablen Friedensvertrag zu schließen. Die Proklamation schloß mit dem Appell an die Bevölkerung, ein System sozialer Gerechtigkeit errichten zu helfen.

Georg war begeistert. Wir präsentierten den Text der Versammlung, die ebenfalls ihr volles Einverständnis bekundete. Und jetzt kam der zweite Teil unserer Aufgabe. Wir mußten erreichen, daß alle Zeitungen am kommenden Morgen unsere Proklamation veröffentlichten. Die Betriebsräte übertrugen Dr. Plotke und mir die Aufgabe von Zensoren für die gesamte Presse. Gemeinsam machten wir uns auf. Als wir zwei Matrosen in einem Militärauto sahen, hielten wir sie an, informierten sie über unsere Mission und ersuchten sie, uns zu allen Redaktionen in der Stadt zu fahren, was sie auch taten. In den Redaktionen ließen wir uns jeweils zum Chefredakteur führen und forderten ihn auf, uns die Fahnenabzüge der kommenden Ausgabe zu zeigen. Es kam mir nicht in den Sinn, daß wir auf ernsthaften Widerstand stoßen könnten, aber ein solcher Gedanke hätte uns sicherlich auch nicht aufgehalten. Aber alle Redakteure waren kooperativ. Als ich die Fahnen las, stellte ich fest, daß alle den Appell des berüchtigten »Wohlfahrtsausschusses« bringen wollten, der bereits auf dem Weg ins politische Abseits war. Wir befahlen, den Appell aus den Blättern zu nehmen*. Er hätte nur Verwirrung gestiftet. Einige Stunden später erschien die *Frankfurter Zeitung* und schließlich auch die anderen Morgenblätter mit großen weißen Stellen, an denen sich zuvor die Erklärung des Wohlfahrtsausschusses befunden hatte. Das Manifest des Arbeiterrates wurde in vollem Umfang veröffentlicht. Im Laufe der Nacht wurde Hermann Wendel, Mitglied des Reichstags und ein begabter Schriftsteller, zum Leiter der halboffiziellen Nachrichtenagentur, des Wolfschen Telegraphenbüros, ernannt und angewiesen, diese von konterrevolutionären Manövern freizuhalten.

In Zusammenarbeit mit dem Soldatenrat mußten wir sofort die schwierigste und verantwortungsvollste Aufgabe in einem eingeschlossenen Land übernehmen – die Bereitstellung von ausreichenden Lebensmitteln zur Ernährung der Bevölkerung. Wir hatten das Glück, einen ausgezeichneten Organisator zu haben, der bereit war, uns zu helfen. Der Leiter der Militärkrankenhäuser stellte uns seinen ersten Adjutanten zur Verfügung, einen äußerst fähigen Mann, der uns helfen sollte, die Lebensmittelversorgung der Zivilbevölkerung und der Truppen zu organisieren.

Der Morgen dämmerte, bevor alles geregelt war. Niemand hatte an Schlaf gedacht. In den nächsten Tagen würden wir sowieso nicht viel zum Schlafen kommen. Eine kalte Dusche und die starke nervliche Anspannung hielten mich hellwach. Würde dies der große Wendepunkt sein? Würden wir dem deutschen Volk zum ersten Mal in seiner Geschichte das Recht auf vollständige Selbstverwaltung geben? Wenn uns dies gelang und wir auch das alte System der privilegierten Kasten und Klassen abschaffen und die Deutschen zu einer wirklich freien und unabhängigen Nation machen konnten, dachte ich, wird eine neue Ära beginnen, eine neue Ära nicht nur für Deutschland, sondern für alle Völker Europas. Es war die Stunde der Hoffnung – und des Handelns.

* Herausgenommen wurde nicht ein Aufruf des Wohlfahrtsausschusses, sondern Aufruf und Bericht der Mehrheitssozialisten über die Wahl von Soldatenräten am Vorabend.

V. REVOLUTIONSTAGE

Der Morgen ist kühl und unfreundlich. Ein Nieselregen empfängt uns, als wir auf die Straße treten.

Was denken die Leute? Wird die Revolution siegen? Allmählich erscheinen Männer, Frauen und Kinder auf den Straßen. Die Hauptstraßen beleben sich. Eine Feiertagsstimmung herrscht in der Stadt. Hat die junge Republik nur glühende Anhänger unter der Bevölkerung? Fast jeder trägt ein kleines rotes Band! Ich werde mir plötzlich bewußt, daß ich weder ein rotes Band noch ein Abzeichen habe. Alle scheinen guter Laune zu sein und sich von dem Regen nicht stören zu lassen. Sind sie alle zu Revolutionären geworden? Zumindest bei einigen scheint mir die Bekehrung zu plötzlich, um wahr zu sein. Diese unerwartete allgemeine Begeisterung für die Republik macht mich äußerst mißtrauisch. Hatten einige dieser Leute nicht dem Kaiser zugejubelt, sich der Aristokratie gebeugt, gegen Frankreich gewettert, die Alliierten verteufelt? Der Wandel kam zu plötzlich – eine Nacht voll kühner Maßnahmen hatte genügt. Feste Überzeugungen werden nicht so rasch erworben.

Eine zur Schau getragene Sympathie für die neue deutsche Demokratie war charakteristisch für die ehemaligen herrschenden Klassen während der kurzen Anfangsperiode der Republik. Sie leisteten keinen Widerstand gegen die Republik. Im Gegenteil, sie schienen äußerst froh zu sein, daß die Arbeiterklasse den Mut besaß, das bankrotte alte Regime zu liquidieren.

Was für eine Aufgabe lag vor uns! Ich sah sofort Hindernisse voraus, die sich in allen Richtungen erheben würden, obwohl für den Augenblick alles glatt zu gehen schien. Aber von den vielen Schwierigkeiten, die bald am Horizont auftauchen sollten, insbesondere von denen, die durch das Ausland und durch unsere eigene Militär- und Zivilverwaltung geschaffen wurden, konnte an diesem vielversprechenden Morgen des 9. November 1918 niemand etwas ahnen.

Unsere Betriebsräte waren in ihre Fabriken zurückgekehrt, um die Wahl von Arbeiterräten vorzubereiten. Wir befaßten uns sofort mit einem anderen Problem. Wie viele würden zum Osthafen kommen, das Gelände am Stadtrand, wohin wir eine

Massenversammlung einberufen hatten? Unsere Zweifel wurden bald zerstreut. Als ich zusammen mit Robert Dißmann das Gelände erreichte, erwarteten uns bereits Hunderte von Menschen. Bald folgten ihnen große Menschenmassen nach. Zuerst Tausende, dann Zehntausende. In kurzer Zeit war das riesige Areal schwarz von Männern und Frauen. Hüttmann, Robert und ich waren die Redner. Wir hatten keine Verstärker. Einige Lastautos waren da und dort geparkt, und ich mußte von einem auf das andere klettern und immer wieder sprechen, um alle zu erreichen, die uns hören wollten. Die Begeisterung war groß. Eine unerhörte Hochstimmung verband uns alle. Was für unerhörte Möglichkeiten die Situation zu bieten schien, wenn wir nur zu entschlossenen Taten fähig waren, insbesondere in der ersten Periode der Revolution.

Zehn Jahre später traf ich einen alten Freund wieder, der an dieser Massenversammlung teilgenommen hatte. Er sagte mir, welch tiefen Eindruck der ernste Ton der Reden in diesem Augenblick des Triumphs auf ihn gemacht habe. In dieser ersten Stunde hatten wir die Arbeiter vor allzu großer Zuversicht gewarnt. Der wichtigste Teil der Arbeit mußte noch geleistet werden. Die Revolution würde nur dann siegreich sein, wenn es gelang, völlig neue Verwaltungen in der Armee, der Regierung und der Justiz aufzubauen. Es genügte nicht, wenn ein hoher Beamter oder ein Richter ein kleines rotes Bändchen in seinem Knopfloch trug. Er mußte ein echter Freund der neuen Ordnung sein. Die Kräfte, die nach Annexionen getrachtet und eine Fortsetzung des Krieges gewünscht hatten, waren immer noch da, wenn sie auch im Moment nicht vernehmbar waren. Sie wurden von den reichen Großgrundbesitzern in Ostpreußen und den Kohle-, Eisen- und Stahlbaronen in Westdeutschland unterstützt. Sie mußten entthront werden, damit die Demokratie in Sicherheit sein konnte. Dies mußte zu den ersten Taten der revolutionären Zentralregierung zählen, die es zu bilden galt. Unsere Aufgabe, die Mission der Massen, die die Bedeutung dieser historischen Ereignisse verstanden, war es, die neue Regierung zu unterstützen und sie mit unserem Leben zu schützen, sobald sie auf aktiven Widerstand seitens der Kräfte der Vergangenheit stieß.

Seit in Deutschland Akte barbarischer Grausamkeit begangen werden, bin ich von Leuten, die sehr revolutionär zu sein schienen (obwohl sie selbst nie die Erfahrung einer Revolution durchgemacht haben), gefragt worden: »Warum haben die Deutschen im November 1918, als die Revolutionäre noch die Macht

9. November 1918: Revolution in Frankfurt –
Karikatur des Zeitgenossen Lino Salini

hatten, nicht die Konterrevolutionäre hingerichtet?« Wen hätte die Revolution hinrichten sollen? Damals zeigte sich kein Gegner – kein Hitler, kein Goebbels und kein Göring. Es heißt sogar, daß sich selbst Hitler zu dieser Zeit den Mehrheitssozialisten anschloß. Es mag Augenblicke in der Geschichte geben, da energische, rasche Aktionen einschließlich der Verhängung der Höchststrafe notwendig sind. Aber das ist nicht das Wesentliche einer Revolution. Die kreative Aufgabe, fundamentale Umwälzung des ökonomischen und politischen Systems ist weit wichtiger, und sie allein gibt uns das Recht, von einer echten Revolution zu sprechen.

In jenen aufregenden Novembertagen wagte es niemand, sich zum Regime der Vergangenheit zu bekennen. Eine Szene, die ich nie vergessen werde, war der Besuch des kommandierenden Generals des 18. Armeekorps im äußerst bescheidenen Hauptquartier des Arbeiterrates. Er trat sehr feierlich in Zivilkleidung auf, um sich dem Arbeiter- und Soldatenrat zur Verfügung zu stellen. Dabei äußerte er sein Verständnis für die Entwicklungen der letzten Tage und gab, anscheinend von echtem Patriotismus beseelt, seinen Wunsch zu erkennen, im Interesse des Wohlergehens der Nation die Massen zu unterstützen. Nur wer die stolze Kaste der deutschen Generäle gekannt hat, vermag sich vorzustellen, was für ein Maß an Selbstverleugnung dieser Mann für seinen Schritt aufbieten mußte. Meinte er es ehrlich? Es schien so; aber die Räte beauftragten dennoch zwei ihrer Delegierten mit seiner Überwachung, um ganz sicherzugehen. Dieser Kontakt mit den Offizieren des Generalstabs brachte eine Lösung des Rätsels, warum ich während des Krieges nicht verhaftet worden war, obwohl manche meiner weniger aktiven Genossen hinter Gitter kamen. Einer der Offiziere fragte mich: »Wissen Sie, Frau Sender, warum Sie nicht verhaftet wurden?« Ich antwortete: »Weil ich nicht gegen das Gesetz verstoßen habe!«

»Das wußte ich nicht«, antwortete er, »aber ich weiß, daß das Oberkommando des Heeres Ihre Verhaftung wollte und Ihren Arbeitgeber aufforderte, Sie aus Ihrer Stellung im Metallkonzern zu entlassen. Aber Ihr Arbeitgeber weigerte sich, Sie zu entlassen; Ihre Tätigkeit außerhalb der Dienststunden gehe ihn nichts an. Er sagte jedoch, er sei überzeugt, daß Sie nicht gegen die Interessen der Nation arbeiten würden und daß er bereit sei, für die Loyalität Ihrer Haltung die Garantie zu übernehmen. Diese Garantie hat Ihnen die Freiheit erhalten.«

Ich war erstaunt. Natürlich war ich überzeugt, während des ganzen Krieges im wohlverstandenen Interesse der Nation gehandelt zu haben. Aber die Ritterlichkeit meines Dienstherrn, sich bei der höchsten Militärbehörde für mich zu verbürgen, ohne mir gegenüber ein Wort davon zu erwähnen, war in der Tat beeindruckend.

Die Dinge waren schließlich auch in Berlin ins Rollen gekommen. Ein Rat von Volksvertretern wurde gebildet, der die Funktionen einer zentralen Regierung übernahm. Mein Freund und Parteiführer Hugo Haase gehörte diesem Rat an. Sie gaben den neugebildeten Arbeiter- und Soldatenräten von Berlin Rechenschaft über ihre Tätigkeit. Der Kaiser und der Kronprinz hatten auf den Thron verzichtet. Seltsamerweise erregte die Nachricht von diesem Ereignis keine Sensation. Die Abdankung der deutschen Monarchie wurde ohne Bedauern zur Kenntnis genommen.

Unser Arbeiterrat nahm sofort seine Pflichten auf. Es wurde ein Vorstand gewählt, dem ich in der Funktion einer Generalsekretärin angehörte. Der Rat war sehr populär. Viele Persönlichkeiten und Menschen aller Klassen wollten Mitglieder des Rates werden, aber ihre Aufnahme hätte dem Zweck der neuen Institution widersprochen: Ausdruck der neuen Kräfte zu sein, die im alten Regime kein Mitspracherecht gehabt und die jetzt die Macht übernommen hatten, um einen neuen Staat aufzubauen. Als Sekretärin hatte ich über die Mitgliederaufnahme zu entscheiden. Auf unserer ersten Versammlung erschienen Dr. Hermann Luppe, der stellvertretende Bürgermeister der Stadt, und Dr. Wilhelm Cohnstädt, der Herausgeber der *Frankfurter Zeitung*, und beanspruchten das Recht, im Namen der Liberalen Partei eintreten zu dürfen. Für die Mitglieder des Rates, die den Eingang bewachten, entstand eine peinliche Situation. Konnte man dem Bürgermeister und einem bekannten Journalisten den Zutritt verweigern? Ich ging zur Tür und fragte die beiden Herren, was sie wünschten. Sie wiederholten ihre Bitte.

»Bedaure sehr, meine Herren, aber Sie können nicht eintreten, solange Sie nicht Mitglieder des Arbeiterrates sind. Nur diese sind hier versammelt, nicht die alten Parteien.«

Ein Augenblick der Überraschung – aber meine Entscheidung wurde akzeptiert. Später wurden wir sehr gute Freunde, und bei unseren Begegnungen erinnerte mich oft mein lieber Freund Dr. Cohnstädt oft daran, daß ich ihm bei unserem ersten Zusammentreffen die Tür vor der Nase zugeschlagen hätte. Mit seinem feinen Gerechtigkeitssinn erkannte er jedoch, daß mein Standpunkt durchaus gerechtfertigt war und daß uns eine ähnliche Haltung seitens der Revolutionsführer in großen wie auch in kleinen Dingen unseren Zielen nähergebracht hätte. Wilhelm Cohnstädt, ein echter Republikaner und einer der nobelsten Menschen, die ich kennengelernt habe, wurde leider eines der ersten Opfer der Ereignisse von 1933. Er entging den Nazis und fand Zuflucht in den Vereinigten Staaten, aber er überlebte die Demütigung und das Exil nicht. Die Barbaren haben auch diesen sensiblen Menschen auf dem Gewissen.

Die Aufgaben der Arbeiter- und Soldatenräte waren mannigfaltig. Es war nicht nur notwendig, die normalen Funktionen unter Kontrolle zu halten, es ergaben sich auch fast stündlich neue Schwierigkeiten und Engpässe. Einige Dörfer forderten die Bildung von Bauernräten und ersuchten um militärischen Schutz. Menschen kamen und boten ihre Dienste an, andere wollten Informationen. Die Universität mußte der Kontrolle des Arbeiterrates unterstellt werden. Dr. Hugo Sinzheimer, der neue Polizeipräsident, unterzog sich dieser Aufgabe und hielt vor dem Senat der Universität eine Ansprache, die für den Geist der Revolution charakteristisch war.

»Ich komme, um Ihnen zu sagen, daß das neue Deutschland den Geist und den Humanismus fördern möchte. Die Vertreter der Revolution sind von Verehrung für beides erfüllt. Wir sind nicht gekommen, um Ihnen Zwang und Unterdrückung zu bringen. Was ich Ihnen zu bieten habe, ist Freiheit und Vertrauen, Freiheit für Wissenschaft und Forschung. Sie haben nur der Wahrheit und sonst nichts zu dienen.«

Der Rektor der Universität antwortete, daß das Professorenkollegium und der Senat die Autorität des Arbeiterrates anerkennten, aber es war symptomatisch, daß die Studenten in diesem frühen Augenblick zu protestieren versuchten. Sie schätzten die Freiheit für Wissenschaft und Wahrheit nicht, die die Republik bot, und sie halfen später mit, ein Regime der Unterdrückung und Reglementierung der Wissenschaft zu etablieren, unter dem die Suche nach Wahrheit um der Wahrheit willen verboten ist.

Wir hatten beschlossen, eine Delegation zum Stadtrat zu entsenden, um diesen der Kontrolle des Arbeiterrates zu unterstellen. Der Stadtrat berief zu diesem Zweck eine Versammlung ein. Georg Bernard, ein Arbeiter und Funktionär der Metallarbeitergewerkschaft, führte die Delegation würdevoll an. Als er seine Ansprache beendet hatte und der Bürgermeister nach Beratung mit den führenden Abgeordneten bekanntgegeben hatte, daß der Stadtrat und die öffentlichen Bediensteten der Stadt den Arbeiterrat als oberste Autorität akzeptierten, forderte Bernard den Bürgermeister auf, die rote Fahne auf dem Rathausturm zu hissen. Er hatte die Voraussicht besessen, eine große rote Fahne mitzubringen, so daß keine Möglichkeit einer Verzögerung bestand!

Aber da war noch der Ältestenrat, das konservativere Gremium der Stadtverwaltung, das vorwiegend aus gebildeten älteren Herren bestand. Ich war unter den vier Vertretern, die vom Arbeiterrat beauftragt wurden, alle Tätigkeiten dieses Gremiums zu überwachen. Sie mußten mich zu jeder ihrer Versammlungen einladen, und das taten sie auch, wenn auch widerwillig. Die drei Männer, denen zusammen mit mir diese Kontrollfunktion übertragen worden war, erschienen selten, so daß ich den Kampf mit den alten Männern ganz allein führen mußte. Einige von ihnen dachten natürlich, daß sie aus dieser Tatsache Nutzen ziehen könnten, und versuchten, mich zu unüberlegten Äußerungen hinzureißen. Aber ich war auf der Hut.

»Was ist die Meinung des Arbeiterrates zu dieser Frage?« schoß mich einer von ihnen gewöhnlich an, in der Hoffnung, diese junge Person in Verlegenheit zu bringen, ohne sich meine beruflichen Erfahrungen und die Verantwortung, die ich bereits getragen hatte, vor Augen zu halten. Ich antwortete stets mit ruhiger Stimme, sofern ich in der Angelegenheit genügend Bescheid wußte. Wenn dies nicht der Fall war, gab ich dies offen zu und ersuchte um Aufschub der Entscheidung, bis ich das Problem mit dem Vorstand des Rates durchgesprochen hatte. Einer der Ratsherren, ein Professor S., versuchte dennoch, dieses Manöver immer wieder gegen mich anzuwenden, ohne damit Erfolg zu haben. Er war sich wahrscheinlich nicht bewußt, daß ich diesen Vorgang als nützlichen und angenehmen Denksport, eine gute vorbereitende Schule für meine spätere Tätigkeit, zu genießen begonnen hatte. Ich bin den alten Herren, die sich solche Mühe gaben, mich zu blamieren, immer noch dankbar.

In diesen ersten Wochen der Republik hatte ich sehr wenig Zeit zu schlafen. Viele Nächte mußten wir angesichts der großen Probleme ohne Pause durcharbeiten. Was sollte mit den 70 000 oder 80 000 Munitionsarbeitern und den zurückkehrenden Soldaten geschehen? Die Fabrikherren beabsichtigten, die Herstellung von Munition fortzusetzen. Natürlich nahmen sie an, daß die Regierungskontrakte weiterlaufen würden. Wir widersetzten uns entschieden dieser Vorstellung. Dies war ein neues Regime, das der Welt seinen Friedenswillen bekunden wollte. Unser Beschluß lautete, daß die Produktion von Kriegsmaterial sofort zu stoppen sei. Wir sagten bei der Umstellung auf Friedensproduktion unsere Unterstützung zu, wollten jedoch keine Entlassung von Arbeitern gestatten. Der Arbeitstag sollte nicht länger als acht Stunden dauern, und wir reduzierten ihn nötigenfalls auf nur vier Stunden, um für die heimkehrenden Soldaten Platz zu schaffen.

Ein schlechtes Omen zeigte sich in den frühen Stunden der Revolution, als die ersten Nachrichten über die Waffenstillstandsbedingungen eintrafen. Das war der erste Schnee, der auf die jungen Knospen unserer revolutionären Erwartungen fiel. Die Alliierten forderten den sofortigen Truppenabzug aus Belgien und Frankreich – was nur gerecht war –, aber, ebenfalls innerhalb von vierzehn Tagen, auch die Evakuierung von Elsaß-Lothringen, was schwieriger war, da es seit beinahe fünfzig Jahren deutsches Territorium gewesen war. Darüber hinaus forderten die Alliierten den Abzug der deutschen Truppen vom linken Rheinufer, die Lieferung von 500 Lokomotiven und 150 000 Eisenbahnwaggons, eine neutrale Zone am rechten Ufer des Rheins, die Bezahlung des Unterhalts der ausländischen Besatzungsarmee durch Deutschland und die Freilassung der Kriegsgefangenen ohne gleichzeitige Entlassung der gefangenen Deutschen. Die Blockade sollte weitergehen. Deutsche Schiffe konnten aufgebracht werden. Die letzten beiden Bedingungen eröffneten sehr schlechte Aussichten für den kommenden Friedensvertrag. Sie verrieten einen Geist der Unbarmherzigkeit gegenüber dem deutschen Volk, das die Verantwortlichen für die Politik der Vergangenheit davongejagt hatte und jetzt einen starken und spontanen Wunsch nach Frieden und Gerechtigkeit manifestierte. Leider begriffen die Alliierten dies nicht und verspielten dadurch eine wundervolle Gelegenheit, eine bessere Welt zu errichten. Es ist weitgehend diesem blinden Siegestaumel und Rachedurst zuzuschreiben, daß die Welt zwei Jahrzehnte später in ständiger Kriegsangst lebt und Milliarden vergeudet werden.

Die Feindseligkeit der ausländischen Machthaber gegenüber der neuen Volksregierung manifestierte sich auch noch in anderer Weise. Als die Vertreter der Alliierten kamen, um die Bedingungen für die Durchführung des Waffenstillstands auszuhandeln, forderte ein britischer Admiral, daß kein Vertreter der Arbeiter- und Soldatenräte dem deutschen Verhandlungskomitee angehören dürfe – ein offener Affront gegenüber den deutschen republikanischen Massen. Alle unsere Versuche, im Ausland um größeres Verständnis für unser Anliegen zu werben, schlugen fehl. Bereits am 15. November richteten die Frauen von Frankfurt eine Rundfunkbotschaft an die Vereinigten Staaten, in der sie die

Alliierten baten, die Hungerblockade zu beenden, die sich jetzt, da der Krieg vorüber war, ausschließlich gegen die Zivilbevölkerung richtete und Frauen und Säuglinge dem Hunger preisgab. Kurz danach richtete der Rat der Volksbeauftragten einen Appell an die arbeitenden Klassen aller Länder, den Hungerkrieg gegen ein wehrloses Volk beenden zu helfen. Aber alles war vergebens – die Alliierten blieben unerbittlich gegenüber der Republik. Die Blockade wurde nach der Unterzeichnung des Waffenstillstands fortgesetzt.

Welch eine fast unmögliche Aufgabe war es unter diesen Umständen für die Arbeiter- und Soldatenräte, die Bevölkerung mit Lebensmitteln zu versorgen! Die Situation wurde weiter durch die Verwirrung kompliziert, die durch die Demobilisierung einer Millionenarmee entstand. Hinzu kam, daß alle Soldaten bis zum 9. Dezember nicht nur von ausländischem Boden, sondern auch vom linken Rheinufer abgezogen sein mußten. Da Frankfurt einer der Knotenpunkte an der Grenze, in der Nähe des Territoriums war, das von den Alliierten nach dem Waffenstillstand besetzt werden sollte, waren unsere Räte dafür verantwortlich, die Truppen schnellstens zurückzubringen. Die Soldaten würden sonst Kriegsgefangene werden.

Es waren vorwiegend unbekannte Männer, die sich dieser ungeheuren Aufgabe unterzogen – und es war beinahe ein Wunder, daß es ihnen gelang. Frankfurt mußte zweiundfünfzig Schulen für die Truppen zur Verfügung stellen. An einem Bahnhof trafen an einem einzigen Tag 60 000 Soldaten ein! Es war eine unerhörte Aufgabe, die ein Maximum an Einsatzbereitschaft und Organisationstalent forderte. Was uns ebenso große Sorgen machte wie die Verpflegung der Soldaten, waren ihre politischen Tendenzen. Dies waren Männer aus den Schützengräben, die seit langem keine unverfälschte Zeitung mehr gelesen hatten und die über vieles, was geschehen war, nicht Bescheid wußten. Viele standen immer noch unter dem Einfluß ihrer konservativen Offiziere, wie wir hörten. Wir mußten schnellstens Flugblätter vorbereiten, die die Soldaten über die jüngsten Ereignisse informierten. Es wurden Boten ausgesandt, die mit den Soldaten vor ihrer Ankunft in Frankfurt Kontakt aufnehmen sollten.

In diesen Wochen war ich immer noch Angestellte des Metallkonzerns. Ich wußte, daß mein Arbeitgeber von den Firmenleitungen anderer Unternehmen gedrängt wurde, mich zu entlassen. Sie fanden es unerträglich, daß ein Mensch, der in der Revolution eine so aktive Rolle spielte, die Abteilung eines kapitalistischen Unternehmens leitete. Da ich meiner Firma nicht schaden wollte, fragte ich meinen Chef, ob er mich behalten wolle, obwohl ich sehr unregelmäßig im Büro war, denn ich wurde häufig durch meine Tätigkeit im Arbeiterrat abgehalten. Wieder begegnete er mir mit derselben Großzügigkeit.

»Wenn Sie glauben, daß Sie dem allgemeinen Wohl dienen können, will ich Sie nicht daran hindern, dies zu tun. Ich weiß, daß Sie es mir mitteilen werden, wenn Sie je das Gefühl haben, daß Ihre Aktivitäten in beiden Bereichen nicht miteinander vereinbar sind«, antwortete Dr. S.

Damals galt es als Privileg, eine Erlaubnis zur Benutzung der Eisenbahnen zu erhalten oder ein Auto zur Verfügung zu haben. Die Genehmigungen wurden von den Arbeiter- und Soldatenräten erteilt. Wenn es auch ein Privileg war, so war es doch gewiß kein Vergnügen. Die Ausstattung der Züge war während des Krieges nicht erneuert worden. Wegen des Kohlenmangels waren die Waggons nicht geheizt. Und es war ein kalter Winter. Neben meiner Büroarbeit, meiner Tätigkeit für den Arbeiterrat und meiner Kontrollfunktion im Ältestenrat war ich einer der Hauptredner der Partei für einen großen Teil des Landes einschließlich der Provinzen Hessen-Nassau und Hessen-Kassel und dem Land Baden. Obwohl ich mir eine schwere Erkältung zugezogen hatte, mußte ich dennoch meine Arbeit fortsetzen – man kann nicht ins Krankenhaus gehen, wenn man für Dinge gebraucht wird, die eine große Zukunft in Aussicht stellen. Noch schlimmer als die ungeheizten Eisenbahnwaggons waren die alten, kaputten, offenen Armeeautos, die uns zur Verfügung gestellt wurden! Man war nicht nur der Kälte, dem Regen und dem Wind ausgesetzt – diese Autos waren von der Front gekommen und weder repariert noch gewartet worden. Gewöhnlich gaben sie den Geist auf, wenn man spät nachts in peitschendem Regen oder Schneegestöber auf einer entlegenen Landstraße unterwegs war. Man mußte halten und manchmal stundenlang warten, bis die notwendigen Reparaturen durchgeführt, die Reifen vulkanisiert oder oft noch schwierigere Arbeiten erledigt waren. Auf den Landstraßen war nicht viel Verkehr, insbesondere zu so später Stunde. Oft kehrten wir erst zur Frühstückszeit nach Frankfurt zurück. Nach zwei oder drei Versammlungen am selben Abend in verschiedenen Orten, wo ich gewöhnlich der einzige Redner war, hatte ich das Bedürfnis nach etwas Ruhe – ich mußte aber froh sein, wenn ich Zeit fand, mich zu duschen.

Auf einer dieser zahlreichen Fahrten nach Baden gerieten wir fast in französische Gefangenschaft. Als wir nachts im Schneetreiben auf rutschiger Straße von Mannheim zurückfuhren, versperrten uns im Messeler Park plötzlich französische Bajonette den Weg! Wir wußten nicht, daß die Franzosen an diesem Abend das Gebiet besetzt hatten. Mein Fahrer war schreckensbleich. Er sah sich schon als französischer Gefangener.

»Bleib ruhig«, sagte ich zu ihm, »und tu, was ich dir sage.« Ich wandte mich in meinem besten Pariser Akzent an die Soldaten und versicherte ihnen meine Unwissenheit und meinen Wunsch, nicht gegen die Gesetze zu verstoßen. Meine Rechnung ging auf. Da sie sich einer Dame gegenüber sahen, reagierten sie als Gentlemen und sagten, sie würden uns nicht sehen, wenn wir schnell verschwanden.

»Fahr so schnell zurück, wie du kannst«, wies ich meinen Fahrer an, der kein Wort des Gesprächs verstanden hatte, aber tat, wie ihm befohlen, und der heilfroh war, zu entkommen.

Schließlich konnte ich den gesundheitlichen Belastungen nicht standhalten. Ein hohes Fieber und eine schwere Grippe, die auch meine Lungen in Mitleidenschaft zog, warfen mich nieder. Der Arzt sagte zu meiner Schwester Recha, die zufällig an diesem Tag nach Frankfurt gekommen war, daß meine Familie sich auf das Ende vorbereiten solle. Aber ich überlebte die kritische Nacht, und sobald ich wieder denken konnte, schrieb ich die Artikel, die unser Wochenblatt von mir erwartete. Aber das Fieber hielt an, und ich mußte im Bett bleiben.

Inzwischen hatte die Regierung beschlossen, schon am 19. Januar Wahlen zur Verfassunggebenden Versammlung abzuhalten. Der Wahlkampf mußte sehr bald beginnen. Unser Wahlkreis schloß ein von den Alliierten besetztes Gebiet ein, und jeder, der in der besetzten Zone auf Versammlungen sprechen wollte, brauchte eine Sondergenehmigung seitens der ausländischen Militärbehörden. In unserer Partei war ich die einzige, die eine solche Genehmigung für bestimmte Tage erhalten hatte. Diese Tage näherten sich, aber das hohe Fieber war noch nicht von mir gewichen. Robert kam mich besuchen.

»Es tut mir leid«, sagte er, »aber du bist die einzige, die Sprecherlaubnis erhalten hat. Hier sind die Genehmigungen. Wir können sie unmöglich verfallen lassen, ohne sie zu benutzen. Du mußt hinfahren, Toni. Gib dein Bestes.«

»Ich fürchte, ich habe noch nicht die Kraft dazu«, fühlte ich mich gezwungen zu antworten. »Mir ist immer noch schwindlig, und ich fürchte, ich kann nicht eine Stunde lang aufrecht stehen und sprechen.«

»Dann sprich weniger als eine Stunde«, antwortete Robert. »Es ist unmöglich für die Partei, sich im besetzten Gebiet vor dem Wahltag nicht Gehör zu verschaffen.«

»Gut. Ich werde es versuchen.«

Sie schickten mir ein offenes Armeeauto, das mich nach Höchst, Hattersheim und in andere besetzte Städte brachte. Es war physisch meine schwierigste Aufgabe. Ich hatte hohes Fieber. Mir war zu schwindlig, als daß ich während meiner Rede hätte stehen können, ich mußte deshalb um einen Stuhl bitten. Ich brachte alle Versammlungen hinter mich, aber als ich schließlich zu Hause ankam, hatte ich das Gefühl, zusammenzubrechen.

Durch diese und ähnliche leichtsinnige Verhaltensweisen untergrub ich meine Gesundheit. Später sollte ich dafür bezahlen müssen. Aber damals hatte die Pflichterfüllung für die gemeinsame Sache Vorrang vor allem anderen – Familie, persönliche Interessen, Gesundheit –, alles mußte zurückstehen.

Das Datum der Einberufung der Verfassunggebenden Versammlung war zum Hauptstreitpunkt einer Kontroverse zwischen den zwei Flügeln der Revolution geworden – eine Kontroverse, die sich auch auf unseren Arbeiterrat auswirkte. Die Konservativen aller Schattierungen waren plötzlich unerhört begeistert von der Demokratie. Sie konnten sie nicht schnell genug kriegen.

»So schnell wie möglich die Verfassunggebende Versammlung! Gleiche Rechte für alle Bürger!« riefen sie. »Keine Verzögerung der allgemeinen Wahlen!«

Die überwältigende Mehrheit von uns war für die Demokratie, aber das konnte diejenigen von uns, die die Bedeutung der Revolution verstanden hatten, nicht daran hindern zu verlangen, daß die Regierung zuerst die Forderungen der revolutionären Massen befriedigen müsse: Nämlich die Grundstrukturen der neuen Republik so umfassend zu verändern, daß sich eine solche Katastrophe, wie es der Weltkrieg war, nie mehr wiederholen konnte.

Um dies zu erreichen, mußten wir die Mächte, die für die Vergangenheit verantwortlich waren, entthronen – sonst würde die ganze Arbeit der Revolution eines Tages nochmals getan werden müssen, und der Preis dieses Versäumnisses würde dann möglicherweise sehr hoch sein. Wir hatten jedoch eine merkwürdige Kombination von Kräften gegen uns. Alle Reaktionäre sahen ihre Chance, jeglicher fundamentalen Veränderung zu entgehen, und schrien: »Wahlen! Demokratie!« Die Mehrheitssozialisten (der rechte Flügel) war nicht auf revolutionäre Umwälzungen vorbereitet und völlig zufrieden, bloß eine parlamentarische Regierungsform zu erhalten. Die Soldaten, erschöpft und nur von dem Wunsch beseelt, nach Hause zurückzukehren und wieder ein normales Leben zu führen, schlossen sich ihnen an. Die Diskussion wurde auch in unserem Frankfurter Arbeiterrat geführt. Wir legten dar, daß es gegen die Interessen der Republik sei, vorzeitige Wahlen abzuhalten. Die Soldaten kehrten erst nach und nach in die Heimat zurück. Viele von ihnen hatten seit vier Jahren keinen Kontakt mit politischen Fragen gehabt. Die Unabhängige Sozialdemokratische Partei war während der ganzen Kriegszeit von der öffentlichen Meinung abgeschnitten gewesen; jegliche öffentliche Tätigkeit war ihr untersagt worden. Wir mußten die Massen erreichen, bevor eine grundlegende Entscheidung gefällt wurde.

»Sie konnten fast sechzig Jahre warten, ohne uns gleiche Rechte zu geben«, rief Robert bei der Versammlung des Arbeiterrates aus. »Jetzt tragen sie plötzlich eine äußerst verdächtige Liebe zur Demokratie zur Schau.«

Im gleichen Sinne sprach ich am 1. Dezember 1918 auf einer Massenversammlung.

»Die schwere Last, die dem Krieg folgen wird, kann nur von einer Gesellschaft getragen werden, die die gesamte Struktur des Staates verändert hat. Die harten Waffenstillstandsbedingungen sind nicht der Revolution, sondern dem unseligen Vertrag von Brest Litowsk zuzuschreiben, der vom Regime des Kaisers diktiert wurde. Aber die andere Seite, diejenigen, die jetzt ihren Fuß auf den Nacken einer besiegten Nation setzen, sollten nicht vergessen, daß eine bestimmte Art von Sieg in der Zukunft eine Niederlage gebären kann.«

Diese 1918 gesprochenen Worte klingen heute fast wie Prophetie...

Wenn man während einer Revolution im öffentlichen Leben eine aktive Rolle spielt, ist es unvermeidlich, daß man sich Feinde schafft. Manche Leute zweifeln an deinen Intentionen, weil sie, von ihrem eigenen Charakter ausgehend, sich nicht vorstellen können, daß jemand aus Pflichtgefühl gegenüber dem Allgemeinwohl handelt. Ich erhielt viele unflätige Briefe, in denen ich mit Ausdrücken wie »Sau«, »Dreckschwein« etc. beschimpft wurde. In einigen dieser Briefe wurden Morddrohungen gegen mich ausgestoßen. Natürlich kamen auch Briefe von unbekannten Freunden, die ihre Anerkennung äußerten. Ich schenkte den Drohungen keine Beachtung; die Briefe landeten sofort im Papierkorb. Aber andere schienen die Drohungen ernster zu nehmen. Eines Tages wurde ich aufgefordert, vor dem Vertreter der französischen Militärbehörde in der neutralen Zone, einem Marquis de X., zu erscheinen.

»Wissen Sie, daß Ihr Leben in Gefahr ist?« fragte er mich.

»Ich glaube das nicht, Monsieur«, antwortete ich, obwohl ich bereits einige Drohbriefe erhalten hatte. »Wer einen Mord plant, kündigt das gewöhnlich nicht vorher an.«

»Ich würde das nicht so leicht nehmen«, fuhr er fort. »Unser Geheimdienst hat Informationen, die uns veranlassen, die Drohungen ernster zu nehmen. Sind Sie bewaffnet?«

»Nein, Monsieur, ich habe noch nie eine Waffe in der Hand gehabt, und ich wüßte nicht, wie man damit umgeht.«

»Hier ist ein kleiner Revolver. Nehmen Sie ihn, und ich werde Ihnen zeigen, wie man ihn bedient.«

Ich nahm die Waffe an und erhielt von diesem französischen Offizier meine erste Lektion im Schießen. Es sollte nicht die einzige Zeit in meinem Leben sein, da ich vom Tod bedroht war.

Gegen Ende des Jahres 1918 beschloß meine Partei, eine regionale Tageszeitung herauszugeben und mich zum Chefredakteur zu machen. Sie forderten mich auf, meine Stellung im Metallkonzern aufzugeben und die neue Aufgabe zu übernehmen. Ich zögerte, denn ich hatte keine Erfahrung in redaktioneller Arbeit. Ich hatte das noch nie zuvor gemacht. Sicher konnten sie jemanden finden, der besser qualifiziert war als ich. Außerdem wollte ich meine Position in der Firma nicht aufgeben. Ich hatte mir Anerkennung verschafft, erhielt ein hohes Gehalt und hatte eine aussichtsreiche Zukunft vor mir. Ich hatte jahrelang dafür gearbeitet, der Fähigkeit einer Frau, solche Verantwortungen zu übernehmen, Anerkennung zu verschaffen, und hatte viele schmerzliche Erfahrungen durchgemacht, um als Frau gleiche Rechte und gleiche Aufstiegschancen zu erreichen.

»Und es gibt noch einen vielleicht ernsteren Grund«, fuhr ich fort. »Ich habe immer gern für die Bewegung gearbeitet, aber ich habe das als ehrenamtliche Tätigkeit betrachtet und kein Gehalt dafür bekommen. Das hat mir große Unabhängigkeit gesichert, auf die ich sehr ungern verzichten würde. Natürlich bringt diese Situation eine Doppelbelastung mit sich – am Tage mein Beruf und abends meine freiwillige Arbeit. Aber ich ziehe diese Doppelbelastung um meiner Freiheit willen vor. Ich will für meine Tätigkeit in der Bewegung kein Geld erhalten.«

»Das klingt sehr uneigennützig und stolz, aber begreifst du nicht, daß es in Wirklichkeit recht egoistisch ist?« fragte mich Robert. »Glaubst du, daß ich weniger stolz und unabhängig bin als du, weil ich meine gesamte Zeit und Kraft der Bewegung widme und ein bescheidenes Gehalt dafür bekomme?«

Diesem Argument konnte ich mich nicht ganz verschließen. Ich bat um drei Tage Bedenkzeit. Als sie nach diesen drei Tagen fortfuhren, mich zu drängen, die Aufgabe mit einem kleinen Gehalt (weniger als die Hälfte dessen, was ich in der Metallfirma verdiente) zu übernehmen, akzeptierte ich. Als ich zu meinem Chef ging, um ihm davon Mitteilung zu machen, war er überrascht und versuchte, es mir auszureden. Da es ihm nicht gelang, lud er mich in seine Wohnung ein, um eingehender über die Sache zu sprechen. Er hielt mir vor Augen, daß ich nicht die Befriedigung finden würde, die ich erwartete. Und ich würde sicher keine Dankbarkeit für das Opfer ernten, das ich zu bringen bereit war. Ich solle auf den Rat eines älteren, erfahreneren Mannes hören, der kein anderes Motiv habe als mein Interesse, gab er mir zu bedenken.

»Ich habe mir das gründlich überlegt, Herr S.«, antwortete ich, »und ich bin Ihnen sehr dankbar für Ihre Güte. Ich weiß, daß ich keine Dankbarkeit für das erwarten kann, was ich tun werde. Mein einziger Lohn wird das Gefühl sein, meine Pflicht erfüllt zu haben. Aber ich glaube, daß wir in diesen Tagen, da die Arbeiterbewegung vor so vielen neuen Aufgaben steht, einfach helfen müssen, ob dies in unserem persönlichen Interesse ist oder nicht.«

Mein Chef unternahm einen letzten Versuch, indem er Professor A., einen wissenschaftlichen Berater der Firma, zu mir schickte, der mich von unseren geschäftlichen Beziehungen her gut kannte und immer ein echtes Interesse an meiner beruflichen Laufbahn genommen hatte. Er erzählte mir über die Erfahrungen seines Schwagers, der Sekretär der bayerischen Regierung gewesen war und trotz seines großen Idealismus allmählich desillusioniert worden war.

»Ich habe keine Illusionen. Ich bin auf Undankbarkeit vorbereitet. Ich glaube, daß ich meinen Weg gehen muß«, antwortete ich.

Und so schied ich nicht ohne Bedauern von Männern, die mir Freundschaft und Anerkennung entgegengebracht hatten, um eine Karriere zu beginnen, die von vielen Schwierigkeiten begleitet war, bei der mich aber der Geist echter Kameradschaft für manches entschädigte.

Meine Einführung in das *Volksrecht*, unsere neue Tageszeitung, war ziemlich grausam. Es wurde mir nur ein einziger Tag Lehrzeit gewährt. Ich fuhr nach Halle, wo ich einen guten

Freund hatte, der Herausgeber einer Tageszeitung war. In einem mehrstündigen Gespräch gab er mir einen Schnellkurs in der Technik des Blattmachens. Und dann fing ich an. Das Büro, das man mir gab, ließ nichts Gutes ahnen. Es war nicht sehr sauber und nur mit einem primitiven Tisch und Stuhl, einem Tiegel Klebstoff und einer Schere ausgestattet. War das alles, was man mir bot? Nein, da war noch etwas, worauf ich nicht vorbereitet war. Kaum hatte ich zu arbeiten begonnen, als es mich am ganzen Körper juckte. Nach der Ursache suchend, entdeckte ich, daß es in dem Laden vor Flöhen wimmelte! Aber ich hatte keine Wahl – die Zeitung mußte fertig werden, und ich hatte meine Arbeit zu tun. Am Abend sah mein ganzer Körper tätowiert aus. Es stellte sich heraus, daß die Räumlichkeiten bis zum Abend zuvor von Soldaten benutzt worden waren, die von der Front heimgekehrt waren. Sie hatten die Insekten eingeschleppt und schienen immun gegen sie zu sein. Wenn es nach mir gegangen wäre, hätte ich diese Bude bestimmt nie wiedergesehen.

Ich nehme an, daß wenige meiner Kollegen von der ausländischen Presse solche Erfahrungen durchmachen mußten wie ich zu Beginn meiner journalistischen Karriere. Zum Chefredakteur ernannt, hatte ich mannigfaltige Aufgaben zu meistern. Zu zweit mußten wir die gesamte redaktionelle Arbeit für eine täglich erscheinende Nachmittagszeitung bewältigen, die mit anderen, lange existierenden Blättern konkurrieren sollte. Wir taten das mit Erfolg. Meine Gebiete waren die Innen- und Außenpolitik, Arbeit, Literatur und Kunst. Wir hatten sehr wenige freie Mitarbeiter, weil wir sie nicht bezahlen konnten. Mein Kollege behandelte lokale und regionale Angelegenheiten. Um die Zeitung rechtzeitig fertigzubekommen, mußten wir in den frühen Morgenstunden beginnen. Das war auch deshalb notwendig, weil es der Druckerei anfangs an modernen Maschinen fehlte. Um also die Zeitung herauszubringen, mußte ich um 3 Uhr 30 oder 4 Uhr früh zu arbeiten beginnen, wobei ich den größten Teil des Blattes selbst verfaßte.

Ich mußte sämtliche Leitartikel und die wichtigsten Meldungen schreiben und zu allen Problemen Stellung nehmen. In vielen Fällen waren wir die ersten, die die Diskussion neuer Probleme anpackten. Das erforderte natürlich unerhörte Konzentration und äußerste Selbstdisziplin. Als später in der Verfassunggebenden Versammlung in Weimar wichtige Diskussionen stattfanden, ersuchte ich einen Freund, der dieser Versammlung angehörte, mir jeden Abend einen telefonischen Bericht durchzugeben. Diese Berichte trafen spätabends ein, da um diese Zeit, wie in der ganzen Welt üblich, die Tarife billiger waren. Das war alles, was sich unsere Zeitung leisten konnte. Die einzige Möglichkeit, wie ein Mensch das alles allein bewältigen konnte, bestand darin, die ganze Nacht im Büro zu verbringen. Zuerst machte ich mir aus Zeitungen ein Bett zurecht, aber meine Kollegen sahen ein, daß das zu unbequem war, und so erhielt ich eine Couch.

Mein Arbeitstag dauerte in dieser Zeit zwischen neunzehn und zwanzig Stunden. Der Vorstand des Arbeiterrates bedurfte fast täglich meiner Dienste, und die Abende waren mit Referaten und Versammlungen gefüllt. Dennoch fand ich Zeit, eine Artikelserie über die Grundlagen von »Lohn, Preis und Währung« zu schreiben, die als Büchlein veröffentlicht und viel diskutiert wurde. Kurz danach suchte mich ein junger Student in der Redaktion auf.

»Ich komme im Namen von Professor G. von der Universität Frankfurt. Wir wollen in seinem Seminar über Ihre Thesen diskutieren, und der Professor lädt Sie ein, an der Diskussion teilzunehmen.«

»Ich würde das ungeheuer gern tun«, antwortete ich, »besonders, da ich weiß, daß Professor G. ein Konservativer ist, aber mein Tag hat nur vierundzwanzig Stunden und zwanzig davon sind bereits mit Arbeit ausgefüllt. Ich bedaure deshalb, der Versuchung widerstehen zu müssen.«

Und die Versuchung war in der Tat groß; zum einen, weil ich die geistige Auseinandersetzung liebe, aber noch mehr, weil ich sehr gern mit jungen Menschen, die noch nicht ihren Platz in der neuen Ordnung gefunden hatten, über aktuelle ökonomische Probleme gesprochen hätte. Sobald man jedoch im öffentlichen Leben steht, kann man nicht mehr all die Dinge tun, die man möchte. Andere, manchmal sehr unangenehme Verpflichtungen nehmen einen in Anspruch.

Eines Tages, als ich im Vorstand des Arbeiterrates mit aktuellen Problemen beschäftigt war, erreichte mich der telefonische Anruf eines Freundes im Polizeipräsidium.

»In der Altstadt hat eine Menschenmenge begonnen, Geschäfte und Polizeiwachen zu plündern«, sagte er. »Sind nicht ein paar Genossen da, die sich sofort an den Krisenherd begeben und versuchen könnten, die Leute daran zu hindern, die Plünderungen fortzusetzen? Der Polizeichef möchte Blutvergießen wenn möglich vermeiden, aber das kann nur mit Ihrer Hilfe geschehen.«

Robert Dißmann und ich erklärten uns bereit, einen Versuch zu unternehmen. Bevor wir das Gebäude des Arbeiterrates verlassen konnten, traf eine weitere Botschaft ein, wonach eine Rotte von Aufrührern zum Justizgebäude unterwegs sei, um dieses in Brand zu setzen. Schnell einigten wir uns, daß Robert zum Justizgebäude fahren sollte, während ich mich in die Altstadt begab.

Ich eilte zum Fluß – und meine Vermutung war richtig. Wie in allen sehr alten Städten gab es auch hier Slums, und manche der Slumbewohner standen dem neuen Deutschland nicht aufgeschlossen gegenüber. Unter der Bevölkerung dieses Viertels gab es viele anständige Leute, echte Arbeiter und Gewerkschafter. Aber in diesen engen, gewundenen Gassen fanden auch andere Elemente Zuflucht.

Vor einem Polizeikommissariat am Mainkai hatte sich eine Menschenmenge zusammengerottet. Aktenbündel waren aus den Fenstern geworfen worden. Das Kommissariat hatte man in Brand gesteckt. In der Menschenmenge erkannten mich einige der Männer. Rasch erklärte ich ihnen meine Aufgabe und bat sie, mich auf ihre Schultern zu heben, damit ich mit der Menge sprechen könne. Sie erfüllten meinen Wunsch, und ich begann zu sprechen, wobei ich mich an die anständigen Leute in der Menschenmenge wandte und an sie appellierte, keine Handlungen zu tolerieren, die nur den Feinden der Revolution nutzen würden. Die Arbeiter würden zur Verantwortung gezogen werden. Es sei sehr verdächtig, rief ich, daß gewisse Elemente zu Taten aufwiegelten, die nur das Anliegen der Massen besudeln würden. Ich konnte nicht weiterreden. Einige in der Menge versuchten mich zu unterstützen, und das war erst das Signal für die Rädelsführer unter den Plünderern und Brandstiftern zu schreien:

»In den Fluß mit ihr! Werft sie dem Matrosen nach!«

Ein Mann näherte sich mir.

»Um Gottes willen, hören Sie auf, Sie sind verloren. Erst vor zehn Minuten haben sie einen Matrosen ertränkt, den der Polizeikommissar geschickt hatte und der die Menge zu beruhigen versuchte, genauso wie Sie. Sehen Sie nicht, daß man mit diesem Pöbel nicht vernünftig reden kann?«

Mit seiner ganzen Kraft zog er mich weg. Ich verdanke ihm wahrscheinlich mein Leben, aber ich habe niemals auch nur seinen Namen erfahren.

Diese Erfahrung ließ mich um Roberts Sicherheit bangen. Ich eilte zum Justizgebäude. Eine riesige Menge hatte sich ringsherum versammelt. Aus den Fenstern des Gebäudes warfen Männer die Gerichtsakten auf einen großen Haufen in der Straße. Von Zeit zu Zeit ertönte das Krachen einer Explosion. Rädelsführer hatten Granaten auf den Haufen geworfen, die explodierten.

»Wo ist Robert, hat ihn jemand gesehen?« fragte ich angstvoll.

»Er ist im Gebäude und versucht, die Plünderer aufzuhalten.«

Ich versuchte in das Gebäude zu gelangen. Die Polizei beschwor mich, davon abzulassen.

»Dann versucht, Robert Dißmann zu finden. Er kann in Gefahr sein.«

Sie versprachen es mir und kamen schließlich mit dem völlig erschöpften Robert heraus, dem es gelungen war, das Feuer zu ersticken, das die Plünderer in dem Gebäude gelegt hatten.

Wir hatten kaum Zeit, unsere Erfahrungen auszutauschen, als uns eine neue Nachricht erreichte.

»Der Mob beginnt, die Läden im Stadtzentrum zu plündern. Geht hin und haltet sie auf.«

Diesmal ersuchten wir um Polizeiunterstützung. Stundenlang folgten wir der Meute. Am späten Abend war alles vorüber – ohne weiteren Verlust an Menschenleben. Wir konnten auf die Leistungen des Arbeiterrates und der Polizei von Frankfurt stolz sein.

Bald danach kam heraus, daß ganz bestimmte Interessen hinter den Plünderungen gestanden haben mußten. Im Justizgebäude und in einigen Polizeirevieren waren ganz bestimmte Gerichtsakten vernichtet worden. Akten, in denen Kriegs- und Blockadegewinnlern Wucher und Betrügereien nachgewiesen wurden. Sie hatten die Straße für ihre eigenen Zwecke mobilisiert – und ein aufrechter Matrose hatte dabei sein Leben verloren. Allgemeines Blutvergießen war nur um Haaresbreite vermieden worden.

VI. KONTERREVOLUTION: DER KAPP-PUTSCH

Was wir für den Beginn einer gesellschaftlichen Revolution hielten, entwickelte sich nicht in der Richtung oder mit der Geschwindigkeit, die jenen von uns vorgeschwebt hatte, die in der Nacht vom 8. zum 9. November zusammensaßen. Die Wahlergebnisse zur Verfassunggebenden Versammlung brachten jenen Parteien eine Mehrheit, die sich einem grundlegenden sozialen Wandel widersetzten. Unsere Befürchtungen, als wir eine vorschnelle Einberufung dieser Versammlung ablehnten, waren völlig berechtigt gewesen. Die Masse der Bevölkerung konnte sich in so kurzer Zeit nicht neuorientieren. Besonders rückständig waren die Millionen von Soldaten. Aber auch die Daheimgebliebenen waren durch eine gründliche Zensur daran gehindert worden, zu erfahren, was im Lande vor sich ging. War es Absicht, daß uns diejenigen, die zur Wahl antrieben, keine Chance gaben, die Bevölkerung aufzuklären? Während die Unabhängigen Sozialisten bei den Wahlen vom Januar 1919 zur Verfassunggebenden Versammlung nur 22 Sitze errangen, bestätigten die Kommunalwahlen in Preußen am 2. März desselben Jahres die Erwartung, daß die Zeit für uns arbeiten würde.

In der Stadt Frankfurt stellten die Unabhängigen Sozialisten acht der neunzig Mitglieder des Stadtrates. Ich war unter diesen acht, die einzige Frau meiner Partei. Mit Ausnahme von Heinrich Hüttmann waren wir alle Neulinge. Aber nie zuvor oder seither bin ich einer Gruppe begegnet, in der die Zusammenarbeit enger oder die Kameradschaft echter war. Die meisten von uns waren aktive Politiker mit vielen anderen Verantwortlichkeiten. Die Kommunen hatten im neuen Staat viele neue Aufgaben – insbesondere Frankfurt wegen seiner Lage in der »neutralen« Zone, die teilweise unter französischer Kontrolle stand. Wir wußten, daß wir als neue Gruppe scharf überwacht werden würden und auch, daß unsere Anhänger von uns viel mehr erwarteten als von den durchschnittlichen Ratsmitgliedern. Ich hatte mehr als die anderen gegen Vorurteile anzukämpfen.

»Was kann denn dieser Hitzkopf schon in einem Stadtrat leisten?« fragten meine Gegner.

Sie hatten mich in den Tagen der Revolution gefürchtet und

erwarteten nur aufwieglerische Worte von mir. Ich wußte das und war mir der Tatsache bewußt, ihnen zeigen zu müssen, daß ein Revolutionär im wahrsten Sinne des Wortes auch zur konstruktiven Arbeit und Kooperation mit anderen fähig ist. Meine Partei beauftragte mich, im Ausschuß für soziale Probleme und im Bildungsausschuß zu arbeiten. Der Stadtrat tagte einmal in der Woche, während die Ausschüsse häufiger zusammentraten. Jeder von uns mußte alle Tagesordnungspunkte, die Anträge und Erlässe studieren, bevor unsere Gruppe zusammenkam. Bald teilten wir die Aufgaben unter uns auf. Meine sozialistischen Genossen waren sehr überrascht, als ich ihnen bei unserer ersten Gruppensitzung klarmachte, daß sich einer der Männer mit Haushaltsfragen befassen müsse. Ich wollte das nicht tun, denn meine Gegner warteten nur darauf, sich über mich lustig machen zu können, da sie wußten, daß ich selbst keinen Haushalt führte. Ich wollte mir keine Blößen geben. Meine Freunde lachten und stimmten mir zu. Als Gegenleistung bot ich an, bei den Vollversammlungen einen Teil der Debatten und Diskussionen zu übernehmen – eine Aufgabe, für die ich durch meine Erfahrung bei den Versammlungen während der Kriegszeit und bei den Sitzungen mit den alten Herren des Ältestenrates besondere Kompetenz erworben hatte.

Was die Arbeit im Stadtrat so angenehm und erfreulich machte, war, daß man das Interesse der Öffentlichkeit für kommunale Angelegenheiten wecken konnte und von der öffentlichen Meinung unterstützt wurde. Auf den Galerien, die in früheren Zeiten immer leer gewesen waren, drängten sich jetzt die Zuhörer. Die Bevölkerung hielt engen Kontakt mit unserer Arbeit. Das war ein starker Ansporn für uns und beflügelte sowohl unsere Reden als auch unsere Arbeit. Der Stadtrat war in dieser Periode ein interessantes Forum für die Bürger. Und das muß auch so sein, wenn wir wollen, daß die Demokratie eine lebendige Regierungsform ist. Viele Jahre später, als Robert und ich Frankfurt bereits verlassen hatten, traf ich einen ehemaligen Stadtratskollegen von der Volkspartei wieder, die vorwiegend Unternehmerinteressen vertritt. »Wir bedauern sehr, daß Sie und Dißmann uns verlassen haben!« sagte er zu mir. »Obwohl wir unterschiedliche Meinungen vertraten, war Leben im Stadtrat, als Sie dort aktiv waren!«

Unsere Arbeit in den Vollversammlungen erregte manchmal viel Aufsehen, während sich die Tätigkeit in den Ausschüssen in aller Stille vollzog. Es wurden jedoch wichtige Institutionen geschaffen, die Bestand hatten, bis der Diktator auftrat und die kommu-

Zuname	Vornamen (Rufname bitte zu unterstreichen)	Stand. Beruf. Titel.
Sender	Tony	Handlungsgehilfin

Herrn *Frl. Tony Sender*

Hier

.... Straße No. 11

Toni Sender wird Mitglied
der Frankfurter Stadtverordnetenversammlung

Wohnung:	Geschäftslokal:	Für welchen Stadtbezirk gewählt?	Ob Hausbesitzer?	Wohin sollen Postsendungen adressiert werden?
...schnstr.	....			
	....		Ja!	Wohnung!
Straße No. 86	Straße No		Nein!	Geschäftslokal!
Fernsprecher:	Fernsprecher:			
	Amt			
....	No........			(Nichtzutreffendes bitte zu durchstreichen)

Wir bitten, das vorstehende Formular gefälligst auszufüllen und unter Benutzung des ...en Briefumschlags recht bald an uns zurückgelangen zu lassen, damit die Drucklegung der ...tafel rechtzeitig erfolgen kann.

Frankfurt a. M., den _8 März_ 19 1_9_.

Die Kanzlei
der Stadtverordneten-Versammlung.

Fernsprecher: Amt Hansa 4494.

nale Selbstverwaltung beseitigte. Ich war besonders stolz auf die Bewältigung einer schwierigen Aufgabe: die Kommunalisierung aller Wohlfahrtseinrichtungen – Institutionen, die eine Versorgung notleidender Menschen von der Wiege bis zum Grabe garantierten. Unser Ziel war es, Personen, die ohne eigenes Verschulden in Not geraten waren, das Recht auf Unterstützung durch die Gemeinschaft zu geben und ihnen dadurch die Demütigung zu ersparen, um Mildtätigkeit bitten zu müssen. Es war eine ungeheure Aufgabe in einer Zeit ökonomischer und finanzieller Schwierigkeiten für alle Kommunen und konnte nur dank des großen Verständnisses bewältigt werden, das der stellvertretende Bürgermeister der Stadt bewies – derselbe Mann, dem ich bei unserer ersten Versammlung des Arbeiterrates die Tür hatte weisen müssen! Er trug mir diesen Vorfall nicht nach, denn er war sich bewußt, daß sinnvolle Arbeit nur durch Kooperation geleistet werden konnte. Unter anderem wurde auch die Bestattung der Verstorbenen kommunalisiert. Sie erfolgte nunmehr ohne Profit und mit dem erforderlichen Takt. Klassenunterschiede verschwanden, zumindest an den Friedhofstoren.

Nicht weniger interessant war der Einfluß der neuen Kräfte auf das Schulsystem. Mit Hilfe einiger sehr liberal eingestellter Lehrer zählte Frankfurt zu den ersten Städten, die sofort nach dem Krieg ein modernes kommunales Schulsystem aufbauten. Als ich diese Schulen besuchte und dem Unterricht beiwohnte, um mich zu überzeugen, wie sich unsere Ideen in der Praxis auswirkten, beneidete ich die Schüler, die eine so unbeschwerte Kindheit genossen, ohne daß ihre Lernleistungen dadurch beeinträchtigt wurden. Nicht nur diejenigen, die als kleine Kinder in die Schule kamen, genossen die Fürsorge des neuen Staates, sondern auch jene, die vorzeitig von den Schulen abgingen, um in Geschäften und Büros zu arbeiten. Acht Stunden wöchentlich mußten ihre Arbeitgeber ihnen tagsüber freigeben, damit sie die Berufsschule besuchen konnten, die für alle Lehrlinge nunmehr obligatorisch war. Auch hier mußte etwas Neues aufgebaut werden.

Eine ziemlich heikle, wenn auch überaus notwendige Aufgabe war die Einstellung neuer Lehrer an den Grundschulen und Gymnasien. Es war dringend notwendig, die Lehrerkollegien zu liberalisieren. Die Republik hatte sich selbst die Aufgabe gestellt, die Jugend im Geist der Friedens- und Freiheitsliebe zu erziehen. Viele der alten Lehrer gehörten der Klasse der fanatischen Nationalisten an. Von ihnen mußten so viele wie irgend möglich abgelöst werden. Aber man mußte Vorsicht walten lassen. Nicht selten begegneten wir Leuten, die sich ohne innere Überzeugung rote Bändchen ins Knopfloch gesteckt hatten. Andererseits weigerten wir uns im Falle von Lehrern mit echt demokratischen Überzeugungen, aber ungenügendem Wissen, den akademischen Standard zu reduzieren, den wir für unser neues Schulsystem gesetzt hatten. Es kostete oft einen harten Kampf mit den Vertretern der Rechtsparteien, die Einstellung progressiver Lehrer und Professoren zu erwirken, und es wurde mit jedem Jahr, das seit der Novemberrevolution verging, schwieriger.

Meine Erinnerung an die Stadtratsarbeit ist dennoch im großen und ganzen positiv, weil wir einander mit Achtung begegneten, unsere Diskussionen auf hohem Niveau verliefen und wir konstruktive Arbeit leisteten. Zum Glück hatte ich es nicht mit Nazistadträten zu tun – ihr späteres Auftreten veränderte die ganze Atmosphäre.

Kurz nach meiner Wahl hatte ich in meiner Eigenschaft als Parteipolitikerin und Redakteurin ein Erlebnis, das uns beinahe in eine Katastrophe stürzte. Eine große, sichtlich schwangere Frau erschien in der Redaktion und fragte nach mir. Ich empfing sie und hörte mir an, was sie zu sagen hatte.

»Ich bin die Frau eines deutschen Offiziers der Weißen Garde, aber ich bin mit Leib und Seele für die Revolution – Grund genug für meinen Mann, mich zu verfolgen. Ich mußte von der Küste fliehen, wo er lebt. Ich erwarte nächste Woche mein Kind und muß so schnell wie möglich nach Augsburg fahren, wo ich einen guten Freund habe, den Genossen T., der mir sicher helfen wird. Aber um gefahrlos weiterreisen zu können, brauche ich einen Paß, der nicht auf meinen eigenen Namen lautet. Ich weiß, daß Sie genügend Einfluß auf den Polizeipräsidenten haben, um mir einen solchen Paß ausstellen zu lassen. Die Weiße Garde ist mir auf den Fersen, und alles muß mit größter Geschwindigkeit geschehen. Haben Sie Mitgefühl mit mir als Frau, helfen Sie mir! Hier sind meine Empfehlungsbriefe.«

Sie gab mir eine Anzahl von Briefen bekannter Genossen in verschiedenen Städten an der Küste. Wäre es nicht ein einfacher Akt der Humanität, dieser sichtlich unglücklichen Frau zu helfen und ihr eine Chance zu geben, ihr Kind in den bayerischen Bergen in Ruhe zur Welt zu bringen? Die Empfehlungsschreiben, die sie mir zeigte, schienen tadellos. Warum warnte mich dennoch eine innere Stimme, vorsichtig zu sein? Die Frau machte einen unangenehmen Eindruck auf mich. Leise Zweifel an ihrer Schwangerschaft beschlichen mich. Ich antwortete ihr:

»Ich weiß nicht, ob ich Ihnen helfen kann. Ich muß die Angele-

Mit der Gaseinschränkung habe ich weniger zu tun. Aber beim Gaswerke ist die Kohlennot mindestens eben so groß, wie beim Elektrizitätswerk, wenn nicht noch größer. Das Gaswerk hat die Einschränkungen auch nicht aus Vergnügen vorgenommen, sondern lediglich der Not gehorchend.

Stadtrat Dr. Schmude: Meine Damen und Herren! Nur zwei Sätze! Das Verkehrsamt wird von morgen früh ab — das kann natürlich für die ausgefallenen Straßenbahn kein Ersatz sein im ganzen auf sieben Strecken Autolastwagen und Omnibusse fahren lassen. Es stehen von morgen ab 35 Wagen zur Verfügung. Es ist aber zu hoffen, daß es übermorgen schon 65 sind. Noch mehr zu hoffen ist aber, wie Herr Kollege Din schon ausgeführt hat, daß die begründete Aussicht besteht, daß das Kohlenschiff am Donnerstag ankommt und dann die Straßenbahn wieder laufen wird. Das Verkehrsamt hat Freitag mittag die Deputation des Verkehrsamtes eingeladen, um darüber zu beraten, welche Einschränkungen in Zukunft etwa auszuführen sind. Ich werde mir erlauben, auch die Herren Dr. Dessauer und Kurpel einzuladen, um ihren sachverständigen Rat zu hören. Was die Ärztefrage anbelangt, d. h. die Frage, die eben an mich gestellt worden ist, so kann ich erklären, daß morgen früh darüber verhandelt wird, ob wir die Zwangsbewirtschaftung der Privatautowerte für die paar Tage verlangen können, um sie den Ärzten zur Verfügung zu stellen. (Stadtr. Dr. Schulz: „Und die Autos der Stadt?") Wir haben nur 10 Autos, die reichen nicht aus; und die Benutzung derselben würde den Ärzten auch zu teuer sein.

Stadtv. Zimmermann (zur Geschäftsordnung): Es sind nun fast alle Fraktionen zu Wort gekommen. Mir scheint die Angelegenheit in dem Sinne geklärt zu sein, daß auch durch weitere Beirechnungen dem Uebelstande, in dem wir uns befinden, nicht abgeholfen werden kann. Deshalb beantrage ich: Schluß der Debatte.

Stadtv. Artur Mayer (zur Geschäftsordnung): Ich bitte Sie dringend, den Antrag des Herrn Zimmermann abzulehnen. Damit ist die Frage nicht geklärt, noch von keiner Fraktion ein Redner gestrichen hat. Wir sehen auch aus den weiteren Darlegungen des Magistrats, daß in dieser Frage auch jetzt noch nicht die Klarheit herrscht, die herrschen muß, wenn wir in der Frage heute abend noch etwas Gedeihliches beschließen wollen. Deshalb ist es dringend notwendig, in der Debatte fortzufahren.

Stadtv. Bechstedt (zur Geschäftsordnung): Meine Damen und Herren! Ich möchte dringend

bitten, den Antrag Zimmermann anzunehmen. Die Sache ist sehr gründlich besprochen worden, und wer mit Verständnis den Ausführungen der Vertreter des Magistrats zugehört hat, der wird vollkommen überzeugt sein, daß hier eine Bösartigkeit des Magistrats vorausgesetzt werden kann. Ich muß mich deshalb entschieden dagegen verwahren, daß die Angelegenheit agitatorisch in irgend einer Art und Weise ausgenutzt werden soll.

(Bei der Abstimmung wird der Antrag Zimmermann auf Schluß der Debatte angenommen.)

Beschluß: Der Gegenstand wird verlassen.

§ 29, 30.

I. Stadtv. Jammler berichtet für den Haupt-Ausschuß über den ihm mit Beschluß vom 14. August 1919, § 1018 des Prot. (S. 1095), überwiesenen Antrag des Magistrats vom 24. Juli 1919, Nr. 1302, die **Mitwirkung des Arbeiterrates im Wohnungsamt** betr.

Der Haupt-Ausschuß beantragt:

„die Stadtverordneten-Versammlung wolle beschließen, daß der Arbeiterrat jetzt nach dem Erlaß des Ministers des Innern vom 19. Juni 1919 kein Recht mehr habe, im Wohnungs-Amt vertreten zu sein."

II. Ferner berichtet Stadtv. Jammler für den Haupt-Ausschuß über den ihm mit Beschluß vom 8. Juli 1919, § 956 des Prot. (S. 1095), überwiesenen Antrag des Magistrats vom 30. Juni 1919, Nr. 1114a, die **Kontrolle der Gemeindebehörden durch den Arbeiterrat** betr.

Der Bericht des Haupt-Ausschusses lautet:

„Der Haupt-Ausschuß empfiehlt der Stadtverordneten-Versammlung zu beschließen und entsprechend dem Erlaß des Ministers des Innern vom 10. Juni 1919 festzustellen, daß jetzt für die Kontrolle der Stadtverwaltung durch den Arbeiterrat kein Raum mehr vorhanden sei."

Stadtv. Sender: Meine Damen und Herren! Ich möchte zunächst feststellen, daß dieser Beschluß auf Beseitigung der Mitwirkung des Arbeiterrats im Haupt-Ausschuß nur gegen die einzige Stimme unseres Vertreters gefaßt wurde. Ich möchte weiter feststellen, daß das Schreiben, worauf sich der Haupt-Ausschuß glaubt berufen zu dürfen, bereits vom 10. Juli v. Js. herrührt; es ist ein Schreiben des Herrn Ministers des Innern, Heine, das er als Antwort an den Zentralrat gerichtet hat. Dieses

Toni Senders Rede zum Ausschluß des Arbeiterrats am 6. Januar 1920 in der Frankfurter Stadtverordnetenversammlung

§ 30.

Schreiben wurde uns in der Exekutive des Arbeiterrates bereits im Monat Juli vorgelegt. Damals hat man diese Begründung in der Exekutive des Arbeiterrates nicht als berechtigt anerkennen können, die Begründung nämlich, die darin bestand, daß, nachdem die Neuwahl der Stadtverordneten-Versammlung auf demokratischer Grundlage erfolgt sei, die Mitwirkung des Arbeiterrates nicht mehr berechtigt sei und der Stadtverordneten-Versammlung selbst die Entscheidung über die weitere Mitwirkung der Arbeiterräte anheimgegeben würde. Einstimmig haben wir damals in der Exekutive diesen Standpunkt abgelehnt, weil wir uns nicht auf den Boden stellten, daß die demokratische Stadtverordneten-Versammlung als solche eine Mitwirkung oder die Notwendigkeit der Mitwirkung des Arbeiterrates ausschlösse. Damals waren diejenigen Vertreter, die diesmal den Standpunkt des Haupt-Ausschusses nach sechs Monaten beigetreten sind, nicht der ablehnenden Auffassung, sondern haben ausdrücklich, wie der Ansicht des Ministers Seine anzuschließen. Wir müssen auch heute noch bei diesem damals vertretenen Standpunkt verbleiben, denn wir müssen anerkennen, daß die Notwendigkeit, die dem Arbeiterrat damals die Daseinsberechtigung gegeben hat, auch heute noch in demselben Maße vorliegt. (Widerspruch.) Sie sagen nein. Alten Standpunkt kann ich vollkommen begreifen Zuruf: "Na also!", ... jawohl, daß Sie als bürgerliche Vertreter ... (Große Unruhe! Glocke des Vorsitzenden!), die ja das Ziel des Arbeiterrates nicht wollten, dieser Auffassung zustimmen werden. Aber nicht zustimmen können diejenigen, die eben im Arbeiterrat diesen eine notwendige Instanz betrachten, weil er geschaffen wurde durch das Recht der Revolution. Na! Na! Er ist geschaffen worden durch das Recht der Revolution und hatte die Aufgabe, den Sozialismus zur Durchführung zu bringen. Damals, im November vorigen Jahres, als wir mit klarem Banner entrollt, vor die Stadtverordneten-Versammlung getreten waren, hat die Stadtverordneten-Versammlung dieses Recht ausdrücklich anerkannt und dieses Recht auch schriftlich nachmals bestätigt. (Zuruf: "Leider!"!) Sie sagen leider. Man kann aber nicht etwa heute behaupten, daß die Stadtverordneten-Versammlung hier nicht in vollkommener Ruhe hätte entscheiden können, denn es wurde keinerlei Druck ausgeübt. Es waren nur einige Herren der Exekutive (Zuruf: "Wer lacht da?!". Ja, da kann nur jemand lachen, der gar nicht unterrichtet ist und der sollte dann besser sich einmal bei denjenigen Herren befragen, die jener denkwürdigen Sitzung beigewohnt haben. Damals sind nur einige

Herren der Exekutive in die Stadtverordneten-Versammlung gegangen und haben in aller Ruhe diese Frage vorgelegt. Die Herren zogen sich daraufhin zurück und haben nur wenige Minuten beraten. Das Ergebnis dieser Beratung war, daß sowohl Magistrat wie Stadtverordneten-Versammlung anerkannt haben, daß der Arbeiterrat die oberste Instanz in Frankfurt am Main ist. (Zuruf: "Das war einmal!")

Das war einmal, ganz sicher, und weil es einmal war, darum sprechen wir heute darüber. Aber wenn man den Arbeiterrat in dieser Sitzung anerkannte und damals noch nicht wußte, wie die Entwicklung weitergehen würde, weil man damals noch nicht annehmen konnte, daß die Reaktion so rasch die Oberhand bekommen würde, hat man den Arbeiterrat anerkannt. Wir müssen aber darauf bestehen, daß die Notwendigkeit des Arbeiterrates deshalb gegeben ist, weil das Ziel seiner Tätigkeit noch nicht erreicht ist. Wohl hat man einige politische Freiheiten gegeben, aber ich frage, war denn das Ziel der Revolution nur ein freiheitliches Wahlrecht? Nein, die ganze Revolution hat sich das Ziel gegeben, die Sozialisierung der Gesellschaft durchzuführen und dieses Ziel wird erst dadurch erreicht, daß einige politische Rechte eingeräumt werden, sondern die politischen Rechte bekommen erst dann ihren Wert, wenn sie von der wirtschaftlichen Befreiung aller Unterdrückten begleitet sind. Dieses Ziel ist aber nicht erreicht worden, darum muß dieser Kampf, der begonnen worden ist, weiter geführt werden. Ich will nur kurz auf die Vorgänge hinweisen und auf das Recht, auf das sich der Arbeiterrat beruft. Die Demokraten, die mir jetzt zum Teil die Zwischenrufe machen, sollen doch einmal ihre eigene Geschichte, die Geschichte ihrer eigenen Vergangenheit prüfen. (Zurufe von der Galerie.)

Vorsitzender Dr. Hertz: Ich bitte die Zuhörer, jeden Zwischenruf zu unterlassen und sich nicht in unsere Verhandlungen einzumischen. Ich warne vor den Folgen abermaliger Störung.

Stadtv. Sender fortfahrend: Es gab eine Zeit, da auch das Bürgertum seine Revolution hatte und die Auffassung, die damals diese Parteien von der Revolution hatten, war auch eine ganz andere als sie sie heute vertreten. Ich will nur auf die französische Revolution verweisen, die nicht ein einmaliger Akt war, sondern sich auf Jahre erstreckte, und ich will auf den Unterschied verweisen, daß jene Revolutionen mit Gewalttätigkeiten verbunden waren und blutige Opfer gekostet haben, die in keinem Vergleich zu denen der prole-

6*

genheit mit meinen Freunden besprechen. Kann ich Ihnen helfen, eine Übernachtungsmöglichkeit für Sie zu finden?«

»Nein danke, ich habe schon hilfsbereite Menschen gefunden, Freunde von Ihnen, die mir Gastfreundschaft bewiesen haben.«

Sie nannte mir den Namen ihrer Gastgeber, sehr arme, verläßliche Genossen. Nachdem sie gegangen war, fühlte ich mich unruhig. Meine Zweifel wurden immer stärker. Sie sah fast wie ein Mann aus – war sie wirklich schwanger? Etwas an ihr ging mir gegen den Strich. Aber alle ihre Papiere und Empfehlungsschreiben waren echt! Die halbe Nacht lang wälzte ich dieses Problem. Ich war nie unbarmherzig gegenüber Menschen, die sich in Schwierigkeiten befanden. Sollte ich den Polizeipräsidenten bitten, ihr zu helfen? Auf mein Ersuchen würde er es wahrscheinlich tun. Aber warum dieser innere Zweifel? Wenn mit dieser Person etwas nicht in Ordnung war, würde ich unsere ganze Position gegenüber dem Polizeiapparat gefährden, den Arbeiterrat kompromittieren und möglicherweise der Konterrevolution einen gierig ersehnten Vorwand für ein Blutvergießen liefern. Das war anderen Ortes bereits geschehen!

Einen falschen Paß auszustellen und dann von einem Spitzel denunziert zu werden – das würde das Eingreifen der Bundesbehörden in unsere Polizeiangelegenheiten bedeuten. Dieses Eingreifen konnte als Vorwand dienen, um die Massen aufzuputschen und sie zu einem Aufstand zu provozieren. Ich hatte das Gefühl, daß die ganze Verantwortung bei mir lag. Schließlich faßte ich einen Entschluß. Ich hatte zwei Alternativen – einer Frau in Not Hilfe zu verweigern und damit einem einzelnen noch größere Belastung zuzumuten; und den wichtigen Einfluß der Revolution auf den Polizeiapparat aufs Spiel zu setzen. Ich kam zu dem Schluß, daß ich im Augenblick die Interessen des Individuums opfern müsse, um die Interessen des Kollektivs zu schützen. Nachdem ich diesen Entschluß gefaßt hatte, fühlte ich mich ruhig und sicher.

Ich wies den diensthabenden Redakteur an, die Frau nicht in mein Zimmer zu führen, sondern ihr mitzuteilen, daß es mir leid tue, aber daß ich ihr nicht helfen könne. Gleichzeitig warnte ich meine Freunde im Polizeipräsidium und informierte sie von meinem Entschluß. Meine Mitarbeiter an der Zeitung waren empört. Sie hielten mich für grausam und herzlos und gewährten der »Schwangeren« all die Gastfreundschaft, die sie sich wünschte.

Viele Monate später, nachdem ich Mitglied des Reichstags

geworden war, erfuhr ich mit Entsetzen die wahre Identität der Frau, die sich in Frankfurt so geheimnisvoll um meine Hilfe bemüht hatte. Ihr Name kam im Laufe eines Gerichtsverfahrens unserer Reichstagsfraktion gegen einen Abgeordneten ans Licht, der in die Intrigen eines monarchistischen Spitzels verwickelt war. Meine Besucherin erwies sich als niemand anders als die berüchtigte Spionin und Agentin Frau Schröder-Mahnke, die für viele Ausschreitungen und Erschießungen und für den Tod vieler Arbeiter bei den von ihr provozierten Aufständen verantwortlich war. Sie war weder schwanger noch wurde sie von den Weißen Garden verfolgt. Im Gegenteil, sie stand in deren Diensten und hatte das Massaker der Arbeiter in Kiel provoziert. Später wurde sie als Mann verkleidet in die Zellen inhaftierter Revolutionäre eingeschleust, um deren Vertrauen zu gewinnen und ihnen Geständnisse zu entlocken. Sie erschien dann vor Gericht als Zeugin gegen ihre ehemaligen Mitgefangenen. Erst damals erfuhr ich, welch furchtbarer Gefahr wir dank meines Mißtrauens und des deutlichen Instinkts, der mich gewarnt hatte, entgangen waren.

Die Unzufriedenheit großer Teile der Arbeiterschaft mit dem Verlauf der politischen Entwicklungen wurde den Delegierten des ersten Nachkriegsparteitags der Unabhängigen Sozialistischen Partei im März 1919 demonstriert. Während wir Delegierte uns in Berlin versammelten, riefen aufgebrachte Arbeiter der Stadt einen Generalstreik aus. Auf dem Weg zum ehemaligen Herrenhaus, wo der Parteitag stattfand, mußten die Delegierten Straßen passieren, in denen mit Maschinengewehren geschossen wurde; die Schießereien dauerten während der ganzen Tage unserer Beratungen an. Es war ein politischer Streik. Die Arbeiter sahen darin das einzige Mittel, um ihrer Forderung nach entschlosseneren revolutionären Maßnahmen und insbesondere ihrer Ablehnung gegen die Bildung militärischer Organisationen unter Führung von Offizieren der alten deutschen Armee Ausdruck zu verleihen. Die Reichsregierung war von dieser Aktion sichtlich beeindruckt, und während der Streik und die Schießereien noch weitergingen, erschienen riesige Plakate an den Mauern der Stadt mit dem Versprechen der Regierung (in der wir Unabhängige Sozialdemokraten nicht mehr vertreten waren), »die Sozialisierung ist auf dem Vormarsch«. Sie blieb immer auf dem Vormarsch und erreichte nie ihr Ziel.

In den Diskussionen des Parteitags zeigte sich jedoch ein echter revolutionärer Geist. Ich nahm führenden Anteil daran. Es war faktisch mein offizieller Eintritt in die nationale Szene der deutschen Politik.

»Unsere Vertreter im Rat der Volksbeauftragten hätten nicht ihre Zustimmung zu der voreiligen Einberufung der Verfassunggebenden Versammlung geben sollen«, erklärte ich. »Ihr beantwortet meine Kritik mit dem Argument, daß die Versammlung so rasch zusammentreten mußte, weil wir während unserer ganzen Geschichte immer Demokratie und freies Wahlrecht gefordert hatten. Das ist richtig. Aber wir befanden uns in einer Revolution, die nach neuen Gesetzen funktionierte und neue Haltungen erforderte.« Es sei höchst bedauerlich, daß es keine Koordination zwischen der Arbeit der Arbeiter- und Soldatenräte in den verschiedenen Teilen des Landes und der Tätigkeit der Versammlung gegeben habe.

»Die Revolution hatte die Aufgabe, eine solide Grundlage für die junge Republik zu schaffen, indem sie diejenigen Mächte der Vergangenheit entthronte, die aufgrund ihrer ökonomischen Stärke im Besitz der politischen Macht waren – die Bosse der Schwerindustrie und die Junker des Großgrundbesitzes. Bei unserem Kampf für dieses Ziel hörten wir jedoch täglich: ›Ihr könnt nicht *jetzt* verstaatlichen, weil unser gesamter wirtschaftlicher Apparat in miserablem Zustand ist.‹ Aber wollt ihr wirklich warten, bis sich die Mächte der Vergangenheit so gut erholt haben, daß sie wieder Einfluß ausüben? Das deutsche Volk ist von Natur aus nicht sehr revolutionär – warum haben wir, sobald die revolutionäre Bewegung im Kommen war, nicht sofort diese Gelegenheit ergriffen, um dem Ziel echter politischer und wirtschaftlicher Freiheit näherzukommen?«

Meine Rede fand sowohl auf dem Parteitag als auch außerhalb ein starkes Echo. Der revolutionäre Geist war noch lebendig – aber würde er stark genug sein, um eine Situation zu ändern, die sich mehr und mehr in Richtung auf eine Mittelstandsrepublik zu entwickeln schien? Auf den Straßen wurde geschossen. Der Ausnahmezustand wurde erklärt. Truppen erschienen, die Lichter gingen aus, der Streik breitete sich aus. Aber ein Großteil der Energie wurde verschwendet – so viele Menschenleben wurden umsonst geopfert, weil sich der Kampf auf einige wenige Zentren beschränkte und sich andere Teile des Landes nicht anschlossen. Außerdem fehlte es der Streikbewegung an Koordination und Klarheit ihrer Ziele.

Freilich muß man zugeben, daß sich die Beziehungen der Republik zu den siegreichen Nationen hemmend auf die Kühnheit der verantwortlichen Arbeiterführer auswirkten. Die Friedensverhandlungen von Versailles machten klar, daß die alliierten Mächte von den fundamentalen Umwälzungen, die in Deutschland vor sich gegangen waren, keine Notiz nehmen wollten, obwohl sie während des Krieges an das deutsche Volk appelliert hatten, als Vorbedingung einer fairen Behandlung des neuen Deutschlands das Regime zu stürzen.

Es war in den frühen Morgenstunden des 17. Juni 1919, als ich allein in meiner Redaktion in Frankfurt war, daß mich der Text des von den Alliierten diktierten Friedensvertrages erreichte. Mir stand beinahe das Herz still, als ich ihn las. Ist es möglich – ein solcher Schlag, eine solche Demütigung für die junge Republik? Hatten sie alle ihre Versprechungen vergessen – oder hatten sie uns hinters Licht geführt? Zu all den finanziellen und materiellen Lasten und zu der Abtretung von Territorium kam die Degradierung des deutschen Volkes durch die Weigerung, Deutschland in den Völkerbund aufzunehmen!

Was sollten wir tun? Ich wußte, daß unsere Leser eine sofortige Stellungnahme, eine klare Meinungsäußerung erwarteten. Ich hatte nie zuvor eine schwerere Verantwortung empfunden. Da war niemand, den ich zu Rate ziehen konnte, außer meinem eigenen Gewissen. Gab es die Alternative der Nichtunterzeichnung? Es war unmöglich, das deutsche Volk für einen erneuten Widerstand zu den Waffen zu rufen! Die deutsche Bevölkerung wollte auf jeden Fall Frieden, sie war erschöpft. Nichtunterzeichnung würde Besetzung der wichtigsten Landesteile bedeuten, die über Rohstoffe verfügten sowie Intensivierung der Blockade, Arbeitslosigkeit, Hunger, den Tod von Tausenden, die Zurückhaltung unserer Kriegsgefangenen – eine Katastrophe, die uns schließlich zwingen würde, noch demütigendere Bedingungen hinzunehmen. Natürlich war ich mir auch der Gefahren bewußt, den diktierten Vertrag selbst unter Protest zu akzeptieren. Es würde nationalistische Leidenschaften entfachen, der Republik unerträgliche Bedingungen aufbürden und die Gefahr einer Konterrevolution heraufbeschwören. Alle Konsequenzen abwägend, beschloß ich schließlich, für die Unterzeichnung einzutreten.

Ein Faktor trug zu diesem Entschluß bei. Im selben Juni hatte sich im besetzten Rheinland unter Führung von Dr. Hans Dorten eine separatistische Bewegung gebildet, die von den französischen Militärbehörden gefördert, wenn nicht gar initiiert worden war. Durften wir einen Schritt riskieren, der zu einer Zerstückelung des Landes führen konnte? Ich trat deshalb für die Unterzeichnung des Vertrages ein, im Bewußtsein aller damit verbundenen Risiken, aber in der Hoffnung, daß die Völker der Siegernationen bald nüchtern werden und erkennen würden, daß diese schrecklichen Fehler im Interesse ihrer eigenen Länder, der jungen deutschen Republik und des Weltfriedens so schnell wie möglich repariert werden mußten. Doch das war leider, wie jeder jetzt weiß, eine Illusion. Für das Verbrechen von Versailles mußte ein schrecklicher Preis bezahlt werden...

Wie oft hatte ich mir in diesen Monaten selbst die Frage gestellt: Ist die Novemberrevolution zu human gewesen? Wird dieser Geist der Humanität von denjenigen, die in einem politischen Gegner nur den Feind, in einer neuen sozialen Ordnung nur eine Bedrohung ihrer Privilegien sehen, nicht schlecht gelohnt werden? Die lange militärische Tradition einer Nation hinterläßt tiefe Wurzeln und kann nicht in kurzer Zeit zerstört werden. Es wurde uns auf brutalste Weise vor Augen geführt, daß wir es mit unerhört grausamen Feinden zu tun hatten. Schon am 15. Januar 1919 hatte uns die schreckliche Nachricht von der feigen Ermordung zweier edler Idealisten erreicht, Rosa Luxemburgs und Karl Liebknechts, unserer lieben Genossen, die von Armeeoffizieren verhaftet und als wehrlose Gefangene umgebracht worden waren. Die reaktionären Offiziere – Schurken mit Manieren von Gentlemen – waren zu feige, um für ihr Verbrechen einzustehen und flüchteten ins Ausland. Wahrscheinlich ermutigt dadurch, daß dieser Akt der Brutalität unbestraft blieb, folgte bald ein zweiter. Am 21. Februar wurde unser Freund Kurt Eisner, Haupt der bayerischen Revolutionsregierung, Dichter und Träumer, der Mann, der sich unbeirrbar für die Demokratie eingesetzt hatte, in den Straßen Münchens von dem jungen Grafen Arco-Valley, einem weiteren Vertreter der Gewaltphilosophie, erschossen.

Die Führer unserer Bewegung wußten, daß vielen von ihnen das gleiche Schicksal drohte. Sicher zählte Hugo Haase, unser aufrechter, furchtloser Parteivorsitzender, zu den meistgehaßten Menschen, weil er den Mut hatte, zu seinen Überzeugungen zu stehen. Die Hetze gegen Haase in reaktionären Kreisen war besonders abscheulich und verantwortlich für die sinnlose Tat eines Beschränkten im Oktober 1919. Auf seinem Weg zum Reichstag wurde Haase angeschossen; nach schwerem Leiden starb er. Die deutsche Arbeiterbewegung verlor in ihm einen ihrer besten Köpfe, eine Persönlichkeit mit seltenen Charaktereigenschaften, einen Mann, der nur aus seinem Dienst für das Gemeinwohl Befriedigung zog. Haase war weise und besonnen in seinen Überlegungen, entschlossen und mutig in seinen Taten.

Wir waren tief getroffen, und das deutsche Volk empfand mit uns den traurigen Verlust. Sein Leben war ein weiterer Tribut, den die Linke an die Reaktion zahlte – und es sollte nicht der letzte sein.

Völlig neue Aufgaben erforderten neue Instrumente. Wir wußten, daß eine Umwälzung der sozialen Ordnung durch vermehrte Verantwortung derjenigen erreicht werden mußte, die beim Aufbau dieser neuen Gesellschaft mithelfen wollten. Natürlich kann es keine permanente Revolution im Sinne permanenter Kämpfe und Störungen der Wirtschaftsproduktion geben. Die Arbeiterbewegung setzte sich jedoch für eine Veränderung der sozialen Lage und der Funktionen der Arbeiterschaft ein. Die Arbeitervertreter in den Betrieben und Büros mußten nicht nur die Arbeitsbedingungen und die Löhne verbessern, sondern auch die Kontinuität der Produktion in den Fabriken gewährleisten. Wir in der Unabhängigen Sozialistischen Partei waren uns der Notwendigkeit bewußt, diesen Vertretern das Recht zu sichern, die Vollstrecker des strukturellen Wandels zu werden, der von der Regierung in den blutigen Märztagen des Jahres 1919 versprochen worden war.

Die Regierung hatte der Arbeiterbewegung ein Gesetz in Aussicht gestellt, das den Betriebsräten eine wesentliche Rolle bei der Verstaatlichung sichern würde. Es schien uns ein wirksamer Weg, um zu verhindern, daß sich in den Industriebetrieben staatliche Bürokratien breitmachten. Im Reichstag hatten ausführliche und hitzige Debatten über den von der Regierung vorgelegten Gesetzentwurf stattgefunden. Als er zur endgültigen Abstimmung vorgelegt wurde, schien es den Arbeitern, daß die ihnen gemachten Versprechungen nicht eingehalten worden waren. Die Berliner Gewerkschaften riefen deshalb die Arbeiter auf, vor dem Reichstagsgebäude zu demonstrieren, als am 13. Januar 1920 die letzte Diskussion darüber begann. Zehntausende verließen ihre Betriebe und marschierten vor dem Reichstagsgebäude auf. In einem bestimmten Augenblick versuchten einige, in das Gebäude einzudringen. Sofort begannen die Maschinengewehre der Truppe, die das Gebäude bewachte, zu feuern. Viele Arbeiter stürzten tödlich getroffen oder schwer verwundet auf das Pflaster. Die tiefe Empörung der Arbeiter unserer Partei erfaßte auch große Teile der Mehrheitssozialisten.

Wir in Frankfurt hatten vor den blutigen Ereignissen in Berlin eine ähnliche Demonstration geplant. Die Schüsse vor dem Reichstagsgebäude ließen einen Protest um so notwendiger erscheinen. Inzwischen hatte ich eine noch größere Verantwortung zu tragen. Robert Dißmann war zum Präsidenten der Metallarbeitergewerkschaft gewählt worden und hatte Frankfurt verlassen müssen. Wir hatten die Arbeiter von Frankfurt für den Nachmittag des 15. Januar 1920 in die größte Versammlungshalle der Stadt zusammengerufen, um gegen das Blutvergießen zu protestieren und die Forderungen der Arbeiterschaft für das Betriebsrätegesetz darzulegen. Zwei Stunden vor Versammlungsbeginn rief mich der Polizeipräsident an und teilte mir mit, daß die Versammlung nicht erlaubt werden würde.

»Es ist unmöglich, die Versammlung innerhalb so kurzer Frist abzusagen, Herr Polizeipräsident«, sagte ich. »Die Arbeiter haben inzwischen bereits die Arbeit eingestellt und marschieren zum Versammlungsort. Es ist im Interesse des Friedens und der Ordnung, die Versammlung stattfinden zu lassen. Wir garantieren einen ordentlichen Verlauf.«

»Es tut mir leid«, lautete seine Antwort. »Die Versammlung darf nicht stattfinden.«

Ich eilte in die Versammlungshalle, das Schumanntheater, ein Saal, der fast so groß ist wie Madisons Square Garden in New York. Kaum war ich angekommen, als die ersten Männer aus den Fabriken heranmarschierten. Ganze Betriebe kamen geschlossen, Tausende, Zehntausende. Aber es war unmöglich, an die Halle heranzukommen. Sie war von Soldaten und Polizei besetzt. Davor waren Maschinengewehre postiert und Stacheldrahtverhaue errichtet worden, als ob sich die Stadt in einem Kriegszustand befände. Riesige Plakate warnten: »Halt! Wer weitergeht, wird erschossen.« Es war im höchsten Maße provokativ. Eine riesige Menge von Arbeitern sammelte sich vor den Bajonetten an. Ich erkannte, daß der Frieden bald zu Ende sein könnte. Ich war mir bewußt, wie schlimm das ausgehen konnte, und war entschlossen, alles zu tun, um eine Wiederholung der Berliner Schießerei zu verhindern. Aber es gab keine Möglichkeit, zu den Massen zu sprechen und sie aufzufordern, nach Hause zurückzukehren. Die Polizei und die Soldaten hätten sofort eingegriffen. Ich mußte einen Entschluß fassen, und ich tat es schnell. Ich ging an dem langen Spalier von Arbeitern entlang, die sich ungeduldig und nervös vor den Soldaten und dem Stacheldraht drängten, und flüsterte den mir Nahestehenden zu: »Folgt mir – fragt nicht, wohin.«

Und die riesige Menschenmenge setzte sich in Bewegung und folgte mir. Ich führte sie nach einem viertelstündigen Marsch auf einen großen Platz um das Bismarckdenkmal. Schnell erklomm ich die oberste Stufe des Monuments und sprach zu den Versammelten. Ich erklärte in wenigen Worten den Sinn unserer Demonstration, verlieh unserem Protest Ausdruck und forderte die Menge auf, sich zu zerstreuen und nach Hause zu gehen, um keinen Vorwand für eine Schießerei zu liefern. Während ich die letzten Worte aussprach, hörte ich die Lastwagen mit den Soldaten herankommen. Die Gegner waren wütend, daß wir sie getäuscht hatten. Sie begriffen nicht, daß meine Aktion der einzige Weg war, ein Blutvergießen zu vermeiden. Sie suchten mich. Ich blieb auf dem Platz und mischte mich unter die Menge, aber sie konnten mich nicht finden. Ohne jegliche Rechtfertigung feuerten sie auf uns – drei Tote und viele Verwundete waren die Folge. An diesem Abend ging ich nicht nach Hause. Ich wußte, daß sie kommen würden, um mich zu verhaften. Aber in den frühen Morgenstunden war ich wieder in der Redaktion. Nach einigen Stunden Arbeit näherte ich mich zufällig dem Fenster und war überrascht, im Hof vor unserem Gebäude eine Menschenmenge zu sehen. Ich ersuchte einen der Angestellten, nachzusehen, was da los sei. Nach einigen Minuten kam er zurück und berichtete: »Die Polizei sucht Sie. Im Büro des Verwalters sind Detektive. Er telefoniert nach Ihnen und tut so, als ob Sie nicht hier seien. Zwei Detektive sind am Eingang zum Büro des Verwalters postiert. Sie können das Gebäude nicht verlassen, ohne gesehen zu werden.«

»Nun, ich glaube, ich muß trotzdem gehen«, antwortete ich. »Bitte geh zurück in die Druckerei und ersuche eines der Mädchen dort, mir ihren Hut und ihr Kleid zu leihen.«

Bald kam er mit den Kleidungsstücken zurück. Ich zog sie rasch an, ging durch den Korridor, wobei ich die zwei Detektive mit einem freundlichen »Guten Morgen« passierte, und verschwand in der Druckerei hinter den Redaktionsräumen. Von dort stieg ich in den großen Heizraum im Keller hinunter. Der Verwalter wußte Bescheid und blieb in Kontakt mit mir. Noch einmal entkommen! Natürlich mußte ich mich weiterhin verstecken, aber nicht unbedingt im Heizungskeller, den ich nachts verlassen konnte. Viele Freunde boten mir Unterschlupf an. Ich wechselte jeden Tag mein Versteck. Nur der Verwalter und ein Botenjunge wußten, wo ich war. Ich fuhr fort, die Zeitung zu redigieren, während die Polizei nach mir suchte. Nach fast einer Woche war ich des Untergrundlebens überdrüssig. Die hygienischen Zustände sind bei einem solchen Zigeunerleben nicht die besten. Als der Tag der Stadtratsitzung herankam, beschloß ich, daran teilzunehmen. Natürlich wußte die ganze Stadt, daß mich die Polizei verhaften wollte, und meine Kollegen im Stadtrat waren deshalb sehr überrascht, als ich erschien. Sie ersuchten mich um eine Erklärung der Vorfälle, die ich ihnen gab. Mein umsichtiges Verhalten während der Demonstration wurde allgemein anerkannt. Aber der Vorsitzende wies darauf hin, daß die Stadtratsmitglieder nicht das Privileg der parlamentarischen Immunität genießen und er mich daher nicht schützen könne. Sollte jedoch die Polizei den Saal betreten, so werde er mir aus der Patsche helfen. Die Polizei kam tatsächlich, und ich verschwand. Aber der Vorsitzende hielt sein Versprechen. Er intervenierte bei der Polizei und erhielt die Zusicherung, daß sie mich nicht länger belästigen würden.

Das normale Leben sollte für mich nicht sehr lange dauern. Die konterrevolutionären Tendenzen wurden stärker, und jeder, der Ohren hatte zu hören, konnte sie wahrnehmen. Nur der republikanische Reichswehrminister, Gustav Noske, schien nicht die geringste Ahnung davon zu haben. Und doch braute sich der Coup in seiner nächsten Umgebung zusammen.

Am frühen Morgen des 13. März 1920 war ich wie üblich an meinem Schreibtisch in der Redaktion. Um sechs Uhr früh klingelte bereits das Telefon.

»Hier ist die *Volksstimme* (das Blatt der Mehrheitssozialisten). Wir haben gerade eine Meldung aus Berlin erhalten, daß dort Offiziere geputscht haben. Sie sind in die Hauptstadt marschiert und haben eine konterrevolutionäre Regierung eingesetzt. Wir müssen so schnell wie möglich handeln.«

»Danke für den Anruf. Ich werde mich sofort mit meinem Parteivorstand in Verbindung setzen. Wir müssen gemeinsam einen Generalstreik ausrufen.«

Ich mobilisierte meine Genossen. Zwei Stunden später wurden alle Arbeiter in den Fabriken der Stadt aufgefordert, die Arbeit niederzulegen. Wir beriefen sie zu einer Massenversammlung ein. Sie kamen alle, bis zum letzten Mann. Obwohl die Unabhängigen Sozialisten die bestehende Regierung, an deren Spitze der Mehrheitssozialist Bauer stand, nicht unterstützt hatten, zögerten wir nicht einen Moment, einen Generalstreik gegen die Armeeclique auszurufen, die das vom Zaun gebrochen hatte, was als Kapp-Putsch in die Geschichte einging. Aber wir erklärten den Redakteuren der *Volksstimme* und den Mehrheitssozialisten in Frankfurt, daß die Revolution diesmal gründliche Arbeit leisten müsse – der Konterrevolution mußte für immer das Handwerk gelegt werden. Die Führer der Mehrheitssozialisten versprachen, dafür zu sorgen, und persönlich war es ihnen wahrscheinlich ernst damit.

Der Bevölkerung hatte sich inzwischen eine starke Erregung bemächtigt. Wir richteten unser Hauptquartier wieder im Frankfurter Hof ein. Ein Revolutionsausschuß wurde gebildet, dem ich angehörte. Bald kam es zu Zusammenstößen zwischen der Menschenmenge und der Polizei. Nach wenigen Stunden hatten wir vierzehn Tote und über hundert Verwundete zu beklagen. Arbeitermassen versuchten die Kasernen zu stürmen – sie wurden jedoch zurückgeschlagen. Maschinengewehre erschienen auf den Straßen, Handgranaten wurden geworfen. Inzwischen hatten wir alle städtischen Bediensteten zum Streik aufgerufen, und sie waren diesem Aufruf gefolgt. Die Telegrafen- und Telefonzentralen waren von den Arbeitern besetzt. Welche Haltung würden die örtlichen Armee-Einheiten einnehmen? Bald wußten wir es. Truppen marschierten in die Stadt. Kanonen wurden auf das Polizeipräsidium, die Reichsbank, den Hauptbahnhof und die meisten öffentlichen Gebäude gerichtet. Die Generäle wurden gefragt, wem ihre Loyalität gelte, der legitimen Regierung Bauers – oder dem Putschkabinett von Kapp. Sie gaben keine eindeutige Antwort.

Meiner Ansicht nach stellten die Kanonen in der Stadt eine sehr klare Antwort dar. Ich hatte den Frankfurter Hof für einen Augenblick verlassen, um in der Redaktion des *Volksrechts* mit einigen Freunden zusammenzutreffen. Während wir debattierten, traf ein atemloser Bote von den Mehrheitssozialisten ein.

»Sie müssen sofort verschwinden, Toni Sender. Die Mehrheitssozialisten haben mich geschickt, um Ihnen zu sagen, daß die Armeeputschisten unterwegs sind, um Sie zu verhaften. Ich habe den Auftrag, Sie zu warnen, keinen Augenblick mehr hierzubleiben.«

Meine Freunde bestanden darauf, daß ich sofort untertauchen müsse. Es war zu spät, um das Gebäude durch den Vorderausgang zu verlassen. Ein Entkommen durch die Druckerei in den Heizkeller war unmöglich – niemand hatte die Schlüssel.

»Du mußt über die hintere Wand hinunterklettern. Wir werden dir helfen«, meinte einer der Anwesenden. Ich stimmte zu. Wir waren im zweiten Stock. Ich erreichte sicher den Hinterhof und eilte sofort in ein Versteck. Alle zwei Stunden mußte ich meinen Aufenthaltsort wechseln. Der Verwaltungschef unserer Zeitung, S. E., leistete großartige Hilfe, indem er immer wieder neue Verstecke für mich fand. Ich war in der Stadt zu bekannt. Überall konnte mich irgendein Kapp-Anhänger erkennen und verraten. Trotz des Streiks erschienen die Zeitungen der republikanischen Parteien auch weiterhin. Sie waren eine wichtige Waffe im

Generalstreik. Deshalb mußte auch ich meine redaktionelle Arbeit fortsetzen. Wir brachten täglich mehrere Ausgaben heraus, um unsere Leser auf dem laufenden zu halten.

Aber der Augenblick kam, wo es meine Freunde für zu gefährlich hielten, daß ich in Frankfurt blieb. Arbeiter, die von der Armee verhaftet und später wieder freigelassen wurden, kamen und erzählten uns, daß in der Armee eine Lynchstimmung gegen mich herrsche, daß die Truppenbefehlshaber meinen Aufenthalt wissen wollten. Meine Freunde hatten deshalb meine Flucht in das von den Franzosen besetzte Gebiet arrangiert. Ein Frankfurter Unternehmer bot mir sein Auto samt Chauffeur an. Ich wollte nicht fort – aber unter dem Druck des allgemeinen Zuredens gab ich schließlich nach.

Als Junge verkleidet saß ich neben dem Chauffeur. Als er den französischen Militärposten erreichte, wo ein marokkanischer Soldat Dienst tat, redete ich mit ihm in meinem besten Französisch, und er ließ uns passieren, obwohl wir keine Genehmigung hatten. Ich wohnte bei Parteifreunden und hielt per Telefon, das zum Glück in der Hand der Streikenden war, engen Kontakt mit der Stadt. Nach wenigen Stunden konnte ich es fernab vom Kampfgetümmel nicht mehr aushalten. Ich bat meine Freunde, das Auto zu schicken und mich zurückzuholen. Ich hatte das Gefühl, gebraucht zu werden. In all diesen Tagen hatte ich nie die Kleider abgelegt, nicht geschlafen.

Als ich nach Frankfurt zurückkehrte, hörte ich von einem Vorschlag, den Streik zu beenden, obwohl die Gefahr seitens der Putschisten immer noch groß war. In der Verwirrung waren die Streikenden zu Versammlungen nach Groß-Frankfurt, einem Theater- und Konzertzentrum, einberufen worden, und in letzter Minute hatte man die Zusammenkünfte wieder abgesagt. Mir war klar, daß nicht alle Streikenden von der Absage erfahren haben konnten. Das resultierende Durcheinander würde sich für den Streik äußerst schädlich auswirken.

»Fährt jemand nach Groß-Frankfurt, um die Leute zu informieren, die hinkommen?« fragte ich. Niemand tat das.

»Dann muß ich hinfahren, um ein Fiasko zu verhindern.« Sie versuchten es mir auszureden. Als ich mich Groß-Frankfurt näherte, waren schon Arbeitermassen im Anmarsch – natürlich wußten sie nichts von der Absage. Ich war froh, gekommen zu sein. Bald hatte sich eine solche Menschenmenge versammelt, daß ich den Verwalter von Groß-Frankfurt ersuchte, mir zu helfen. Das tat er mit großer Zuvorkommenheit. Der größte Saal hatte auf zwei Seiten Eingänge.

»Würden Sie die Korridortüren für die Ankommenden öffnen und den Straßeneingang geschlossen halten, bis ich zu den im Saal Versammelten gesprochen habe – und dann das Straßentor öffnen, um sie wieder hinauszulassen?« fragte ich den Verwalter. »Wenn wir diese Prozedur wiederholen, dann können wir so viele kurze Versammlungen halten wie nötig, um all die Zehntausende zu informieren, die im Anmarsch sind.«

Die Methode funktionierte. Der Vorgang mußte zwölfmal wiederholt werden, damit ich zu allen sprechen konnte, die gekommen waren. Ich informierte sie über die neuesten Entwicklungen und versprach ihnen, daß der Streik weitergehen werde, bis sich die Armee unserer Kontrolle unterworfen habe. Die Arbeiter vertrauten mir, und die Aufsplitterung der Streikbewegung wurde abgewendet.

Sofort nach der Versammlung tauchte ich wieder unter. Natürlich blieb ich in engem Kontakt mit den Streikenden – aber ich konnte nicht an den Ausschußsitzungen teilnehmen. Der Streik hatte an einem Samstagmorgen begonnen. Am folgenden Mittwoch beschloß der Ausschuß, den Streik am Donnerstag zu beenden – ein Beschluß, der gefaßt wurde, weil die Truppenkommandanten versprochen hatten, die Stadt zu verlassen und die Soldaten abzuziehen. Aber am Mittwochabend hatte sich nichts geändert. Die Kanonen waren immer noch auf die Banken und öffentlichen Gebäude gerichtet. Die Arbeiter waren über ihr Streikkomitee empört. Einige wußten, wo sie mich finden konnten, und kamen, um mich um Rat zu fragen.

»Ich persönlich kann keine Befehle geben, aber ich verstehe völlig eure Gefühle und teile sie«, sagte ich zu ihnen. »Ihr seid die Streikenden, die Menschen, die die Opfer bringen, und ihr habt ein Recht, in dieser Angelegenheit mitzureden. Wenn ihr meint, den Streik nicht beenden zu können, dann müßt ihr eine Gelegenheit bekommen, euch in diesem Sinne zu äußern. Ich schlage vor, einen Saal zu mieten. Ihr beruft eine Versammlung von Delegierten der Streikenden ein. Ich bin bereit, den Vorsitz dieser Versammlung zu übernehmen und ihren geordneten Verlauf zu sichern. Aber das Reden müßt ihr übernehmen. Wir können dann eine Entscheidung treffen. Durch ein solches Verfahren werden wir ein Zerwürfnis in unseren Reihen vermeiden, und es wird uns vielleicht gelingen, den Beschluß des Streikkomitees außer Kraft zu setzen.«

Sie stimmten mir dankbar zu. Am nächsten Morgen kamen alle zu der Versammlung. Ich führte den Vorsitz. Nach mehrstündiger Diskussion beschlossen wir, den Streik fortzusetzen, bis die

Armee nachgab und tatsächlich die Stadt räumte. Und der Streik ging weiter... Unsere Taktik war erfolgreich. Wir zwangen die Soldaten abzuziehen.

Als dies erreicht war, berief das Streikkomitee eine Massenversammlung der Streikführer ein, um den formellen Beschluß über den Abbruch des Streiks zu fassen. Die Arbeiter drängten sich in die Halle. Ein Gewerkschaftsführer begann zu ihnen zu sprechen. Sie wollten ihm nicht zuhören. Ein weiterer versuchte zu sprechen – mit dem gleichen Ergebnis. Einige Parteiführer hatten auch nicht mehr Erfolg. Die Versammlung schien außer Kontrolle. Fast verzweifelt bat mich der Vorsitzende, den Versuch zu unternehmen, die Ruhe wiederherzustellen. Natürlich war ich dazu bereit, wenn ich mit ihrer Genehmigung einen Vorschlag machen durfte, welche Taktik es zu befolgen galt.

Ich begann zu sprechen, und es gelang mir irgendwie, mir Gehör zu verschaffen und die Aufmerksamkeit der Arbeiter zu erringen. Ich forderte die Streikenden auf, am nächsten Tag in ihre Betriebe zurückzukehren und dort einzeln abzustimmen, ob der Streik beendet werden solle. Dieser Vorschlag wurde einstimmig angenommen. Die Gewerkschaftsführer waren mir dankbar. Am nächsten Tag fand die Abstimmung statt, und die Arbeit wurde auf eigenen Beschluß der Streikenden wieder aufgenommen.

Der Streik gegen den Kapp-Putsch war der erste siegreiche politische Generalstreik in der Geschichte. Es war ein echter Generalstreik, die Bevölkerung stand geschlossen dahinter, die Industriearbeiter und die Angestellten ebenso wie die öffentlichen Bediensteten des Staates und der Kommunen. Die Polizeichefs, die mich einige Wochen zuvor noch gejagt hatten, drückten mir jetzt anerkennend die Hand. Es war eine Demonstration der Kraft, die diese Gruppen repräsentieren können, wenn sie geschlossen ein gemeinsames Ziel verfolgen. Mit vereinten Kräften können sie große Dinge vollbringen – ohne Gewalt anwenden zu müssen. Leider fand diese Solidarität in der weiteren Geschichte der deutschen Republik keine Wiederholung. Selbst während des Kapp-Putsches, und erst recht später, war der Zusammenschluß eher von negativen als positiven Überzeugungen geprägt. Die Fabrikarbeiter und die Angestellten sowie die öffentlichen Bediensteten lehnten alle den Sturz der Republik durch die Kapp-Putschisten ab – aber sie waren sich nicht einig, wie die ökonomische und soziale Struktur des neuen Staates aussehen sollte. Nur eine Elite unter den Arbeitern begriff, daß die Republik den Putschisten die Macht entreißen mußte – den preußischen Junkern, den Intriganten der Schwerindustrie und insbesondere dem Offizierskorps der Armee. Keine Revolution kann erfolgreich sein, wenn der militärische Sektor nicht von Grund auf neu gestaltet wird. In keinem Land war dies unumgänglicher als in Deutschland mit seiner alten Tradition der Vorherrschaft der Armee in zivilen wie auch in militärischen Angelegenheiten.

Für mich hatte der Kapp-Putsch ein heiteres Nachspiel. Wenige Wochen nach seiner Niederschlagung wurde ich vor einen Richter zitiert, um mich wegen Handgreiflichkeit zu verantworten. Anfangs verstand ich nicht einmal die Bedeutung der amtsdeutschen Bezeichnung meines »Vergehens«. Als man mir mitteilte, daß ich angezeigt worden sei, weil ich jemanden tätlich angegriffen hätte, brach ich in Lachen aus. Aber die Vorladung war in meinen Händen, ich mußte zu Gericht gehen. Im Verhandlungssaal ersuchte ich den Richter, mir den ganzen Wortlaut der Anklage vorzulesen. Er entsprach meiner Bitte. Während er las, blickte er mich einen Augenblick lang an und lächelte. Ich begriff. Es war komisch – ich bin nur einen Meter fünfundfünfzig groß, und hier beschuldigte man mich, einen Offizier ins Gesicht geschlagen zu haben. Diese Tat hatte ich angeblich am ersten Tag des Kapp-Putsches in unserem Hauptquartier im Frankfurter Hof begangen.

»Ich bin mir natürlich bewußt, daß dies nicht die Angriffsweise ist, die Sie gewöhnlich wählen«, sagte der Richter.

»Danke, Euer Ehren. Aber Sie werden verstehen, daß ich Wert darauf lege, daß auch die Armee dies weiß. Würden Sie mir den Gefallen tun, mich dem Offizier gegenüberzustellen, den ich angeblich geohrfeigt habe? Ich möchte nicht, daß die Geschichte nach meiner Wahl in den Reichstag, die zweifellos in wenigen Wochen erfolgen wird, die Runde macht. Dann werde ich das Privileg parlamentarischer Immunität genießen. Und die Atmosphäre des Hasses gegen mich würde in der Armee weiter schwelen. Ich fürchte, daß es dann unmöglich wäre, die Sache aufklären zu lassen. Das Parlament ist dann wahrscheinlich nicht bereit, meine Immunität aufzuheben.«

Der Richter verstand und entsprach meinem Wunsch. Nach einigen Stunden betrat ein Offizier den Raum. Er war sehr groß, fast ein Riese. Der Richter und ich tauschten Blicke. Wir konnten kaum ein Lachen unterdrücken.

Ich platzte mit der Frage heraus: »Ich bin Toni Sender«; behaupten Sie wirklich, von mir geohrfeigt worden zu sein?«

Der Offizier war fuchtbar verlegen. Er sah mich an, und das Blut stieg ihm ins Gesicht.

»Nein, es war nicht diese Dame«, stammelte er.

Ich ersuchte den Richter um die Erlaubnis, seine Antwort in den Kasernen bekanntmachen zu dürfen und damit die Verleumdung für alle Zeit aus der Welt zu schaffen. Er willigte ein.

Ich bin immer noch überzeugt, daß dieser Offizier nie geohrfeigt wurde und daß die ganze Geschichte erfunden worden war, um eine feindselige Atmosphäre gegen mich zu schaffen. Die Anzeige erfolgte kurz vor meiner Wahl in den Reichstag, und die reaktionären Offiziere verließen sich darauf, daß der Vorfall nie aufgeklärt werden würde. Auf diese Weise hätte man mich zum Feind der Männer in Uniform stempeln können.

Polizei gegen Streikende der A. G. Weser, 31. 3. 1917
Zeichnung eines linksradikalen Werftarbeiters

ReichsTag abg.
Toni Sender

Die Wahlen zum Ersten Reichstag der Deutschen Republik waren von der Erfahrung des Kapp-Putsches geprägt. Die Massen begannen jetzt, die Notwendigkeit eines grundlegenderen Wandels zu erkennen. Die Kräfte der Vergangenheit hatten ihr reaktionäres, aggressives Antlitz enthüllt und die Schonung durch die Novemberrevolution schlecht gelohnt. Nicht in allen Teilen des Landes konnte der Putsch ohne bewaffnete Zusammenstöße niedergeschlagen werden. In Westfalen waren die Arbeiter gezwungen, Gewalt gegen die Putschisten anzuwenden. Natürlich waren sie darauf nicht vorbereitet, aber sie hatten genügend Initiative, den Putschisten bei den Waffenarsenalen zuvorzukommen und sich der Waffen ihrer Feinde zu bemächtigen. Die militärische Erfahrung des Weltkrieges sowie ihr Mut und ihre Entschlossenheit, sich nicht nochmals narren zu lassen, halfen ihnen, über Berufssoldaten zu triumphieren.

Als ich gleich nach dem Kapp-Putsch aufgefordert wurde, eine Vortragsreise durch Thüringen zu machen, waren die arbeitenden Menschen in diesem Teil des Landes noch zutiefst empört über die Grausamkeiten, die von den Truppen und besonders von den sogenannten Zeitfreiwilligen begangen worden waren, jungen Studenten, die von der Armee eingestellt und bewaffnet wurden, um die Arbeiter und Bauern zu terrorisieren. Die meisten grausamen Morde und Akte der Barbarei wurden von diesen Söldnern begangen, und dies trug zweifellos dazu bei, die Massen in Revolutionsstimmung zu versetzen. Die Berichte, die ich von Augenzeugen erhielt, zeichneten in der Tat ein abstoßendes Bild.

Bald nach meiner Rückkehr aus Thüringen begann der Wahlkampf. Robert Dißmann und ich kandidierten gemeinsam auf der Liste der Unabhängigen Sozialdemokratischen Partei für den Reichstag. Robert hatte inzwischen Frankfurt verlassen und war

---

* Die Originalüberschrift lautet: A Member of the Reichstag in my Twenties. Die Altersangabe ist nicht korrekt. Als Toni Sender am 6. Juni 1920 MdR wurde, war sie 31 Jahre alt. Zwei weitere falsche Altersangaben (Originalausgabe S. 25, 204) wurden im vorliegenden Text korrigiert.

als Vorsitzender der IG Metall nach Stuttgart übergesiedelt. Er hatte einen jahrelangen Kampf geführt, um die konservative Leitung dieser Gewerkschaft zu stürzen, und seine Hartnäckigkeit und sein bemerkenswertes Organisationstalent hatten die Schlacht entschieden. Er war sich der Notwendigkeit bewußt, den politischen Kampf mit der Unterstützung solide organisierter Gewerkschaften zu führen. Unter seiner Führung stieg die Mitgliederzahl der IG Metall auf eine Million, die höchste Zahl, die je von einer Gewerkschaft in der Welt erreicht wurde.

Wir führten einen sehr erfolgreichen Wahlkampf. Die Partei befand sich sichtlich im Aufwind, und bei den Sachfragen ging es um Schritte zur Vervollständigung des Werkes der Revolution. Das erregte das Interesse aller Schichten in einem solchen Maß, daß unsere Versammlungen überfüllt, inspiriert und anregend waren. Die Arbeiter begannen uns zuzuströmen. Der beste Typus der deutschen Intellektuellen, Menschen, die die Erfordernisse der Zeit begriffen, unterstützten uns. Die Zeichen waren vielversprechend, und wir arbeiteten in einer Atmosphäre des Vertrauens und echter Freundschaft. Biebrich, die Stadt, in der meine Eltern lebten, gehörte zu meinem Wahlkreis. Meine Familie hatte somit Gelegenheit, für mich zu stimmen. Keiner von ihnen war jedoch an meiner Wahl interessiert – sie gaben ihre Stimme dem einen oder anderen meiner Gegner.

Am 6. Juni 1920 wurden Robert und ich zusammen mit 79 anderen Mitgliedern unserer Partei Reichstagsabgeordnete. Es war ein stolzer Sieg. Von den 22 Mitgliedern, die wir vor etwas mehr als einem Jahr in der Verfassunggebenden Versammlung in Weimar gehabt hatten, waren wir auf 81 Abgeordnete im ersten republikanischen Reichstag angewachsen. Es war ein Sieg, der unsere Haltung zu Beginn der Revolution im Gegensatz zu der der Mehrheitssozialisten als richtig erwies, nämlich die Bevölkerung nicht zu den Urnen zu drängen, bevor wir ausreichend Gelegenheit gehabt hatten, das Fundament für die neue Republik zu legen und die werktätigen Massen und die Bauern durch unsere Taten zu überzeugen, daß die Revolution ihre Interessen wahrnahm.

Leider hatten die Mehrheitssozialisten mehr verloren, als wir gewannen. Von mehr als elf Millionen Wählern im Jahre 1919 waren sie 1920 auf zwischen fünf und sechs Millionen abgerutscht und stellten nur noch 112 der insgesamt 466 Abgeordneten. Die Arbeiter, die ihnen den Rücken gekehrt und sich uns angeschlossen hatten, machten sie mit Recht für den Kapp-Putsch verantwortlich, mit dem die Armee den Reichswehrminister der Mehrheitssozialisten, Noske, überrascht hatte, und sie warfen ihnen auch vor, die Versprechungen der Revolution nicht einzulösen. Die mittelständischen Elemente, die ihnen unter dem unmittelbaren Einfluß der Revolution zugeströmt waren, hatten sich wieder den nationalistischen Parteien zugewandt, die ebenso zu den Gewinnern der Wahlen zählten.

Meine Partei hatte mir bei dieser Wahl eine besondere Ehre erwiesen. Ich wurde an die Spitze der nationalen Liste gesetzt. Deutschland hatte ein Verhältniswahlsystem, wonach jeder Abgeordnete sechzigtausend Stimmen brauchte, um in einem Wahlkreis gewählt zu sein. Zwei benachbarte Wahlkreise konnten übereinkommen, sich zum Zweck der Nutzung der jeweiligen Reststimmen zusammenzuschließen. Die gesamten Reststimmen kamen den nationalen Listen zugute, die von den Vorständen der einzelnen Parteien aufgestellt wurden. Das Ziel war, keine Stimmen verlorengehen zu lassen und auch jene Kandidaten in den Reichstag zu entsenden, die dort wegen ihres speziellen Wissens gebraucht wurden. Dazu zählten Personen, die in manchen Fällen über große gesetzgeberische Fähigkeiten verfügten, ohne erfolgreiche Wahlkämpfer und Redner zu sein. Angesichts unseres wenig nachgiebigen linken Flügels hatte unser Parteivorstand Schwierigkeiten bei der Aufstellung der nationalen Liste. Mein Name war der einzige, auf den sich beide Gruppen einigen konnten. Ich genoß das Vertrauen beider Flügel, weil ich zwar revolutionär eingestellt war und energisch für die Rechte der Arbeiter eintrat, gleichzeitig aber über genügend praktischen Geschäftssinn und ausgiebige Gewerkschaftserfahrung verfügte, die mich gelehrt hatte, meine Entscheidungen abzuwägen. Es war immer mein Bestreben gewesen, Kühnheit mit Verantwortlichkeit zu verbinden. Es war recht ungewöhnlich, daß eine Frau und noch dazu ein junger Neuling im Reichstag die nationale Liste anführte. Aber es ebnete mir den Weg in den Reichstag und hatte zur Folge, daß ich von Anfang an mit wichtigen Aufgaben betraut wurde. Ich sollte dreizehn Jahre lang im Reichstag bleiben.

In späteren Jahren hat man mich insbesondere in den Vereinigten Staaten oft gefragt: »Was haben Sie getan, um in den Reichstag gewählt zu werden?« Ich konnte nur antworten: »Überhaupt nichts.« Ich hatte nicht darum gebeten. Es war ganz natürlich, daß Robert und ich nach jahrelangem Einsatz und Führungsaufgaben als Kandidaten nominiert wurden, und meine Position war unumstritten. Aber das Amt des Abgeordneten war mir nie sonderlich begehrenswert erschienen. Das einzige, was ich wollte, war eine Gelegenheit, nützliche Arbeit für die Gemeinschaft, für die Masse der Unterprivilegierten und die Nation zu leisten. Nicht, daß ich ohne Ehrgeiz war, aber der Akzent lag mehr auf der Leistung als auf dem Erreichen einer ehrenvollen Position.

Sehr bald übertrugen meine Genossen in der Parlamentsfraktion mir, dem jüngsten Mitglied des Hauses, die Aufgabe, in den außenpolitischen Debatten für die Fraktion zu sprechen. Es war Juli 1920. Die deutschen Delegierten waren aus Spa zurückgekehrt, wo eine Konferenz mit den alliierten Nationen stattgefunden hatte – die erste Nachkriegskonferenz, bei der die Spitzen der deutschen Regierung mit Angehörigen des englischen und französischen Kabinetts zusammengetroffen waren. Die Tagesordnungspunkte, abgesehen von der Frage der Reparationen, die noch nicht gelöst werden konnte, waren die Probleme der Abrüstung und der deutschen Kohlenlieferungen an die Alliierten. Die mir zugewiesene Aufgabe bestand darin, die Sprecher der Rechten in eine Polemik zu verwickeln.

»Bist du sehr nervös, Toni?« fragte mich Louise Zietz, Mitglied des Parteivorstands und des Reichstags.

»Noch nicht«, antwortete ich. »Ich warte noch, daß es kommt.«

Aber die Nervosität stellte sich nicht ein. Das Leben hatte mich bereits abgehärtet. Als ich meinen Angriff begann, stieß ich sofort auf starken Widerstand. Es gab erbitterte Zwischenrufe von der Rechten. Das spornte mich nur zu weiteren Angriffen an. Ich erklärte, daß Säbelrasseln nur den deutschen Interessen schaden könne, weil es bei den alliierten Nationen den Eindruck verstärke, daß der alte Geist von Potsdam noch nicht tot, der deutsche Imperialismus noch virulent sei.

»Meine Freunde und ich sind für Abrüstung – aber nicht aus demselben Grund wie die Alliierten«, sagte ich. »Durch die deutsche Abrüstung wollen wir den Kampf unserer Freunde im Ausland unterstützen, in ihren Ländern dasselbe Ziel zu erreichen.«

Doch leider – das war eine Hoffnung, die nie in Erfüllung ging. Das republikanische Deutschland rüstete ab, aber die alliierten Nationen hielten ihr Versprechen nicht, dasselbe zu tun. In dieser Rede äußerte ich die Befürchtung, daß der Völkerbund das gleiche Schicksal erleiden könne wie die berühmten vierzehn Punkte Präsident Wilsons. Und ich rechtfertigte diese Befürchtung, indem ich darauf hinwies, daß der Völkerbund nicht gehandelt habe, als General Degoutte in Verletzung des Versailler Vertrages die deutschen Städte Frankfurt und Darmstadt besetzte.

Schließlich griff ich Hugo Stinnes scharf an, den mächtigen deutschen Großindustriellen und Konzernherrn, dessen Haltung als deutscher Vertreter bei der Konferenz von Spa zweifellos einen ungünstigen Eindruck gemacht haben mußte. Und ich fragte, warum er während dieser Debatte nicht im Hause anwesend sei, wie es seine Pflicht als Reichstagsmitglied gewesen wäre; und warum er es vorziehe, sich um seine Privatangelegenheiten zu kümmern und im Hotel Kaiserhof in Berlin mit ausländischen Geschäftsleuten zu verhandeln. Während meiner ganzen Rede wurde ich ständig von den Nationalisten unterbrochen und hatte einen schweren Strauß mit ihnen auszufechten. Aber ich genoß es. Ich war dankbar für die unbeirrbare Unterstützung seitens der gesamten Linken, deren Führerfigur der bewährte Parlamentarier und alte Revolutionär Georg Ledebour war, einer der bestechendsten Redner des Hauses.

Diese Jungfernrede hatte ein Nachspiel, das eher peinlich für mich war. Ein Mitglied der katholischen Parlamentsfraktion, Dr. H., schrieb einen Artikel unter der Überschrift »Toni Sender«, der eine detaillierte Darstellung meines ersten Auftritts vor dem Parlament enthielt. Er war in sehr freundlichem Ton gehalten und wurde von fast der gesamten katholischen Presse Deutschlands veröffentlicht. Ein Journalist meiner eigenen Parlamentsfraktion schrieb einen ähnlichen Artikel, der von übertriebenem Enthusiasmus gekennzeichnet war. Natürlich wurden diese Pressestimmen zum Gegenstand des Klatsches im Hause und zogen viele peinliche Witze nach sich. Ich hätte es vorgezogen zu verschwinden, bis alles wieder vergessen war.

Was für ein ereignisreicher Lebensabschnitt dieses Jahr 1920 für mich war! Mit der Annahme des Betriebsrätegesetzes ergab sich für mich eine völlig neue Aufgabe. Wir hielten den Gesetzentwurf für unbefriedigend, da er die Versprechungen nicht erfüllte, die den revolutionären Massen gemacht worden waren, aber wir erkannten, daß er einen Anfang darstellte. Er erlegte den aktiven Gewerkschaftern in den Fabriken und Bergwerken eine völlig neue Verantwortung auf. Die Betriebsräte waren dadurch nicht mehr bloß die Vertrauenspersonen ihrer Arbeitskollegen, sondern gleichzeitig auch die Wahrer des allgemeinen Wohls. Sie hatten die Pflicht, Vorschlägen der Unternehmensleitungen entgegenzutreten, wenn diese ihrer Ansicht nach mit dem allgemeinen Interesse der Nation nicht zu vereinbaren waren. Es war die Pflicht der Arbeitgeber oder ihrer Vertreter, die Betriebsräte regelmäßig über die Lage des Unternehmens und des Wirtschaftszweiges zu unterrichten und ihnen die Bilanz und die Gewinn- und Verlustrechnungen offenzulegen und zu erläutern. Ein oder zwei Vertreter des Betriebsrats wurden in den Vorstand jedes Unternehmens delegiert.

Wir wußten, daß die meisten Arbeiter auf diese neue Verantwortung nicht vorbereitet waren. Aber wir waren überzeugt, daß in den arbeitenden Klassen genügend Intelligenz vorhanden war und daß durch entsprechende Schulung Fähigkeiten entwickelt werden konnten, die jene Arbeitgeber erstaunen würden, die das Gesetz wegen der Unwissenheit der Arbeiter für harmlos hielten. Robert Dißmann fragte mich, ob ich bereit sei, Chefredakteurin des Betriebsratsmagazins für die metallverarbeitende Industrie zu werden, das die Metallarbeitergewerkschaft publizieren wollte. Ich würde für jede Nummer einen oder zwei Artikel schreiben müssen, ich mußte freie Mitarbeiter anheuern, den Kontakt mit den Betriebsräten aufrechterhalten und alle die Betriebsräte betreffenden neuen Gesetze auf wirtschaftlichem, finanziellem und sozialem Gebiet erklären und abhandeln. Das würde viel Arbeit bedeuten, insbesondere am Anfang, wenn alles noch improvisiert werden mußte, aber die Versuchung war zu groß, als daß ich ihr hätte widerstehen können. Es mußte der Versuch gemacht werden zu zeigen, daß es den Arbeitern ernst war, wenn sie Sozialisierung forderten; zu beweisen, daß sie imstande waren, sich das für die Führung der Geschäfte und die Unternehmensleitung nötige Wissen anzueignen, und daß sie darüber hinaus neue Konzepte entwickeln konnten, welche die Grundlage einer neuen sozialen Ordnung schufen. Die Atempause in der Revolution mußte dazu benutzt werden, die Menschen zu schulen, welche die Aufgabe der Revolution auf wirtschaftlichem Gebiet erfüllen würden. Meine Erfahrung in dem Metallkonzern, das Studium der Volkswirtschaft und meine Kenntnis des Gesetzgebungsapparats würden sich nach Ansicht Roberts und seiner Kollegen in der Metallarbeitergewerkschaft als hilfreich erweisen.

In der gesamten dreizehnjährigen Periode, in der ich für die Zeitschrift tätig war, unterstützten mich sowohl die Gewerkschaftsführer als auch die Betriebsräte durch loyale Zusammenarbeit. Eine auf gegenseitigem Vertrauen basierende dauerhafte Kameradschaft entwickelte sich. Wo immer ich Vorträge halten mußte, in allen Groß- und Kleinstädten Deutschlands waren meine Stahlarbeiterfreunde, insbesondere Mitglieder der Betriebsräte, anwesend. Sehr oft saßen wir nach dem Vortrag beisammen und diskutierten über meine jüngsten Artikel in der Zeitschrift oder über Probleme, mit denen sie in ihren Betrieben oder Gewerkschaften konfrontiert waren. Diese Freundschaft bereicherte mein Leben und gab ihm mehr Sinn. Ich weiß, daß all unser gemeinsames Studium und unsere Erfahrungen nicht vergebens gewesen sein können. Natürlich kann man im Leben nicht auf dieselbe Art Bilanz ziehen wie im Geschäft. Oft fällt es einem schwer, es selbst zu tun – das Leben tut es früher oder später, vielleicht wenn man selbst schon abgetreten ist, für einen. Ich habe jetzt Stahl- und Metallarbeiterfreunde in der ganzen Welt – wir bilden eine Brüderschaft, die durch einen gemeinsamen Kampf und gemeinsame Ideen miteinander verbunden ist. Als ich 1935 nach Cleveland/Ohio zu einem Vortrag fuhr, wie überrascht war ich da, als Versammlungsleiter einen alten Freund, Gustav Dabringhaus, vorzufinden, der in den Krupp-Werken in Essen gearbeitet hatte und inzwischen ein wohlhabender amerikanischer Staatsbürger geworden war. Er stellte mich der Versammlung mit folgender Geschichte vor:

»Es war im Frühling 1920. Im Ruhrgebiet gingen die politischen Wogen hoch. Die Metallarbeitergewerkschaft hatte ihre Mitgliederzahl in Essen von 5000 im Jahre 1918 auf 35 000 gesteigert. Darunter waren viele junge, radikale und unerfahrene Elemente. Die Unabhängigen Sozialisten beherrschten den Gewerkschaftsvorstand. Eines Tages wurden in den Krupp-Werken Gewehre gefunden. Die Arbeiter zertrümmerten sie prompt unter den Dampfhämmern. Dennoch verbreitete sich das Gerücht einer geplanten Konterrevolution. Der Betriebsratsvorsitzende beschloß einen Proteststreik. Die Brüder von der extremen Linken wollten den Proteststreik zu einem politischen Streik umfunktionieren. Anfangs beteiligten sich nur 25% aller Arbeiter daran.

Die Regierung entsandte Truppen nach Essen. Zum erstenmal sahen wir Noske-Wachen. Mehr und mehr Arbeiter bröckelten von der Streikfront ab. Der regionale Gewerkschaftsvorstand wollte den Streik in irgendeiner Weise beenden. Aber die Betriebsratsvorsitzenden wollten nicht aufgeben, und es wurde beschlossen, eine Mitgliederversammlung die Entscheidung fällen zu lassen. Die Massen der Streikenden versammelten sich in der Nord-Park-Halle von Altenessen. Mehr als 2000 Männer, vorwiegend Stahlarbeiter, füllten die Halle. Als Hauptsprecher wurde ein Mitglied des Zentralvorstands der Gewerkschaft erwartet. Die extremen Linken gingen herum und warnten: ›Laßt euch nicht reinlegen!‹

Plötzlich drangen Soldaten mit Stahlhelmen und Gewehren in die Halle ein. Es entstand ein Tumult, einige Feiglinge sprangen aus den offenen Fenstern. Der Leutnant machte ein warnendes Zeichen, und Wilhelm Steinhauer als Vorsitzender eröffnete die Versammlung. Er erklärte, daß es lächerlich sei, in einem Augenblick vor den Soldaten Angst zu haben, in dem es darum gehe, über eine Fortsetzung des Streiks zu diskutieren. Dann präsentierte er dieser unruhigen Versammlung zur großen Überraschung aller eine zierliche junge Frau, die neben dem großen Wilhelm um so kleiner wirkte. Die Extremisten lächelten sich ins Fäustchen. Die Stahlarbeiter setzten sich hin und schauten betreten in ihre Biergläser. Was kann uns diese junge Person zu sagen haben? – Und außerdem werden wir sie kaum hören können. Aber bald kehrte Ruhe ein.

Toni Sender kam hinter dem viel zu hohen Rednerpult hervor und stellte sich, die Hände in den Hüften, neben diesem auf. Sie sprach klar und eindringlich über politische Aktionen, wirtschaftliche Kämpfe und ökonomische Streiks mit direkten Forderungen, Streiks, die manchmal lang dauern können. Aber der politische Streik erfolge in den meisten Fällen spontan, sagte sie. Er könne nur eine begrenzte Zeit dauern, das sei der einzige Weg, um daraus eine Massenaktion zu entwickeln. Gebe es eine Chance, den gegenwärtigen Streik zu einer Massenaktion zu entwickeln? Ein Mann, der sie unterbrach, wurde mit der Bemerkung zum Schweigen gebracht, daß man nicht in jeder zerplatzenden Seifenblase die Weltrevolution sehen solle. Die unruhige Menge der Stahlarbeiter hörte schweigend und aufmerksam zu. Sie folgten den klaren, logischen Schlußfolgerungen und vertrauten dieser tapferen kleinen Frau. Mit überwältigender Mehrheit stimmten sie für die Beendigung des politischen Streiks, bevor er völlig verloren war.«

Soweit der Bericht meines Freundes in Cleveland. Ich hatte den Vorfall vergessen und hörte seiner Geschichte anfangs zu, als ginge sie mich nichts an.

Meine Zusammenarbeit mit den Metall- und Stahlarbeitern wurde enger und fruchtbarer. Ich nahm auch auf internationaler Ebene an ihren Aktivitäten teil. Ich begleitete die Gewerkschaftsdelegation aus eigenem Antrieb als Dolmetscherin zum internationalen Metallarbeiterkongreß in Kopenhagen und berichtete gleichzeitig für die deutsche Arbeiterpresse über das Ereignis. Es war eine interessante Aufgabe, weil man mir gestattete, über die Pflichten eines Dolmetschers hinauszugehen und mich für eine bessere Verständigung zwischen den verschiedenen nationalen Delegationen einzusetzen. Es war erst kurz nach dem Krieg, und Mißverständnisse waren noch nicht völlig ausgeräumt, insbesondere zwischen den Deutschen und den Franzosen und Belgiern. Die Tatsache jedoch, daß auf deutscher Seite eine Anzahl von Kriegsgegnern dabei waren und daß der französischen Delegation A. Merrheim angehörte, der einer der mutigsten Gegner des Weltkriegs gewesen war, erleichterte die Verständigung. Merrheim war einer jener wenigen Franzosen, die es wagten, während des Krieges an einer der internationalen Antikriegskonferenzen in der Schweiz teilzunehmen; er war eine großartige Persönlichkeit und ein außergewöhnlich unabhängiger Geist. Er konnte unnachgiebig sein, wo es nötig war, aber sein Talent und seine Aufgeschlossenheit trugen zweifellos zum Wiederaufbau der »Eisernen Internationale« – des Internationalen Metallarbeiterverbandes – auf einer solideren und wirksameren Basis bei. Ich schloß auch neue Freundschaftsbande mit anderen ausländischen Delegierten, insbesondere mit denen Großbritanniens, Belgiens und der Tschechoslowakei. Diese erwiesen sich später als Bindungen von bleibendem Wert.

Die Internationale der Metallarbeiter wurde so etwas wie eine zweite Heimat für mich. Ich nahm an den meisten ihrer folgenden Kongresse teil und wurde zu einem Mitglied ihrer »alten Garde«, obwohl ich kaum eine Vergangenheit als »Metallarbeiter« vorzuweisen hatte, die mich legitimiert hätte. In Kopenhagen erwartete man natürlich von mir, daß ich meine Freizeit mit meinen deutschen Kollegen verbrachte. Die Deutschen waren jedoch eine schrecklich ernsthafte, fast trübsinnige Gruppe. Ich meinte, etwas Entspannung werde unserer Arbeit gut tun. Deshalb forderte ich die österreichische Delegation auf, sich uns anzuschließen. Wie anders diese Österreicher waren! In ihrer frohen und heiteren Art nahmen sie die Dinge leichter. Zur Einweihung unseres Bündnisses lud ich alle Delegierten, junge wie alte, ein, mit mir in den Tivoli-Garten zu gehen und keine Spielverderber zu sein, sondern alle Narreteien von den »Russischen Bergen« bis zum »Tottering Dancing« mitzumachen. Das Experiment erwies sich als großer Erfolg. Ein paar Stunden lang vergaßen wir unsere Schwierigkeiten, waren ausgelassen und begruben jeglichen Zwist.

Nur zu bald nahm uns der Ernst wieder in Anspruch. Ich ging eben mit der deutschen Delegation an Bord des Dampfers, um nach Hause zurückzukehren, als der französische Delegierte erschien und mir mitteilte, daß er soeben ein wichtiges Dokument erhalten habe, Moskaus einundzwanzig Bedingungen, die

Statuten der Dritten Internationale für Parteien, die sich dieser anzuschließen wünschten. Merrheim wußte, daß ich an der Einigung der internationalen Arbeiterbewegung interessiert war und mich dafür eingesetzt hatte, diese auf einer anständigen, für alle akzeptablen Basis herbeizuführen. Er hatte sich ebenso wie ich für einen Zusammenschluß der Arbeiter des Westens und des Ostens eingesetzt. Die Unabhängige Sozialdemokratische Partei hatte Delegierte nach Moskau entsandt, um dieses Problem mit den sowjetischen Führern zu besprechen. Sie wurden in Moskau wie Bittsteller empfangen. Die Russen schienen sich nicht nur als die Diktatoren der Sowjetunion, sondern auch der internationalen Arbeiterbewegung zu fühlen. Einigung war nur möglich, wenn wir uns den einundzwanzig Bedingungen unterwarfen, die Merrheim soeben erhalten hatte und die er mir zeigte. Ich ergriff das Schriftstück in großer Erregung und las es atemlos. Welch unerhörte Anmaßung! Meine Reaktion stand sofort fest: »Unannehmbar!« Ich hatte das Ringen der Arbeiter immer als einen *Kampf um Freiheit* verstanden, nicht als die Unterwerfung von Fanatikern unter irgendein Oberkommando, ein zentrales Gremium weit östlich, in Moskau, welches die Geschicke der westlichen, ja vielleicht der gesamten internationalen Arbeiterbewegung lenken sollte.

Sofort nach meiner Ankunft in Deutschland teilte ich Merrheim mit: »Ich werde mich hinsetzen und eine Streitschrift verfassen, in der ich mich entschieden gegen diese unwürdige Herausforderung wende.« Robert Dißmann und Merrheim, beide echte Sozialisten, teilten meine Einstellung völlig. Ich stimmte Roberts Vorschlag zu, einige Tage in den Harz zu fahren, um ungestört schreiben zu können. Nur Robert sollte meinen Aufenthaltsort wissen.

Robert kannte einen abgelegenen Ort im Walde namens Romkerhalle. Dort fuhr ich hin. Das schlichte Landhaus stand an einem Wasserfall. Dahinter toste Tag und Nacht der Gießbach. Der Harz ist wie ein riesiger Tempel, dessen Säulen aus hohen, kerzengeraden Tannen und Fichten bestehen. Wegen der Jahreszeit war ich der einzige Gast im Hause, und bei meinen kurzen Bergtouren begegnete ich selten einem Menschen. Ich hatte Muße, über die Probleme nachzudenken, die mit dem Moskauer Dokument verbunden waren, und zu einem Entschluß zu kommen. Diese ernsthafte Reflexion bewirkte, daß ich die Herausforderung Moskaus noch schärfer verurteilte. Sie konnten nur zu einem Verlust der Selbstachtung und Unabhängigkeit unserer Bewegung führen. Es würde sich nicht einmal um eine Diktatur der Arbeiterklasse, sondern um die Diktatur einer Bürokraten-clique über diese handeln. Das war der Gedanke, den ich im Titel meiner Broschüre ausdrückte. Sobald ich mir über meine Argumentation im klaren war, setzte ich mich hin und schrieb, ohne aufzusehen.

Aber meine Erwartung, einige Tage allein zu sein, war eine Illusion. Ich hatte meine Schrift noch nicht beendet, als mir unerwartet ein Besucher angekündigt wurde. Es war ein Delegierter aus Braunschweig, der von Robert meine Adresse erfahren hatte. Die Bewegung wurde in diesem Teil des Landes von den Anhängern Moskaus hart unter Druck gesetzt. Die Gegner dieser Tendenz hatten ihn nach Stuttgart geschickt, um Robert aufzusuchen, und hatten ihn beauftragt, mich ausfindig zu machen. Ich hatte noch keine Zeit zur Erholung gehabt und bedurfte dieser dringend. Aber mein Genosse bedrängte mich so hartnäckig und hielt mir vor, daß es meine Pflicht sei, die Organisation retten zu helfen, so daß ich einwilligte, sofort mit ihm zurückzufahren.

Es war ein erbitterter und sehr knapp ausgehender Kampf – aber ich gewann dort die Schlacht für unsere Freunde. Und von diesem Tag an mußte ich von einem Bundesland zum anderen fahren, um gegen Redner aufzutreten, die unsere Partei spalten und sie in die kommunistischen Reihen und die Unterwerfung unter das Moskauer Zentralkomitee führen wollten. Es war ein notwendiger, wenn auch unbefriedigender Kampf. Unsere Gegner sprachen nicht zur Sache. Sie glorifizierten die russische Revolution – die jeder in Schutz zu nehmen bereit war – und taten ihr Bestes, von den Bedingungen abzulenken, die die Russen für das Privileg, die gesamte Arbeitermacht mit der ihren zu vereinen, gestellt hatten. Ich war an vielen Orten erfolgreich, wobei ich einmal dreieinhalb Stunden sprechen mußte, um eine zögernde Mehrheit auf einem Landesparteitag zu überzeugen. Es war eine bedeutsame Schlacht – ein Kampf für Gedanken- und Entscheidungsfreiheit in der Arbeiterbewegung und in der Gesellschaft, und ich habe nie bereut, ihn in Deutschland geführt zu haben.

Dennoch war es die traurigste Zeit meines Lebens. Wir verbrauchten unsere ganze Kraft, um einander in der Arbeiterbewegung zu bekämpfen, und vernachlässigten dabei den viel notwendigeren gemeinsamen Kampf gegen den wachsenden Einfluß der dunklen Mächte der Vergangenheit und die Anfänge einer moderneren und noch viel unheilvolleren Reaktion. Die Tage des Parteikongresses der Unabhängigen Sozialdemokraten vom Oktober 1920 in Halle erscheinen mir noch immer wie ein Alptraum. Wir wußten, daß die Anhänger Moskaus die Mehrheit hatten. Die meisten von ihnen waren geradezu in einem Rauschzustand, glücklich und keinem Argument zugänglich. Mit ihnen zu streiten wäre sinnlos gewesen. Sie hatten ihre Anhänger nach Halle gebracht, wo sie die Mehrheit hatten, und sie auf den Balkonen postiert. Von dort sausten vom ersten Tag an Beschimpfungen auf uns nieder.

Dann kam die Sensation des Parteitages. Grigorij Sinowjew, der Sekretär der Dritten Internationale, erschien persönlich, um sicherzustellen, daß die aussichtsreichste revolutionäre Partei Deutschlands gespalten würde. Sinowjew trat wie eine Opernprimadonna auf. Gut genährt und selbstzufrieden betrat er, von jungen Bewunderern umgeben, triumphierend den Saal. Aber gleichzeitig erschien von der Mehrheit fast unbemerkt ein weiterer Russe im Saal, ein bekannter und verdienter Veteran der russischen und internationalen Arbeiterbewegung, den ich bereits in Paris kennengelernt hatte. Es war Martow, der Theoretiker der russischen Sozialdemokraten, der Jahre in zaristischen Kerkern verbracht hatte und in den vergangenen Jahren wegen seines Eintretens für die Sozialdemokratie dasselbe Schicksal durch die Hand der Bolschewiken erlitten hatte. Schließlich war er aus seinem Heimatland ins Exil geschickt worden. Er war krank, ein Schatten seiner selbst, dem Tod an Tuberkulose nahe, die er sich im Gefängnis zugezogen hatte.

Ein Blick auf diese beiden Männer sagte einem viel. Auf der einen Seite der Repräsentant der damals herrschenden Kaste, selbstherrlich, strahlend, wohlbeleibt – auf der anderen die Personifizierung der Unterdrückten, Schwachen und Kranken, ein Mann, dessen feine, vergeistigte Züge von seiner Weigerung zeugten, seinem Glauben abzuschwören. Denn obwohl Martow und seine Partei Fehler gemacht hatten, gab es nicht den geringsten Grund, an ihrem redlichen revolutionären Geist zu zweifeln.

Grigorij Sinowjew begann zu reden und hörte vier Stunden lang nicht mehr auf. Er sprach in etwas gebrochenem Deutsch, was die Wirkung seiner Rede noch steigerte. Ein Demagoge von hohem Kaliber, schien er die Mehrheit seiner Zuhörerschaft richtig einzuschätzen. Er drückte sich so primitiv aus, daß ich mich an einem Punkt nicht länger zurückhalten konnte und ihm zurief: »Wir sind keine Muschiks!« Er sprach von der russischen Revolution und ihren Feinden, aber nicht von den einundzwanzig Bedingungen für den Anschluß an die Dritte Internationale.

Dr. Rudolf Hilferding

Jemand mußte ihm antworten. Wir wählten Dr. Rudolf Hilferding, den Chefredakteur unserer Berliner Zeitung *Freiheit,* einen berühmten Theoretiker. Gewöhnlich ist er kein guter Redner, denn er hat wenig von einem Volkstribun an sich. Aber wenn er provoziert wird und von der Wichtigkeit einer Angelegenheit überzeugt ist, kann er enorme geistige Statur gewinnen und auf denkende Menschen einen tiefen Eindruck machen. Die Mehrheit war jedoch nicht von dieser Art, zumindest nicht während dieser Periode, und Hilferding konnte die Entscheidung, die es zu treffen galt, nicht beeinflussen. Aber seine dreistündige Rede in Halle bleibt dennoch ein bedeutsames historisches Dokument. Hilferding sprach das Problem an, das Sinowjew ignoriert hatte. Er betonte, daß die deutschen arbeitenden Klassen ihre Befreiung selbst erringen müssen und daß sie ihr Denken keinem außerhalb stehenden Gremium übertragen können. Er erhob den Vorwurf, daß in Deutschland keine Arbeiterpolitik gemacht werde, sondern eine Politik der Fraktionsinteressen. Die einzige Lektion, die aus diesen Erfahrungen zu lernen sei, laute daher: keine weitere Spaltung! Man müsse der Schmutzkonkurrenz im Radikalismus ein Ende bereiten. Sinowjew hatte die Amsterdamer Internationale als »gelbe« Internationale bezeichnet, aber er hatte sich auch für den Boykott des Transports von Kriegsmaterial an die Feinde der Sowjetunion bedankt. Er äußerte damit seinen Dank gegenüber denselben Männern, die er beschimpfte. Denn er nannte diese Männer »gefährlicher als die Weißen Garden« und »Mörder des Proletariats«, womit er einen bestürzenden Mangel an moralischem Feingefühl bewies.

Hilferding wandte sich gegen Terrorismus und definierte diesen folgendermaßen: »Die Anwendung von Gewalt durch eine Regierung zum Zwecke der Einschüchterung von Personen, von denen angenommen wird, daß sie ein Verbrechen begehen könnten, die dies jedoch noch nicht begangen haben; wir nennen Terror die Verhaftung von Brüdern, Schwestern, Müttern und Kindern, diese ganze häßliche Politik der Geiselnahme, und wir wenden uns insbesondere gegen den Terrorismus, der zur Unterdrückung jeder freien Meinungsäußerung seitens der Arbeiterklasse angewandt wird. Wir wehren uns dagegen, daß Wahlen für ungültig erklärt werden, deren Ergebnis der Regierung mißfällt.« Hilferding sagte voraus, daß der Einsatz terroristischer Methoden die Partei zu einer Sekte machen und eine Apathie der Massen und die Ausbreitung der offiziellen Korruption im Staat bewirken werde.

Ob Sinowjew diese prophetischen Worte im Ohr klangen, als er nur sechzehn Jahre später vor dem Erschießungskommando stand? Und ob er dann die Macht des Wahlspruchs fühlte, den Schopenhauer, der deutsche Philosoph, seinem Werk vorangestellt hatte und der auf dem Parteitag in Erinnerung gerufen worden war: *Magna vis veritatis et praevalebit* (Groß ist die Macht der Wahrheit, und sie wird sich durchsetzen).

In der Resolution, die sich gegen den Anschluß an die Dritte Internationale durch Unterwerfung unter die einundzwanzig Bedingungen aussprach, hieß es, daß dies die Aufgabe der Unabhängigkeit der Partei bedeuten würde, die Zerschlagung der Amsterdamer Gewerkschaftsinternationale, den Ausschluß geachteter Genossen, die Spaltung der Partei und die Lähmung ihrer Handlungsfähigkeit. Sie war von Ledebour, Rosenfeld, mir und anderen unterzeichnet.

Als ich nach der Abstimmung und dem Triumph des Irrationalen mit meinen Freunden den Kongreßsaal von Halle verließ, um aufzulesen, was von einer vielversprechenden jungen Partei übriggeblieben war, empfand ich zutiefst die Katastrophe, die sich ereignet hatte. Die Spaltung und Schwächung der einzigen realistischen und unabhängigen revolutionären Partei in Deutschland konnte nur zu einer Ermutigung der Reaktion führen. Der Sieg des Irrationalen kündigt immer ein Desaster an. Was änderte es daran, daß nach kurzer Zeit diejenigen, die bei der Kapitulation unter das Diktat Moskaus eine führende Rolle gespielt hatten, nüchtern wurden und die Kommunistische Partei verließen? Der Schaden war geschehen! Ich wußte, daß ein neues Kapitel in der Geschichte der deutschen Arbeiterbewegung begonnen hatte. Die Spaltung war schlimmer als eine Niederlage.

Wir hatten jedoch keine Zeit zu klagen – der Kampf mußte weitergehen. Eine neue Gefahr tauchte auf, der Zerfall der Gewerkschaftsinternationale durch die Absplitterung einiger nationaler Gewerkschaftsverbände und deren forcierten Anschluß an die Moskauer Rote Gewerkschafts-Internationale. Ich hatte mit der sogenannten »Amsterdamer Internationale« zusammengearbeitet, hatte an ihrem ersten Nachkriegskongreß in London teilgenommen, hatte als Dolmetscherin mitgewirkt, als sie nach ihrer Zerstörung durch den Krieg auf solideren Grundlagen wieder aufgebaut wurde. Sie hatte tüchtige Führer in Edo Fimmen und Jan Oudegeest, Männern, deren Freundschaft und Charakter ich zu schätzen wußte. Sollte das Werk der Zerstörung weitergehen? Der Bundesvorstand der Metallarbeitergewerkschaft entsandte mich in die wichtigsten Landkreise, wo ich den Kampf anführte, die wirtschaftlichen Organisationen der Arbeiterbewegung trotz der Spaltung auf der politischen Ebene intakt zu halten. Es war wirklich eine schwierige Aufgabe. Man hatte es mit Fanatikern und mancherorts mit Rabauken zu tun, insbesondere in den Häfen an der Küste, wo ich als Rednerin hingeschickt wurde. In diesem Kampf erlitt ich keinen einzigen Rückschlag – außer hinsichtlich meiner Gesundheit. Viele Versammlungen fanden in ungelüfteten Sälen statt, in denen sich Tausende drängten und die dicke Rauchwolken füllten. Meist mußte ich bis in die frühen Morgenstunden reden und streiten. Aber am Ende trug in der deutschen Metall- und Stahlarbeitergewerkschaft Amsterdam den Sieg über Moskau davon.

Während diese Kämpfe ausgefochten werden mußten, wurde es notwendig, die Unabhängige Sozialdemokratische Partei, die durch die Moskauer Spaltung ernsten Schaden genommen hatte, wieder aufzubauen. Wirksame und erfolgreiche Arbeit im Frankfurter Stadtrat wurde wichtiger denn je, und gleichzeitig erwartete man von mir, daß ich im Reichstag und seinen Ausschüssen voll meinen Pflichten nachkam. Ich war in den außenpolitischen Ausschuß gewählt worden – dem ich bis 1933 angehören sollte – und war darüber hinaus in den Ausschüssen für Wirtschafts- und Sozialpolitik vertreten. Während dieser schwierigen Periode der politischen Weichenstellung war die Arbeit höchst intensiv, insbesondere für einen jungen Menschen, der nicht dazu neigte, sich die Dinge leicht zu machen. Mein Arzt war ebenfalls Mitglied des Frankfurter Stadtrats, obwohl er nicht meiner politischen Fraktion angehörte. Er merkte, daß ich von Monat zu Monat stärker abmagerte, und riet mir, meine Arbeit für einige Wochen zu unterbrechen. Unterernährung in den letzten Kriegsjahren, Überarbeitung während der Revolution, Schlafmangel und eine allzu große Sorgenlast untergruben gemeinsam meine Gesundheit. Aber diese Periode schien so entscheidend für die deutsche Republik, daß ich meine Arbeit nicht unterbrechen wollte – bis ich nach einer Versammlung in meinem Wahlkreis, wie es schien mit einer Nervenentzündung, zusammenbrach. Meine Freunde, darunter auch mein Arzt, waren sehr beunruhigt. Ich wurde immer schwächer und mußte ins Krankenhaus und dann in ein Sanatorium. Mein Zustand besserte sich jedoch kaum.

Als die Gründung der sogenannten Wiener Internationale (eine sozialistische und gewerkschaftliche Internationale, die sich sowohl gegen die Diktatur Moskaus als auch gegen den opportunistischen Reformismus wandte) beschlossen wurde, wählte man mich als Delegierte zum Gründungskongreß*. Ich verließ Krankenhaus und Sanatorium und reiste nach Wien. Die Einheit der werktätigen Schichten auf nationaler wie auch auf internationaler Ebene erschien mir das oberste Ziel. Die Internationale Arbeitsgemeinschaft Sozialistischer Parteien, wie die Wiener Internationale genannt wurde, erhob keinen Anspruch, als *die* Internationale zu gelten. Wir waren uns bewußt, daß es so lange keine wirkliche und effektive Internationale gab, als die Teilung zwischen der Zweiten und Dritten Internationale bestand und einige wichtige Parteien sich keiner der beiden anschlossen.

Unter den in Wien versammelten Parteien waren außer den deutschen Unabhängigen Sozialisten (USPD) die französischen Sozialisten, die damals noch einflußreiche britische Unabhängige Labour Party und die starken österreichischen und Schweizer sozialistischen Parteien. Otto Bauer, der österreichische Parteiführer, war von Anfang an der einflußreichste geistige Führer der Wiener Vereinigung. Bauer, der kurze Zeit Außenminister der österreichischen Republik gewesen war, hatte seine Partei in die Regierungsopposition geführt. Die Massen der österreichischen Arbeiter liebten ihn, während ihn die Katholikenführer, insbesondere Kanzler Monsignore Ignaz Seipel, regelrecht haßten. Bauer war hochintelligent, sarkastisch und beißend in der Diskussion, ein Gelehrter auf dem Gebiet der Sozial- und Wirtschaftswissenschaften und ein Künstler in der Formulierung seiner Gedanken, Reden und Schriften. Wir wurden enge Freunde und blieben miteinander in Kontakt bis zu seinem Tod im Jahre 1938 nach bitteren Erfahrungen der Zwangsemigration in die Tschechoslowakei und später nach Frankreich.

Ich schätzte Bauers Rat, aber ich fragte mich oft, ob es sinnvoll sei, Gelehrte mit den Aufgaben des Staatsmannes zu betrauen, eine Überlegung, die ich auch im Hinblick auf Dr. Rudolf Hilferding anstellte, den Theoretiker der deutschen Bewegung, der später zweimal kurzfristig Finanzminister war. Gelehrte sind selten Männer des raschen, realistischen und taktisch klugen Handelns, wie es in Krisensituationen erforderlich ist. Und die mitteleuropäischen Nationen kamen in der ersten Nachkriegsperiode selten aus dem Krisenstadium heraus. Aber die Regierung braucht solche Männer als Berater und Experten. In dieser Eigenschaft waren sie uns unentbehrlich.

Wir beschlossen in Wien die Gründung der internationalen Arbeitsgemeinschaft, um die internationale Einigung auf der

* Am 22./27. Februar 1921

Grundlage eines Programms anstreben zu können, das umfassend genug war, um als Diskussionsgrundlage zu dienen. Leider ist dieses Ziel bis zum heutigen Tag noch nicht erreicht worden. Mit den Vertretern Moskaus wurden zweimal Verhandlungen aufgenommen, an denen ich in einem Fall teilnahm – aber sie führten zu nichts. Die Dritte Internationale war nicht bereit, die Unabhängigkeit und Freiheit der nationalen Organisationen anzuerkennen. Als Reaktion auf diese Haltung wurden andere Parteien in eine Erbitterung gegen die Russen hineingetrieben, die fast zu unversöhnlicher Feindschaft führte.

VIII. ERZWUNGENER RÜCKZUG

Nachdem die Arbeit in Wien geleistet war, erlitt ich 1921 einen erneuten Zusammenbruch. Lungentuberkulose, lautete die Diagnose des Arztes. Wieder war ich gezwungen, Krankenhaus und Sanatorium aufzusuchen – zuerst in Österreich, später in Deutschland. Statt der erhofften Besserung verschlimmerte sich aber mein Zustand. Mein ärztlicher Freund in Frankfurt bestand darauf, daß ich nach Davos gehen müsse, um in diesem geschützten Ort hoch in den Schweizer Bergen Genesung zu finden, wo die von den Gletschern reflektierenden Sonnenstrahlen eine wundersame Heilwirkung entfalten.

»Ich kann mir das nicht leisten«, sagte ich zu Dr. N. »Obwohl mein Einkommen in Deutschland hoch ist, schrumpft die abgewertete deutsche Währung zu nichts zusammen, wenn man sie in Schweizer Franken umtauscht. Laß mich meine Arbeit fortsetzen und meine Kräfte aufbrauchen, bis alles vorüber ist.«

»Ich will ganz offen mit dir sein«, antwortete er. »Möglicherweise würdest du nicht bald sterben. Du wirst vielleicht eine lange Periode der Krankheit durchmachen und schließlich von anderen abhängig werden.«

Das war die letzte Alternative, die ich akzeptieren wollte. Ich redete mit Robert über die Angelegenheit. Er versprach mir, daß ich während meines Aufenthalts in der Schweiz meine redaktionelle Arbeit für das *Betriebsratsmagazin* fortsetzen könne und daß er mich mit allen Büchern, Dokumenten und Schriften versorgen werde, die zu meiner Information nötig waren. Daß ich meine Arbeit fortsetzen müsse, während ich mich auszukurieren suchte, stellte ich nicht einen Augenblick in Frage. Auf meiner Fahrt nach Davos machte ich mit Robert in Luzern Station, um bei einem Kongreß der Metallarbeiter-Internationale mitzuwirken. Trotz meiner Krankheit, die jetzt von Fieber begleitet war, arbeitete ich als Dolmetsch. Das war mein letzter Kontakt mit der Arbeiterbewegung, bevor ich für etwa ein Jahr in die Einsamkeit der Schweizer Berge verbannt war.

Mein Arzt in Davos, Dr. F. Bauer, der bald ein verständnisvoller Freund wurde, fand mich durch die Krankheit ernsthaft gefährdet. Er verordnete mir strikte Bettruhe in frischer Luft. Ein sicherer Instinkt riet mir, nicht in eines der riesigen Sanatorien zu gehen, jene »Zauberberge«, wo man ein zu inniges Verhältnis zu der eigenen Krankheit bekommt und von einer Atmosphäre des Müßiggangs gelähmt wird, der sich hinter einem Schleier von anregender Konversation und des Philosophierens verbirgt. Ich sah später solche Fälle, junge Männer und Frauen, die aus dem aktiven Leben herausgerissen worden waren, bevor sie enge Bindungen dazu hergestellt hatten, und die sich nicht vorzustellen vermochten, daß sie irgendwann einmal ins Alltagsleben zurückkehren mußten, wo sie nicht mehr Gegenstand besonderer Fürsorge und Aufmerksamkeit sein würden. Unbewußt begannen sie, die Heilung ihrer Krankheit zu fürchten – eine Heilung, durch die sie nicht mehr interessanter als der Durchschnittsmensch sein würden. Sie hatten Angst davor, wieder ein anonymer Mensch in der Menge zu werden.

Mit Hilfe sozialistischer Freunde in der Schweiz fand ich ein Zimmer mit eigener Veranda in einer kleinen Pension, wo ich ungestört sein konnte. Mein Arzt, der mir eine sehr strenge Kur verschrieb, verstand, daß ich aus zwei Gründen im Bett arbeiten mußte. Erstens, um in engem Kontakt mit dem Leben und den Problemen meiner Genossen zu bleiben, aber auch um die Kosten meiner Kur zu verdienen. Glücklicherweise war ich damals im Ausland bereits bekannt und konnte Artikel für ausländische Zeitschriften, darunter viele Schweizer Publikationen, schreiben. Zusammen mit meiner Arbeit für die deutschen Zeitungen und Zeitschriften reichte dies für meinen Unterhalt aus.

Die Vorstellung, für eine unbegrenzte Zeitspanne vom aktiven Leben ausgeschlossen zu sein, entsetzte mich anfangs. Wie dankbar war ich bald dafür! Nach einem so spannungsreichen Leben, wie ich es in den vergangenen Jahren geführt hatte, war es gut und sogar notwendig, Gelegenheit zur Besinnung und einem ruhigen Überdenken der Vergangenheit zu haben. Die meiste Zeit war ich mit meinen Büchern und meinen Dokumenten allein. Mein Bett stand auf der Veranda, mit einem offenen Ausblick auf die schneebedeckten Berge, die in den starken Strahlen der Sonne funkelten. Die Szenerie war grandios. Die Stille wurde durch den harmonischen Klang der Kuhglocken auf den Almen und das Pferdegetrappel vertieft, wenn meterhoher Schnee alle Straßen bedeckte.

Von Zeit zu Zeit kamen mich Mo oder Hanna besuchen. Beide waren früher als Patienten in Davos gewesen und hatten jetzt hier ihren Wohnsitz. Mo, ein großer, gutaussehender Mann von herkulischem Körperbau und ein sehr tüchtiger Anwalt, war jahrelang krank gewesen und hatte sein Studium zum größten Teil im Bett absolviert. Er war ein gebildeter Sozialist und freute sich über die Gelegenheit, Gedanken und Erfahrungen austauschen zu können. Hanna, seine Frau, hatte eine ähnliche Leidenszeit durchgemacht und war eine höchst kultivierte Frau geworden. Sie wirkte immer noch sehr zerbrechlich, aber sie war tapfer und hatte einen feinen Sinn für Humor. Die Kameradschaft zwischen uns entwickelte sich zu einer herzlichen Freundschaft. Sie nahmen natürlich großen Anteil an der deutschen Revolution und fragten mich nach den Gründen, warum sie zum Stillstand gekommen war.

Ich versuchte, ihnen darauf eine Antwort zu geben.

»Bis jetzt bin ich bei meiner politischen Arbeit von der Annahme ausgegangen, daß sich Deutschland noch in einer revolutionären Phase befindet und daß unsere Taktik deshalb auf eine große, fundamentale Umwälzung gerichtet sein muß. Aber wir hatten es mit einer Bevölkerung zu tun, die weder an Demokratie noch an Freiheit gewöhnt ist, mit einer Nation, die erst nach dem Weltkrieg frei wurde. Unserem Volk mangelt es an Spontaneität. Der Mittelstand hat großenteils eine Abneigung gegen politische Aktivität. Er läßt sich nicht gern aus der Ruhe bringen. Viele sogenannte Intellektuelle erklärten voll Stolz, daß sie sich nicht im geringsten für Politik interessierten und daher nichts davon wüßten. Der Wunsch nach politischer Ruhe ist zumindest teilweise auf die Erschöpfung, das Leiden und den Hunger der Kriegsjahre zurückzuführen. Mangel an Spontaneität als deutscher Charakterzug, die allgemeine Müdigkeit bedingt durch den Krieg und die fehlende Tradition unmittelbarer Verantwortlichkeit der Regierung bildeten einen unfruchtbaren Boden für eine erfolgreiche Revolution.

Die alliierten Nationen haben dem Land keine faire Chance gegeben, der jungen Republik zum Erfolg zu verhelfen. Die nationale Selbstachtung wurde fortwährend gedemütigt. Deutschland wurde als Angeklagter behandelt. Die unpolitisch eingestellten Schichten der deutschen Gesellschaft interpretierten diese Behandlung als Zeichen, daß die Weimarer Demokratie ein unzulängliches System sei, und sie verglichen es mit der Vergangenheit – dem stolzen Imperium mit dem Kaiser an der Spitze. Es konnte nicht ausbleiben, daß sich eine Atmosphäre der Unzufriedenheit und der Ressentiments entwickelte.

Was kommen wird, hängt von unserer Fähigkeit ab, aus der Vergangenheit zu lernen. Unsere Aufgabe ist keineswegs hoffnungslos – wenn die deutschen arbeitenden Massen auch nicht revolutionär sind, so sind sie doch ein Volk mit der wundervollsten Opferbereitschaft. Was sie brauchen, sind kühne und klarsichtige Führer. Führerschaft muß es in jeder organisierten Gesellschaft geben. Und die Demokratie braucht Männer und Frauen voll Weitblick, Kühnheit, Charakter und Mut. Wo eine Autokratie Gewalt anwendet, muß sich die Demokratie auf überlegene Intelligenz stützen. Wenn wir wollen, daß die Demokratie und soziale und ökonomische Gerechtigkeit siegen, müssen wir Einigkeit schaffen. Einigkeit und auch Übereinstimmung über einige wichtige Veränderungen und die Taktik, die es zu deren Erreichung anzuwenden gilt. Wir müssen die Engstirnigkeit und kleinlichen Streitereien überwinden, zu denen manche Deutschen neigen. Und wir müssen zeigen, daß wir ohne persönlichen Ehrgeiz sind, aber voll Ehrgeiz für die Schaffung einer besseren Welt. Seid ihr nicht mit uns der Meinung, daß eine solche Politik im Ausland auf Verständnis stoßen würde und daß sie uns die Unterstützung der arbeitenden Klassen der Welt sichern würde, um einem freien Deutschland den ihm zustehenden Platz in der Gemeinschaft der Nationen zu geben?«

Während ich so redete, war es spät abends geworden. Als mich Mo verließ, leuchtete der Mond hell am weiten, dunklen Himmel und hüllte die majestätischen Berge mit ihren Gletschern in ein glänzendes, silbernes Gewand – ein Anblick der Erhabenheit und Ruhe eines gewaltigen, fast undurchdringlichen Kosmos, der in so krassem Gegensatz zu der Rastlosigkeit und Unsicherheit der von Menschen gemachten Welt steht.

Obwohl ein Jahr vergangen war, seit ich aus dem aktiven Leben ausschied, hielt ich meine engen Kontakte mit Menschen und Ereignissen aufrecht. Nur selten kam mich der eine oder andere Leidensgenosse besuchen. Das waren Leute, die jahrelang an der »Universität« von Davos »studiert« hatten. Sie erzählten mir, wie unmöglich es für sie sei, in das Leben unten im Tal zurückzukehren. Die Menschen dort würden sie nicht verstehen. Manche von ihnen waren in früher Jugend nach Davos gekommen und hatten dort interessante Persönlichkeiten kennengelernt. Sie hatten viel Zeit gehabt, um zu diskutieren und zu sinnieren, und allmählich den Eindruck gewonnen, daß sie ein ungewöhnlich interessantes Leben führten. Wie konnten sie sich je wieder an eine triviale, alltägliche Existenz als gewöhnlicher Mensch in einer Kleinstadt oder selbst in einer Großstadt gewöhnen? Es kam ihnen nicht in den Sinn, daß all diese aufregenden Gespräche und Debatten auf dem Gipfel eines

Berges weit davon entfernt waren, das wirkliche Leben zu sein. Ich versuchte, ihnen das klarzumachen, ihnen so gut ich konnte zu helfen – aber ich bezweifle, ob ich damit Erfolg hatte. Sie zu beobachten, war mir jedoch eine entschiedene Warnung, wenn die Gefahr für mich auch nicht sehr ernst war.

»Wärst du bereit, Chefredakteur der *Freiheit* zu werden?« lautete die Frage, die mir Wilhelm Dittmann, Mitglied unseres Parteivorstandes, eines Tages in einem Brief stellte. Ich war höchst überrascht. Die *Freiheit* war das zentrale Presseorgan der Unabhängigen Sozialdemokratischen Partei. Sie war seit ihrer Gründung von Dr. Rudolf Hilferding herausgegeben worden. Robert hatte mir bereits geschrieben, daß die Berliner Parteibasis sowie eine Reihe führender Leute in der Partei unzufrieden mit der Haltung der Zeitung geworden waren, weil sie ihnen zu reformistisch erschien. Sie hatten mehrere Konferenzen der Führungsgremien unserer Partei abgehalten, auf denen beschlossen worden war, mir die Redaktion anzubieten, wie Dittmann schrieb.

Es war zweifellos eine große Ehre für eine junge Frau und natürlich eine Versuchung. Aber ich widerstand ihr. Es war nie diese Art von Ehrgeiz gewesen, was meine Entscheidungen bestimmt hatte. Gewiß freue ich mich, wenn wichtige Dinge vorangebracht werden und ich daran teilnehmen kann. Es ist jedoch nicht so wichtig, *wer* Anerkennung dafür erhält, daß etwas erreicht wird. Ich überlegte mir, welche Konsequenzen dieses Angebot haben würde, und beschloß, es unter den waltenden Umständen nicht anzunehmen. Ich war noch nicht geheilt. Da ich von unabhängiger Denkungsart bin, wußte ich, daß es Fragen geben würde, hinsichtlich derer meine Haltung in Widerspruch zu anderen Parteiführern geraten mußte. Würde ich körperlich stark genug sein, die Dinge durchzukämpfen? Außerdem hatte ich nie einem bestimmten Flügel angehört und wollte es auch jetzt nicht. Es war daher besser, sich von der Ehre nicht blenden zu lassen und eine klare Entscheidung zu treffen. Nein – ich möchte die Herausgabe nicht übernehmen!

Robert, der mich gern an der Spitze der Zeitung gesehen hätte und mit dem ich über meine Gründe gesprochen hatte, stimmte mir schließlich zu. Er nahm sich sogar trotz seiner unerhörten Arbeitslast zwei Tage frei, um mich in Davos zu besuchen. Hier wie überall gewann seine gütige, humorvolle rheinische Art die Herzen aller, denen er begegnete. Leider war sein Besuch zu kurz und ging zu schnell vorüber, als daß wir alle Probleme hätten besprechen können, die mich in den Monaten meiner Einsamkeit beschäftigt hatten. Aber ich war so froh, selbst während meiner Krankheit meinem Freund nützen zu können, indem ich für ihn und für die Bewegung Recherchen vornahm und ihm dadurch half, Anträge zu formulieren und Handlungsstrategien zu planen.

Doch ich war voll Ungeduld, wieder ins flache Land zurückzukehren. Dr. Bauer, mein Arzt und Freund, hatte Verständnis für mich. Natürlich wollte ich meine Gesundheit wieder herstellen, wußte ich doch, welche Anstrengungen die normale Arbeitslast jener unruhigen Tage wieder jedem abverlangen würde. Mein Genesungswille hatte dazu beigetragen, meine Heilung zu beschleunigen. Im Frühjahr 1922 erlaubte mir mein Arzt, mich ins Tessin zu begeben und nach kurzem Aufenthalt dort weiterzureisen und wieder ins normale Leben zurückzukehren.

Sind Sie jemals lange Zeit hindurch in einer Gegend gewesen, wo Ihr Auge ständig auf ungebrochenes Weiß fällt – wo die Straßen, die Hausdächer, die Berge, alles, was man sieht, in eine dicke, weiße Decke aus Schnee gehüllt ist? Hecken und Zäune verschwinden – fast, als gebe es keine Abgrenzungen von Privateigentum mehr. Anfangs gefällt es einem ungeheuer – es ist so ungewohnt. Wie überdrüssig ich dessen geworden war, entdeckte ich erst, als ich von dem Zug aus, der mich ins Tal hinunterbrachte, plötzlich den Zipfel einer grünen Wiese erblickte. Es schien fast wie ein Wunder – so tiefgrün, so froh, so lebendig. Erst diese unvergeßliche Freude machte mir bewußt, daß ich monatelang nach einer bunten Abwechslung im ewigen Weiß gehungert hatte.

Erich und Nettie, sehr liebe Freunde, erwarteten mich im Tessin und machten mir den Übergang zur Welt der Gesunden so angenehm wie möglich. Von ihrem hübschen kleinen Haus auf dem Hügel von Orselina hatte ich einen zauberhaften Blick auf den Lago Maggiore. Rings um uns wucherten die farbenfrohesten Blumen in den herrlichen Frühlingstagen. Ich mußte wieder gehen lernen, aber bald war ich kräftig genug, inmitten all der üppigen und wechselnden Farbenpracht lange Spaziergänge in den Hügeln und am See entlang zu machen. Erich, ein fähiger Arzt, sorgte gut für mich und gestattete mir, eine Italienreise zu machen. In Mailand traf ich mit Robert zusammen. Wir sollten beide in Rom am Kongreß des Internationalen Gewerkschaftsbundes teilnehmen. In der kurzen Zeit, die uns vor der Eröffnung des Kongresses blieb, genossen wir die Schönheit des sonnigen Landes und seiner antiken Kunst und Architektur. Wir fuhren bis nach Neapel, Capri und Pompeji, und unsere Phantasie wanderte in jene Tage zurück, als sich dort eine privilegierte Kaste inmitten erlesener Naturschönheiten und edelster Kunstwerke vergnügte – bis ein zorniger Gott, brennende Lava aus dem Vesuv herabschleudernd, allem ein grausames Ende bereitete und begrub, was fast ein Paradies gewesen war.

Das Schicksal war uns gegenüber nicht ganz so grausam, aber in Rom konnten wir bereits das ferne Grollen eines anderen Donners hören – Zeichen der nahenden Pest des Faschismus. Die Gewerkschaftstagung in Rom war der letzte freie Kongreß, der in Italien abgehalten wurde. Ich wurde von Edo Fimmen, einem der beiden Sekretäre der Internationale, gebeten, als Dolmetsch für Französisch, Englisch und Deutsch zu fungieren, wie ich das auch bei früheren Kongressen getan hatte. Ich konnte Edo diese Bitte nicht abschlagen – es war ein Vergnügen, mit ihm zu arbeiten. Solange er Sekretär der Internationale war, verlieh er der Bewegung Farbe und Lebendigkeit. Er ist ein breitschultriger Riese, sieht aus wie ein Wikinger und hat etwas von dem Charakter dieser kühnen Seefahrer an sich. In vielen Sprachen zu Hause, war er sowohl ein Revolutionär als auch ein Organisator, seltene Qualitäten, die ihn für sein Amt prädestinierten. Aber er hatte auch eine Spur von einem Abenteurer an sich – wodurch er später Schwierigkeiten bekommen sollte (als ich ihn 1938 in den Vereinigten Staaten wiedersah, merkte ich, daß die Jahre diesen letztgenannten Zug weggeschliffen hatten, aber er ist ein erfrischender, ungezwungener Mensch geblieben, der der Arbeiterbewegung mit höchster Hingabe dient).

Fimmen zeichnete sich bei dem Kongreß von Rom durch denselben Elan aus, den er mehr als zwei Jahre zuvor in London an den Tag gelegt hatte. Die Auswirkungen des Weltkrieges waren zu dieser Zeit noch sehr stark spürbar. Jeder wußte, was die Wiederholung einer solchen Katastrophe für die arbeitenden Klassen bedeuten würde. Andererseits war die Arbeiterbewegung zu stark geworden, um es sich leisten zu können, Resolutionen zu verabschieden, zu deren Durchführung sie nicht fähig sein würde. Eine ernste und manchmal hitzige Debatte ging der Annahme einer Deklaration voraus, wonach die internationale Arbeiterbewegung nötigenfalls einen Generalstreik ausrufen würde, um einen weiteren Weltkrieg zu verhindern.

In London waren die italienischen Delegierten 1920 ungeduldiger und revolutionärer gewesen als die jedes anderen Landes. Die Situation hatte sich im Frühling 1922, kurz vor Mussolinis Marsch der Schwarzhemden nach Rom, etwas geändert. Wie üblich, sollte der Kongreß seinen Delegierten auch etwas Erholung bieten. Die italienischen Genossen hatten deshalb einen Ausflug nach Tivoli vorgesehen. Als sich die Delegierten zu der Fahrt einfanden, ließ man sie ziemlich lange warten. »Weshalb die Verzögerung?« fragten wir. Längere Zeit bekamen wir keine Antwort. Schließlich erfuhren wir den Grund.

»Wir wissen noch nicht, ob wir nach Tivoli fahren können. Gestern abend gab es dort Zusammenstöße zwischen den Faschisten und den Arbeitern. Ein Faschist wurde getötet. Es herrscht immer noch Unruhe, und wir wissen nicht, ob wir euch da hinfahren lassen können.«

Wieder mußten wir warten. Schließlich wurde uns mitgeteilt, daß wir nicht nach Tivoli, sondern woandershin fahren würden. Ich war enttäuscht über diese Entscheidung. Sobald einmal beschlossen worden war, nach Tivoli zu fahren, hätten sich die Delegierten eines Arbeiterkongresses ungeachtet möglicher Zwischenfälle nicht scheuen sollen, dies auch zu tun. Wir hätten nicht den Eindruck erwecken sollen, daß wir Angst hatten. Aber es half nichts – der Beschluß wurde umgestoßen. War es ein Omen? Der Tivoli-Zwischenfall machte mich nachdenklich, aber als ich Rom verließ, sah ich nicht voraus, daß sich die Dinge so rasch ändern würden und daß dies für lange Zeit unser letzter Besuch in einem demokratischen Italien sein sollte.

IX. RÜCKKEHR IN DEN KAMPF

Während meines Aufenthalts in Davos hatte ich mit Robert oft Gedanken über die Frage der Industriegewerkschaftsbewegung ausgetauscht. Die Metallarbeitergewerkschaft war ein Prototyp, nicht nur, weil sie selbst eine Industriegewerkschaft – die größte der Welt – war, sondern auch, weil sie aus überaus progressiven Elementen bestand. Wir unterstützten die Industriegewerkschaftsbewegung nicht nur, weil diese Organisationsform es leichter machte, die modernen Massenproduktionsindustrien zu organisieren, sondern auch, weil wir sahen, daß der Arbeiterschaft neue Aufgaben übertragen wurden, für die sie das notwendige Instrumentarium schaffen mußte. Wie können die Arbeiter an der Verwaltung einer Industrie teilhaben, ohne die Probleme nicht nur ihres Berufszweiges, sondern der gesamten Industrie lösen zu lernen? Sie mußten ihre Interessen und ihr Wissen erweitern. Sie mußten die allgemeinen ökonomischen Erfordernisse verstehen lernen, mußten begreifen, was an den Methoden des Managements falsch war und wie diese zum Wohle der ganzen Bevölkerung eines Landes verändert werden sollten. Wie konnten wir immer wieder die Sozialisierung der Schlüsselindustrien fordern, ohne die Instrumente für den Part der Arbeiter bei ihrer Verwirklichung vorzubereiten? In dieser Hinsicht unterschied sich die Industriegewerkschaftsbewegung, so wie wir sie im Deutschland des Jahres 1922 für nötig hielten, von den Zielen des Congress of Industrial Organizations (CIO), wie er jetzt in den Vereinigten Staaten existiert. Wir sahen in den Industriegewerkschaften Vehikel der vergesellschafteten Industrie, nicht bloß eine Organisationstechnik.

Wie in den meisten anderen Ländern waren in der deutschen Arbeiterbewegung sowohl Handwerksverbände als auch Industriegewerkschaften vertreten. Die alten handwerklichen Gewerkschaftsmitglieder waren ihren Organisationen so loyal verbunden, daß es schwierig war, ihnen irgendwelche Konzessionen abzuringen. Die prominenten Führer des Gewerkschaftsbundes favorisierten die Handwerksverbände. Bevor der Kongreß des Gewerkschaftsbundes im Juni 1922 in Leipzig zusammentrat, hatten wir intensiv für den Sieg unserer Ideen gearbeitet. Ich nahm an dem Kongreß als Journalistin für die Unabhängige Sozialistische Presse und damit auch für die berühmte *Leipziger Volkszeitung* teil, eine der ältesten und angesehensten Arbeitertageszeitungen des Landes. Aber ich hatte Robert versprochen, ihm zu helfen, insbesondere während der Zeit, wo er in Ausschußsitzungen zu tun hatte. Glücklicherweise erkannten mir die Industriegewerkschaftsdelegierten das Recht zu, mich an den Diskussionen ihrer Gruppensitzungen zu beteiligen, obwohl ich keine Delegierte war. Unsere Gruppe wurde im Laufe der Debatten stärker, zumindest in gewissem Grade – dank Roberts ausgezeichneter Darlegung unseres Standpunkts. Konnte die Opposition leugnen, daß eine große Zahl von Facharbeitern sowie gelernten oder angelernten Arbeitern, obwohl sie für denselben Arbeitgeber tätig waren, verschiedenen Gewerkschaften angehörten, während ihnen auf der Unternehmerseite die geschlossene Front der Betriebsleitung gegenüberstand? Konnten sie leugnen, daß sich die Organisationsform der Arbeiterschaft in einer Periode, in der die rapideste Umwälzung in der Industrie vor sich gegangen war, sehr wenig verändert hatte? Was hatte die Arbeiterschaft der Konzentration des Kapitals in riesigen Konzernen und Trusts entgegenzusetzen?

»Wenn ihr die Arbeit der Betriebsräte wirksam unterstützen wollt, dann könnt ihr das nur auf der Basis der jeweiligen Industrie. Wir haben die Interessen der Arbeiter von ihren eigenen Arbeits- und Lebensbedingungen auf ein Verständnis der Belange ihrer Industrie als Teil der Gesamtwirtschaft erweitert. Das Prinzip sollte sein: In jedem Betrieb nur eine Gewerkschaft!« erklärte Robert auf dem Kongreß. Er war der Redner, der den meisten Applaus erhielt.

Aber die Innungsvertreter waren nicht so schnell bereit, aufzugeben. Sie waren wütend über meine kritischen Artikel in der *Leipziger Volkszeitung,* die jeder Delegierte morgens auf seinem Stuhl vorfand. Eines Morgens ließ der Versammlungsleiter nach der Eröffnung des Kongresses einen erbitterten Angriff gegen mich los – wohl wissend, daß ich als Journalistin nicht in der Lage war, ihm zu antworten. Aber die Mehrzahl der Delegierten trat ungeachtet ihrer politischen Einstellung für mich ein und wies darauf hin, daß der Vorsitzende kein Recht habe, eine Zensur über die Presse auszuüben; ich könne meine persönlichen Auffassungen redaktionell vertreten, ob sie mit ihnen einverstanden seien oder nicht. Das hinderte jedoch den Versammlungsleiter der nächsten Sitzung nicht daran, die Ermahnung an mich zu wiederholen, wenn auch in etwas abgemilderter Form. Diese

Rüge wurde durch den Vorsitzenden, den alten August Brey, Präsident der mächtigen Fabrikarbeitergewerkschaft, etwas versüßt. Als ich nach einer Pause an meinen Platz zurückkehrte, fand ich dort ein Päckchen Schokolade vor, das er für mich hinterlegt hatte. Der nette alte Mann wollte mir zeigen, daß er keine Feindschaft zwischen uns wollte.

Bevor die Diskussion durch die Annahme des Kernstücks von Robert Dißmanns Antrag beendet wurde, platzte die Nachricht von einem neuen Angriff auf die Republik in den Kongreß. Der Außenminister Dr. Walther Rathenau, der seine Stellung in dem großen Elektrokonzern AEG aufgegeben hatte, um sich der Republik zur Verfügung zu stellen, war auf dem Weg in sein Büro ermordet worden. Am hellichten Tag war er in seinem offenen Auto von drei jungen Männern erschossen worden, die unter dem Einfluß illegaler, reaktionärer Organisationen standen. Einer von ihnen war ein Nazi. Rathenau war ein Mann des Großbürgertums, Leiter eines der größten Industrieunternehmen des Landes. Aber auf dem Gewerkschaftskongreß herrschte Empörung, als der feige Mord an diesem echten Idealisten bekannt wurde. Jeder wußte, wer für diesen Mord in Wirklichkeit verantwortlich war – jene Männer der Rechtsparteien, die ihrem Haß auf diesen Staatsmann in Wort und Schrift Ausdruck verliehen hatten. Rathenau hatte sich unermüdlich für eine bessere Position der deutschen Republik auf der internationalen Szene eingesetzt. Aber diese Männer der Rechten haßten die Republik. Sie waren entschieden gegen eine Mitwirkung der arbeitenden Bevölkerung in einem demokratischen Staat, und die Arbeiter begriffen nur zu gut, daß die Schüsse, die den fähigen und idealistischen Minister töteten, auch gegen sie gerichtet waren.

Der Kongreß wurde zum Zeichen der tiefen Besorgnis und Empörung sofort vertagt. Viele Delegierte scharten sich um uns, und wir begannen eine Resolution zu formulieren, die die nötigen Schlußfolgerungen aus diesen warnenden Schüssen ziehen sollte. Die erste Resolution forderte einen Generalstreik in ganz Deutschland. Massenversammlungen sollten unsere Forderungen nach Schutz der Republik und Entfernung aller Feinde der Republik aus der Verwaltung, der Armee und den Gerichten unterstützen. Der Kongreß richtete auch einen Appell an alle Gewerkschaftsmitglieder, bereit zu sein, die junge Republik mit ihrem Leben zu verteidigen. Die Leipziger Arbeiter organisierten sofort eine Massendemonstration auf dem Augustus-Platz im Zentrum der Stadt und ersuchten mich, als einer ihrer Redner aufzutreten. Der riesige Platz war schwarz, so dicht gedrängt standen die Massen, die bereit schienen, jedem Ruf zu folgen. Es war ein stürmischer Tag, und es war schwer, gegen den Wind anzureden. Wir hatten keinen Lautsprecher. Es herrschte jedoch ein tief ernstes Schweigen, damit sich unsere Stimmen besser gegen den Raum und den Sturm behaupten konnten. Es war eine der eindrucksvollsten Demonstrationen jener Jahre, die so reich an Massenversammlungen waren. Als ich einige Tage später aufgefordert wurde, anläßlich einer ähnlichen Massenkundgebung auf einem offenen Platz in Frankfurt zu sprechen, hatte ich wieder das Gefühl: diese deutschen Arbeiter sind trotz all des Leidens und der vielen Enttäuschungen wieder bereit, sich bis zum letzten aufzuopfern, um eine echte Demokratie mit sozialer und wirtschaftlicher Gerechtigkeit zu schaffen. Sie waren sich völlig über die Bedeutung des Mordes an Dr. Rathenau im klaren.

Als diejenigen Delegierten des Gewerkschaftskongresses, die dem Reichstag angehörten, nach Berlin zurückeilten, fanden sie dort nicht nur ein äußerst erregtes Klima, sondern eine völlig neue Situation vor. Da sie die Gefahr für das Leben der Republik erkannten, hatte die Parlamentsfraktion der Unabhängigen Sozialisten ihre Bereitschaft zu engerer Zusammenarbeit mit den anderen sozialistischen Gruppierungen erklärt. Sie willigte ein, in die Regierung einzutreten, um die Forderungen des Gewerkschaftskongresses zu verwirklichen. An der Spitze der Regierung stand damals der Katholik Dr. Josef Wirth, ein enger Freund Rathenaus. Wer seine geistvolle, flammende Rede im Reichstag gehört hat, in der er die Verantwortlichen für das Verbrechen anklagte, hat sie nie vergessen. Er schloß mit den berühmten Worten: »Der Feind steht rechts!«, wobei sein Finger auf die rechte Seite des Reichstages wies. Leider verfügte Dr. Wirth als Staatsmann nicht über ebenso große Fähigkeiten wie als Redner. Eine mutige Säuberung von den Feinden der Republik war zusammen mit der Deutschen Volkspartei, der Partei der Schwerindustrie mit ihren Reaktionären und Monarchisten, nicht durchführbar. Als das Angebot der Unabhängigen Sozialisten, mit dem Kabinett von Dr. Wirth zusammenzuarbeiten, bekannt wurde, fiel die Antwort der katholischen Zentrumspartei negativ aus. Die Deutsche Volkspartei verlangte sogar eine Erweiterung des Kabinetts auf der rechten Seite! Statt seiner eigenen katholischen Partei seine klare Entscheidung zu präsentieren, mit allen Republikanern einschließlich aller demokratischen Arbeiterparteien zusammenzuarbeiten, gab Dr. Wirth die Idee auf, seine Regierung auf der Linken zu öffnen.

Nach dieser schwachen Haltung stellten die folgenden Kapitel keine Überraschung für diejenigen von uns dar, die sich bewußt waren, daß der Mord an Rathenau eine neue revolutionäre Situation herbeigeführt hatte. Es hatte sich die Möglichkeit abgezeichnet, durch einen sofortigen Appell an die Wählerschaft eine Mehrheit in den Reichstag zu entsenden, von der eher praktische Maßnahmen für die Sicherheit der Republik zu erwarten waren. Aber kein solcher Appell erfolgte. Statt dessen wurde es dem Reichstag in seiner damaligen Zusammensetzung überlassen, den Angriff auf die Republik abzuwehren. Dies geschah durch den Entwurf eines »Gesetzes für den Schutz der Republik« und die Gründung eines speziellen Gerichtshofes für den Schutz der Republik. Diese neuen Gesetze konnten ihren Zweck nur erfüllen, wenn gleichzeitig eine gründliche Säuberung der Administration, der Armee und der Justiz erfolgte und alle antirepublikanischen Geheimorganisationen ausgemerzt wurden. Wie konnten wir jedoch erwarten, daß diese vordringliche Aufgabe erfüllt wurde, solange die Freunde der Reaktion, die Minister der Volkspartei, mit an der Regierung beteiligt waren? Das Gesetz, das dem Schutz der Republik dienen sollte, wurde später von reaktionären Richtern oft gegen die Arbeiterbewegung eingesetzt!

Eine weitere Chance, die Republik zu stärken, war vertan worden... Die Massenbewegung, die nach dem Mord an Rathenau entstand, hatte jedoch ein Ergebnis. Sie weckte in breiten Schichten den Wunsch nach größerer Einigkeit. Die beiden sozialistischen Parteien reagierten darauf, indem sie ihre Reichstagsfraktionen zu einer Arbeitsgemeinschaft zusammenschlossen*. Die Antwort der anderen Parteien ließ nicht auf sich warten: die Volkspartei, die Demokraten und die katholische Partei schlossen sich ebenfalls zu einem Bündnis zusammen – offensichtlich, um einer Zunahme des Einflusses der Arbeiterparteien als Folge unserer engeren Zusammenarbeit entgegenzuwirken.

Ich war natürlich für engere Zusammenarbeit der Arbeiterparteien, aber ich hielt den Zusammenschluß für unbefriedigend, solange nicht genügend Übereinstimmung über unser unmittelbares Ziel, die Methoden zu seiner Erreichung und die Gruppen bestand, mit denen wir zusammenarbeiten bzw. die wir ablehnen und sogar bekämpfen sollten. Eine solche Übereinstimmung in bezug auf das Programm war zwischen den beiden Parteien noch

* Am 14. Juli 1922.

nicht erzielt worden. Ich wollte keine absolute Übereinstimmung, aber ich hatte den Eindruck, daß die Mehrheitssozialisten aus den Niederlagen in der Revolution noch nicht genug, falls überhaupt etwas gelernt hatten. Meiner Ansicht nach gingen sie von der irrigen Vorstellung aus, daß die Sozialisten in einer Republik immer an der Regierung beteiligt sein müssen, während die Unabhängigen Sozialisten – zumindest eine Mehrheit von uns – bei ihren Bündnissen mit anderen Gruppen große Vorsicht walten ließen. Wir lehnten entschieden jede Koalition mit der Partei der Großindustrie, der Volkspartei, ab. Abgesehen von diesen unmittelbaren Problemen differierten wir in unseren grundsätzlichen Auffassungen von der Zukunft der Republik insofern, als wir Unabhängigen Sozialisten die Revolution noch nicht für abgeschlossen hielten. Ich trat dafür ein, zu versuchen, diese Punkte in Verhandlungen zwischen den Führern beider Parteien vor dem Nürnberger Parteitag, auf dem der Zusammenschluß erfolgen sollte, zu klären. Ich war überzeugt, daß nur eine echte Einigung über die Grundfragen der Politik und Taktik der formalen Einheit Gewicht und Wert verleihen könne. Es blieb jedoch nur noch wenig Zeit dafür, und ich mußte einräumen, daß die Mehrheit unserer Mitglieder und der Massen für den Zusammenschluß waren.

Es war ein schwieriger, innerer Kampf für mich. Was sollte ich tun – mich der vereinten Partei in dem Bewußtsein anschließen, daß ich mit der Haltung der Parteiführer der ehemaligen Mehrheitssozialisten nicht einverstanden war, oder abseits bleiben und mich von den Massen der arbeitenden Menschen loslösen, denen ich mich so eng verbunden fühlte? Ich überlegte lange Zeit, bevor ich meinen Entschluß faßte. Ich konnte den Kampf nicht aufgeben, das Ringen um echte politische, soziale und wirtschaftliche Freiheit, dem alle meine Anstrengungen gegolten hatten – und ich wußte, daß ich alleine keinen wirksamen Kampf führen konnte, sondern nur innerhalb einer Organisation. Ich beschloß, mich nicht von den Massen zu trennen, die mir in all den Jahren ihr Vertrauen geschenkt hatten. Aber wenn ich mich der vereinigten Partei anschloß, so konnte ich dies nur in einer aufrechten, redlichen Weise tun, indem ich offen meine Überzeugungen äußerte und auf meinem Recht bestand, weiterhin für sie zu kämpfen.

Ich beriet mich mit einer Gruppe von Freunden, darunter natürlich auch Robert, und legte ihnen den Entwurf einer Erklärung vor, den wir unserem Parteitag in Gera, welcher dem großen Einigungskongreß in Nürnberg vorausgehen sollte, präsentieren wollten. In dieser Deklaration hatte ich in sehr präziser Sprache unsere Grundkonzeption formuliert. Darin hieß es, daß wir in gutem Glauben in die vereinigte Partei einträten und uns bei dem Versuch, unser Programm zu dem der Mehrheit innerhalb der vereinigten Bewegung zu machen, demokratischer Methoden bedienen würden. Den übereifrigen Verfechtern des Zusammenschlusses gefiel der Gedanke dieser Deklaration nicht. Aber kaum war bekannt geworden, daß eine solche Erklärung geplant war, als die Delegierten zu mir kamen und mich danach fragten. Eine große Mehrheit äußerte den Wunsch, sie mitzuunterzeichnen. Sie sollte später die *Magna Charta* unseres Rechts werden, für unsere Überzeugungen und für die Freiheit des Denkens einzustehen, ohne das man keiner Organisation angehören kann.*

Der Nürnberger Einigungskongreß** bot den Tausenden, die ihn miterlebten, ein überaus ernstes Schauspiel. Niemand war ganz Herr seiner Gefühle, als unser alter Wilhelm Bock in einer ergreifenden Versöhnungsszene dem alten Wilhelm Pfannkuch seine Hand entgegenstreckte. Alle schienen glücklich. Aber ich war es nicht. Ich war sehr traurig, als ob etwas für mich gestorben sei. Ich empfand Angst vor einer ungewissen, vielleicht düsteren Zukunft. Als ich im Begriff war, den Saal zu verlassen – unbemerkt, wie ich dachte –, trat Paul Löbe, der die meisten Jahre der Existenzdauer unserer Republik Präsident des Reichstags war, auf mich zu. Er spürte meine Erregung und ahnte deren Ursache und war gekommen, um mir sein Verständnis und seine Sympathie zu bekunden. Er war ein Mehrheitssozialist gewesen, hatte jedoch deren linken Flügel unterstützt. Löbe versprach mir Kameradschaft und zuverlässige Waffenbrüderschaft – und er hielt Wort.

Das vierte Jahr der deutschen Republik sollte ihr schwierigstes werden. Der Republik war es nicht gelungen, das Vertrauen der europäischen Staatsmänner zu gewinnen. Und die Völker der europäischen Demokratien? Von ihren eigenen Schwierigkeiten in Anspruch genommen, uninformiert über die großen Veränderungen, die die Revolution in Deutschland bewirkt hatte, nicht erkennend, welch gefährliche Folgen eine engstirnige, nationalistische Behandlung einer besiegten Nation für ihre eigene Zukunft haben mußte, sahen sie den Aktionen ihrer Regierungen

---

* Parteitag der USPD in Gera vom 20.–23. Sept. 1922. In der Literatur zitiert als Deklaration der Dißmann-Gruppe. Text in: Protokoll der Sozialdemokratischen Parteitage in Augsburg, Gera und Nürnberg 1922. Berlin 1923; S. 131.

** 24. September 1922.

tatenlos zu. Dazu kam, daß Frankreich auf seinem eigenen Boden zutiefst unter dem Wahnsinn des Krieges gelitten hatte; dem Volk war immer wieder gesagt worden: *»C'est l'Allemagne qui paiera«* – »Deutschland wird für das alles bezahlen.« Der französische Bauer scheute die schwere Steuerlast und billigte die Politik seiner Regierung, das besiegte Deutschland zu zwingen, den größtmöglichen Anteil an den Kriegskosten auf seine Schultern zu nehmen. Wir, die wir uns in diesen Jahren ständig bemühten, die deutsche Republik zu einem Bollwerk des Friedens und der Freiheit im Herzen Europas zu machen, hatten kaum Muße für besinnliche Gedanken, denn die Hektik der Ereignisse innerhalb und außerhalb Deutschlands hielt uns ständig in Atem.

Anfang 1923 hatte mir mein Arzt geraten, für einige Tage in die Berge zurückzukehren. Kaum war ich dort angekommen, da erreichte mich die Meldung von Frankreichs Beschluß, in das Ruhrgebiet einzumarschieren.* Ich kehrte sofort nach Berlin zurück. Wie oft war ich in jenen Jahren gezwungen, mich an die Worte der klugen und tatkräftigen Bannerträgerin der Französischen Revolution, Madame Roland, zu erinnern, die gesagt hatte, daß es für ihre Generation keinen Frieden geben könne – sie hätte die Aufgabe, die Revolution zu verwirklichen. Nicht weniger stürmisch war das Leben der deutschen Republik. Aber die Generation, deren Aufgabe es war, die Republik zu errichten, hatte vier Jahre zuvor all das Grauen eines modernen Krieges erlitten, mit Vernichtungsmitteln, die tödlicher waren als alles, was man sich zur Zeit Madame Rolands hätte vorstellen können. Das deutsche Volk litt noch an den Folgen von vier Jahren des Hungers, als es in neue Kämpfe gestürzt wurde.

Welchen Vorwand benutzte der französische Ministerpräsident Poincaré, um diese lang erstrebte Besetzung des Ruhrgebiets zu rechtfertigen? Deutschland war mit seinen Reparationszahlungen im Rückstand. Statt der verlangten 13 900 000 Tonnen Kohle waren nur 11 700 000 geliefert worden, und bei den Holzlieferungen an Frankreich fehlten 200 000 Telegrafenmasten. Dies war für Poincarés mathematischen und äußerst antideutschen Geist Grund genug, um die deutsche Republik an den Rand des Ruins zu bringen und Europa in eine Krise zu stürzen. Meine erste Reaktion war: Gibt es irgendwelche Umstände, unter denen die französische Besetzung vermieden werden kann? Seit

---

* Am 11. Januar 1923 besetzten französische und belgische Truppen das Ruhrgebiet.

Poincaré Chef seiner Regierung geworden war, hatte man mit diesem Akt der Aggression rechnen müssen. Ich war daher der Ansicht, daß alle Anstrengungen unternommen werden müßten, um ihm keinen Vorwand zu liefern. Gerade, weil die Quantitäten, mit denen Deutschland im Rückstand war, so geringfügig wirkten, schien es mir, daß das Unmögliche versucht werden sollte – die vorgeschriebenen Mengen rechtzeitig zu liefern...

Aber jetzt standen wir plötzlich vor der Realität der Okkupation. Es blieb keine Zeit mehr zum Philosophieren. Die Geduld der jungen Nation war nunmehr erschöpft.

Die französischen Soldaten marschierten in das Gebiet ein, das mit Recht das Herz der deutschen Volkswirtschaft genannt werden könnte. Die reichsten Kohlenbergwerke der Nation lagen im Ruhrgebiet. Sollten die deutschen Bergleute unter der Drohung ausländischer Bajonette in die Gruben gehen? Sollten sie unter den Augen einer ausländischen Armee Zwangsarbeit leisten? Sie wußten, daß man sie nicht bloß auffordern würde, die fehlenden Mengen der Reparationszahlungen nachzuliefern. Sie hatten guten Grund zu fürchten, daß die militärische Besetzung bloß der erste Schritt zu einer völligen Loslösung der Industriegebiete vom übrigen Deutschland sei. Es war bekannt, daß Darias, nicht lange danach Vorsitzender des Finanzausschusses des französischen Parlaments, 1922 in einem Geheimbericht an die französische Regierung geschrieben hatte: »Die Lothringer Hüttenwerke haben zweimal soviel Eisen zur Verfügung, als sie bearbeiten können..., aber sie brauchen unbedingt... den Koks des Ruhrgebiets.« Die deutsche Stahlindustrie könne nur die Hälfte ihrer normalen Produktion erreichen, wenn sie vom französischen Erz abgeschnitten werde, hatte Darias erklärt.

»Wir finden es beängstigend, wenn sich die deutsche Industrie in einem Maße entwickelt, das sie befähigen würde, die Bezahlung der Schulden sicherzustellen, die das Land anerkannt hat. Aber solange wir am rechten Rheinufer sind und über 45 000 000 Tonnen Eisenerz im Jahr verfügen, werden wir imstande sein, eine entscheidende Rolle in der deutschen Stahlindustrie zu spielen, wobei wir im Gegenzug Kontrolle über die Produktion fordern werden. Und zweifellos wird dies die Lösung der Zukunft sein«, hatte Darias seiner Regierung versichert. Seine Stellungnahme wurde im Zusammenhang mit der ungesetzlichen französischen Okkupation der Städte Düsseldorf, Ruhrort und Duisburg am rechten Rheinufer abgegeben, und sie bewies, daß das deutsche Gebiet zu einem doppelten Zweck okkupiert worden war.

Wir müssen kämpfen – auch ohne Gewehre; das war meine feste Überzeugung. Es gibt friedliche Methoden, die einzig und allein die Waffen der Arbeiterklasse sind. Wenn sie einig ist, können hunderttausend Bajonette keine produktive Arbeit erzwingen, insbesondere wenn die Regierung den Kampf sanktioniert und unterstützt. Das war die Reaktion der überwältigenden Mehrheit der deutschen Bevölkerung auf die Ruhr-Invasion. Wieder stand die Arbeiterklasse bereit, sich in die Bresche zu werfen, obwohl es ihr nicht leichtfiel, einer Regierung voll zu vertrauen, an deren Spitze ein Repräsentant der Großindustrie, Wilhelm Cuno, stand. Trotz all dieser Zweifel beschlossen die Beamten, die Angestellten und das Proletariat des Ruhrgebiets fast einmütig, der französischen Aggression mit passivem Widerstand zu begegnen.

Trotz aktiver Kooperation mit dieser Politik plagten mich von Anfang an schlimme Vorahnungen. Würden die Leidenschaften, die der Kampf weckte, das Ziel völlig zunichte machen, um das wir seit der Gründung der Republik gerungen hatten – die Aufklärung der Bevölkerung und die Herstellung freundschaftlicher Beziehungen zwischen den beiden Ländern? Aber trotz dieser Gefahr konnten wir nicht zulassen, daß die Arbeiter dieses großen und wichtigen Kernlandes von ausländischen Herren versklavt wurden. Wir konnten die drohende Trennung des unbesetzten Deutschland von seinen wichtigsten Rohstoffquellen nicht hinnehmen.

Von Anfang an beschäftigte ich mich mit dem Problem, wie man verhindern konnte, daß der Existenzkampf des deutschen Volkes zu einer Orgie des Chauvinismus degenerierte. Das war nicht leicht. Die Franzosen hatten den Kontakt zwischen den Bewohnern des besetzten Gebiets und dem übrigen Deutschland aufs äußerste erschwert. Niemand konnte ohne spezielle Genehmigung der Militärbehörden die »Grenze« überqueren. Meine Eltern lebten noch in dem besetzten Gebiet. Im Jahr der Ruhrokkupation mit seinen zusätzlichen Erschwernissen konnte ich sie nur selten und unter großen Schwierigkeiten besuchen. Es war völlig unmöglich, an Arbeiterversammlungen und große Demonstrationen in dem umstrittenen Gebiet zu denken. Meine Freunde wurden einer nach dem anderen in französische Militärgefängnisse geworfen, weil sie sich als hohe Beamte der deutschen republikanischen Regierung, als Bürgermeister und andere Funktionäre geweigert hatten, die Autorität der militärischen

Invasoren anzuerkennen. Später wurden sie aus dem Ruhrgebiet verbannt – im Frieden vertrieb eine ausländische Armee Deutsche aus ihrem eigenen Land und ihren Ämtern!

Wie konnten wir unter solchen Umständen das deutsche Volk lehren, die Bevölkerung Frankreichs nicht zu hassen? Wie konnten wir den Menschen erklären, daß die Auseinandersetzung von einer Clique provoziert worden war, die die Interessen des Großkapitals repräsentierte, das gegenwärtig die Mehrheit im französischen Parlament besaß? Wie konnten wir sie davon überzeugen, daß den französischen Arbeitern an einer Verständigung mit den deutschen Arbeitern gelegen war? Die Aufgabe, die wir uns stellten, schien hoffnungslos. Bald erhielt ich jedoch eine unerwartete Gelegenheit, zumindest einigen der Ruhr-Bewohner einen Beweis dieser dauerhaften Solidarität zu geben, die selbst während des Konflikts anhielt.

Im Frühjahr tagte der Internationale Sozialistenkongreß in Hamburg, bei dem die sogenannte Wiener Internationale wieder mit der Zweiten Internationale vereinigt wurde. Alle Delegierten waren frei von Chauvinismus, alle waren tief bewegt von der Einmütigkeit, mit der nicht nur der imperialistische Friedensvertrag, sondern die Besetzung der Ruhr verurteilt wurden. Sie alle waren von dem Gefühl durchdrungen, daß die Besetzung das fundamentalste Recht eines Volkes, das Recht in Frieden zu leben, verletze. Die französischen, die belgischen und die englischen Sozialisten bekräftigten ihre Freundschaft mit den Deutschen in dem Augenblick, da Verhaftungen und sinnlose Schießereien die Verbitterung an der Ruhr verstärkten. Ich war als Delegierte auf diesem ermutigenden Kongreß, und ich beschloß, der Bevölkerung des besetzten Gebietes diesen Geist der Brüderlichkeit vor Augen zu führen. Ich wandte mich an meinen alten Freund Paul Faure, den Führer der sozialistischen Partei Frankreichs. Während des Krieges, noch als Soldat an der Front, war er unter den ersten Franzosen gewesen, die sich für einen baldigen Friedensschluß ohne Sieger oder Besiegte eingesetzt hatten. Später, nachdem er von Le Creusot, dem Wahlkreis, der von dem allmächtigen Munitionskonzern Schneider-Creusot beherrscht wurde, zum Abgeordneten gewählt worden war, hatte er einen Kampf gegen die französischen Militaristen geführt. Ich bat Faure, mit mir an die deutsche Westgrenze zu fahren. Mein Plan war, dort, im unbesetzten Gebiet, hart an der Grenze der Ruhr, eine Reihe öffentlicher Versammlungen für die Bevölkerung des Ruhrgebiets abzuhalten. Er sollte auf französisch sprechen und ich würde übersetzen. Das Hindernis, keinen Saal mieten zu können, würden wir überwinden, indem wir die Versammlungen im Freien abhielten.

Paul willigte begeistert ein. Alles mußte in größter Eile organisiert werden, aber unsere Freunde waren von der Idee so fasziniert, daß der Erfolg nicht ausbleiben konnte. Die Versammlungen wurden auf offenem Feld abgehalten. Die Leute kamen einzeln über die »Grenze«, wobei sie die Patrouillen der Besatzungsarmee umgehen mußten und Verhaftung riskierten, falls man sie erwischte. Dennoch fand sich eine große Menschenmenge ein – viel größer, als wir erwartet hatten! Paul Faure ist ein großartiger Redner; er reißt seine Zuhörer durch die Leidenschaft seiner Gefühle mit. Intuitiv trifft er sprachlich den richtigen Ton für sein Publikum. Obwohl die meisten seiner Zuhörer nicht Französisch verstanden, folgten sie ihm gefühlsmäßig. Als ich seine Worte übersetzte, schwoll die Begeisterung noch an. Auf der anderen Seite der »Grenze« herrschten seine verhaßten Landsleute, Militärpolizei, Invasoren, und hier auf deutschem Boden stand ein Franzose an der Seite seiner deutschen Brüder und Schwestern, der den Mut hatte, die imperialistischen Ambitionen der französischen Armee zu verurteilen.

Ach, hätte Frankreich 1923 nur auf diese Stimme des Friedens gehört, dann müßte es jetzt nicht vor einem wiedererstandenen Pangermanismus zittern, der aggressiver und skrupelloser als der des Kaisers ist!

Als echter Internationalist bat mich Paul Faure, gleiches mit gleichem zu vergelten. Sobald ich Zeit fände, sollte ich nach Frankreich kommen. Es wurde Sommer, bevor ich wegkonnte. Die Reise als solche war ein Problem. Der Widerstand der deutschen Arbeiter gegen die französischen Militärbehörden hatte schließlich dazu geführt, daß die Franzosen die Kontrolle über die Eisenbahnen übernahmen. Wir boykottierten diese Eisenbahnen, so wie wir jeden Versuch, den Streik zu brechen, boykottiert haben würden. Ich stand vor dem Problem, ohne Benutzung der Eisenbahnen in das Innere Frankreichs zu gelangen. Schließlich gelang uns auch das. Ein französischer Freund nahm mich in seinem Auto über die französische Grenze mit. Auf diese Weise kehrte ich auch zurück. Er nahm dabei ein ernstes Risiko für sich selbst in Kauf. Seine Freundschaft und seinen Mut werde ich nie vergessen.

Was für eine Freude, wieder mit den alten Freunden zusammenzutreffen, die den Krieg überlebt hatten! Einige meiner liebsten Freunde lebten nicht mehr – sie waren im Krieg gefallen oder wie mein guter Freund Paoli an Krankheiten gestorben, die sie sich im Schützengraben zugezogen hatten. Neue Genossen, jüngere, waren in unserem alten vierzehnten Kreisverband in Paris nachgerückt. Sie hatten von meiner Vorkriegstätigkeit und meiner Arbeit in Deutschland gehört und luden mich ein, sie zu besuchen. Sie bereiteten mir einen bewegenden Empfang. Die Begeisterung war so groß, daß sie mich auf Vorschlag des Schweizers Dr. Oguse zum Ehrenmitglied der Sozialistischen Partei Frankreichs ernannten, eine Ehre, die mir möglicherweise als einzigem Ausländer zuteil wurde.

Ich traf in Paris ein, kurz bevor die Arbeiter den Jahrestag der Ermordung von Jean Jaurès begingen, ihres geliebten, zum Märtyrer gewordenen Führers, des ersten Opfers des Weltkrieges. Zusammen mit Paul-Boncour und anderen Franzosen wurde ich eingeladen, auf der Gedenkfeier zu sprechen. Paul-Boncour verlieh seiner besonderen Befriedigung Ausdruck, von derselben Plattform zu sprechen wie ich, eine deutsche Sozialistin, die in den Kriegsjahren gegen das Massaker protestiert und den Wunsch nach Frieden vertreten hatte.

Der Beifall der Pariser Arbeiter und Mittelständler war ebenso stürmisch und kam ebenso von Herzen wie die Sympathiebezeugungen, die Paul Faure auf deutschem Boden geerntet hatte. Die Obrigkeit war jedoch weniger begeistert. Die Versammlung fand am letzten Abend meines Aufenthalts in Paris statt. Nachher blieb ich noch mit einigen engen Freunden zusammen, mit denen ich mich bis tief in die Nacht hinein unterhielt. Sie brachten mich anschließend in mein Hotel zurück. Kaum war ich in meinem Zimmer, als das Telefon läutete. Zwei Uhr früh! Ich ließ es läuten, denn ich konnte mir schon vorstellen, wer sich so unverschämt benahm. Als um 6 Uhr früh laut an meine Tür geklopft wurde, war ich nicht überrascht. Ich stand auf, zog mich rasch an und öffnete. Die Polizei. Sie hatten die ganze Nacht in der Hotelhalle auf mich gewartet. Ich hoffte, daß sie mich in einem Militärauto über die Grenze abschieben und mir dadurch die Reisekosten sparen würden. Die Mark stand bereits damals bei 3 700 000 zum Dollar, und ich mußte die Reise teilweise selbst finanzieren. Aber ich wurde bald enttäuscht, wie übrigens auch die Polizei. Sie hatten damit gerechnet, daß mein Paß nicht in Ordnung sein würde und sie mich daher verhaften könnten; aber meine Papiere waren einwandfrei, und sie fanden nichts, woran sie Anstoß nehmen konnten. Sie entschuldigten sich für die nächtliche Ruhestörung, und ich mußte mein letztes Geld für die Rückreise zusammenkratzen.

Die Zustände in Deutschland spitzten sich allmählich zu. Sowohl im besetzten als auch im unbesetzten Gebiet wurde die Not von Tag zu Tag größer. Die Extremisten der Rechten forderten aktiven Widerstand und verübten mehrere Gewaltakte im besetzten Gebiet. Dies konnte der deutschen Sache nur schaden, die in großen Teilen der Welt starkes Mitgefühl erregt hatte. Der militärischen Aggression und der ungerechtfertigten Okkupation deutschen Bodens in Friedenszeiten konnte nur durch passiven Widerstand begegnet werden. Die Sabotageakte bereiteten vielen von uns Unbehagen. Wir wollten nicht mit denen gemeinsame Sache machen, die wir im Verdacht hatten, daß sie Machtpolitik einer Politik der Vernunft vorziehen würden, falls sie je ans Ruder kamen. Die Regierung stand nicht hinter den Saboteuren. Aber solange eine geschlossene Front nötig war, um der Bedrohung durch den französischen Militarismus und Kapitalismus zu begegnen, wagten wir nicht, daraus auszubrechen.

In historischen Zeiten, wenn jede Entscheidung und jede Tat eine schwere Verantwortung bedeutet, ist die Position eines Führers sowohl politisch als auch persönlich sehr schwierig. Ein Politiker, der ernst genommen werden will, darf die Probleme nicht um der bloßen Popularität willen simplifizieren. In dieser Stunde war das Schicksal der Arbeiterklasse nicht vom Schicksal der Nation zu trennen, so unterschiedlich der Kampf für die Industriellen und das Proletariat auch ausgehen mochte. In Deutschland trugen die kleinen Leute die gesamte Last des Kampfes um die Ruhr, genauso wie sie die Kriegslast getragen hatten. Ihnen ist es in erster Linie zu danken, wenn das Land ein weiteres Mal vor der Zerstückelung bewahrt wurde. Die Nationalsozialisten, die heute so verächtlich von den vierzehn Jahren der Republik sprechen, hatten damals absolut kein Verständnis für den verzweifelten Existenzkampf Deutschlands. Während die deutschen Arbeiter am Rhein, an der Ruhr, in ganz Deutschland hungerten und opferten, richteten die Nationalsozialisten ihre Waffen gegen die »Novemberverbrecher«, wie sie die Arbeitervertreter und Demokraten zu nennen pflegten. Uns war klar, daß wir ohne nationale Unabhängigkeit die innere Freiheit weder erlangen noch bewahren konnten.

Dieser Kampf um Unabhängigkeit, der uns von außen aufgezwungen wurde, erschwerte es uns in ungeheurem Maß, unsere inneren Probleme zu klären, und führte zu einer zunehmenden Lähmung der deutschen Volkswirtschaft. Das bedruckte Papier, das als Geld bezeichnet wurde, wies immer astronomischere Zahlen auf. Sein Wert wurde am Dollar gemessen. Nach meiner Rückkehr aus Paris war der Dollar an der Berliner Börse auf einen Wert von über 7 Millionen Mark gestiegen. Die Läden begannen, mittags zu schließen, weil die Geschäftsleute durch den Höhenflug des Dollars nicht mehr mit den ständigen Preisänderungen nachkamen.

Inmitten all dieser Unruhe konnte ich meinen Eltern im besetzten Gebiet einen kurzen Besuch abstatten. Ich fand meine Mutter in großer Besorgnis vor. Sie klagte, daß mein Vater seine ganzen Waren einfach verschenke; im Gegensatz zu anderen weigerte er sich, den Verkaufspreis nach dem Einkaufspreis festzusetzen. Es war seit langem unmöglich, den Wert der Mark zu fixieren, da dieser von Tag zu Tag schwankte. Wenn mein Vater so weitermachte, dann würde er sein großes und wertvolles Inventar bald völlig verschwendet haben. Ich versuchte, ihm das vor Augen zu halten. Er war erstaunt, daß ausgerechnet ich solche Gedanken äußerte. Ebenso wie sein Vater vor ihm war er als solider und redlicher Geschäftsmann bekannt, und selbst in dieser stürmischen Zeit wollte er nicht von seinen Prinzipien abweichen. Er weigerte sich, aus der Not der Menschen Gewinn zu ziehen. Ich konnte und wollte nicht länger mit ihm streiten. Das Ergebnis nach der Inflation war, was meine Mutter befürchtet hatte – mein Vater hatte den größten Teil seines Besitzes verschenkt.

Ohne Zweifel profitierten manche von der Inflation, so – zum Teil – die Aktien- und Wechsel-Spekulanten. Aber für die meisten von ihnen war es ein trügerischer Profit, der nach der Stabilisierung rasch dahinschmolz. Der spektakulärste Profitemacher war Hugo Stinnes. Er nutzte die dumme und unverantwortliche Politik des Reichsbankpräsidenten Havenstein aus, indem er ständig neue Aktienmehrheiten erwarb und seine Konzerne wahllos ausdehnte. Die Reichsbank verlieh Geld auf Zeit, ohne den Wert der Mark zu berücksichtigen. So konnten Männer wie Stinnes, die bei der Reichsbank Kredit genossen, Kapital borgen, wenn der Wechselkurs des Dollars bei drei Millionen Mark lag und ihre Kredite später zurückzahlen, als der Dollar auf hundert Millionen Mark gestiegen war. Kein Wunder, daß eine solche Geldpolitik zur ständigen Schrumpfung der Goldreserven der Reichsbank beitrug!

Eine völlige Stabilisierung der deutschen Währung oder, noch wichtiger, die Schaffung eines neuen Zahlungsmittels war nicht zu erreichen, solange das Loch in der Westentasche offen war – das heißt, solange die Regierung täglich Millionen in das besetzte Gebiet pumpen mußte, um die Bevölkerung am Leben zu erhalten, deren passiver Widerstand einen Verzicht auf regelmäßiges Einkommen bedeutete. Daß Hugo Stinnes, unterstützt durch eine kurzsichtige Politik der Reichsbank, haufenweise Aktienmehrheiten erwarb, mußte nicht nur aus ökonomischen, sondern auch aus psychologischen Gründen gestoppt werden. Stinnes selbst war sich darüber nicht im klaren. Vom ersten Augenblick seiner Mitgliedschaft im außenpolitischen Ausschuß des Reichstags, dem ich ebenfalls angehörte, hatte ich den Eindruck, daß er wirklich davon überzeugt war, die Interessen seiner Unternehmen seien identisch mit den wirtschaftlichen Interessen des deutschen Volkes. Wenn Hugo Stinnes in seinem merkwürdigen Flüsterton auf Ausschußsitzungen sprach, hörten ihm die übrigen Mitglieder unter Anspannung aller Nerven zu. Doch waren das keine außergewöhnlichen Weisheiten, was er da von sich gab, und der große Respekt der Mehrheit galt eher dem augenblicklich erfolgreichen und wagemutigen Unternehmer als dem besonnenen Staatsmann. Etwas später sollte es sich herausstellen, daß auch der Unternehmer nicht so erfolgreich war und daß sein riesiger Konzern ebenso schnell dahinschmelzen konnte, wie er zusammengerafft worden war.

Hugo Stinnes lehnte die Stabilisierung mit der Begründung ab, daß sie die deutsche Exportfähigkeit beeinträchtigen werde. Es kam ihm nicht in den Sinn, daß die deutschen Güter im Ausland nur aufgrund der Unterbezahlung des deutschen Arbeiters konkurrieren konnten, was durch die aufgeblähten inflationären Zahlen verschleiert wurde. Die Arbeiter wurden durch die fehlende Währungsstabilität tief getroffen. Ich lebte unter ihnen und sah ihre Not täglich zunehmen. Gegen Ende des Kampfes um die Ruhr spürte ich sie am eigenen Leib. Oft hatte ich kein Brot und kein Geld, um welches zu kaufen! Dabei gehörte ich einer Schicht mit hohem Einkommen an. Der Reichstag schickte uns unsere Gehälter per Post. Bevor das Postamt sie auszahlen konnte, war die Mark schon wieder so weit gefallen, daß ich damit gerade meine Miete zahlen konnte; für die übrigen Lebenshaltungskosten blieb nichts übrig. Das Honorar für einen Artikel, um den ich ersucht wurde, reichte, obwohl es sofort nach Erhalt des Manuskripts überwiesen wurde, bei seinem Eintreffen nur noch zum Kauf einer Briefmarke! Ohne die Hilfe meiner proletarischen Freunde hätte es mir oft am Lebensnotwendigsten gefehlt, und es geschah in der Tat sehr selten, daß ich nicht hungrig vom Tisch aufstand.

Für die große Masse des Volkes war es nicht anders. Im September mußten wir 220 Millionen Papiermark für einen Dollar zahlen, und allmählich begannen wir, in Milliarden zu rechnen. Ich habe nie verstehen können, wie sich der Durchschnittsbürger eine Vorstellung von diesen schwindelerregenden Zahlen machen konnte. Viele Dinge wurden knapp, und vor den Geschäften stellten sich die Leute wieder um Brot an. Wenn jemand Geld in der Hand hatte, durfte er nicht ruhen, bis er es ausgegeben hatte, das war das einzige, was ihm übrigblieb. Geld war heute immer noch mehr wert als morgen, und bald lernten wir, nach Stunden zu rechnen. Die Löhne wurden zweimal und später dreimal wöchentlich ausgezahlt. Die Arbeiter kauften selbst Lebensmittel für ihre Familien, meist gleich in der Umgebung ihrer Fabrik, denn wenn sie warteten, um ihre Frauen im Laden um die Ecke einkaufen zu lassen, war die Mark schon wieder gefallen und sie bekamen dann vielleicht nichts mehr dafür.

Ausländer konnten sich damals für lächerliche Beträge einen Luxus leisten, der ihnen in ihrem eigenen Land unerreichbar gewesen wäre. Daß diese Besucher von den hungernden Deutschen nicht mit großer Herzlichkeit aufgenommen wurden, darf niemanden überraschen.

Zusätzlich zu diesen Schwierigkeiten hatte die Nation auf der politischen Seite die ungeheure Last des Ruhrkampfes zu tragen. Im Sommer legte der Verband der deutschen Industrie eine Reihe empörender Bedingungen fest, unter denen er bereit war, der Regierung zu helfen. Er bot eine Garantie von fünfhundert Millionen Goldmark an, die zwischen Industrie und Landwirtschaft geteilt werden sollten. Im Gegenzug für dieses Angebot, das nicht mehr als eine Bürgerpflicht war, diktierte die Industrie der Regierung ihre Bedingungen: keine staatlichen Eingriffe in die Industrie; Entmobilisierungserlässe und die letzten Überreste der staatlichen Wirtschaftslenkung (die sowohl den Verbraucher als auch den Arbeiter schützte) sollten abgeschafft werden. Weiter wurde völlige Freiheit bei den Verhandlungen mit der Arbeitnehmerseite gefordert, obwohl »im Prinzip« am Achtstundentag festgehalten werden sollte, und schließlich forderte man, die Industrie von »unproduktiven Steuern« zu befreien. Übrigens wurde die Lohnsteuer, die die Arbeitnehmer zu zahlen hatten, von den Arbeitgebern aus der Lohntüte entnommen, so daß diese Abgabe ebenso fixiert war wie die Gehälter. Die besitzenden Klassen hingegen zahlten ihre Steuern viele Monate nach deren Fälligkeitsdatum, so daß sie durch die ständige Abwertung der Mark nur einen kleinen Bruchteil des ursprünglichen Steuerbetrags entrichteten. Forderungen der Bevölkerung nach Steuerreformen wurden ignoriert. Eine stärkere Kontrolle der Börse, von den Sozialisten zur Verhinderung weiterer Kapitalflucht gefordert, wurde nie durchgesetzt.

Zuletzt fragten sich die Leute: wird es wieder genauso, wie es während des Krieges gewesen ist? Auch damals waren wir es, die hungerten und opferten, während die Reichen durch Schiebungen und Schwarzhandel alles hatten, was sie wollten. Jetzt, da die Industriekapitäne das Elend der Nation auszunutzen suchten, um der Regierung Bedingungen zu diktieren, wuchs die Unruhe in der Bevölkerung weiter an. Mit jedem Tag nahm die Not zu, mit dem Anwachsen der Unzufriedenheit verschärfte sich die soziale Krise und der Konfliktstoff häufte sich. Die »Schwarze Reichswehr«, eine illegale Militärorganisation unter Führung von Major Buchrucker, verübte am 1. Oktober einen Putsch in der preußischen Festung Küstrin. Der Putsch wurde niedergeschlagen, und die Anführer wurden verhaftet, aber die Leute erfuhren von der Existenz der Schwarzen Reichswehr, denn die Wahrheit sickerte durch, trotz aller Versuche, sie zu vertuschen. Konnte der passive Widerstand weiterhin aufrechterhalten werden?

Ein Teil der französischen Militärbehörden versuchte eine separatistische Bewegung im besetzten Gebiet ins Leben zu rufen; sie hofften, sich die Verwirrung zunutze zu machen, die entstehen würde, um die Abtrennung dieses wichtigen Teiles des Rheinlands zu vollziehen. Unter der Bevölkerung bestand eine sehr begrenzte Sympathie für diese Bewegung; ihre Anhänger bestanden hauptsächlich aus Gesindel, für das die Bevölkerung des Rheinlands nur Verachtung empfand. In den französischen Behörden gab es Leute, insbesondere unter denjenigen, die seit längerer Zeit im Ruhrgebiet waren und Verständnis für die Bevölkerung hatten, die sich bewußt waren, daß dieses Unternehmen ein Fehler und aussichtslos war. Einer ihrer führenden Männer gab dies mir gegenüber offen zu.

Ernster noch waren jedoch die Entwicklungen in Bayern. Hier war der Mittelstand nie rückhaltlos für die Republik gewesen. Diese Abneigung verband sich mit dem traditionellen Separatismus Bayerns; dessen eigene spezielle Variante war das Streben nach Erhaltung der »bayerischen Individualität«. Diese »bayerische Individualität« manifestierte sich jetzt in der zunehmend reaktionären politischen Zusammensetzung der herrschenden Bayerischen Volkspartei, des bayerischen Flügels der Katholischen Zentrumspartei. Die Situation spitzte sich zu, als die bayerische Landesregierung ihren früheren Ministerpräsidenten Kahr zum Generalstaatskommissar bestellte und den Ausnahmezustand erklärte. Dies kam einem Aufstand Bayerns gegen die Republik gleich. Die Berliner Zentralregierung verfügte daraufhin einen Ausnahmezustand für die gesamte Nation, der mit Verfassungsprärogativen begründet wurde, wonach Bundesgesetze Vorrang gegenüber Ländergesetzen haben. Die Ausnahmestellung Bayerns mußte unter Kontrolle gebracht werden. Aber der bayerische Staatskommissar und die bayerische Regierung machten sich über diese Forderung lustig und bezogen die Führer der bayerischen Reichswehr in ihren Aufstand ein. Das Naziblatt *Völkischer Beobachter* richtete rabiate Angriffe gegen den Präsidenten der Republik und den für die Reichswehr zuständigen Minister. Der Reichswehrminister verfügte daraufhin die Einstellung des Blattes und befahl dem ihm unterstellten kommandieren General der bayerischen Reichswehr, von Lossow, das Verlagshaus zu besetzen*. Von Lossow weigerte sich, diesen Befehl auszuführen, da er nicht mit der bayerischen Regierung in Konflikt kommen wollte. Als der Minister seine Demission forderte, übergab von Lossow diesen Befehl den bayerischen Regierungsbehörden. Er trat nicht zurück, statt dessen forderte die bayerische Regierung die Abdankung des Reichswehrministers!

Der Republik gelang es nicht, in Bayern ihre Autorität wieder herzustellen – sie beantwortete die bayerischen Provokationen mit papierenen Deklarationen. Ganz anders verhielt sie sich gegenüber den Regierungen von Sachsen und Thüringen. In diesen Ländern regierten Koalitionen von Sozialdemokraten und Kommunisten, unterstützt von Landesparlamenten, die von einer Mehrheit der Bevölkerung gewählt worden waren. Beide Regierungen waren daher vollkommen legal, wenn sie auch der einheimischen Bourgeoisie mißfielen. Die Koalitionen waren als gemeinsame Front gegen die Gefahr des Faschismus gedacht. Ich sympathisierte mit diesem Kampf und stand in enger Verbindung mit meinen sächsischen Freunden. Um diese Zeit machte ich die Bekanntschaft des sächsischen Ministerpräsidenten Zeigner. Er war ein sensibler Mann, zu sensibel für einen Staatsmann, überaus gebildet und voll echter Begeisterung für die Republik. Die Tatsache, daß er auf dem Feld der aktiven Politik Neuling war, erschwerte seine ohnehin komplizierte Aufgabe. Mit dem guten Willen seiner Mitarbeiter hätte er dieses Manko bald überwinden können. Seine Position war prekär und undankbar. Seine Schwierigkeiten hatten mit den kommunistischen Mitglie-

* 19. Oktober 1923; 8./9. November Hitler-Putsch in München

dern seines Kabinetts begonnen. Aber Zeigner hatte sich den persönlichen Zorn des Reichswehrministers zugezogen, weil er es als seine spezielle Aufgabe betrachtete, die Wahrheit über die Schwarze Reichswehr ans Licht zu bringen und mit seiner ganzen Macht gegen die Existenz dieser illegalen Formation zu kämpfen. In Sachsen wurden mit Unterstützung der sächsischen Regierung im Gegenzug gegen die Privatarmee der Nationalsozialisten die »Proletarischen Hundertschaften« gegründet. Es waren dies militärische Formationen loyaler Republikaner, deren Ziel es war, die Republik vor einem Putsch durch die Nationalisten und insbesondere durch die Nazis zu schützen.

Die Republik hatte keine Maßnahmen gegen die private Armee der bayerischen Nationalsozialisten ergriffen, obwohl die Regierung gewußt haben muß, daß diese Leute auf den Sturz des republikanischen Regimes hinarbeiteten. Nunmehr kam es zu dem empörendsten Zwischenfall. Der kommandierende Offizier der sächsischen Reichswehr forderte die Auflösung der Proletarischen Hundertschaften. Es folgte eine erbitterte Auseinandersetzung zwischen der Republik und der sächsischen Landesregierung. Die letztere erfuhr bald, daß die Republik zwar die bayerische Verletzung der Verfassung tolerierte, gegenüber der proletarischen Landesregierung Sachsens jedoch mit starker Hand durchgriff. Eine Verständigung zwischen Sachsen und der Republik wäre dennoch immer noch möglich gewesen, wenn der Reichswehrminister nicht so plump und provozierend gehandelt hätte. Er ernannte einen Regierungskommissar für Sachsen und forderte den Rücktritt der gewählten Landesregierung. Als Zeigner diese illegale Forderung mit Recht zurückwies, wurde er verhaftet. Reichstruppen wurden entsandt. Die Regierung war legal gewählt und genoß das Vertrauen einer Majorität der Bevölkerung – aber sie wurde durch militärische Gewalt beseitigt. Die Bevölkerung von Sachsen begegnete der ankommenden Reichswehr mit wildem Zorn. Die Truppen bahnten sich so brutal ihren Weg, daß es bei Zusammenstößen an verschiedenen Orten zu hohen Verlusten unter der Bevölkerung kam.

Bayern, das offen gegen die Autorität der Republik rebellierte, kam hingegen ungestraft davon!

Das war es, was die Bevölkerung am meisten erregte: Härte gegen die Linke, Toleranz gegenüber der Rechten. Der Ausnahmezustand wurde nur gegen die Arbeiterklasse eingesetzt, dieselbe Klasse, die im Ruhrkampf die gesamte Last der Erhaltung der deutschen Republik getragen hatte. Die Arbeiter wurden in französische Gefängnisse geworfen, sie wurden aus ihrem Land verbannt, über hundert verloren ihr Leben, und alle hatten nicht weniger schrecklich gehungert als in den schlimmsten Kriegsjahren. Wenn man sich in den Straßen der großen Städte umschaute, sah man nur lethargische, ausgemergelte Figuren, blasse, abgehärmte Gesichter. Muß sich dasselbe immer wiederholen – muß soviel Opferbereitschaft immer mit Undank belohnt werden? Gab es noch irgendeinen Grund, weiterzukämpfen und zu opfern? Diese Fragen bewegten die gesamte Arbeiterklasse im besetzten wie auch im unbesetzten Gebiet. Die Vorboten eines Hungeraufstands waren erkennbar.

In den Straßen von Frankfurt war diese ungeheure Spannung bereits mit Händen zu greifen. Menschenmengen trieben ziel- und richtungslos umher. Es schien, als spürten sie, daß etwas bevorstand, was sie nicht versäumen wollten. Sie boten ein Bild des Jammers.

Um diese Zeit traf sie ein besonders harter Schlag. Die Firma Kleyer, der wichtigste metallverarbeitende Betrieb der Stadt, schloß ihre Tore und entließ ihre Arbeiter. Dies gab den Anstoß für Massenentlassungen in vielen weiteren Bereichen. Die Mehrheit der Arbeiter litt jetzt extreme Not. Einige Tage zuvor hatte man sich geeinigt, die Löhne der Metallarbeiter auf acht Milliarden Mark pro Stunde festzusetzen. Was die Kaufkraft dieser grotesken Zahl war, wußte niemand genau – am nächsten Tag war die Mark weiter gefallen. Die Arbeitslosigkeit nahm zu, die Preise schossen in die Höhe. Die Lebenshaltungskosten in Frankfurt betrugen Ende Oktober: ohne Kleidung, 1 458 321 000 000 Mark pro Jahr; mit Kleidung: 1 705 936 000 000 Mark. Mit diesen astronomischen Zahlen mußte das deutsche Volk rechnen. Kalkulationen haben an diesem Punkt ein Ende, das rationale Denken hört auf, und die Emotionen ergreifen von den Menschen Besitz. Eine Explosion stand bevor. Sie kam in Form von Forderungen nach einem Generalstreik. Warum wollten seine Verfechter die gesamte Arbeiterklasse in einen politischen Generalstreik stürzen? Keiner von ihnen konnte diese Frage beantworten – sie wußten es selbst nicht. Sie wußten bloß, daß die Last nicht länger getragen werden konnte. Ein Ventil mußte geöffnet werden. Sie glaubten, ein Generalstreik werde die ganze Situation ändern.

Die Frankfurter Gewerkschaftsführer waren zusammengekommen und hatten einen örtlichen Generalstreik abgewendet, indem sie die Entscheidung nach Berlin verlagerten. Ein großer Teil der Arbeiter weigerte sich, dieser Entscheidung zu gehorchen. Die Erregung stieg, und die Arbeiter beschlossen, sofort alle Betriebsräte in der Stadt zusammenzurufen. Die Arbeiter aus den Fabriken wollten selbst entscheiden. Weder Partei- noch Gewerkschaftsführer wurden zu Rate gezogen. Ich erfuhr von diesem Beschluß und nahm Kontakt zu Politikern und Wirtschaftsführern auf, zu all jenen, die hohe Stellungen in der Administration innehatten. Ich suchte sie zu überzeugen: »Gehen wir heute abend zu dieser Versammlung. Vielleicht werden unsere Bemühungen vergebens sein, aber wir haben unsere Autorität nur für den Zweck, um sie in solchen entscheidenden Stunden zu nutzen. Versuchen wir doch die Arbeiter davor zu bewahren, sich selbst zu schaden.« Mein Appell wurde von allen abgewiesen: »Diese Versammlung heute abend ist eine verrückte Sache. Wir wollen nichts damit zu tun haben.«

Was konnte man tun? Ich beschloß hinzugehen. Ich hielt es für meine Pflicht, den Arbeitern die wirtschaftlichen Folgen eines Streiks vor Augen zu führen. Ein Generalstreik würde den Unternehmern in diesem Augenblick nur willkommen sein. Bisher hatten die Fabriken vor allem für den Export produzieren können. Aber jetzt war die Ausfuhr durch den ungeheuren Preisanstieg praktisch lahmgelegt. Die Kaufkraft im Inland war ebenfalls sehr niedrig. Ein Generalstreik würde es den Industriellen nur ermöglichen, sich ihren vertraglichen Verpflichtungen zu entziehen. Während dieser Zeit gab es noch einen gewissen gesetzlichen Schutz vor Entlassungen. Ein Streik würde den Unternehmern eine Handhabe geben, um sich vor ihren gesetzlichen Verpflichtungen gegenüber entlassenen Arbeitern zu drücken. Später würden sie sich bei Neueinstellungen die gefügigsten Arbeiter aussuchen. Auf diese Weise konnten sie die älteren, erfahrenen Betriebsräte loswerden, die zu hartnäckig für die Rechte der Arbeiterklasse gekämpft hatten.

Ich brachte es nicht fertig zu schweigen – ich mußte zumindest versuchen, bei der Versammlung der Stimme der Vernunft Gehör zu verschaffen. Als ich mich dem Volkszentrum näherte, wohin die Versammlung einberufen worden war, sah ich, was mich erwartete. Tausende erregter, wütender Menschen drängten sich in das Gebäude. Nur weil sie mich alle kannten, schaffte ich es überhaupt, in den Saal zu gelangen. Die Galerien waren bis zum letzten Platz mit Arbeitslosen besetzt. In den Gängen des Gebäudes schoben und stießen sich die Massen. Die Luft war elektrisch geladen.

Ich bat, als erste sprechen zu dürfen. Ein Blick in den Saal hatte mich überzeugt, daß ein Appell an die Vernunft fehlschlagen würde.

Ich sagte zu den Arbeitern, daß sie unter allen Umständen auf mich zählen könnten, daß ich sie nie im Stich lassen würde. Aber ich wies auf die wirtschaftliche Situation hin und darauf, daß sie, ohne es zu wollen, den Industriellen einen Dienst erweisen würden. Ich konnte nicht weitersprechen. Ein Tumult brach im Saal los. Die Erregtesten wollten mir nicht länger zuhören – sie wollten niemandem zuhören, der ihnen hinsichtlich des Generalstreiks nicht zustimmte. Schließlich appellierte ein Kommunist an seine Parteigenossen, mich ruhig anzuhören, denn ich hätte, wie er sagte, der Arbeiterklasse immer treu gedient. Selbst wenn sie mir nicht zustimmten, sollten sie dennoch meine Argumente anhören.

Das war besser, als ich erwartet hatte. Zur selben Zeit fand jedoch in der Nachbarschaft eine ähnliche Versammlung statt. Dort wurde über meine Rede berichtet. Mehrere Extremisten reagierten darauf mit dem Schlachtruf, mich aufzuhängen.

Als ich sah, daß es unmöglich war, einen völligen Verzicht auf den Generalstreik zu erreichen, versuchte ich, die Situation zu retten und die Arbeiter vor zu großem Schaden zu bewahren. Ich fragte sie, warum sie streiken wollten, welches das Ziel sei, für das sie zu kämpfen entschlossen seien. Ich erhielt keine klare Antwort. Es war ein Aufstand gegen den Hunger, gegen die Ungerechtigkeit der unterschiedlichen Behandlung von Rechten und Linken, gegen das Erstarken der Reaktion und insbesondere gegen den Einmarsch der Armee nach Sachsen.

Ich sagte, wenn die Sachsen selbst kämpfen wollten und an unsere Solidarität appellierten, wären wir natürlich bereit, sie zu unterstützen. Aber Frankfurt könne allein und isoliert keinen Generalstreik gegen die Entsendung der Reichswehr nach Sachsen durchführen.

Nachdem die Befürworter des Generalstreiks eindeutig gezeigt hatten, daß sie keine klaren Zielvorstellungen hatten, machte ich einen letzten entschlossenen Versuch, die Situation zu retten. Ich schlug vor, einen begrenzten vierundzwanzigstündigen – höchstens achtundvierzigstündigen – Warnstreik auszurufen, nach dem die Arbeiter an ihre Maschinen zurückkehren könnten. Ich riet ihnen, keine weiteren Forderungen zu stellen, solange in Sachsen und im übrigen Deutschland keine ähnlichen Aktionen beschlossen wurden. Meine Freunde unter den Zuhörern waren begeistert von dieser Lösung. Ein solcher Streik konnte nicht verloren werden und würde die Situation retten. Da er nur als eine Demonstration und Warnung gedacht war, mußte er nicht bis zu einem siegreichen Ende durchgehalten werden. Ein ein-

oder zweitägiger Streik erforderte keine Unterstützung durch den Gewerkschaftsfonds. Mit einer solchen Unterstützung war ohnehin nicht zu rechnen, denn der vollständige Ruin der deutschen Währung infolge des Ruhrkampfes hatte auch die bestgefüllten Gewerkschaftskassen geleert. Und ohne finanzielle Hilfe konnten die hungernden Arbeiter nicht lange durchhalten.

Ich diskutierte diesen Vorschlag, der bei einem Teil der Zuhörer Zustimmung gefunden hatte, mit den Kommunisten. Bei ihnen stieß ich auf taube Ohren. Sie wollten ihren Generalstreik, ohne sich um die Konsequenzen zu kümmern. All meine Bemühungen waren vergebens. Draußen auf den Straßen warteten Tausende von Opfern der Wirtschaftskrise ungeduldig auf das Beratungsergebnis und drohten, das Gebäude zu stürmen, falls kein Generalstreik beschlossen werde.

Ein Aktionskomitee wurde gebildet, in das ich gewählt wurde. Am selben Abend hielten wir eine Konferenz ab – aber alles wurde durch den Starrsinn der Kommunisten zunichte gemacht. Die Gewerkschaften lehnten einen Generalstreik im Prinzip ab, aber sie waren bereit, an einem begrenzten Demonstrationsstreik teilzunehmen, um die Situation für die Arbeiter zu retten. Die Gewerkschaften waren über das Verhalten der Kommunisten befremdet, und am nächsten Tag begann ein nur teilweiser Streik. Er zeigte, daß die Kommunisten zwar auf einen großen Teil der Arbeitslosen, aber nur auf einen kleinen Prozentsatz der Erwerbstätigen Einfluß hatten. Nach zwei Tagen wurde beschlossen, die Arbeit wieder aufzunehmen. Das Ergebnis war, was ich befürchtet hatte – eine schreckliche Niederlage für die Arbeiter. In späteren Jahren erinnerten mich viele Frankfurter Arbeiter an diese Episode – und äußerten Bedauern, daß man meinen Rat damals nicht angenommen hatte, denn manche Schlüsselposition, die durch das Scheitern des Generalstreiks verlorenging, hätte dadurch gehalten werden können. Ungezählte Tausende hungerten monatelang, bis sie wieder eingestellt wurden.

Sofort nachdem sich die Situation in Frankfurt aufgeklärt hatte, löste ich das Versprechen ein, das ich der Bevölkerung gegeben hatte. Auf Ersuchen meiner sächsischen Freunde begab ich mich in den besetzten Teil Sachsens. Auch hier wurde ein Generalstreik erwogen. Aber hier hatte man ein klares Ziel vor Augen: die Legalität wiederherzustellen, die durch das Einrücken der Reichswehr verletzt worden war. Da sich die Aktion nicht spontan aus dem Willen der Massen ergeben hatte, riet ich wieder zu einem begrenzten Streik. Es beeindruckte mich, daß die

Menschen hier inmitten von Ereignissen, die in Frankfurt den Volkszorn so heftig erregt hatten, viel besonnener reagierten, obwohl es nicht an Provokationen fehlte. Zusammenstöße mit der Armee waren an der Tagesordnung. Beispielsweise schoß die Reichswehr in Freiberg, als Straßenpassanten nicht sofort dem Befehl nachkamen, in ihre Häuser zurückzukehren, in die Menge und ließ 23 Tote und 31 Verletzte auf der Straße liegen. Der Streit in Sachsen war nur von kurzer Dauer, da im sächsischen Landtag inzwischen eine neue, legale Regierung installiert worden war. Damit war eine Grundlage für die Einhaltung der Verfassung und die Bereinigung des Disputs mit Berlin gegeben.

Der Kampf um die Ruhr war endlich zu Ende gegangen. Er hatte bewiesen, daß selbst ein unbewaffnetes Volk in seiner Verzweiflung Mittel der Selbstverteidigung findet und daß Gewalt allein nicht die Räder der Industrie in Schwung halten kann. Aber unter welch schweren Opfern...

Die letzte Episode des Ruhrkampfes machte noch einmal klar, wer die wahren Patrioten unter der Bevölkerung waren. Der französische General Degoutte hatte nicht versucht, mit der deutschen Regierung über die Einstellung der Politik des passiven Widerstands zu verhandeln. Sein lächerlicher Vorwand war, daß die Regierung ihre Hilfe für die Arbeitslosen des Ruhrgebiets nicht einstellte. Als ob man Zehntausende einfach der nackten Not überantworten könnte! Degoutte wandte sich an die Industriellen Stinnes, Vögler, Klöckner und Otto Wolff – all jene Männer, zu denen Adolf Hitler später die besten Beziehungen unterhalten sollte. Die deutsche Regierung und das Volk erfuhren erstmals aus Pariser Quellen, daß in diesen direkten Verhandlungen Hugo Stinnes die Mitwirkung der französischen Generäle zu gewinnen suchte, um den deutschen Bergleuten einen Arbeitstag von zehn Stunden im Tagbau und achteinhalb Stunden in den Gruben aufzuzwingen.

So bedankte sich die Industrie bei der Arbeiterklasse, die in den düsteren Stunden der deutschen Republik gelitten, gehungert und alles für die deutsche Unabhängigkeit geopfert hatte. Am Ende des Ruhrkampfes gab die Regierung in einem Appell an das deutsche Volk bekannt, daß 180 000 Deutsche von der französischen Besatzungsarmee aus ihrer Heimat vertrieben worden waren, daß Hunderte eingesperrt und über hundert getötet worden waren. Aber das kritischste Resultat der Besetzung war der völlige Ruin der deutschen Währung und damit die totale Enteignung der unteren Mittelschicht. Diese Menschen wollten nicht zugeben, daß sie deklassiert worden waren, sie konnten sich nicht damit abfinden, Proletarier zu werden. Sie wurden die ersten Mitläufer, als die Flut des Faschismus über Deutschland hereinbrach. Sie glaubten den Versprechungen der Nazis, weil sie den Glauben an sich selbst verloren hatten. Die Franzosen taten 1923 alles, um die schreckliche Gefahr von 1939 für ihr Land heraufzubeschwören.

X. JAHRE IM REICHSTAG

Der Ruhrkampf mit all seinen Folgen, die mit seiner Beendigung verbunden Maßnahmen und die Stabilisierung der deutschen Währung hatten den arbeitenden Klassen – einschließlich der Angestellten – die schwersten Opfer abverlangt. Sie mußten wie üblich den Preis für die Wahrung der deutschen Einheit bezahlen. War es nicht genau wie im Krieg? Eine verständliche Unzufriedenheit erhob sich. Unsere Parlamentsfraktion forderte eine Novellierung bestimmter Regierungsverordnungen, eine Erleichterung der von der Arbeiterschaft getragenen Lasten. Andere Gruppen präsentierten ebenfalls ihre Forderungen. Die Regierung unter Führung des Katholiken Marx weigerte sich, solchen Änderungen zuzustimmen, und der Reichstag wurde im Frühjahr 1924 aufgelöst.

Um diese Zeit erhielt ich eine Einladung nach Belgien. Sollte ich sie annehmen, obwohl die Nominierung der Kandidaten für den neuen Reichstag bevorstand? Infolge der Wiedervereinigung der beiden sozialistischen Parteien komplizierte sich die Aufstellung der Kandidaten etwas. Ich sagte mir jedoch, daß ich hinreichend bekannt sei. Wenn sie mich wieder im Reichstag haben wollten, dann konnten sie mich in meiner Abwesenheit nominieren. Wenn sie mich nicht wollten, würde ich mich nicht aufdrängen.

Ich fuhr nach Antwerpen, in den flämisch sprechenden Teil Belgiens, wo meine älteste Schwester lebte. Meine Freunde von der Arbeiterbewegung bereiteten mir einen freundlichen Empfang. Willem Eekelers, der Chefredakteur der Arbeiterzeitung, den ich bereits von den Metallarbeiterkongressen her kannte, an denen er als Delegierter teilnahm, tat alles, um meinen Aufenthalt so angenehm wie möglich zu machen und gleichzeitig für die Arbeiterbewegung zu nutzen. Eekelers, Sproß einer Bauernfamilie und von gedrungener Statur, ist ein sehr guter Redner. Er hatte in seiner Kindheit wenig Bildung genossen, aber seither seine ganze freie Zeit dazu benutzt, diese Lücke zu schließen. Er war der anerkannte Arbeiterführer seiner Region und wurde später Abgeordneter und erfolgreicher Stadtrat, als der er für das Antwerpener Schulsystem zuständig war. Eekelers machte mich mit einem Kreis von Künstlern und Musikern bekannt. Sie lehrten mich, die verträumte, graue flämische Landschaft mit offeneren Augen zu betrachten und ihren einzigartigen Charme zu entdecken. Leuten wie mir, die aus gebirgigen Gegenden stammen, fehlt zunächst der Sinn für die Schönheit des Flachlands, insbesondere wenn die Ebenen oft in Nebel gehüllt sind wie in Flandern. Aber wenn man auch nur kurze Zeit mit den Menschen dieser Region zusammenlebt, ist man von ihrer Wärme und Herzlichkeit gefangengenommen. Sie empfinden eine tiefe Liebe zu ihrem Land und sind im Gegensatz zu der einfachen, ruhigen Landschaft froh und heiter – Menschen, die das Leben in all seinen Varianten genießen.

Mein Begleiter De Bom, Redakteur einer Tageszeitung und ehemaliger Bibliothekar, nahm mich mit in das typische alte flämische Haus des Malers I. Opsomer in Liers, einer malerischen, mittelalterlichen Kleinstadt. Dort besuchten wir auch Felix Timmermans, den bäuerlichen Schriftsteller, der in seiner Wohnung eine große Sammlung von altmodischem Krimskrams beherbergte. Wir waren immer in Begleitung mehrerer junger Maler, die von dem jungen-alten De Bom ermutigt und gefördert wurden. Bei einem unserer Ausflüge besuchten wir einen weiteren von De Boms Freunden, den Musiker und Komponisten Jef van Hof, in seinem Schloß. Wir wurden gute Freunde, und einige Jahre später besuchten mich Jef und De Bom in meinem Häuschen in Dresden, und wir verbrachten wieder frohe Stunden miteinander. An diesem Abend in Flandern saß Jef am Klavier und ließ seine Phantasie schweifen. Dieser große, schlanke Mann mit den feurigen Augen und der großen Liebe zur Musik schien gut in seine Umgebung zu passen – sein Haus war in der Nachbarschaft als das »Spukschloß« bekannt. All diese Leute waren in gewisser Weise Rebellen – begeisterte Flamen, die gegen die Herrschaft der Wallonen in ihrer zweisprachigen belgischen Heimat aufbegehrt hatten.

Eekelers wollte mich auch mit seinen Freunden, den flämischen Arbeitern, bekannt machen. Eines Abends besuchte er mich und sagte: »Toni, ich habe eine Reihe von Versammlungen arrangiert, und du mußt mitkommen und zu den Leuten sprechen. Du kannst deutsch reden. Sie werden dich verstehen. Sie haben während der Besatzung Deutsch gelernt, wenn sie es nicht schon vorher konnten. Du wirst der erste Deutsche sein, der seit dem Krieg zu ihnen spricht. Wirst du mitkommen?«

»Glaubst du wirklich, wir können es riskieren, Willem?« antwortete ich. »Ich bin tagelang durch das Land gefahren und habe überall die gespensterhaften Ruinen von Wohnhäusern, Scheunen und Fabriken gesehen, die von deutschen Bomben und Granaten zerstört wurden. Die Menschen können nicht so schnell vergessen haben, was sie unter der deutschen Besatzung erlitten, und ich möchte nicht ihre Gefühle verletzen.«

»Aber du warst nicht dafür verantwortlich«, erwiderte Willem. »Unsere Arbeiter sind trotz all ihres Leidens Internationalisten geblieben. Bitte komm mit.«

Ich konnte es ihm nicht abschlagen und hatte auch keine Ursache, es zu bereuen. In diesen dichtbevölkerten Städten und Dörfern strömten Männer und Frauen, Arbeiter und Bauern in Scharen in die Versammlungssäle – sehr schlichte Räume, meistens einem Gasthaus angeschlossen. Sie kamen in ihren einfachen Kleidern, die Frauen ohne Hüte, in ihren Gesichtern noch die Spuren des Leidens und der Entbehrungen. Aber weit davon entfernt, durch das Erlittene verhärtet worden zu sein, waren sie das aufgeschlossenste und verständnisvollste Publikum, das sich ein Redner wünschen kann. Einen so begeisterten Empfang hätte ich sicher nicht erwartet. Nein, diese Menschen haßten nicht, trotz ihrer traurigen Erfahrungen mit den Armeen meines Landes. Sie wollten Verständigung und Freundschaft auch mit dem »Feind« von gestern.

Wie sehr bedurfte ich einer solchen Ermutigung nach der betrüblichen Erkenntnis, wie wenig Verständnis die alliierten Staatsmänner für die junge deutsche Republik aufbrachten.

Während ich noch in Belgien war, schrieb mir Robert, daß wir beide erneut als Kandidaten für den Frankfurter Wahlkreis nominiert worden waren. Aber gleichzeitig fragten mich meine sächsischen Freunde in Dresden, ob ich als ihre Kandidatin für den Reichstag zur Verfügung stünde. Sie wollten den älteren, gemäßigteren Mann, der sie bisher repräsentiert hatte, durch einen jüngeren, progressiveren Vertreter ersetzen. Ich akzeptierte beide Nominierungen. In der Weimarer Republik war das möglich, denn man brauchte nicht in dem jeweiligen Wahlkreis ansässig zu sein. Natürlich mußte ich sofort nach Hause zurückkehren, um mich in den Wahlkampf zu stürzen. Diesmal mußte ich in zwei Wahlkreisen antreten, und darüber hinaus noch in zahlreichen anderen Städten sprechen, in die ich eingeladen wurde. Obwohl unsere Partei schwere Verluste erlitt, wurde ich in beiden Wahlkreisen, Frankfurt und Dresden, gewählt. Ich mußte mich zwischen den beiden Sitzen entscheiden und beschloß schließlich, Reichstagsabgeordnete für Dresden zu werden. Diese Stadt würde mich mit neuen Aufgaben und wahrscheinlich neuen Schwierigkeiten konfrontieren und mir deshalb Gelegenheit zu neuen Erfahrungen geben. Ich lernte die Menschen meiner neuen Umgebung schätzen, die so anders als die heiteren Bewohner des Rhein- und Maintales sind, an die ich gewöhnt war. Aber ich hatte dort mit Demagogen zu kämpfen, deren Radikalismus nur ein Vehikel für ihren Ehrgeiz war.

Der im Mai 1924 gewählte Reichstag amtierte nicht lange. Seine einzige Leistung bestand in der Annahme des Dawes-Planes, jenes Gesetzentwurfes, der neue Bedingungen für die Reparationsleistungen und andere Zumutungen des Versailler Vertrages vorsah. Diese Gesetzesvorlagen wurden schließlich mit den Stimmen der Deutschnationalen angenommen, die zuvor eine erbitterte Kampagne gegen diese Gesetze und gegen eine Politik der Verständigung geführt hatten. Sie erkauften sich schließlich mit den Stimmen der Hälfte ihrer Mitglieder von Stresemanns Volkspartei das Versprechen, daß diese auf der Bildung einer neuen Regierung unter Einschluß der Nationalisten bestehen werde. Ministerpräsident Marx war nicht bereit, sich den Bedingungen dieses Kuhhandels zu unterwerfen, deshalb wurde der Reichstag aufgelöst, und am 7. Dezember hatten wir die zweite Reichstagswahl von 1924.

Es war interessant zu verfolgen, wie eindeutig die Wahlen bewiesen, daß wirtschaftliche Not den Einfluß der extremistischen Parteien stärkte, während eine Belebung der Konjunktur, unterstützt durch verbesserte, internationale Beziehungen, diese schwächte.

4. Mai 1924

	Stimmen	gewählte Abgeordnete
Sozialisten	6 014 372	100
Kommunisten	3 746 643	62
Nazis	1 924 018	32
Übrige	17 703 544	278

7. Dezember 1924

Sozialisten	7 880 058	131
Kommunisten	2 708 176	45
Nazis	908 087	14
übrige	18 786 676	303

Die Nazis und die Kommunisten hatten beide innerhalb von sieben Monaten über eine Million Stimmen eingebüßt, während die Sozialisten fast zwei Millionen hinzugewonnen hatten. Aber gleichzeitig kehrten auch die Deutschnationalen etwas gestärkt, mit hundertunddrei statt sechsundneunzig Abgeordneten, zurück. Sie bestanden prompt darauf, sich durch Ministerposten für den Kuhhandel entlohnen zu lassen.

1925 begann eine neue Ära für die deutsche Republik. Die Regierung Dr. Hans Luthers, des späteren Nazi-Botschafters in Washington, basierte auf einem Pakt zwischen der Schwerindustrie, repräsentiert durch die Volkspartei, und den Junkern, den Großgrundbesitzern, deren Parlamentsabgeordnete der deutsch-nationalen Partei angehörten. Natürlich war es nicht purer Idealismus, was diese beiden Parteien miteinander verband, sondern überwiegend rein materielle Interessen. Es war das Jahr, das mit einem Sieg für die Reaktion begann: Paul von Hindenburg wurde zum Reichspräsidenten gewählt. Natürlich war er der Kandidat der Rechten. Er wurde erst im zweiten Wahlgang gewählt, nachdem keiner der Kandidaten im ersten Durchgang eine Mehrheit erzielt hatte. Hindenburgs Wahl beim zweiten Anlauf wurde durch die Haltung der Kommunisten ermöglicht, die an der Kandidatur von Ernst Thälmann festhielten, obwohl sie absolut aussichtslos war. Sie nahmen dem republikanischen Kandidaten, dem Katholiken Wilhelm Marx, genügend Stimmen weg, so daß er unterlag. Der zweite Wahlgang ging so aus: Hindenburg 14655000 Stimmen, Marx 13751615, Thälmann 1931151.

Diese Wahl sollte entscheidender sein, als die meisten Leute voraussehen konnten. Das Bündnis zwischen der Schwerindustrie und den reichen Landbesitzern sollte ernste Konsequenzen haben. Deutschland hatte 1925 die Freiheit wiedererlangt, seine Zoll- und Handelspolitik selbst zu bestimmen, die ihr durch den Versailler Vertrag genommen worden war. Welchen Gebrauch der Reichstag von diesem wiedergewonnenen Recht machte, würde entscheidend für das Wohlergehen der arbeitenden Bevölkerung und für die Zukunft Deutschlands sein. Ich hatte mich schon früh für dieses Problem interessiert und mich durch Studium und Untersuchungen darauf vorbereitet. Es wurde meine Überzeugung, daß Deutschland durch seine geographische und ökonomische Lage prädestiniert sei, zum Vorkämpfer des freien Handels zu werden. Eine Nation mit einer hochentwickelten industriellen Kapazität, dem die meisten unersetzlichen Rohstoffe fehlten, konnte das Wohlergehen ihrer Bevölkerung nur sichern, indem sie erfolgreich darum kämpfte, die vielen Hindernisse eines freien Güteraustausches zwischen den Nationen, insbesondere den neuen, nach dem Krieg entstandenen Staaten, zu beseitigen. Ich übersah dabei keineswegs, daß gewisse Sonderinteressen zumindest kurzfristig von hohen Zöllen profitieren würden, aber es war mir nie in den Sinn gekommen, ein Mitglied des Reichstags könnte solchen Privatinteressen den Vorrang gegenüber dem Wohle der Nation als Ganzes geben.

Ich verfolgte mit großer Aufmerksamkeit die wirtschaftswissenschaftlichen Diskussionen, die der Parlamentsdebatte vorausgingen. Viele von uns wirkten in der Expertenkommission mit, die vom Reichstag gebildet wurde. Es stellte sich heraus, daß meine politischen Mitarbeiter und ich völlig mit anerkannten Agrarwissenschaftlern wie Professor Areboe und Professor Sering übereinstimmten. Sie waren entschiedene Gegner eines hohen Getreidezolls, der Abgabe, die das Kernstück des gesamten Systems bilden sollte. Obwohl sich in diesen Debatten eine sehr gründliche Forschungsarbeit niederschlug, kümmerten sich die Abgeordneten, die später die Entscheidungen fällten, wenig um diese Vorgänge. Am interessiertesten und am besten informiert waren die Arbeiterparteien und einige Vertreter kleiner agararischer Gruppen.

Während wir recherchierten und wissenschaftlich vertretbare Daten zusammentrugen, hatten hinter den Kulissen Verhandlungen stattgefunden, die die Herren von der Rechten viel mehr zu interessieren schienen. Die kleinen Landwirte wurden dazu nicht eingeladen. Den Grund dafür habe ich bei einer späteren Gelegenheit im Reichstag darlegen können. Nur ein Zehntel der deutschen Landwirte, die Junker, waren an hohen Getreidepreisen interessiert, während die übrigen neun Zehntel, die landwirtschaftlichen Mittel- und Kleinbetriebe, Getreide kaufen mußten und deshalb niedrige Getreidepreise wollten. Der namhafte Wissenschaftler Lujo Brentano schätzte, daß die vorgeschlagenen hohen Getreidepreise die deutsche Nation etwa eine Milliarde Mark kosten würden. Die Hauptlast würde von der breiten Masse in Form höherer Brotpreise getragen werden müssen. Als die Regierung Dr. Luthers ihren Entwurf schließlich dem Reichstag vorlegte, war die Sache zwischen der Großindustrie und den Großagrariern bereits ausgehandelt – eine Gruppe versprach der anderen, für deren Zölle zu stimmen.

Ich war einer der beiden Sprecher, die von der sozialdemokratischen Fraktion des Reichstages beauftragt worden waren, ihren Standpunkt darzulegen. Meine Arbeit in der Wirtschaftsgesetzgebung wurde von folgenden Zielen geprägt: Prosperität der gesamten Volkswirtschaft, engere Zusammenarbeit zwischen allen europäischen Staaten und Überbrückung der Kluft zwischen den Arbeitern und den Mittelschichten, insbesondere den Landwirten. Ich sah nicht ein, weshalb der alte Antagonismus zwischen Arbeiter und Bauer, zwischen Stadt und Land fortbestehen sollte, der die meisten Bauern in die Reihen der Reaktion trieb – zu ihrem eigenen Schaden und zu dem der Republik. Ich war zu äußersten Anstrengungen bereit, um zu einem natürlicheren Zusammenspiel der einzelnen Glieder der Nation beizutragen. War es nicht nachweisbar, daß die Interessen der Landwirte in der Vergangenheit immer parallel zu denen der Arbeiter verlaufen waren? Beispielsweise hatte das Jahreseinkommen der Landwirte immer die gleiche Aufwärts- oder Abwärtstendenz gezeigt wie das der Arbeiter.

In meiner Rede vor dem Plenum vertrat ich die Auffassung, daß das Wohl Europas die Schaffung größerer, aufnahmefähigerer Märkte erfordere, was nur zu verwirklichen sei, wenn die europäischen Nationen darauf hinarbeiteten, zu einer wirtschaftlichen Einheit zu verschmelzen. Es sollte keinen Wirtschaftskrieg zwischen den europäischen Völkern geben – der Erfolg jedes Landes sollte von seinem Können und dem Wert seiner Leistungen abhängen. Die schwache Rechtfertigung des Regierungsentwurfs bestand aus Vorwürfen gegenüber anderen Nationen, diese hätten hohe Zollmauern errichtet.

»Aber wenn Sie den anderen Staaten vorwerfen, daß sie Hindernisse errichten, die den notwendigen Welthandel hemmen, wie können Sie dann deren Fehler berichtigen, indem Sie einen ähnlichen begehen, über dessen Ungerechtigkeit Sie sich voll im klaren sind?« fragte ich. »Wie können Sie die wirtschaftliche Position Deutschlands mit seinem Bedarf an Rohstoffimporten, die durch eine mindestens gleichwertige Menge an Exporten bezahlt werden müssen – wie können Sie uns mit anderen Nationen vergleichen, die über mehr Naturschätze verfügen? Sie sagen, Sie führen diesen hohen Zoll nur als ein Instrument ein, um Handelsverträge mit anderen Nationen auszuarbeiten. Warum haben Sie dann verlangt, daß der Getreidezoll davon ausgenommen, daß er fixiert bleiben soll? Industrie und Landwirtschaft werden durch ihr Geheimbündnis für höhere Zölle nur gegenseitig ihre Produktionskosten in die Höhe treiben. Nie zuvor hat unsere Wirtschaft dringender des frischen Winds der ausländischen Konkurrenz bedurft!

Wie kann ein Land wie Deutschland je von Autarkie träumen? Der wahre Charakter Ihrer Wirtschaftspolitik zeigt sich in der Tatsache, daß im selben Augenblick, in dem Sie höhere Zollschranken fordern, die Herren vom deutschen Industriellenverband der Regierung die Forderung vorlegen, sich Lohnerhöhungen zu widersetzen. Wie können Sie Wohlstand herbeiführen, wenn Sie zuerst die Lebenshaltungskosten erhöhen und dann die Kaufkraft der Massen niedrig halten?«

Da ich mich über die Entwicklungen in der Stahl- und Metallindustrie stets auf dem laufenden hielt, hatte ich von Geheimverhandlungen zwischen dem deutschen Eisenkartell und den französischen und anderen europäischen Eisenherstellern erfahren, Verhandlungen, bei denen von einem hohen deutschen Eisenzoll ausgegangen wurde, über den im Reichstag noch nicht einmal diskutiert, geschweige denn abgestimmt worden war. Wenn solche Verhandlungen nötig waren, dann hätten sie natürlich von der Regierung und mit Wissen und unter Kontrolle der demokratischen Volksvertreter geführt werden müssen. Diese Gespräche basierten auf der offenkundigen Annahme, daß der hohe Eisenzoll im Zuge der Beratungen über die Handelsverträge nicht gesenkt werden würde. Der Getreidezoll auf der einen und der Eisenzoll auf der anderen Seite waren die Eckpfeiler der gesamten Gesetzesvorlage – kleine, aber mächtige Gruppen von Wirtschaftsroyalisten verlangten beide Formen des Schutzes.

Ich klagte die Regierung an, auf ihr Prärogativ der Verhandlungsführung verzichtet zu haben, und fragte sie, ob es stimme, daß sie das Manöver des Stahlkartells unterstützt habe, auf Kosten der Konsumenten einen europäischen Stahltrust zu bilden. Diese Strategie wurde entwickelt, damit der deutsche Stahltrust bestimmte beschränkte Quantitäten an Eisen zu einem niedrigeren Zoll beziehen konnte, unter der Bedingung, daß die gesamte Importmenge ausschließlich an den deutschen Stahltrust geliefert werden würde. Auf diese Weise hatten die ausländischen Hersteller keinen direkten Zugang zum deutschen Markt, während der Preis für den inländischen Stahl von den deutschen Trustmagnaten manipuliert werden konnte. Sie wußten, daß sie auf diese Weise den Preis für diesen Rohstoff in Deutschland künstlich hochhalten konnten, was den Exportinteressen der deutschen Maschinenbauindustrie schadete. Das geheime Einverständnis der letzteren wurde erkauft, indem man deren Vertretern bestimmte Rabatte für das zur Ausführung von Exportaufträgen benötigte Material versprach. Ich wandte mich entschieden gegen ein solches Dumping auf ausländischen Märkten und beschuldigte die Regierung, sich an einem Komplott zu beteiligen, um den Zoll auf Stahl und Eisen in eine »Kartelleinnahme« zu verwandeln! Etwas war faul in der Nation, wenn den privaten Unternehmen gestattet wurde, die Regierung zu beherrschen.

Obwohl spätere Entwicklungen bewiesen, daß mein Vorwurf berechtigt war, gab die Regierung der Profitemacher keine wesentliche Information an das Parlament preis. Meine politischen Gesinnungsgenossen, die sich bewußt waren, daß dies eine entscheidende Phase in der deutschen Geschichte sei, fühlten sich verpflichtet, alles daranzusetzen, um zu verhindern, daß die Republik einen katastrophalen neuen Kurs einschlug. Dieser Kurs bestand in dem Versuch, die Republik der Herrschaft von Wirtschaftsroyalisten zu unterwerfen. Das Bündnis zwischen den Herren über die Weizenfelder und den Stahlmagnaten, wobei jede Gruppe der anderen wirtschaftliche Privilegien auf Kosten der Massen einräumte, ließ darüber hinaus befürchten, daß es im ersten günstig erscheinenden Augenblick in politische Macht umgesetzt werden würde, die in keinem Verhältnis zu der Zahl von Menschen stand, welche diese beiden Gruppen repräsentierten. Freilich glaubten wir immer noch an die menschliche Vernunft und unternahmen daher alle Anstrengungen, um unsere Gegner, sofern sie keiner der beiden konspirierenden Gruppen angehörten, durch Argumente und eine nüchterne, gut dokumentierte Darlegung von Fakten zu überzeugen. Jedes Mitglied unserer Parlamentsfraktion war aufgefordert, dabei mitzuhelfen. Und alle folgten diesem Appell. Lange vor Beginn der Diskussion hatten wir einen Sonderstab gebildet, der die Hintergründe des Problems durchleuchten und alle Aspekte der vorgeschlagenen neuen Zölle untersuchen sollte.

Mein Freund Dr. Rudolf Breitscheid wurde beauftragt, die Arbeit im Ausschuß auf dem Sektor der Industriezölle zu koordinieren, während mir die Vorbereitung der Debatte über alle Agrarzölle zufiel. Die Zusammenarbeit zwischen uns funktionierte ausgezeichnet. Breitscheid, ein sehr großer, schlanker Mann von gewinnendem Äußerem, war der Vorsitzende unserer Parlamentsfraktion. Dieser hochintelligente Mann war der beste Debattenredner im Parlament. Frei von falschem Spott, war er ein guter Kamerad und Freund. Für einen führenden Politiker in einem Land wie Deutschland war er jedoch zu sensibel. Im Zollstreit arbeiteten wir beide intensiv an der organisatorischen Vorbereitung unseres jeweiligen Bereichs, wobei wir von den anderen Sozialdemokraten eifrig unterstützt wurden. Wir sorgten dafür, daß jeder Abgeordnete alle nötigen Informationen und Unterlagen erhielt, die mit dem Aspekt der Zollfrage zusammenhingen, über den er sprechen sollte. Es war eine Zeit fieberhafter

Arbeit, aber wir waren voller Begeisterung dabei. Nicht zufrieden mit dem Hintergrundmaterial, das unsere Dokumentaristen beschafften, führten viele unserer Kollegen selbst gründliche Recherchen durch.

Die kleine Demokratische Partei und die Kommunisten unterstützten unseren Kampf, und wir versorgten oft auch sie mit den nötigen Unterlagen. Aber selbst unsere gemeinsamen Anstrengungen konnten keine echte Diskussion herbeiführen. Die Parteien der Regierungskoalition, die Deutschnationalen, die Volkspartei und die Katholiken, hatten hinter den Kulissen ein Abkommen geschlossen, und um dies reibungslos abwickeln zu können, war es ihren Abgeordneten verboten, sich auf eine Diskussion mit uns einzulassen. Man verwehrte ihnen das Recht, sich von unseren Argumenten überzeugen zu lassen; sie durften nur blind gehorchen. Nur Regierungsvertreter hatten die traurige Aufgabe, für die Zollvorlage einzutreten und zu versuchen, unsere Argumente zu widerlegen, eine Aufgabe, bei der sie keinen großen Erfolg hatten.

Viele Vertreter der Regierungsparteien, nota bene die intelligenteren und anständigeren, kamen während der Debatte zu mir und äußerten ihre Anerkennung für unsere objektive und wertvolle Arbeit und ihr Bedauern, daß ihnen die Hände gebunden seien. Die Koalitionsparteien waren in großer Eile – sie wollten ihre Ernte in die Scheuer bringen, bevor die Sommerferien des Reichstags begannen. Sie zwangen uns dadurch, den ganzen Tag und bis spät in die Nacht angestrengt zu arbeiten, während sie inzwischen keinen Finger rührten. Sie setzten uns damit so unter Druck, daß ich an manchem Abend, wenn ich spät nach Hause kam, meinen Bruder bat, mit mir in den Luna-Park, ein Berliner Vergnügungszentrum, zu gehen. Dort fand ich ein bißchen Entspannung, und das ermöglichte es mir, den Kampf am nächsten Morgen mit frischer Kraft aufzunehmen. In den vorangegangenen Jahren hatte sich zwischen meinem Bruder und mir ein gutes Verständnis entwickelt. Seine politischen Ansichten hatten sich meinen angenähert, und wir verbrachten so manche Stunde unserer raren Freizeit zusammen.

Alle unsere Bemühungen im Reichstag, die Mitglieder der Koalition von der Schädlichkeit des Gesetzentwurfs zu überzeugen, schlugen fehl. An der Vorlage konnte fast nichts geändert werden. Was nützte es uns, daß wir alle renommierten Volkswirtschaftler auf unserer Seite hatten? Die Koalitionsparteien waren so darauf versessen, die Früchte ihres Pakts einzuheimsen, daß sie in der Plenarsitzung das Recht der freien Diskussion

Dr. Rudolf Breitscheid – links, hinterm Rednerpult –
auf einer Tagung der Eisernen Front in Berlin;
vorne rechts: Ellen Wilkinson, Britische Labour-Partei, M. P.

beschnitten und uns daran hinderten, das dringend nötige Interesse der Öffentlichkeit zu wecken. Es war der erste Angriff auf den Parlamentarismus in der deutschen Republik, und er wurde von denselben Kräften vorangetrieben, die später die Geldgeber der faschistischen Bewegung werden sollten.

Ein Mann, der damals auf unserer Seite stand, wurde später einer der glühendsten Anhänger der Nazis, der Urheber des reglementierten Außenhandels und der Tauschabkommen. Ich spreche von Dr. Hjalmar Schacht. Er legte nicht immer seine heutige Verachtung für Sozialisten und Juden an den Tag. Ich lernte ihn gegen Ende der Inflationszeit kennen. Zusammen mit einem Reichstagskollegen, S. Aufhäuser, war ich eigens, um Schacht kennenzulernen, in das Haus eines deutschen Industriellen eingeladen worden. Er war damals ein Aspirant auf die Position des Reichsbankpräsidenten und brauchte die Unterstützung der Arbeitnehmer. Im November 1938 las ich eine Rede, die derselbe Hjalmar Schacht vor dem Wirtschaftsrat der nazistischen Deutschen Akademie hielt, eine Rede, die, wie Otto D. Tolischus von der *New York Times* schreibt, mit »ironischen Bemerkungen über die antiquierten Vorkriegsideen gespickt war, welche die Wirtschafts- und Handelspolitik der Vereinigten Staaten beherrschten«. Das erinnerte mich lebhaft an den Hjalmar Schacht, der in den demokratischen Tagen Deutschlands beflissen seine Loyalität gegenüber diesen »antiquierten Ideen« bekundet hatte. Im Jahre 1925 tat er sein Bestes, um Herrn Aufhäuser und mich von seiner durch und durch demokratischen Einstellung zu überzeugen – ohne jedoch einen günstigen Eindruck auf uns zu machen. Keiner von uns beiden war für die Tatsache verantwortlich, daß sein Ehrgeiz in Erfüllung ging und er Präsident der Reichsbank wurde. In diesen kritischen Monaten von 1925 trat er noch für wechselseitige Handelsverträge und die Meistbegünstigungsklausel ein, das System von Außenminister Cordell Hull, über das Schacht jetzt spottet. Vor Reichstagsausschüssen, wohin ich ihn als Experten zitieren ließ, sprach er sich zugunsten dieses Systems aus. Natürlich waren die Nazis damals in Deutschland noch nicht einflußreich ... Doch selbst das Rückgrat Dr. Schachts hat sich für die Zwecke der Nazis als nicht genügend flexibel erwiesen – er scheint bei seinen neuen Herren jetzt an Gunst verloren zu haben.

Solange in Deutschland noch die Demokratie herrschte, war die Zusammenarbeit zwischen den männlichen und weiblichen Mitgliedern des Reichstags im großen und ganzen befriedigend. Von uns Frauen wurde erwartet, daß wir uns in erster Linie mit

Frauenproblemen und Fragen der Familie, der Kinderbetreuung und der Sozialgesetzgebung befaßten. Es steht außer Zweifel, daß die Weimarer Republik auf diesen Gebieten über die fortschrittlichsten und umfassendsten Gesetze verfügte. Diese Leistung ist der klugen und unermüdlichen Arbeit der weiblichen Reichstagsmitglieder zuzuschreiben. Ich selbst kann nicht allzuviel von diesem Verdienst für mich in Anspruch nehmen. Obwohl ich erkannte, daß es meine Pflicht war, mich an der Lösung dieser Probleme zu beteiligen, lag mein spezielles Interesse auf den Gebieten der Wirtschafts- und Außenpolitik. Hier erwies es sich als viel schwieriger für eine Frau, Anerkennung zu ernten. Dennoch wurde ich zum Mitglied des Wirtschaftsausschusses und des Außenpolitischen Ausschusses ernannt und behielt diese Positionen bis zum Ende der Republik bei. Ich hatte genügend Gelegenheit, an interessanter legislativer Arbeit mitzuwirken, weil ich keine Mühe scheute und niemals unvorbereitet auf einer Ausschußsitzung erschien. Rednerische Gaben waren dabei nur störend – Wissen und Können zählten. Obwohl ich keinen speziellen Grund zur Klage habe, möchte ich meine Erfahrungen als weibliches Parlamentsmitglied dennoch folgendermaßen zusammenfassen: Eine Frau muß größere Anstrengungen unternehmen, muß mehr Tüchtigkeit beweisen als ein Mann, um als ebenbürtig anerkannt zu werden. Sobald ihre Fähigkeiten jedoch erkannt und anerkannt werden, spielt die Geschlechtszugehörigkeit keine Rolle mehr.

Unsere Parlamentsfraktion beauftragte mich häufig, eine Debatte anzuführen, die Argumente vorangegangener Redner, Kabinettsminister oder Reichstagsmitglieder zu beantworten und zu widerlegen. Dabei geriet ich mit anderen Abgeordneten oft hart aneinander – aber diese Zusammenstöße führten nie zu persönlicher Verunglimpfung oder Minderung des gegenseitigen Respekts. Im Gegenteil, man gewann Achtung vor einem Kollegen, der eine fundierte Meinung hatte, und man genoß eine offene Diskussion, die für beide Seiten nützlich sein konnte. Ich empfand es oft als vergnüglich und anregend, mich privat mit dem witzigen und geistvollen Herrn von Raumer zu unterhalten, der ein Mitglied der Volkspartei, ein Kapitalist der Elektroindustrie und ein überaus kultivierter Mann war. Er war einige Zeit lang Kabinettsminister gewesen und war in seiner eigenen Fraktion auf Widerstand gestoßen. Ich erinnere mich gern an die vielen Gespräche, die wir im Foyer des Reichstags miteinander führten, und an die sarkastischen Bemerkungen dieses intelligenten Vertreters kapitalistischer Interessen. Obwohl wir selten einer Meinung waren, zogen wir beide Gewinn aus den Diskussionen, die sich durch ein hohes Maß an Objektivität auszeichneten.

Eine ähnliche Beziehung bestand zum Arbeitsminister, dem Katholiken Dr. Brauns. Er war Rheinländer und Priester, Umstände, die ihm ein ziemlich korpulentes, aber heiteres Aussehen verliehen, und einer der fähigsten Minister der Republik. Er überlebte viele Kabinette des Zentrums wie auch der Rechten und wurde von uns oft scharf kritisiert. Aber trotz seiner eher konservativen politischen Ansichten war er ein echter Freund der Arbeiter. Und in persönlichen Gesprächen mit mir enthüllte er, wie man ihm nahelegte, Arbeitskonflikte aus der Welt zu schaffen, wobei die Personen, die sich deshalb privat an ihn wandten, ihm nachher öffentlich Vorwürfe machten, dies getan zu haben. Unter den katholischen Reichstagsmitgliedern, Priestern wie Laien, waren zweifellos die witzigsten und heitersten Kumpane zu finden, und dies gilt speziell für die Rheinländer. Präsident des Reichstags während der meisten republikanischen Jahre war der Sozialist Paul Löbe. Von Zeit zu Zeit gab er in der Residenz des Präsidenten Empfänge für Parlamentsmitglieder und bekannte Persönlichkeiten aus der Welt der Literatur, Diplomatie und Kunst. Die Katholiken bildeten dabei im allgemeinen das heiterste Element, unerschöpflich an Geschichten über »Tünnes«, die legendäre Kölner Witzfigur.

Aber nicht alle Gäste des Reichstagspräsidenten waren so leicht zu erheitern. Paul Löbes Sorge galt der Unterhaltung des Reichspräsidenten Paul von Hindenburg, der an einigen dieser Abende anwesend war.

»Meine liebe Freundin«, wandte sich Löbe dann an mich, »du mußt mir heute abend wieder aushelfen. Bist du so freundlich, den alten Herrn etwa eine halbe Stunde lang zu unterhalten?«

Löbe war ein so zuvorkommender, liebenswürdiger Gastgeber, daß man ihm diese Bitte unmöglich abschlagen konnte.

Ich wandte jedoch ein: »Du weißt ja, Paul, daß ich nicht beim Militär gewesen bin. Ich war während des Krieges nicht im Schützengraben, und ich mache mir nichts aus der Jagd. Und du weißt, daß damit in diesem Fall alle möglichen Gesprächsthemen erschöpft sind.«

Dennoch stellte ich mich gewöhnlich zur Verfügung. Ich versichere Ihnen, daß das keine leichte Aufgabe war! Ich erinnere mich an einen Abend, an dem mir diese Aufgabe wieder zugefallen war und ich mit dem Präsidenten über Dinge gesprochen hatte, die für ihn interessanter waren als für mich. Um die

Paul Löbe

Plauderei weiter in Gang zu halten, versuchte ich ihn für meinen Wunsch zu interessieren, eine Weltreise zu machen. Ich erzählte ihm von Plänen, die ich dafür hatte und von den exorbitanten Kosten eines solchen Unternehmens.

»Wüßten Sie keine Möglichkeit, wie ich diesen Traum ohne allzu große Kosten verwirklichen könnte?« fragte ich Präsident von Hindenburg.

Auf meinen leichten Ton eingehend, erwiderte der alte Herr:

»Gewiß wüßte ich eine. Fahren Sie mit einem Ausbildungsschiff unserer Marine um die Welt.«

»In welcher Eigenschaft könnte ich das tun?« wollte ich wissen.

»Im Rang eines Leichtmatrosen«, antwortete er.

»Würden Sie mich von schweren Arbeiten befreien lassen, und könnte ich an Land gehen, sooft ich wollte?«

Das war jedoch zuviel Frivolität für den soldatischen Geist des Präsidenten. Er erwiderte:

»Nein, gegen die Disziplin dürften Sie keinesfalls verstoßen!«

Rings um uns Lachen. Einer der deutsch-nationalen Abgeordneten machte ein Photo von dem alten Herrn, wie er mit einer Sozialistin auf dem Sofa saß.

In späteren Jahren nahm der Präsident bekanntlich an keinem dieser Abende mehr teil, und sobald Göring Präsident des Reichstags geworden war, hörten das gesellschaftliche Leben und die Unterhaltung ganz auf. Mit Menschen der unterschiedlichsten Kreise zusammenzutreffen, setzt ein Maß an Kultur voraus, das den Nazis unbekannt ist.

Bald nach der Wiedervereinigung der beiden sozialistischen Parteien wurde ein Programmausschuß nominiert, der eine neue Parteiplattform ausarbeiten sollte, die den Erfordernissen der neuen Zeit angepaßt war, ohne die bleibenden Werte der sozialistischen Weltanschauung zu vernachlässigen. Ich wurde Mitglied dieses Ausschusses und zur Schriftführerin ernannt. Somit hatte ich die Aufgabe, anhand der Ergebnisse der vorangegangenen Debatten viele der Paragraphen des neuen Programms zu formulieren.

Der härteste Kampf fand zu Beginn unserer Arbeit statt, als die Grundprinzipien des Programms erörtert wurden. Friedrich Stampfer, der Chefredakteur des *Vorwärts,* vertrat zusammen mit Dr. Max Quarck, dem ehemaligen Reichstagsmitglied aus Frankfurt, voll Leidenschaft die Auffassung, daß jetzt, da wir in Deutschland eine Republik hatten, nur reformistische Methoden in Frage kämen – die Zeit für revolutionäre Maßnahmen sei endgültig vorüber. Ich widersprach ihnen entschieden, wobei ich von Dr. Rudolf Hilferding und Dr. Adolf Braun unterstützt wurde. Ich argumentierte:

»Wenn gesellschaftliche Umwälzungen durch friedliche Reformen erreicht werden können, so wird dies jeder willkommen heißen. Dies hängt jedoch nicht allein von unserem guten Willen ab. Werden die Kräfte der Reaktion diese Umwälzungen akzeptieren? Oder müssen wir nicht auch darauf gefaßt sein, daß sie in einer Konterrevolution zur Gewalt greifen, um den Fortschritt aufzuhalten, die Demokratie zu unterdrücken und uns wieder zu revolutionären Methoden zu zwingen? Wir müssen mit beidem rechnen – der reformistischen wie auch der revolutionären Möglichkeit – und der Jugend, die bereit ist, uns zu folgen, unsere Entschlossenheit zeigen, eine neue Welt aufzubauen.«

Dieses Ringen dauerte mehrere Sitzungen hindurch an, und schließlich blieben sowohl Stampfer als auch Dr. Quarck dem Ausschuß fern, dessen Mehrheit auf unserer Seite war. Später sollte es sich erweisen, daß meine Auffassung nur zu berechtigt war. Der Theorie folgte jedoch nicht die Praxis. Wir setzten uns im Ausschuß durch – die andere Seite siegte in der praktischen Politik, und die Nation mußte den Preis für diese Diskrepanz bezahlen.

Seit meiner Jugend war ich davon überzeugt gewesen, daß man das Leben nur verstehen kann, wenn man die Welt jenseits der Grenzen des eigenen Landes kennt. Ich konnte nie verstehen, wie sich jemand in einer verantwortlichen Position mit internationalen Problemen befassen kann, ohne die bedeutenderen anderen Länder zu kennen. Ich machte es mir zur Regel, mindestens einmal im Jahr, manchmal auch öfter, ins Ausland zu reisen. Ich gebe zu, daß meine Reisen durch Einladungen erleichtert wurden, in vielen ausländischen Hauptstädten Vorträge zu halten. So war ich nicht nur die erste Deutsche, die nach dem Krieg im flämischen Teil Belgiens Vorträge hielt, sondern auch die erste, die in Straßburg (Elsaß) in deutscher Sprache vor einem großen Publikum sprach. Es versteht sich von selbst, daß ich dabei nationalistische Untertöne vermied.

Da ich an allen Kongressen der Sozialistischen Internationale teilgenommen und dabei gedolmetscht hatte, war ich auch mit dem Delegierten der Vereinigten Staaten, Morris Hillquit, und seiner Frau bekannt geworden. Es war unmöglich, vom Charme seiner Persönlichkeit nicht gefesselt zu sein! Sein Rat war in der Internationale sehr geschätzt – er gehörte der Generation an, die in den Vorkriegstagen die Grundlage für die Internationale gelegt hatte. Obwohl er als Bürger der Vereinigten Staaten aufgewachsen war, kannte er die europäische Szene und ihre führenden Persönlichkeiten genauso gut. Von jugendlicher Erscheinung, hatte er ein lebhaftes Interesse an neuen künstlerischen und kulturellen Tendenzen. Als er mich bei unserer Begegnung in Frankfurt zur Zeit der Inflation einlud, mit ihm in die Oper zu gehen, war er höchst erstaunt und belustigt, daß er für so wenig amerikanisches Geld die besten Plätze kaufen konnte. Für uns Deutsche war es natürlich nicht ganz so leicht und billig!

Wir trafen uns fast jedes Jahr wieder und arbeiteten 1925 beim Kongreß der Internationale in Marseille fast eine ganze Woche lang zusammen, und zwar im Ausschuß für Ostprobleme. Die Konferenzen dauerten bis Mitternacht oder noch länger. Hier lernte ich Morris Hillquits scharfen Verstand, seine klare Logik und seine Liebenswürdigkeit, selbst bei kontroversen Diskussionen, noch mehr schätzen. Trotz vieler bitterer Erfahrungen war er ein Optimist; nichts lag ihm ferner als der Gedanke, daß jemand niederträchtig sein könnte. Er wollte die Welt gut und schön sehen. Und wenn sich die häßliche Seite zeigte, servierte er sie mit überlegenem Witz und Sarkasmus ab. In Marseille schlug mir Morris Hillquit vor, im kommenden Jahr zu einer Vortragsreise in die Vereinigten Staaten zu kommen. Und als der Sommer 1926 nahte, erneuerte er seine Einladung. Gegen Ende August schien sich eine Atempause von der harten Arbeit zu ergeben, und ich beschloß zu fahren. Robert Dißmann hatte sich schon etwas früher mit einer Delegation der Metallarbeiter-Internationale auf eine Studienfahrt durch die Vereinigten Staaten und Mexiko begeben.

Von dem Tage an, an dem ich mich auf der *Aquitania* einschiffte, weigerte ich mich, ein Wort Deutsch zu sprechen. Ich hatte geglaubt, ziemlich gut Englisch zu können – aber sobald ich auf dem Schiff war, wurde mir klar, daß ich überhaupt nicht Amerikanisch konnte. Meine früheren Besuche in England hatten mich zu sehr in Sicherheit gewiegt, weil ich dort auf keine Schwierigkeiten gestoßen war – die einwöchige Seereise unter Amerikanern führte mich jetzt in *terra incognita*. Zu meinem Glück sind die Amerikaner überaus freundliche und geduldige Menschen. Sie taten ihr Bestes, um mir zu helfen. Bei strahlendem Sonnenschein lief das Schiff in den Hafen von New York ein. Ich werde nie vergessen, wie tief bewegt ich beim ersten Anblick der überwältigenden *skyline* war. Was für eine faszinierende Stadt mußte das sein!

Morris Hillquit erwartete mich an der Spitze eines herzlichen Empfangskomitees. Es gab eine kurze und fröhliche Party, und bald darauf entführte mich Morris in sein Sommerhaus in Avon, an der Küste von New Jersey. Dort verbrachte ich zwei entspannte und angenehme Wochen – etwas Ungewohntes nach den langen Jahren der Hast und Aufregung. Erst jetzt wurde mir die enorme Belastung bewußt, unter der wir, wie es schien, seit endloser Zeit in Deutschland gelebt hatten. Wir hatten völlig verlernt zu spielen, selbst die gewöhnlich gutgelaunten Rheinländer.

Morris tat sein Bestes, um für mich alles so angenehm wie möglich zu gestalten. Er arrangierte Kontakte mit der Presse und mit Persönlichkeiten, von denen er meinte, daß ich sie kennenlernen sollte, und er organisierte meine Vortragsreise. Wie völlig anders war das Leben, das die amerikanische Szene in diesen Jahren der Prosperität bot, verglichen mit dem vom Kriege verwüsteten und leidenden Deutschland! Wie oft bemerkten Amerikaner mir gegenüber scherzhaft: »Seien Sie nicht so ernst – suchen Sie nicht hinter allem eine Philosophie. Nehmen Sie's leicht!« Ich folgte gern ihrem Rat. Diese Wochen in den Vereinigten Staaten waren mir eine nützliche Lehre. Ich erhielt eine ausgezeichnete Gelegenheit, das Land und seine Bürger etwas näher kennenzulernen. Meine Vortragsreise führte mich durch den Osten und den Mittelwesten. Tief beeindruckt von der Gastfreundschaft der Amerikaner, von ihrer Unkompliziertheit und Offenheit, fühlte ich mich nicht lange wie eine Fremde. Ich tat mein Bestes, das Land und die Leute zu studieren, aber je mehr ich reiste, desto mehr staunte ich über jene Europäer, die nach einem kurzen Besuch nach Hause zurückkehrten und gelehrte Bücher über ihre Beobachtungen verfaßten.

Dennoch gewann ich einige bestimmte Eindrücke. Was damals als das »amerikanische Wirtschaftswunder« bezeichnet wurde, schien mir aus der Nähe betrachtet nicht in jeder Hinsicht so wundervoll. Überfluß und Sicherheit waren nicht allgemein vorhanden. Dennoch lernte ich viele bedeutende Leute kennen, die nicht an dem Wunder zweifelten. Als besonders freundlich und hilfreich erwies sich Professor Jeremiah W. Jenks, der Nationalökonom, mit dem mich ein Professor der Universität Berlin bekannt machte. Unter den Männern, die mir Professor Jenks und seine liebenswürdige Frau vorstellten, war Malcolm C. Rorty von der American Telephone and Telegraph Company. Ich habe noch das überaus anregende Tischgespräch in Erinnerung, bei dem Colonel Rorty behauptete, die Vereinigten Staaten hätten entdeckt, wie man Wirtschaftskrisen vermeidet. Er war überzeugt, daß der Wohlstand von Dauer sein werde. Er erklärte dies damit, daß die wachsende industrielle Effizienz und die zunehmende Produktionskapazität ein »amerikanisches Lohnsystem« hervorgebracht habe, das es den Arbeitern ermögliche, mit der wachsenden Produktivität Schritt zu halten und deren Früchte zu genießen. Ich äußerte meine Zweifel. Ich bemerkte, ich hätte auf meiner Reise festgestellt, daß nicht alle Arbeiter, sondern nur eine Oberschicht von Facharbeitern hohe Löhne erhielten. Millionen von ungelernten Arbeitern verdienten nur einen bescheidenen Unterhalt, ganz zu schweigen von den übrigen Unterpriviligierten, gab ich zu bedenken.

»Ich habe den Eindruck, daß sich in den Vereinigten Staaten ein neues Mißverhältnis zwischen Produktionskapazität und Kaufkraft entwickelt«, fügte ich hinzu, »und ich merke nichts davon, daß Sie den Konjunkturzyklus besiegt haben.«

Die beiden Herren sahen die skeptische Besucherin ironisch an, die nicht fähig schien, den neuen amerikanischen *way of life* zu begreifen... Drei Jahre später hätte das Gespräch wahrscheinlich einen ganz anderen Verlauf genommen.

Professor Jenks wollte mich mit einer führenden Persönlichkeit der amerikanischen Großindustrie, dem Präsidenten der U.S. Steel Corporation, Elbert H. Gary, bekannt machen. Es war ein kühner Vorschlag – der mächtige Boß eines der größten gewerkschaftsfeindlichen Industriekonzerne sollte eine Deutsche, eine Sozialistin und eine Gewerkschafterin empfangen! Ich sandte das Empfehlungsschreiben von Professor Jenks an Gary und erhielt sofort Antwort und einen Terminvorschlag. Ich nahm an und ging hin. Ein höflicher junger Mann empfing mich, und wir führten ein langes Gespräch miteinander. Nach einiger Zeit war mir klar, daß er wahrscheinlich von Präsident Gary beauftragt worden war, festzustellen, ob sich der Zeitaufwand lohnen würde, ein persönliches Gespräch mit mir zu führen. Ich sagte zu dem jungen Mann, daß ich nicht darauf bestehen wolle, vom Präsidenten persönlich empfangen zu werden. Was ich mir wünsche, sei die Erlaubnis, die Werkanlagen des Stahlkonzerns zu besichtigen. Wir verstanden einander – der junge Mann ging, um Bericht zu erstatten, und kam bald wieder zurück.

»Präsident Gary möchte Sie sehen.«

Ich betrat das Büro des Präsidenten und stand einem sehr großen, weißhaarigen Herrn gegenüber, dessen Haltung trotz seines vorgerückten Alters kerzengerade war. Sofort entspann sich ein höchst interessantes Gespräch zwischen uns. Ich war damals über die Stahlindustrie und ihre Entwicklung in Europa gut informiert. Ich teilte ihm mit, was ich über das wachsende europäische Stahlkartell und seine Funktionsweise wußte. Natürlich versuchte ich dabei auch, ihm die Einstellung der Arbeiter zu dem Kartell und zur Industrie im allgemeinen zu verdeutlichen. Präsident Gary hielt natürlich nichts von echten Gewerkschaften – wofür er eintrat, das war die innerbetriebliche Arbeitervereinigung. Aber er hörte mir aufmerksam zu, als ich ihm von unseren Gewerkschaftserfahrungen und insbesondere von der jungen Betriebsrätebewegung erzählte. Unser Gespräch dauerte zwei Stunden, länger als wir beide erwartet hatten. Während wir redeten, wurden wir häufig von Untergebenen unterbrochen, die Mitteilungen überbrachten; Briefe mußten unterzeichnet und Anordnungen erteilt werden. Der alte Herr erledigte diese Dinge mit imponierender Effizienz und griff sofort wieder den Faden unseres Gesprächs auf. Als ich ihn schließlich um Erlaubnis bat, die Werkanlagen des Konzerns zu besichtigen, diktierte er sofort Empfehlungsschreiben, die die Bemerkung enthielten, Miss Sender habe »eine große Zukunft vor sich«.

Ich hatte das Gefühl, die Zeit des Präsidenten lange genug in Anspruch genommen zu haben, und machte Anstalten, meinen Besuch zu beenden. Plötzlich fragte er mich:

»Gestatten Sie mir eine letzte, sehr persönliche Frage? Beantworten Sie sie nur, wenn Sie Lust dazu haben.«

Ich ermutigte ihn, fortzufahren.

»Warum«, fragte er mich, »hat eine Frau wie Sie nicht geheiratet?«

Ich war in der Tat einen Augenblick verlegen. Aber dann sagte ich mir, da unser Gespräch auf beiden Seiten in voller Offenheit geführt worden war, konnte ich die Neugier des alten Herrn auch in diesem Punkt befriedigen.

»Ich glaube, Präsident Gary, daß wir uns entscheiden müssen, welcher Hauptaufgabe wir unser Leben widmen wollen. Ich habe schon sehr früh das Verlangen gehabt, der Sache der Freiheit und sozialen Gerechtigkeit zu dienen und daran mitzuwirken, eine bessere materielle und kulturelle Existenz für die Unterprivilegierten herbeizuführen. Wir leben in einer revolutionären Zeit. Familiäre Bindungen könnten einen früher oder später daran hindern, den Mut und die Selbstlosigkeit aufzubringen, die eine große Sache erfordert – insbesondere im Fall einer jungen Frau. Und seit den frühesten Tagen meiner Kindheit habe ich mich von den Dichterworten leiten lassen: ›Nichts halb zu tun ist edler Geister Art.‹«

Dieser konventionell denkende amerikanische Industrietitan hörte mir schweigend und, wie es mir schien, verständnisvoll, wenn auch vielleicht nicht zustimmend zu. Ich glaube, wir schieden als Freunde, wenn es auch eine sehr merkwürdige Freundschaft war, gehörten wir doch beide völlig verschiedenen Lagern an und verfolgten ganz und gar konträre Ziele im Leben.

Meine erste Amerikareise endete mit einem schweren Schock. Robert Dißmann war etwa um dieselbe Zeit mit einer Gewerkschaftsdelegation nach Amerika gefahren. Wir hatten uns auf dem Detroiter Kongreß des amerikanischen Gewerkschaftsverbandes AFL getroffen. Er war mir etwas verändert, stiller und reserviert erschienen, nicht mehr der fröhliche Rheinländer, den ich gekannt hatte. Aber nie hätte ich gedacht, daß es unsere letzte Begegnung sein sollte. Robert trat die Rückreise an, bevor ich meine Vortragstour beendet hatte. Wenige Tage später las ich in den amerikanischen Zeitungen, daß er auf der Rückfahrt einen Herzinfarkt erlitten hatte, dem er erlag. Einer der farbigsten Führer der deutschen Arbeiterbewegung, der opferbereiteste, den ich kannte, ein Freund mit den seltensten Qualitäten, die ein Mensch zu bieten haben kann, im achtundvierzigsten Lebensjahr, auf der Höhe des Lebens dahingerafft! Es war ein so schmerzlicher, unvergeßlicher Verlust. Unmöglich, danach wieder frohe Tage in New York zu genießen.

Trotz allem kam mir der Gedanke: Wäre es nicht besser für mich, in den Vereinigten Staaten zu leben? Ich mochte die Jugend des Landes, die Freundlichkeit seiner Bewohner, die unbegrenzten Möglichkeiten. Schließlich gab ich den Gedanken auf. Er hätte bedeutet, eine Aufgabe und Menschen, die mir vertrauten, im Stich zu lassen. Wenn man sich einer Bewegung anschließt, die mit der Not des eigenen Volkes verbunden ist, gibt man zumindest teilweise sein Recht auf persönliche Befriedigung auf. Aber als mich Morris und Vera Hillquit zu dem Dampfer begleiteten, der mich zu meinen Pflichten zurückbrachte, versprach ich ihnen, in die Neue Welt zurückzukehren. Es war ein Versprechen, das ich bald einlöste – wenn meine Besuche in den Vereinigten Staaten im Frühling 1927 und dann wieder 1930 auch nur jeweils zwei Wochen dauerten.

Mehr Zeit konnte ich nicht erübrigen, denn ich hatte sowohl innerhalb als auch außerhalb des Reichstags schwierige Aufgaben übernommen. Da es uns nicht gelungen war, das neue

Zollgesetz zu Fall zu bringen, packte ich die Sache von einer anderen Seite her an. Meine Bemühungen waren darauf gerichtet, die Zollschranken durch gegenseitige Handelsverträge auf der Basis der Meistbegünstigungsklausel abzubauen. Zwei Parteien, die Sozialdemokraten und die kleine Demokratische Partei, unterstützten diese Politik. Die Kommunisten lehnten Handelsverträge ab und stimmten gegen sie, mit Ausnahme des Vertrages mit Rußland, ungeachtet der Tatsache, daß jedes Abkommen bestimmte Zollschranken senkte. Einige weiterblickende katholische Politiker und die Vertreter der Volkspartei gaben mir hingegen ihre Unterstützung.

Beim Lesen der Protokolle über die Debatten, die zur Zeit der Republik im Reichstag stattfanden, stellte ich jetzt fest, daß kaum über ein Handelsabkommen im Parlament beraten wurde, über das ich nicht entweder vor dem Zollausschuß berichtete oder für das ich mich vor dem Plenum einsetzte. Die einzigen Ausnahmen waren jene Verträge der späteren Jahre, in denen der Versuch unternommen wurde, den Charakter der reziproken Abkommen durch den Trend zu einer Reihe autonomer Zölle zu verändern, Zölle, die nicht durch Verträge herabgesetzt wurden. Die Nazis, wiewohl im Zollausschuß repräsentiert, traten hierbei nicht in Funktion. Sie waren prinzipielle Gegner des internationalen Handels, erklärten ihn zu einer jüdischen Erfindung und waren versessen auf Autarkie. Es steht somit außer Zweifel, daß ihre Doktrin der Selbstgenügsamkeit ihnen nicht später aufgezwungen wurde, sondern immer ihr wirtschaftliches Ideal gewesen war, das ihrem übertriebenen politischen Nationalismus entsprach. Jeder Handelsvertrag konnte erst nach einem Kampf im Plenum durchgesetzt werden – wobei sowohl die extreme Linke als auch die extreme Rechte ihre Angriffe auf mich richteten. Von der Vernünftigkeit meiner Position überzeugt, kämpfte ich mich beharrlich auf meinem Weg voran. Ermutigend war dabei das Wachstum der deutschen Exporte von etwa neun Milliarden Mark im Jahre 1925 auf dreizehneinhalb Milliarden 1929, wodurch Millionen deutscher Arbeiter wieder zu essen hatten und die Nation einen neuen wirtschaftlichen Aufschwung erlebte.

Ich erinnere mich mit gemischten Gefühlen an die Regierungsvertreter, mit denen ich bei diesen Bemühungen am engsten zusammenarbeitete. Darunter war beispielsweise Dr. Karl Ritter, damals Ministerialdirektor des Auswärtigen Amtes und ein Verfechter des freien Handels – heute steht er im Dienste der Nazis. Er war Botschafter in Brasilien und wurde schließlich wegen seiner Nazi-Machenschaften aus diesem Land ausgewiesen. Ein weiterer war der Ministerialrat im Auswärtigen Amt, Dr. Ernst Eisenlohr, ein bescheidener und redlich wirkender Beamter der Republik, der später durch den totalitären Staat zu dem verantwortungsvollen Posten des Botschafters in Prag befördert wurde. Er war ein Mann, der Hitlers Forderungen und Ultimaten an die inzwischen ausgelöschte Tschechoslowakische Republik überbrachte. Wie ein Mensch einer barbarischen Diktatur mit derselben Ergebenheit dienen kann wie einer zivilisierten Republik, übersteigt mein Verständnis. Oder gibt es wirklich Menschen, die ernsthafte, verantwortungsvolle Arbeit leisten, ohne über eigene Überzeugungen zu verfügen?

Natürlich geschah es auch häufig, daß ich in unseren eigenen Reihen auf Schwierigkeiten stieß. In bestimmten Fällen versuchten die Industriellen geschickt, die Betriebsräte zur Förderung ihres Profitinteresses zu benutzen, das sie als das gemeinsame Interesse von Arbeitgeber und Arbeitnehmer bezeichneten. Bestimmte Kreise der Industrie neigten angesichts von Schwierigkeiten immer dazu, ihre Rettung in der Beseitigung der Konkurrenz zu suchen. Sie wandten sich dann mit Forderungen nach höheren Zöllen an uns.

Die Kampagne der Autoindustrie erwies sich an einem gewissen Punkt als sehr effektiv. Zuerst trafen Delegationen der Anteilseigner ein. Dann besuchten mich Vertreter der Betriebsräte. Schließlich kam die Angelegenheit vor unsere Parlamentsfraktion. Ich überzeugte unsere Fraktionsmitglieder ohne große Schwierigkeiten, daß ein überhöhter Zoll auf Automobile und Ersatzteile nur den Preis der deutschen Autos erhöhen und die Verkaufsziffern senken würde. Was wir brauchten, seien nicht höhere Schutzzölle, sondern stärkere Rationalisierung. Wir hatten viel zu viele Fabriken für den deutschen Markt – nur Modernisierung konnte helfen, selbst wenn dies vorübergehende Opfer seitens der Arbeiter bedeutete. Auf längere Sicht würden Rationalisierung und eine Reduzierung der Fabrikenzahl die Herstellung von Autos verbilligen und damit den Arbeitern und der Volkswirtschaft zugute kommen. Trotz meiner Argumente mußte sich die Metallarbeitergewerkschaft mit viel Unzufriedenheit bei ihren Mitgliedern herumschlagen, die sich von Arbeitslosigkeit bedroht fühlten, welche, wie ihnen ihre Bosse einredeten, auf mangelnden Zollschutz zurückzuführen sei. Als sich der Gewerkschaftsvorstand an mich wandte, schlug ich ihnen vor, eine Reichskonferenz der Betriebsräte einzuberufen, auf der ich ein Referat über das Thema »Wie die Automobilindustrie gerettet werden kann«, halten wolle. Ich erklärte ihnen, daß ich auf die Intelligenz unserer Arbeiter vertraute. Die Konferenz wurde einberufen. Ich hielt das Referat, und nach ausführlicher Diskussion auf hohem Niveau wurde ein Antrag, die Forderungen nach Zollerhöhung abzulehnen, einstimmig angenommen. Ich bin immer noch stolz auf unsere Arbeiter, wenn ich an diesen Beweis ihrer Einsicht denke; und ich kann nicht umhin, aus diesem Vorfall gewisse Schlüsse auf ihre gegenwärtige Haltung gegenüber dem Wirtschaftssystem der Nazis zu ziehen.

Kurz nachdem ich aus den Vereinigten Staaten zurückgekehrt war, drängten mich einige meiner akademischen Freunde, darunter insbesondere Professor Julius Hirsch, mich auf eine akademische Laufbahn vorzubereiten. Der Gedanke gefiel mir. Darauf hinzuarbeiten, war mein Wunsch gewesen, seit ich meine Eltern verließ. Aber wie sollte ich die Zeit finden, um für die Aufnahmeprüfung an der Universität zu lernen? Professor Hirsch erklärte: »Sie können im preußischen Unterrichtsministerium zu Prüfungen antreten, die für besonders Begabte abgehalten werden. Schicken Sie dem Ministerium einige Ihrer wissenschaftlichen Artikel in Fachzeitschriften, und ich bin sicher, daß man Sie zu den Prüfungen zulassen wird.«

»Aber woher soll ich die Zeit nehmen, mich auf die schriftlichen und mündlichen Prüfungen vorzubereiten?« fragte ich.

»Sie brauchen keine Vorbereitung – Sie werden so bestehen.«

Ich ließ mich auf das Abenteuer ein, ohne jemandem davon zu erzählen. Es wäre zu demütigend, falls ich durchfiele – ein Mitglied des Reichstags, das nicht an der Universität zugelassen wird!

Ich schickte meine Schriften an das Ministerium und wurde akzeptiert. Termine für zwei schriftliche Prüfungen wurden festgesetzt. Die beiden Tage fielen zufällig mit sehr wichtigen namentlichen Abstimmungen im Reichstag zusammen, die ich unmöglich versäumen durfte. Um zwei Uhr begann ich zu schreiben – um vier Uhr mußte ich im Reichstag sein. Und ich war an beiden Tagen pünktlich da. Meine langjährige Erfahrung in eiliger Parlamentsarbeit und als Journalistin waren eine gute Schulung. Als ich erfuhr, daß einer der Professoren, die die mündliche Prüfung abhalten sollten, Anton Herkner war, bekam ich es mit der Angst zu tun. Kurz zuvor hatte ich eine Reihe von Artikeln geschrieben, in denen ich das jüngste Buch dieses überaus berühmten Professors kritisierte. Aber Professor Herkner erwies sich als der freundlichste Prüfer, den ich mir wünschen konnte. Er stellte mir eine lange Reihe von Fragen, die sich auf meine Schriften und meine Parlamentsarbeit bezogen, und ich war froh, sie zu seiner offenkundigen Zufriedenheit beantworten zu können. Ich glaube immer noch, ich verdanke es ihm, daß ich bestand, denn meine Leistungen auf anderen Gebieten waren weniger befriedigend.

Jetzt war ich Studentin. Ich war kein allzu regelmäßiger Gast in den Vorlesungssälen meiner Alma mater, aber eine ständige Benutzerin der Reichstagsbibliothek, und ich versuchte, jeden freien Moment für das Studium zu verwenden. Meine Freunde im Reichstag schalten mich, als sie später von meinem Unternehmen erfuhren, denn sie meinten, ich sei ein zu großes Risiko eingegangen. Welche Wonne hätte es meinen politischen Gegnern bereitet, wenn ich durchgefallen wäre! Vielleicht hatten meine Freunde recht – aber ich hatte meine Aufnahmeprüfungen bestanden. Die berufliche und politische Arbeit wurde jedoch in den folgenden Tagen nicht weniger. Ich mußte auch weiterhin bis spät nachts arbeiten und Fahrten in Städte unternehmen, von denen viele außerhalb meines Wahlkreises lagen, wo meine Hilfe aber gebraucht wurde. In Dresden leisteten wir auch intensive Bildungsarbeit, wobei ich meinen Anteil zu übernehmen hatte. Niemand war überrascht, als sich im Winter 1927 erneut die Tuberkulose meldete. Ein weiteres Mal fand ich mich auf dem Zauberberg in Davos wieder. Dieses Mal war die Krankheit schneller überwunden. Die drei Monate, die ich dort verbringen mußte, vergingen rasch in Gesellschaft des kranken deutschen Dichters Klabund, des Autors von *Peter der Große,* dessen Leiden sehr weit fortgeschritten war und der bald darauf starb. Wie dieser hochbegabte Mann mit dem Aussehen eines Studenten das Leben liebte, wie gern er tanzte! Es war, als ob er das Leben schnell genießen wolle, da es nicht lange dauern würde. In diesem Winter verbrachte auch der Elsässer Schriftsteller René Schickele den Winter in Davos, um ein Nervenleiden auszukurieren. An den sonnigen Vormittagen, wenn es uns gestattet war hinauszugehen, gesellte sich oft auch der Schweizer Dichter Rudolf Utzinger im Kursaal-Café zu uns.

Es war gut, daß ich eine Erholungspause gehabt hatte, denn das neue Jahr sollte mir eine neue Bürde bringen. Die Sozialdemokratische Partei hatte seit 1924 eine illustrierte Zeitschrift für Frauen des Arbeiter- und Mittelstandes mit dem Titel *Frauenwelt* herausgegeben. Die Zeitschrift ging von dem Gedanken aus, daß die Frauen, nachdem sie das Stimmrecht erhalten hatten, auch Gelegenheit bekommen sollten, ihre politische und allgemeine Bildung zu verbessern. Aber es gibt viele schwer arbeitende Hausfrauen, die nicht gern Tageszeitungen lesen. Sie wissen nicht genug über Politik und interessieren sich auch nicht besonders dafür. Wir meinten jedoch, daß sie eine Zeitschrift lesen würden, die sich mit ihren täglichen Problemen befaßte und auch etwas von den schönen Dingen des Lebens zeigte, insbesondere, wenn diese Zeitschrift eine attraktive, künstlerische Aufmachung hatte. Zunächst war ein Mann, Dr. L.*, zum Chefredakteur das Blattes ernannt worden. Nach einem vielversprechenden Start begann es jedoch mit der Sache bergab zu gehen. Von Frauenorganisationen wurden zahlreiche Beschwerden vorgebracht, und man kam zu dem Entschluß, daß das Projekt nur durch eine grundlegende Umgestaltung der redaktionellen Konzeption zu retten sei. Die Partei diskutierte monatelang über dieses Problem, konnte sich aber nicht auf einen neuen Herausgeber einigen.

Eines Tages kamen die beiden Vorstandsvorsitzenden der Partei, Hermann Müller und Otto Wels, zu einem Gespräch zu mir, in dessen Verlauf sie mir anboten, die redaktionelle Leitung der *Frauenwelt* zu übernehmen. Sie sagten, sie wüßten, daß ich ein Mensch mit starken politischen Interessen und Überzeugungen sei, aber ·sie hielten mich auch für fähig, die Sprache der durchschnittlichen Kleinstädterin und Dorfbewohnerin zu sprechen.

»Ich weiß«, sagte Hermann Müller, »daß du dieses Organ nicht als Sprachrohr für deine persönlichen politischen Tendenzen benutzen, sondern es zu einer Zeitschrift für alle Frauen machen würdest, die sich Information und Unterhaltung in angenehmer Form wünschen.«

»Ich kann euch nicht sofort antworten«, erwiderte ich. »Wir waren in der Vergangenheit in vielen taktischen und anderen Fragen verschiedener Meinung. Und ich möchte auch in der Zukunft meine Unabhängigkeit erhalten. Ihr erwartet nicht von mir, daß ich meine oppositionelle Haltung aufgäbe, falls ich diesen Job annehme? Es könnte sein, daß ich mich noch freimütiger äußere, um mein Gewissen zu befriedigen.«

Meine geistige Freiheit werde nicht eingeschränkt sein, antworteten die beiden Männer; und ich war sicher, daß sie Wort halten würden.

Nach einigen Wochen Bedenkzeit nahm ich die neue Aufgabe an – das war nicht leicht, denn die Zeitschrift war heruntergekommen und hatte keinen guten Ruf. Aber ich hatte viel Spaß damit.

---

* Dr. Lohmann

Bevor ich akzeptierte, hatte ich mich vergewissert, daß man mir ein Budget gewährte, welches es mir ermöglichte, die namhaftesten Schriftsteller und Künstler als Mitarbeiter zu gewinnen. Da die beste Druckerei für uns arbeitete, unternahm ich es, dem Blatt ein völlig neues Format zu geben. Jetzt konnte ich mir das Vergnügen gestatten, meine geliebten französischen Künstler zu präsentieren, ohne jedoch junge deutsche Künstler und Schriftsteller und Begabungen anderer Nationen zu vernachlässigen. Obwohl es meine erste Erfahrung dieser Art war, ging es mit der Zeitschrift wieder aufwärts. Ich hörte keinerlei Klagen bis zum Ende – als die Nazis 1933 Vergeltung übten und dieses Organ der Volksbildung verboten, für das das Dritte Reich keine Verwendung hatte. Wenn es ein Erfolg war, so verdanke ich ihn der tatkräftigen Unterstützung durch eine tüchtige Sekretärin und dem Kreis hervorragender Mitarbeiter, zu denen sich eine enge Freundschaft entwickelt hatte. Ohne diese echte Kooperation wäre es für einen einzelnen unmöglich gewesen, eine Zeitschrift zu publizieren, in der sich so vielfältige Interessen artikulierten. Es gab keinerlei Versuche seitens des Parteivorstands, sich in meine Arbeit einzumischen – sie ließen mir völlig freie Hand.

Im Leben der Deutschen Republik schien eine Epoche angebrochen zu sein, in der die Menschen ein normaleres Leben genossen. Die wirtschaftlichen Bedingungen besserten sich. Die sozialen Unruhen ließen nach. Viele dachten, daß die Republik nun auf einem sicheren Fundament stehe. Ich blieb mißtrauisch, denn ich wußte, daß die subversiven Kräfte der Rechten nur auf einen Moment der Krise und Verzweiflung warteten. Aber im Augenblick hatten die Menschen Arbeit und waren zuversichtlich. Diese Ausgeglichenheit kam der Sozialdemokratischen Partei bei den Wahlen vom 20. Mai 1928 zugute. Sie erhielt 9 146 165 Stimmen und 152 Reichstagssitze. Es war ein eindrucksvoller Sieg für die Sozialdemokraten, die damit zur stärksten Reichstagsfraktion wurden. Sie mußten ihre Verantwortung akzeptieren und in Koalition mit anderen Parteien die neue Regierung bilden.

Hermann Müller wurde zum zweitenmal Reichskanzler – er hatte an der Spitze der Regierung gestanden, die den Versailler Vertrag unterzeichnet hatte. Müller war ein sehr fleißiger Mann von starkem Verantwortungsgefühl und einer fast übertriebenen Objektivität. Im privaten Umgang witzig und humorvoll, zeichnete er sich in seinem politischen Wirken durch Nüchternheit aus. Ich glaube, daß er nicht genug Kämpfer war. Aber man kann sich keinen ritterlicheren Gegner vorstellen – ich machte diese

Erfahrung selbst. Zu einer Zeit der scharfen Auseinandersetzungen in der Arbeiterbewegung war ich von einem Wahlkreis in Sachsen aufgefordert worden, auf einer Parteiversammlung mit Müller zu diskutieren. Wir hatten nicht nur eine Debatte auf sehr hohem Niveau, obwohl wir beide unsere Standpunkte vehement verteidigten, sondern Müller war galant genug, mir das letzte Wort zu überlassen, auf das ich kein Anrecht hatte.

Müller hatte als Chef der neuen Regierung eine schwere Aufgabe, obwohl er in Gustav Stresemann einen loyalen Mitarbeiter besaß. Stresemanns Partei, die Volkspartei, kooperierte jedoch nur widerwillig mit den Sozialisten und wartete bloß auf einen günstigen Moment, um wieder nach rechts zurückzupendeln. Ähnliche Tendenzen herrschten im starken rechten Flügel der Katholiken vor. Die Existenz der Regierung war dadurch von Anfang an gefährdet.

Dennoch waren wir nicht auf unerfreuliche Überraschungen vorbereitet, als wir im August 1928 zum Internationalen Sozialistenkongreß in Brüssel fuhren. Nach der Tagung nahmen viele der Delegierten an einem Empfang im Hause des belgischen Sozialisten Senator Albert François teil. Plötzlich kam ein Journalist zu mir:

»Ich habe soeben die Meldung erhalten, daß die deutsche Regierung den Bau des ersten Panzerkreuzers beschlossen hat«, sagte er. »Der Beschluß wurde einstimmig gefaßt.«

Ich war erstaunt und wütend. Die Kredite für dieses Schlachtschiff, das erste einer Reihe von Kriegsschiffen, die uns durch den Versailler Vertrag zugestanden wurden, waren natürlich durch eine Mehrheit der Rechten und gegen den Widerstand der Arbeiterparteien beschlossen worden. Der Beschluß des Kabinetts war nur die Folge dieses Abstimmungsergebnisses. Aber wie konnten die sozialistischen Minister eine andere Haltung einnehmen als jene, die sie als Reichstagsmitglieder in der Opposition vertreten hatten! Ich hielt dies für eine übertriebene Auffassung von ihrer Pflicht als Kabinettsminister und für einen ernsten Fehler. Hatten sie vergessen, daß wir im letzten Wahlkampf die Parole ausgegeben hatten, der Regierung der Rechten sei ein Panzerkreuzer wichtiger als kostenlose Mahlzeiten für bedürftige Kinder? Die Parteien der Rechten hatten die Unterstützungszahlungen für bedürftige Kinder gekürzt und auf der anderen Seite für die Finanzierung des Panzerkreuzers gestimmt. Unsere Parteimitglieder und Wähler erwarteten von uns, daß wir zu unseren Wahlversprechungen standen.

Ich besprach die Situation sofort mit meinem Kollegen S. Aufhäuser, Reichstagsmitglied und Vorsitzender der Arbeitsgemeinschaft freier Angestelltenverbände, der bei dem Empfang anwesend war. Auf unserer Rückreise nach Deutschland schrieben wir einen Artikel und einen Appell an unsere Mitglieder, in denen wir die Haltung der Regierung verurteilten und den früheren Standpunkt der Partei rechtfertigten. Wir unterzeichneten beide diese Erklärung und forderten das Zentralorgan der Partei, den *Vorwärts*, auf, sie zu publizieren, was auch geschah. Dies hatte eine gute Wirkung – das erschütterte Vertrauen der Massen wurde dadurch einigermaßen wiederhergestellt. Die Zustimmung der sozialistischen Minister war ein schwerwiegender Irrtum, dessen psychologische Auswirkung von unseren Ministern vielfach unterschätzt wurde. Wir, die wir den Bau von Panzerkreuzern abgelehnt hatten, waren gewiß für allgemeine Abrüstung, aber wir waren uns auch bewußt, daß Deutschland nicht völlig schutzlos bleiben konnte, solange sich die alliierten Nationen weigerten, ihr Versprechen einzuhalten, ihrerseits der deutschen Abrüstung zu folgen. Dieser Panzerkreuzer war jedoch in den Augen unserer Anhänger zu einer Art Symbol geworden. Und für ein Volk wie das deutsche, das für emotionale Appelle anfällig ist, können Symbole große Bedeutung erlangen.

Soweit wie möglich wurde der Fehler repariert, als unsere Parlamentsfraktion im Reichstag den Antrag stellte, den Bau des Panzerkreuzers zu stoppen, und alle unsere Minister mit unseren Abgeordneten stimmten. Als weiterer Schritt zur Klärung des Standpunkts der Partei zum Rüstungsproblem wurde ein Sonderausschuß eingesetzt, der ein detailliertes Verteidigungsprogramm ausarbeiten sollte. Ich wurde als einzige Frau zum Mitglied dieses Ausschusses ernannt. Mein Standpunkt, den ich im Ausschuß vertrat, war folgender: Deutschland ist aufgrund seiner geographischen und politischen Lage dazu berufen, als Vorkämpfer einer allgemeinen, internationalen, kontrollierten Abrüstung aufzutreten. Solange die alliierten Nationen jedoch nicht veranlaßt werden können, ebenso abzurüsten, wie sie dies von Deutschland erzwungen hatten, solange aggressive Staaten eine ständige militärische und politische Bedrohung darstellen, können wir das demokratische Deutschland nicht völlig wehrlos machen. Unser Einfluß sollte auf internationaler Ebene dazu benutzt werden, die Ideale der internationalen Solidarität und Sicherheit in die Praxis umzusetzen. Inzwischen muß es auf nationaler Ebene unsere Aufgabe sein, die Armee zu einem besseren Instrument zum Schutz der Demokratie und das Offizierscorps zu einem verläßlicheren Vorkämpfer für die Republik zu machen.

Im selben Jahr, in dem der Parteitag ein neues Verteidigungsprogramm beschloß, wurde ein ernsthafter Versuch unternommen, eine konstruktivere Lösung für die Schwierigkeiten der deutschen Landwirtschaft zu finden. Den Bauern war klar geworden, daß eine ständige Erhöhung der Zollschranken ihnen nicht die Hilfe brachte, die sie erwartet hatten. Die Regierung beschloß, einen Expertenausschuß zu ernennen, der einen neuen Ausweg aus den Schwierigkeiten finden sollte. Ich wurde auch in diesen Ausschuß berufen – wieder als einzige Frau. Die meisten Mitglieder hatten als Agrarwissenschaftler oder aber als Praktiker einen Bezug zur Landwirtschaft. Die Recherchen und die Debatte drehten sich um die Schaffung eines Getreidemonopols. Ich hielt es für meine Aufgabe, über die Interessen der Kleinbauern und der Konsumenten zu wachen, während eine Mehrheit im Ausschuß sich stärker um die Probleme der großen weizen- und roggenproduzierenden Güter zu kümmern schien.

Die Arbeit wurde durch den Wunsch einiger Ausschußmitglieder kompliziert, gegen keinen der bestehenden Handelsverträge zu verstoßen und Produzenten- und Verbraucherinteressen miteinander zu vereinbaren. Wir konferierten wochenlang, und die Diskussionen dauerten oft bis spät in die Nacht. Einige der Vertreter des stärkeren Geschlechts fühlten sich bei Einbruch der Nacht ermüdet und außerstande, ihre Bemühungen fortzusetzen. Ich hatte den Eindruck, der einzige Wächter über die Interessen der Allgemeinheit und der Verbraucher zu sein, und ich mußte daher bis zum Ende auf dem Posten bleiben. Dies gelang mir auch – ich ermüdete nie vor dem Ende der Sitzung –, weil ich mir während meiner Tätigkeit im öffentlichen Leben immer Selbstdisziplin auferlegt hatte, statt nachts meine Zeit in Cafés oder Clubs zu vergeuden. Das bedeutete natürlich nicht, daß ich wie ein Asket lebte. Ich verschmähte es nicht, eine kurze Pause während der Reichstagssitzungen zu nutzen, um mit Professor X. von der Wirtschaftspartei in ein nahe gelegenes Tanzlokal zu gehen und mich dort für eine halbe Stunde beim Tanzen zu entspannen. Ein solcher Vorfall war jedoch eher die Ausnahme – im allgemeinen hatten die Mitglieder der verschiedenen Parteien keinen gesellschaftlichen Kontakt untereinander, außer bei den offiziellen Empfängen des Reichstagspräsidenten.

Der Expertenausschuß wurde schließlich, obwohl er sich einer Verständigung näherte, daran gehindert, sein Programm auszuarbeiten – politische Einflüsse widersetzten sich unserem Vorschlag für Getreideproduktion und -handel. Ich bestand nicht weiter darauf, da ich ohnehin daran zweifelte, daß die Interessen der landwirtschaftlichen Kleinbetriebe angesichts des starken Einflusses der Großgrundbesitzer angemessen gewahrt werden könnten.

Meine angespannte Arbeit während der Regierungszeit Hermann Müllers wurde zumindest durch ein erfreuliches Erlebnis unterbrochen. Das große Luftschiff *Graf Zeppelin* sollte eine Fahrt in den Orient unternehmen, und auf Vorschlag des Verkehrsministers von Guerard lud mich Kapitän Hugo Eckener als Gast des Ministeriums dazu ein. Das war im Vorfrühling 1929, und es sollte das wundervollste Reiseerlebnis sein, das ich je hatte. Eine gemischte Gesellschaft fand sich in der großen, gespenstisch wirkenden Zeppelinhalle in Friedrichshafen ein. Alle waren höchst erregt und durch die Erwartung eines großen gemeinsamen Erlebnisses geeint. In weniger als vier Tagen sollten wir drei Kontinente besuchen und wieder zurückkehren. Das ruhig dahingleitende Riesenschiff erweckte Vertrauen, und man hatte wenig Lust, sich schlafen zu legen, um nicht irgendeinen interessanten Anblick zu versäumen, während wir über Frankreich, Italien und Griechenland nach Ägypten und Palästina und schließlich ans Tote Meer flogen. Es war ein feierlicher Moment, als das Luftschiff tiefer ging als der Meeresspiegel. Wir schauten auf das Tote Meer hinunter, das von einem golden schimmernden Mond erleuchtet war, und unsere Gläser waren mit palästinensischem Wein gefüllt, als wir mit Hugo Eckener anstießen. Wir tranken auf Frieden und Verständigung zwischen den Nationen... Was ist seither aus diesem Friedensboten geworden?!

In dieser Periode wurde die Frage der deutschen Reparationen wieder akut. Die Zahlungen sollten unter dem Dawes-Plan, beginnend mit September 1928, jährlich 2 500 000 Mark betragen. Die Erfüllung des Dawes-Planes war weitgehend durch ausländische Darlehen, sowohl aus öffentlichen wie auch aus privaten Quellen, ermöglicht worden. Aber diese würden nicht unbegrenzt weiterfließen. Ein neuer Expertenausschuß hatte den Young-Plan, benannt nach seinem amerikanischen Vorsitzenden, Owen D. Young, ausgearbeitet. Er setzte bestimmte jährliche Zahlungen für einen Zeitraum von neunundfünfzig Jahren fest. Jegliche ausländische Kontrolle wurde abgeschafft. Obwohl er immer noch eine viel zu schwere Last darstellte, war der

Young-Plan eine wichtige Verbesserung gegenüber dem Dawes-Plan. Der Patriotismus der Rechten war jedoch anscheinend schwächer als ihr Verlangen, den Einfluß ihrer Partei zu stärken. Jedenfalls forderte die Rechte einen Volksentscheid über den Young-Plan. Natürlich verlor sie. Die große Mehrheit des deutschen Volkes war damals noch vernünftig genug, um zu erkennen, daß die Ablehnung des Young-Planes die Fortsetzung des weitaus ungünstigeren Dawes-Planes bedeutet hätte.

Inzwischen hatte Alfred Hugenberg den Grafen Westarp als Anführer der Deutsch-Nationalen abgelöst*. Hugenberg war ein ehemaliger Direktor der Kruppschen Munitionsfabrik und wurde später ein erfolgreicher Geschäftsmann, der die Deutschnationale Partei weitgehend finanzierte. Mit Hilfe von Hugo Stinnes hatte er die Nachrichtenagentur Telegraphen-Union** aufgezogen. Es war ihm gelungen, insbesondere seit Beginn der neuen Wirtschaftskrise eine endlose Zahl von Provinzzeitungen unter seinen Einfluß zu bringen. Um seinen Machtbereich abzurunden, erwarb er auch das größte deutsche Filmunternehmen, die Ufa. Seine ausgedehnte wirtschaftliche Macht ließ ein Heer von Menschen in Abhängigkeit von ihm geraten.

Ich traf mit Alfred Hugenberg sehr oft im Reichstag zusammen. Ich hörte ihn sprechen und konnte nie verstehen, wie ein so schlechter Redner, ein Mann mit so wenig Persönlichkeit und Ausstrahlung, ohne das geringste Anzeichen von geistiger Brillanz, einen derart großen Einfluß ausüben konnte. Ich kann es mir nur durch seine große wirtschaftliche Macht erklären, die ihm die Kontrolle über Tausende von Arbeitsplätzen verschaffte.

Die Volksabstimmung über den Young-Plan war das erste gemeinsame Unternehmen der Parteien Hugenbergs und Hitlers. Es sollte bedeutsam für die Zukunft Deutschlands werden. Hier sei gesagt: Hugenberg und seine Partei sind für den Niedergang Deutschlands in die Barbarei verantwortlich. Sie gaben dem Aufstieg Hitlers den äußeren Anschein der Legalität. Ihre Unterstützung bescherte dem Lager der Nazis die nötige finanzielle Grundlage. Hugenberg machte die Nazis gesellschaftsfähig.

* 20./21. Oktober 1928
** Die TU, gegr. 1913, gehörte seit 1916 zum Hugenberg-Konzern, einer Gruppe publizist. Unternehmen, deren Medien 1918–1933 auf allen Gebieten des Nachrichten-, Presse- und Filmwesens die nationalen und konservativen Auffassungen formulierten und widerspiegelten. 1934 wurde sie mit »Wolffs Telegraphen-Büro« (WTB) zum »Deutschen Nachrichten-Büro« (DNB) vereinigt.

Seit Wochen hatten wir in den Vereinigten Ausschüssen für Auswärtige Angelegenheiten und für Haushaltsfragen über Gesetze für die Durchführung des Young-Planes beraten. Ich nahm an dieser Arbeit aktiv teil, und für jeden objektiv Urteilenden, der sich in die komplizierte Materie vertieft hatte, konnte es keinen Zweifel geben, daß der Young-Plan einen wichtigen Fortschritt darstellte. Jeder Fortschritt kam jedoch zu langsam – im Ausland hatte man noch nicht begriffen, daß die junge Republik im Interesse des Weltfriedens einen entscheidenden Erfolg benötigte.

Statt dessen stand ihr eine neue Demütigung bevor. Als der Finanzminister, Dr. Rudolf Hilferding, dem Reichstag sein Programm neuer Steuern und Anleihen zur Stabilisierung des Budgets darlegte, gab der Vertreter der Reparationskommission eine Erklärung ab, wonach neue Anleihen nur mit seiner Zustimmung aufgenommen werden konnten, die er nur im Einvernehmen mit Dr. Schacht erteilen würde. Die Regierung war somit durch ausländische Intervention gezwungen, sich der Diktatur Dr. Schachts zu unterwerfen, der sich inzwischen mehr und mehr zu einem freiwilligen Handlanger der Reaktion und bald danach der Nazis entwickelt hatte.

Der Konflikt zwischen den Kräften der Reaktion und des Liberalismus spitzte sich bei der Suche nach einer Lösung für die Schwierigkeiten des Arbeitslosenversicherungssystems zu. Dieses System war auf eine Wirtschaftskrise des Ausmaßes, wie sie sich 1929 anbahnte, nicht vorbereitet. Es ist oft argumentiert worden, daß sich die Arbeiterparteien weniger unnachgiebig hätten verhalten sollen, um eine Kabinettskrise und das Ende der Regierung Müller* zu vermeiden. Ich glaube, daß dieses Argument müßig ist. Zur Krise wäre es auf jeden Fall gekommen. Die Konservativen und Reaktionäre hatten in allen Mittelstandsparteien die Oberhand gewonnen, und es gab keine liberalen Parteien im Reichstag, mit denen sich die Arbeiterparteien hätten verbünden können.

Der Sturz Hermann Müllers kann für die Mittelstandsparteien nicht unerwartet gekommen sein. Wäre der Fall seines Kabinetts nicht beabsichtigt gewesen, dann hätte man nicht sofort eine andere Regierung zur Hand gehabt. Diese Regierung wurde schnellstens einberufen, die Rechtskoalition von Dr. Heinrich Brüning. Das neue Kabinett wies von Anfang an starke autoritäre Tendenzen auf; in seiner ersten Erklärung vor dem Reichstag

* 27. März 1930

sagte Brüning: »Dieses Kabinett wurde gebildet, um die nötigen Aufgaben im Interesse der Nation in kürzester Zeit zu erfüllen. Es wird der letzte Versuch sein, mit diesem Reichstag eine Lösung zu finden.«

Es gab keinen Grund, das Kabinett Brüning als die einzige mögliche Regierung zu betrachten und mit der Auflösung des Parlaments zu drohen, falls dieses nicht mit ihr übereinstimmte. Andere Männer und andere Kombinationen hätten gefunden werden können. Es wurde jedoch nunmehr ein neuer Kurs eingeschlagen, und das Palais von Präsident Hindenburg erlangte größere Bedeutung als das Reichstagsgebäude. Bald sollte die Ära der Intrigen beginnen. Es war der Anfang der Regierung durch Verordnungen. Und als im Sommer 1930 eine Mehrheit des Reichstags die Zurücknahme dieser Verordnungen forderte, kündigte Brüning einfach die Auflösung des Reichstags an, ohne einen weiteren Versuch zu einer Verständigung zu machen.

Die Wahlen vom 14. September 1930 waren ein Wendepunkt in der deutschen Geschichte. Es war ein stürmischer Wahlkampf – auf meinen Versammlungen begannen Nazis zu erscheinen. Ohne die ständige Hilfe der republikanischen Miliz, des Reichsbanners, wäre es uns nicht möglich gewesen, unsere Tätigkeit fortzusetzen. Sie schützten unsere Zusammenkünfte, bereit, Gewalt mit Gewalt zu beantworten. Der Wahltag brachte einen Triumph für die Nazis. Während die Sozialdemokraten nur etwa eine halbe Million Stimmen einbüßten (es verblieben 8 572 016), die den Kommunisten zufielen, verlor die Hugenberg-Partei der Deutschnationalen fast die Hälfte ihrer Stimmen an die Nazis, die von 809 541 zwei Jahre zuvor auf 6 401 210 Stimmen anwuchsen. Ihnen kamen die Verluste ihres Verbündeten Hugenberg zugute, und darüber hinaus war es ihnen gelungen, Angehörige der unteren Mittelschicht zu mobilisieren, die bisher nie gewählt hatten.

Eine neue Ära hatte begonnen – eine katastrophale Zeit.

XI. DIE NEUEN BARBAREN KOMMEN

Der Wirtschaftsausschuß des Reichstags hielt eine Sitzung ab. Wir waren in eine lebhafte Debatte über eine Regierungsvorlage verwickelt – die Diskussion zog sich bereits mehrere Tage hin. Plötzlich öffnete sich mitten in der Sitzung die Tür und ein Mann kam herein, den niemand zu kennen schien. Er nahm vor dem Vorsitzenden Platz und bat sofort ums Wort.

Der Vorsitzende, der alte Josef S., an dessen Seite ich saß, flüsterte mir zu: »Wer ist dieser Mann?«

»Ich weiß es nicht – habe ihn noch nie gesehen. Ich werde mich erkundigen.«

Ich fragte andere Ausschußmitglieder, aber niemand kannte ihn. Ich rief einen der Reichstagsordner zu mir und ersuchte ihn, mir das offizielle Handbuch mit den Namen und Fotos aller Mitglieder zu bringen.

Inzwischen war der Fremde in der Diskussion an die Reihe gekommen und hatte zu reden begonnen. Er schien weder über die Tagesordnung noch den Gesetzentwurf, über den wir sprachen, informiert zu sein. Ich sah den alten Josef an; andere warfen mir fragende Blicke zu. Wer ist dieser Bursche? Ist er ein Mitglied des Parlaments?

Ein Vertreter der Volkspartei kam zu mir.

»Glauben Sie, daß dieser Mann zurechnungsfähig ist? Ich habe noch nie im Leben ein so wirres Geschwätz gehört.«

»Sie haben recht«, antwortete ich, »ich werde unserem Vorsitzenden raten, ihn nicht zu unterbrechen. Er könnte gefährlich sein.«

Der Mann redete über eine Stunde lang zusammenhangloses Zeug daher. Wir waren inzwischen alle sicher, es mit einem Verrückten zu tun zu haben. Als das Handbuch schließlich eintraf, sahen wir darin nach und entdeckten, daß es sich bei dem Redner um Gottfried Feder, Mitglied des Reichstags und Verfasser des Parteiprogramms der NSDAP, handelte! (Herr Feder ist inzwischen in Ungnade gefallen; er beging den fatalen Fehler, sein eigenes Programm ernst zu nehmen.)

Dieser Vorfall fand lange vor dem ersten großen Wahlsieg der Nazis statt und war inzwischen fast in Vergessenheit geraten. Er fiel mir jedoch wieder ein, als der neu gewählte Reichstag am 13. Oktober 1930 zum erstenmal zusammentrat. Die Sitzung begann mit einer absurden Farce. Die 107 Mann starke Nazifraktion kleidete sich in der Garderobe des Reichstags um und marschierte in Braunhemden-Uniform in den Plenarsaal ein. Die Nazikleidung war damals verboten, aber die Reichstagsmitglieder nutzten ihre parlamentarische Immunität aus. Draußen übten sich Schlägertrupps der Nazis zum erstenmal im Einschlagen von Fensterscheiben, in Krawallen und der Zerstörung jüdischer Geschäfte, Cafés und Kaufhäuser.

Als ich den Reichstagssaal betrat, fiel mein Blick sofort auf die sonderbare Gruppe von Braunhemden. Dies war die Elite der »arischen« Rasse! – diese lärmende, krakeelende, uniformierte Bande. Ich sah mir ihre Gesichter genau an. Je länger ich sie betrachtete, desto größer war mein Entsetzen: so viele Visagen von Verbrechern und Degenerierten. Welche Degradierung, im gleichen Raum mit einer solchen Sippschaft zu sitzen. Wer sie einmal ansah, mußte auf all die Verbrechen, all die Grausamkeiten und perversen Akte vorbereitet sein, zu denen es wenig mehr als zwei Jahre später kommen sollte.

Am auffallendsten unter ihnen war der ehemalige Leutnant Edmund Heines mit den harten brutalen Zügen eines »Killers«. Das war der Mann, der während seiner Reichstagskampagne angekündigt hatte: »*Feme*mörder[1] Heines wird reden.« Heines war einer der Männer, die auf Befehl Hitlers bei der Säuberung vom 30. Juni 1934 umgebracht wurden; aber sicher nicht, weil er ein Mörder und anomal war – hatte er sich nicht immer mit seinen Akten der Bestialität gebrüstet?

Kurz nach diesem unheilvollen Beginn kam der ehemalige Marineoffizier Hellmut Klotz in den Reichstag, um mit Vertretern der Linken zu sprechen. Klotz hatte der Nazipartei angehört, sie aber wieder verlassen, sobald er die ganze Verlogenheit und Verworfenheit der Bewegung durchschaut hatte. Klotz hatte Briefe aus der Feder von Hitlers Intimfreund Hauptmann Ernst Röhm publik gemacht, die Röhms perverses Sexualleben bloßstellten. Klotz war in den Reichstag gekommen, um über weitere Enthüllungen zu sprechen. Als ich den Plenarsaal für einen Augenblick verließ und in das Foyer hinaustrat, stürzte ein stöhnender und blutbedeckter Mann herein. Es war Hauptmann

---

[1] Angehöriger des Exekutionskommandos des »Freicorps«, einer illegalen militärischen Organisation; wen man des »Verrats« verdächtigte, der wurde ohne Prozeß umgebracht. [Anm. Toni Senders]

Die neuen Barbaren erscheinen –
erste Sitzung des Reichstags nach den Wahlen von 1930;
der Naziblock der Braunhemden links, aus der Sicht des Podiums rechts

Klotz. Er war von einer Meute von Naziabgeordneten unter Führung des Fememörders Heines entdeckt und hinterrücks überfallen worden. Als später die Junisäuberung kam und Hitler der Welt die Lüge aufzutischen suchte, daß er Röhm und Heines wegen ihres unmoralischen Lebenswandels töten lassen mußte, erinnerte ich mich an diese Szene im Reichstag, als die Nazis Klotz fast ermordeten, weil er die Wahrheit bekanntgemacht hatte, die der Führer und seine Handlanger zu verbergen wünschten.

Nach den Septemberwahlen begann die deutsche Tragödie. Das parlamentarische System konnte in einem Parlament, in dem fast die Hälfte der Abgeordneten die Demokratie ablehnten, nicht mehr normal funktionieren. Die zwei stärksten Gruppen der Antidemokraten waren die 107 Nazis und die 77 Kommunisten. Dr. Brüning regierte, obwohl er nicht das ausgesprochene Vertrauen des Hauses genoß, mit Duldung einer Mehrheit. Der größte Teil der legislativen Arbeit erfolgte durch Verordnungen. Wir taten unser Bestes, die politische Diskussion auf einem erträglichen Niveau zu halten. Und es war zweifellos der außerordentlichen Geschicklichkeit des Reichstagspräsidenten, unseres Freundes Paul Löbe, zuzuschreiben, daß dieses Niveau bis 1932 aufrechterhalten werden konnte.

Wenige Tage nach Beginn der neuen Legislaturperiode stand ein Thema auf der Tagesordnung, über das ich auf Anordnung unserer Fraktion sprechen sollte, weil ich mich im Ausschuß immer mit dieser Frage befaßt hatte. Einige Kollegen warnten mich, es nicht zu riskieren, die starke Nazi-Fraktion so bald zu provozieren. Als Frau, Nicht-Arierin und Sozialdemokratin mußte ich darauf gefaßt sein, mit Hohngeschrei empfangen zu werden.

»Um so mehr Grund zu sprechen«, erwiderte ich, »wir können uns nicht den Nazi-Maßstäben beugen.«

Ich hatte kaum zu sprechen begonnen, als ein Hagel von Zwischenrufen, Geschrei und Gelächter seitens der Nazis losprasselte. Ich konterte mit einem scharfen Angriff auf die Störenfriede. Nur in ihre Richtung gewandt, übte ich erbitterte Kritik an ihnen. Wegen des Überraschungseffekts, gewiß nicht aus Anstand ihrerseits, erwies sich meine Taktik als erfolgreich. Der Respekt, den ich mir bei allen anderen Fraktionen des Reichstags erworben hatte, trug zu diesem Ergebnis bei, obwohl die Wirtschaftspolitik einen Kurs eingeschlagen hatte, der es mir unmöglich machte, weiterhin für die Vorlagen der Regierung zu stimmen oder diese zu unterstützen.

Die Nazis waren immer noch in der Opposition – aber das ökonomische Gedankengut der Nazis beeinflußte bereits die Beschlüsse der Regierung. Das Kabinett begann von der Idee Abstand zu nehmen, durch gegenseitige Handelsverträge und die Meistbegünstigungsklausel einen freieren Handel zu schaffen. Der Gedanke der bilateralen Verträge begann an Boden zu gewinnen. Sollte ich die Dinge so laufen lassen, wie es die Mehrheit wünschte? Aber dies bedeutete ein verhängnisvolles Absinken des Lebensstandards der breiten Bevölkerung. Ich meinte kein Recht zu haben, dem zuzustimmen. In vielen Verhandlungen mit dem Wirtschaftsexperten der katholischen Fraktion, Professor Friedrich Dessauer, und in einer Reihe von Konferenzen mit Kanzler Brüning von derselben Partei tat ich mein Bestes, um katastrophale und unwiderrufliche Entscheidungen zu verhindern. Professor Dessauer stimmte mir in einer Reihe von Grundsatzfragen zu, und wir hätten leicht eine Verständigung erreicht. Aber würde Präsident Hindenburg eine Verordnung unterzeichnen, die von den Landwirtschaftsparteien und der Rechten abgelehnt wurde? Das Fehlen eines normal funktionierenden Parlaments machte sich immer stärker bemerkbar, als die Wirtschaftskrise akuter wurde und die Zahl der Arbeitslosen zunahm. Es bedurfte kühner neuer Ideen. Statt dessen betrieb die Regierung eine Politik der Deflation.

Diejenigen von uns, die als Mitglieder des Reichstags darüber zu entscheiden hatten, ob das Kabinett Dr. Brünings weiterhin zu tolerieren sei, standen vor einer schrecklichen Alternative. Die weitere Duldung Dr. Brünings forderte von den werktätigen Massen zu große Opfer – andererseits bot sie die Chance, das republikanische Regime zu erhalten, bis die Wirtschaftskrise vorüber war und bessere wirtschaftliche Voraussetzungen die Rückkehr zu einem normaleren Parlament ermöglichten. Ein Sturz Dr. Brünings enthielt das Risiko einer noch diktatorischeren reaktionäreren Regierung.

Wir meinten deshalb, daß wir es zunächst mit der Duldung versuchen sollten. Aber als Dr. Brüning Verordnungen erließ, die drastische Lohnkürzungen und krasse Einschränkungen der Sozialhilfe und der Mittel für andere soziale Dienstleistungen vorsahen, glaubte ich die Verantwortung für diese Politik nicht länger mittragen zu können. Die einzige Rechtfertigung dieser Duldung konnte der Versuch sein, die Demokratie und die Republik zu retten. Aber wer waren die Menschen, die die Herrschaft der Demokratie wollten und unterstützten? Vor allem die Masse der Werktätigen. Wer sie vor den Kopf stieß, indem er ihre Kaufkraft reduzierte und ihre hart erkämpften Gesetze zum Schutz ihrer Arbeitsbedingungen und ihrer sozialen Sicherung abschaffte, der brachte die Existenz der Republik in unmittelbare Gefahr. Dadurch verlor die Duldung der Regierung Brüning jedweden Sinn. Ich kämpfte in unserer Parlamentsfraktion für diesen Standpunkt, indem ich vor schweren Verlusten beim nächsten Wahlgang und vor einer Schwächung des Kampfgeistes unserer Abgeordneten warnte. Aber die Mehrheit war, wie es so oft geschah, gegen mich, und die Taktik der Duldung des Kabinetts ging weiter.

In diesen sehr schwierigen Zeiten war es überaus wichtig, in engstem Kontakt mit der Wählerschaft zu bleiben. Mindestens ein- oder zweimal in der Woche fuhr ich in meinen Wahlkreis und versuchte, auf öffentlichen Versammlungen unsere Wähler darüber zu informieren, was vor sich ging und warum ich so und nicht anders abgestimmt hatte. Seit den Septemberwahlen von 1930 hatte ich auf fast jeder meiner Versammlungen mit den Nazis zu kämpfen. Und bei den meisten Zusammenkünften waren auch die Kommunisten anwesend. Das führte zu einigen aufregenden Erlebnissen.

An einem Sonntagnachmittag sollte ich in einer Kleinstadt nahe der tschechischen Grenze auf einer Versammlung sprechen. Kaum hatte ich den Saal betreten, spürte ich, daß etwas geschehen würde. Ich sah, daß eine große Gruppe von Nazis da war, die ihre Hakenkreuze zur Schau trugen, und man sagte mir, daß auch erstaunlich viele Kommunisten gekommen seien. Während meiner Rede wurde ich oft unterbrochen, aber es gelang mir dennoch, alles zu sagen, was ich mir vorgenommen hatte. Als ich geendet hatte, meldete sich ein Kommunist zu Wort und griff mich, die Weimarer Verfassung und die Weimarer Republik an.

»Weg mit diesem System!« rief er. Auf ihn folgte ein Nazi. Es war fast das gleiche Lied: »Weg mit diesem Regime!« Als sie fertig waren, erhielt ich das Wort, um zu den Diskussionsbeiträgen Stellung zu nehmen. Ich machte einen guten Anfang, aber dann wurde ein Sprechchor organisiert, der aus zwei Gruppen bestand. Die Kommunisten schrien »Rot Front!« und die Nazis antworteten mit »Heil Hitler!«, wobei einer ihrer Anführer beide Gruppen wie ein *cheer leader* bei einem amerikanischen Fußballspiel dirigierte! Nazis und Kommunisten schrien gemeinsam eine Sozialistin nieder! Ich schämte mich zutiefst für die Kommunisten.

»Das darf nicht wieder passieren. Wir werden keine weiteren

Versammlungen ohne gut organisierten Schutz durch unsere republikanische Miliz abhalten«, sagte ich zu meinen Freunden in Dresden. Sie stimmten mir zu, und ein solcher Vorfall wiederholte sich in meinem Wahlkreis nicht.

Bald danach wurde ich ersucht, in Bischofswerda, einer Industriestadt in Sachsen, zu sprechen. Es war eine eiskalte Winternacht. Allmählich trafen die Zuhörer ein. Dann öffneten sich die Türen, und eine ziemlich große Schar junger Männer, die alle das Hakenkreuz trugen, marschierte herein. Ich freute mich. Angriff ist die beste Verteidigung, dachte ich. Etwas von meinem Thema abweichend, startete ich einen wohl dokumentierten Angriff auf den Nationalsozialismus. Meine jungen Zuhörer wirkten unsicher, als ich geendet hatte. Ich hatte ihnen erklärt, daß wir ihnen eine freie Plattform böten, um ihre Ideen zu vertreten. Sie schienen verlegen und flüsterten untereinander. Inzwischen hatten sich die Kommunisten wie gewöhnlich zu Wort gemeldet und begannen mich anzugreifen. Während dies vor sich ging, kam ein junger Nazi zu mir und brachte mir einen Zettel. Darauf stand: »Wir bedauern – mit Nichtariern können wir nicht diskutieren.« Der Zettel war unterschrieben: »Nationalsozialistische Deutsche Arbeiterpartei – Ortsgruppe Bischofswerda.« Nach der Diskussion stand ich auf, um zu antworten. Ich hatte eben begonnen, als sich die ganze Gruppe junger Nazis erhob und Anstalten machte, den Saal zu verlassen.

»Entschuldigen Sie, junge Herren«, unterbrach ich mich, »wollen Sie nicht einen Augenblick warten? Sie haben mir einen Brief geschrieben und ich möchte Ihnen antworten.«

Sie blieben stehen und wirkten wieder ziemlich verlegen. Dann stammelte ihr Anführer: »Es tut mir leid, aber wir müssen den letzten Zug erreichen.«

»Aber wir sind in Bischofswerda, meine Herren«, erwiderte ich. »Warum müssen Sie mit dem Zug fahren? Haben Sie Ihren Brief nicht mit ›Ortsgruppe Bischofswerda‹ unterzeichnet?«

Noch größere Verlegenheit. Aber sie blieben da wie brave Jungen und hörten mir zu, bis ich geendet hatte. Ob sie ihren letzten Zug versäumten, kann ich nicht sagen. Sie waren tatsächlich nicht von Bischofswerda, sondern Studenten einer Bergbauhochschule in Freiberg, einer anderen Stadt meines Wahlkreises. Die übrigen Zuhörer hatten an diesem Abend großen Spaß.

Ich hatte diesen Vorfall bereits vergessen, als ich auf einer weiteren Sonntagsversammlung in meinem Wahlkreis sprechen mußte. Um diese Versammlung zu schützen, war eine starke Abordnung der republikanischen Miliz den ganzen Weg von

Bischofswerda hermarschiert. Ihre Anwesenheit erwies sich denn auch als nötig. Eine noch größere Gruppe von Nazis, darunter einige in Braunhemden-Uniform, war erschienen. Diesesmal meldete sich nach meiner Rede ein junger Mann mit einem Hakenkreuz zu Wort. Der Kommandant unserer republikanischen Miliz trat schnell an mich heran und flüsterte mir zu: »Toni, das ist derselbe Mann, der dir auf der Versammlung in Bischofswerda den Brief geschrieben hat.« Ausgezeichnet! Als die Nazis lang genug geschrien hatten und die anderen Redner mit ihren Diskussionsbeiträgen fertig waren, erzählte ich der Versammlung von dem Spaß, den wir einige Wochen zuvor in Bischofswerda gehabt hatten, und ich fragte den Nazisprecher, ob er seine Prinzipien immer so rasch ändere. Seine Rassen-Religion verbiete es ihm, mit einem Nichtarier zu diskutieren, erinnerte ich ihn. Meine Rassenzugehörigkeit hatte sich nicht geändert. Hatte er sein Dogma vergessen? Er wußte nicht, was er antworten sollte, der arme Bursche. Sie hatten nur Befehle auszuführen, nicht ihren eigenen Verstand zu gebrauchen.

Aber diese Versammlungen endeten nicht immer angenehm. Oft begannen die Nazis Krawall zu schlagen, zu raufen und mit Stühlen und anderen Dingen zu werfen, so daß sie erst nach einer regelrechten Schlacht aus dem Saal befördert werden konnten.

Es war meine Überzeugung, daß es nicht genügte, die Nazis, obwohl sie eine Sumpfpflanze, ein Produkt der Wirtschaftskrise waren, mit Polizei und negativen Maßnahmen zu bekämpfen. Wir mußten der Wählerschaft beweisen, daß es einen Ausweg aus der Krise und Verzweiflung gab, und wir mußten diesen Weg aufzeigen. Zusammen mit meinem Kollegen S. Aufhäuser bestand ich darauf, daß unsere Experten in der Sozialdemokratischen Partei ein konstruktives Programm auf einer soliden wirtschaftlichen Basis erarbeiten sollten, das wir in allgemein verständliche Sprache übersetzen mußten. Wir brauchten lange, um unserer Idee Anerkennung zu verschaffen. Und es dauerte noch länger, bis wir die Zustimmung der Gewerkschaftsbewegung erlangten. Wir näherten uns dem Jahr 1932, als dieses Programm unter dem Titel *Sozialistische Aktion* endlich veröffentlicht wurde. Darin wurden Maßnahmen zur Überwindung der Krise vorgeschlagen. Leider war es nicht in einer Sprache verfaßt, die volkstümlich genug war, um bei der breiten Öffentlichkeit Resonanz zu finden. Es diente jedoch als Vorbild für den *Plan du travail*, der in Belgien nach der Machtergreifung Hitlers ausgearbeitet wurde und weitreichende Folgen für die politische Situation Belgiens hatte. Inzwischen war das Bündnis zwischen der honorigen Gesellschaft, vertreten durch die Deutschnationale Partei Alfred Hugenbergs, und den Nazis enger geworden. Hugenberg mag ein erfolgreicher Geschäftsmann gewesen sein, aber in der Politik traf er eine Fehlentscheidung nach der anderen und tat sein Bestes, um seine Partei und Deutschland in die Katastrophe zu führen. Im Oktober 1931 versammelte sich Hugenbergs Partei zusammen mit den nationalistischen Kriegsveteranen (dem *Stahlhelm*) und dem *Reichslandbund* mit der NSDAP und Hitlers Braunhemden zu einer großen, demonstrativen Kundgebung in Harzburg*. General von Seeckt und Dr. Schacht sowie Vertreter der Schwerindustrie gehörten ebenfalls diesem neuen Bündnis an. Aber die Nazis beherrschten die Szene, und bei einem separaten Treffen der nationalsozialistischen Reichstagsfraktion war diese unverschämt genug, die mit ihnen verbündeten Organisationen als unerfreulichen »Mischmasch« zu bezeichnen. Sie kündigten an, daß sie später Mussolinis Beispiel folgen und diese wieder loswerden wollten. Wieder hatten wir es mit der unheiligen Allianz zwischen Junkern und Großindustrie zu tun – aber diesmal waren die Nazis, die die eigentliche Kontrolle ausübten, entschlossen, alle zu hintergehen, denen sie Versprechungen gemacht hatten.

Bald nach Harzburg unternahm die Arbeiterbewegung eine gewaltige Anstrengung, ihre Front zu stärken. Der Konflikt zwischen der Demokratie, vertreten vor allem durch die Arbeiterschaft, und der Reaktion, die insgeheim von Teilen der Armee unterstützt wurde, näherte sich einem Entscheidungskampf, und es war klar, daß wir nur dann weiterhin »bürgerliche« Freiheiten genießen würden, wenn wir sie durch eigene Kraft schützten. Die demokratischen Grundsätze, die im Denken der Nation noch nicht tief verwurzelt waren, wurden durch die militanten Kräfte der totalitären Clique in Frage gestellt. Das war der Grund, weshalb sich die Gewerkschaften, die Arbeitersportorganisationen und das Reichsbanner zusammenschlossen und spezielle Kampfverbände, die sogenannte *Eiserne Front*, aufstellten**. Diese Maßnahme erweckte große Hoffnungen und erfüllte uns mit neuem Mut. Leider sollte sie sich im entscheidenden Augenblick nicht als genügend schlagkräftig erweisen. Nur bei kleineren Scharmützeln innerhalb und außerhalb von Versammlungssälen und zum Schutz der *Volkshäuser* und des Arbeitereigentums vor Naziangriffen erwies sie sich als nützlich. Obwohl

---

* »Harzburger Front«
** Mitte Dezember 1931

sie einen Mut bewies, der sie für wichtigere Aufgaben qualifiziert hätte, repräsentierte sie niemals eine geschlossene Arbeiterfront. Den extremen Ernst der Stunde erkennend, schlug der Vorsitzende der Sozialdemokratischen Reichstagsfraktion, Dr. Breitscheid, den Kommunisten in einer großen Rede auf einer öffentlichen Versammlung in Darmstadt eine Beilegung der Meinungsverschiedenheiten vor, welche die beiden Bewegungen trennten. Er bot ihnen Zusammenarbeit im Kampf gegen den Hitlerfaschismus an. Am nächsten Tag, dem 16. November 1931, erteilte ihm die *Rote Fahne*, die kommunistische Zeitung Berlins, eine höhnische Antwort: »Unser Hauptfeind ist die Sozialdemokratische Partei!«*

War die Situation hoffnungslos? Man konnte sich dieses Eindrucks nicht erwehren. Wie oft waren wir im Plenarsaal des Reichstags mit dem grotesken Bild konfrontiert, den Nazi Frick in eifrigem Gespräch mit dem Kommunisten Torgler zu sehen. Sie planten gemeinsam ihre Taktik. Durch diese Zusammenarbeit gelang es häufig, Amnestien durchzusetzen – deren Hauptnutznießer gewöhnlich Nazis waren. Wenn Naziverbrecher zu Gefängnisstrafen verurteilt wurden, konnten sie ziemlich sicher sein, daß ihre Inhaftierung nicht lang dauern würde. Die taktischen Absprachen erstreckten sich auch auf das Verhalten bei Mißtrauensanträgen gegenüber der Regierung Brüning. Welchem konstruktiven Ziel konnte diese Kollaboration jemals dienen? Es gab keine Möglichkeit der Bildung einer neuen Regierung durch die extreme Rechte und extreme Linke. Wer konnte aus dem Chaos Gewinn ziehen? Sicher nicht eine gespaltene Arbeiterbewegung!

Ein aufmerksamer Beobachter des Reichstags konnte in diesen frühen Jahren die Methoden und Techniken der Nazis eingehend studieren. Die Naziabgeordneten waren nicht nur uniformiert, sondern betrugen sich wie gehorsame Soldaten. Obwohl die meisten ihrer Anführer während des Weltkriegs im wehrfähigen Alter gewesen waren, hatte es ihnen ihre Spielart von Patriotismus gestattet, hinter der Front zu bleiben. Ihr Fraktionsführer, Dr. Wilhelm Frick, der jetzige Innenminister, war als Beamter in Pirmasens geblieben, während Arbeiter auf den Schlachtfeldern ihr Leben opferten. Dr. Frick hatte sowieso eine merkwürdige Pflichtauffassung. Als der USPD-Abgeordnete des Bayerischen Landtags Gareis ermordet wurde, hatte er als hoher Beamter der

---

* Richtig: »Gegen die Sozialdemokraten führen wir den Hauptschlag!« (Zit. n.: Franz Osterroth, Dieter Schuster, *Chronik der deutschen Sozialdemokratie.* Hannover 1963, S. 355)

Münchner Polizei den Mördern geholfen, über die Grenze zu entkommen, und sie zu diesem Zweck mit gefälschten Pässen ausgestattet.

Der Nazi-Philosoph Alfred Rosenberg, ein ausgesprochen slawischer Typ, lebte während des Krieges in den baltischen Staaten. Er war russischer Staatsbürger, und als ich ihn im Verlauf eines heftigen Auftritts im Außenpolitischen Ausschuß fragte: »Wo waren Sie während des Weltkriegs?«, wurde er blaß und wütend und weigerte sich, meine Frage zu beantworten.

Goebbels, der Zwerg mit dem Klumpfuß und der schurkischen Visage, der mit finanzieller Unterstützung der katholischen Kirche studiert hatte, saß natürlich hinter dem warmen Ofen, während Arbeiter im Lehm der Schützengräben litten und bluteten. Dennoch besaß er die Unverschämtheit, in einer seiner Reden von der Tribüne des Reichstags mit dem Finger auf die sozialdemokratische Fraktion zu zeigen und sie als »Partei der Deserteure« zu bezeichnen. Proteste erschollen von seiten aller integren Anwesenden. Bleich vor Zorn meldete sich unser junger, fähiger und mutiger Freund Dr. Kurt Schumacher zu Wort. Schumacher hatte vier Jahre lang im Krieg gekämpft. Er war mehrfach schwer verwundet worden, er hatte den rechten Arm verloren, sein Rücken war mit Narben bedeckt. Er bestieg die Rednertribüne und enthüllte in einer kurzen, improvisierten Rede das wahre Gesicht der Nationalsozialisten, wobei er ihnen vorwarf, sie verdankten ihren Erfolg ihrem Appell an die niedrigsten Instinkte des Menschen: »Ihr habt an den inneren Schweinehund im Menschen appelliert!«

Wie kam es zu den sehr häufigen »spontanen Ausbrüchen« der Nazi-Fraktion im Reichstag? Ich beobachtete sie genau, wobei ich mein spezielles Augenmerk auf Hermann Göring richtete, dessen spezielle Funktion darin bestand, die obere Mittelschicht in der Hitlerbewegung zu repräsentieren. Er ließ es sich auch angelegen sein, gebildeter als der Durchschnitt seiner Partei zu erscheinen. Bei näherer Beobachtung wurde mir jedoch seine Methode klar. Ich sah, wie er seine Braunhemden bei verschiedenen Anlässen zu Krawallen während der Reichstagssitzungen anstiftete. Wenn der bestellte Tumult dann ausbrach, stellte er sich vor die Fraktion und gab vor, seine Freunde zu beruhigen, während er sie in Wirklichkeit aufwiegelte. Nach seiner Wahl zum Reichstagspräsidenten (1932) hatte er Gelegenheit, die Kultur und Bildung unter Beweis zu stellen, die er sich angemaßt hatte. Aber der Part, den er damals spielte, war alles andere als ruhmreich. Unfähig, einer turbulenten Versammlung Herr zu werden, bestand sein einziges Mittel aus Gewaltandrohungen. »Halten Sie den Mund, oder ich lasse Sie hinauswerfen« – das war Görings ganze Weisheit. Wenn eine komplizierte Abstimmung bevorstand, ersuchte er den »Marxisten« und ehemaligen Arbeiter Paul Löbe, den damaligen Vizepräsidenten, den Vorsitz zu übernehmen.

Diese »alten Kämpfer« und »hartgesottenen Burschen« wie ihr Führer sie nannte, ließen sich keinen Augenblick herbei, im Reichstag nützliche Arbeit zu leisten. Was man ihnen befohlen hatte und wozu sie das größte Talent besaßen, war, konstruktive parlamentarische Arbeit zu verhindern, um jenes Chaos zu schaffen, von dem sie hofften, es werde ihnen die Machtergreifung ermöglichen.

Brünings deflationäre Maßnahmen trugen nicht zur Überwindung der Krise bei. Im Gegenteil, die Arbeitslosigkeit nahm zu und mit ihr die Verzweiflung der davon Betroffenen. Als im März 1932 in einem Augenblick großer Erregung und Unruhe die Präsidentschaftswahlen stattfanden, sprachen sich im ersten Wahlgang dennoch nur 30,1% der Wähler für Hitler aus, während Hindenburg 49,6% und der Kommunist Thälmann 13% der Stimmen erhielt. Im zweiten Durchgang erzielte Hindenburg 6 Millionen mehr Stimmen als Hitler – 53% der abgegebenen Stimmen gegenüber 36% für Hitler und 10% für Thälmann. Es war ein Ausdruck der extremen Schwäche der deutschen Republik, daß nur Hitler und Hindenburg zur Wahl standen und kein anderer Kandidat Aussicht auf Erfolg hatte. Aber Hitler schien geschlagen, und eine Besserung der wirtschaftlichen Situation konnte nunmehr zu einer vollständigen moralischen und politischen Gesundung des deutschen Volkes führen. Inzwischen wurden jedoch emsig alle Mittel der niederträchtigen Intrige eingesetzt. Reichswehrgeneräle, darunter an erster Stelle Schleicher, waren in Berlin aktiv, während die Junker bei Hindenburgs Besuch auf seinem ostpreußischen Gut ihren Teil beitrugen. Durch dieses Intrigenspiel wurde die Szene für Brünings Sturz vorbereitet. Die Drahtzieher wandten den inzwischen berühmt gewordenen Trick an, den alten Hindenburg glauben zu machen, daß Brüning ein Bolschewik sei. Der Präsident hatte vergessen, daß er seine Wiederwahl in erster Linie Brünings Anstrengungen verdankte. Man redete ihm ein, daß Brüning die Junker enteignen wolle. Dieser Beschuldigung lag die Absicht eines der Kabinettsmitglieder Brünings zugrunde, den mit schweren Hypotheken belasteten und praktisch bankrotten preußischen Großgrundbesitz aufzuteilen. Die Junker, die es gewöhnt waren, auf die Hilfe der Regierung zählen zu können, forderten ein Kabinett ihrer Wahl, das ihren Interessen dienlich sein konnte.

Brüning wurde von Hindenburg entlassen, und sein Nachfolger, von Papen, versammelte ein Kabinett um sich, das der Republik feindlich gegenüberstand – ein Kabinett, das hauptsächlich aus Angehörigen der Aristokratie bestand. Es war die präfaschistische Ära. Das Jahr 1932 wurde das stürmischste in der Geschichte der Republik. Es war ein Jahr, in dem sechs Wahlen stattfanden – alle Leidenschaften wurden entfesselt –, unser Leben glich immer mehr einem Tollhaus.

Von Papens Kabinett zeigte vom ersten Tag an seinen reaktionären Charakter. Alle sozialen Einrichtungen wurden angegriffen; der werktätigen Bevölkerung wurden schwere neue Steuerlasten auferlegt. Diese Regierung wurde in den ersten Wochen von den Nazis unterstützt. Von Papen hatte ihnen die Abschaffung des Uniformverbotes für Privatpersonen versprochen, das, obwohl es viel zu spät erlassen worden war, die Taktik der Nazis dennoch behindert hatte. Er hatte auch die Beseitigung der preußischen Koalitionsregierung und wieder einmal die Auflösung des Reichstags in Aussicht gestellt. Er war naiv genug zu erwarten, daß ihn die Nazis weiterhin unterstützen würden, nachdem er alle ihre Wünsche erfüllt hatte.

Die Aufhebung des Uniformverbots wirkte sich sofort katastrophal aus. Hunderte wurden in den folgenden Wochen von den Nazis getötet, die meisten von ihnen Arbeiter, die überfallen wurden, während sie Versammlungen oder Gewerkschaftseigentum schützten. Am 20. Juli 1932 wurde die preußische Koalitionsregierung unter Führung des Sozialdemokraten Otto Braun durch militärische Gewalt abgesetzt. Der durch von Papen erklärte Ausnahmezustand hatte die gesamte Exekutivgewalt von der Polizei auf die Reichswehr verlagert. Dieser Akt war offenkundig illegal. Hätten sich die preußische Regierung und die Berliner Polizei widersetzen und an die Arbeiter appellieren sollen, sich gegen den Gesetzesbruch zu wehren? Ich war dieser Auffassung und glaube immer noch, daß das hätte geschehen sollen. Aber der preußische Innenminister, Karl Severing, erklärte der Reichstagsfraktion, daß er nach Abwägung aller Möglichkeiten kein Recht zu haben glaube, das Leben Tausender von Arbeitern in einem wahrscheinlichen Kampf mit der Armee zu opfern. Bei allem schuldigen Respekt vor dieser humanen Überlegung glaube ich immer noch, daß es für die deutschen Arbeiter besser gewesen wäre, ihr Leben in einem Freiheitskampf zu riskieren, als einige Monate später hinter den Stacheldrahtzäunen von Konzentrationslagern elend umzukommen.

Ein ernst zu nehmender Einwand wurde gegen meine Haltung vorgebracht: Wie können die Arbeiter kämpfen, wenn sie gespalten sind? Hatten sich die Kommunisten nicht erst kurze Zeit zuvor mit den Nazis in einer Volksabstimmung zusammengetan, die auf den Sturz desselben preußischen Kabinetts abzielte, das jetzt von der Armee abgesetzt worden war? Die Situation war in der Tat ungeheuer verworren. Der Wahlkampf fand in einer Atmosphäre des Bürgerkriegs statt. Das Reichsbanner hatte täglich harte und verantwortungsvolle Pflichten zu erfüllen. Wie viele dieser Männer damals ihr Leben ließen, ist unbekannt. Sie mußten oft stundenlang marschieren. Viele von ihnen waren arbeitslos und unterernährt. Aber es waren Männer von hohem Idealismus, und ich kann nicht ohne ein Gefühl tiefer Dankbarkeit und Bewunderung an sie denken.

Im Jahre 1932 hatte ich mit Professor Dessauer von der Katholischen Partei ein Gespräch, das sich von unserer gemeinsamen Parlamentsarbeit der allgemeinen politischen Lage zuwandte. Ich war mehr als überrascht, als Professor Dessauer fragte: »Glauben Sie nicht, Frau Sender, es wäre gescheiter, daß wir, die Katholiken, die Nazis in das Kabinett aufnehmen und sie erziehen?«

»Um Gottes willen, Professor, machen Sie nicht diesen Fehler!« rief ich aus. »Die Nazis zu erziehen ist eine unmögliche Aufgabe – man kann sie nicht erziehen. Haben Sie nicht ihre Gesichter gesehen? In einer solchen Regierung gäbe es keine Vernunft. Die Katholiken würden nicht die Nazis erziehen; die Nazis würden die Katholiken hinauswerfen!«

Professor Dessauer sprach einen Gedanken aus, der auch Dr. Brüning beschäftigte – er bewies nichts weiter, als daß sie die wahre Natur des Hitlerfaschismus noch nicht erkannt hatten.

Die Wahlen vom Juli 1932 waren von Terror begleitet. Uniformierte Nazis erschienen zu Tausenden schwerbewaffnet auf den Straßen. Das waren sehr junge Männer, von denen viele in SA-Unterkünften wohnten, wo sie neben Essen und Obdach einen kleinen Lohn erhielten. Sie wurden durch die Haltung der Gerichte ermutigt – die Richter waren stärker eingeschüchtert als die übrige Bevölkerung und verhielten sich deshalb gegenüber Nazi-Angeklagten sehr nachsichtig. In diesem Klima von Mord und Terror gelang es den Nazis, ihre Reichstagsstimmen mehr als zu verdoppeln – sie errangen 36,9%* der abgegebenen Stimmen; das war der höchste Sieg, den diese Partei je erzielte, solange es in Deutschland freie Wahlen gab.

Kurz darauf kam es zur »Nacht der langen Messer«, die von den Nazis schon vorher angekündigt worden war. Das ging in Ostpreußen los. SA-Männer warfen Bomben in die Häuser politischer Gegner, brachen in Wohnungen ein und erschossen Männer vor den Augen ihrer Frauen. Sprengstoffattentate auf die Häuser von Sozialisten, Kommunisten und bürgerlichen Gegnern der Nazis folgten. Eine der abscheulichsten Untaten geschah in Potempa in Oberschlesien. Fünf schwerbewaffnete SA-Männer drangen nachts in das Haus eines Landarbeiters ein. Sie zerrten den Mann aus seinem Bett und trampelten vor den Augen seiner Mutter mit ihren schweren Stiefeln auf ihm herum, bis er mit zerfetzter Kehle starb.

Als das Gericht nicht umhin konnte, die Männer, die diese abscheuliche Tat begangen hatten, zum Tode zu verurteilen, telegrafierte Adolf Hitler den Mördern:

»Meine Kameraden, ich fühle mich Euch in unbegrenzter Treue verbunden*.«

Was von der zivilisierten Welt noch übrig war, wurde von Grauen gepackt.

---

* Richtig: 37,8%
** Zitat lt. *Völkischer Beobachter* vom 24. August 1932: »Angesichts dieses ungeheuerlichen Bluturteils fühle ich mich mit Euch in unbegrenzter Treue verbunden. Eure Freiheit ist von diesem Augenblick an eine Frage unserer Ehre. Der Kampf gegen eine Regierung, unter der dies möglich war, unsere Pflicht!«

XII. FLUCHT VOR DEM TERROR

Das war der Gegner, mit dem ich mich in meinen Versammlungen auseinanderzusetzen hatte: In einem der Wahlkämpfe von 1932 organisierten wir eine Massenversammlung in der größten Halle Dresdens, dem *Circus*. Bald nach meinem Eintreffen begannen meine Augen schmerzhaft zu brennen, und Mund und Nase waren gereizt. Plötzlich wurde mir übel. Nazis waren erschienen, um die Versammlung abzubrechen. Sie hatten Stinkbomben mitgebracht, die sie von den Galerien aus auf die Rednertribüne herunterwarfen. Ich sah, wie ohnmächtige Männer und Frauen auf Tragbahren hinausgeschafft wurden. Aber sie sollten ihr Ziel nicht erreichen, nahmen Otto Braun und ich – wir waren als Redner vorgesehen – uns vor. Mit schmerzender Kehle mobilisierten wir unsere ganze Kraft und hielten unsere Reden.

Als ich ein anderes Mal aus einem Saal zu meinem Auto zurückkehrte, berichtete mir der Chauffeur: »Alle Reifen sind aufgeschlitzt worden. Von jetzt an müssen wir während der Versammlungen das Auto bewachen.«

Es war spät nachts, als ich nach einem harten Kampf mit den Nazis einen anderen Versammlungsort verließ. Einer der Polizisten, der an der Bewachung der Versammlung teilgenommen hatte, wünschte mich allein zu sprechen.

»Ich habe soeben Mitteilung erhalten, daß ein Motorradtrupp der Nazis an der Kreuzung am Waldrand außerhalb des Ortes auf Sie wartet. Ich habe Befehl erhalten, Sie zu warnen, auf dem Rückweg nicht diese Straße zu nehmen«, sagte er.

Wir mußten in die entgegengesetzte Richtung fahren, um dem geplanten Hinterhalt zu entgehen.

Meine Berliner Wohnung lag in Wilmersdorf, einem bürgerlichen Wohnviertel, das vorwiegend aus neueren Gebäuden bestand. Bei jedem erdenklichen Anlaß hißten meine Nachbarn die Hakenkreuzfahne. Die einzige rote Fahne flatterte aus meinen Fenstern – aber nicht sehr lange, denn die Nazis rissen sie ab. Ich kaufte eine neue, und während des nächsten Wahlkampfes ärgerte sie wiederum die Braunhemden in meiner Nachbarschaft. Sie reagierten jetzt gewalttätig. Meine Fenster wurden mit

Steinen eingeworfen. Vom Sommer 1932 an fanden sie einen weiteren Weg, mir das Leben sauer zu machen. Sie riefen mich zu jeder Nachtstunde an, gaben sich als Freunde aus und versuchten mir Informationen zu entlocken. Ich war jedoch sehr vorsichtig geworden, da ich von informierter Seite erfahren hatte, daß meine Telefonleitung angezapft worden war. Das Leben wurde immer nervenzermürbender.

Die Leute, mit denen wir es jetzt zu tun hatten, bedienten sich noch anderer Methoden im Vorfeld physischer Gewalt. Die Deutschnationalen, die Partei Hugenbergs, gaben zur Wahl einen Band mit politischen Karikaturen heraus und widmeten darin auch mir einen Absatz. Dort wurde zunächst eingeräumt, daß ich Sex-Appeal hätte, und dann folgte eine Parodie des Liedes, das Marlene Dietrich in ihrem ersten Film, *Der blaue Engel*, gesungen hatte. Sie lautete:

> Ich bin von Kopf bis Fuß
> aufs Zentrum eingestellt,
> das ist meine politische Halbwelt
> und sonst gar nichts.

Diese Parodie wurde in ganz Europa und Amerika von den Zeitungen nachgedruckt. Natürlich wurde sie in Deutschland sehr bekannt.

Alle meine politischen Freunde waren empört. Der Vorstand unserer Parlamentsfraktion beschloß, daß ich die Herausgeber des Buches verklagen solle. Mein lieber Freund, der Anwalt Otto Landsberg, einer der kultiviertesten Menschen, die ich je kennengelernt habe, übernahm den Fall. Er beantragte eine Einstweilige Verfügung, um die weitere Verbreitung der Publikation zu stoppen, weil sie mich in meiner weiblichen Ehre verletze. Die Klage wurde sowohl vom Amtsgericht als auch von der nächsthöheren Instanz abgewiesen. Es hieße, von unseren Richtern zuviel zu erwarten, wenn wir glaubten, daß uns durch sie Gerechtigkeit widerfahren würde. Diese Herren sahen die Flut des Faschismus kommen und hatten den Prozeß der Anpassung selbst eingeleitet.

Nicht lange danach informierte mich eine Reihe von Leuten über Verleumdungen, die von Nazis meines Wahlkreises systematisch gegen mich verbreitet wurden. Auf der Straße und in Gastwirtschaften streuten sie nicht mehr und nicht weniger aus, als daß ich eine Prostituierte sei. Es hieß, daß ich ein extravagantes Leben führte, eine Reihe teurer Pelzmäntel besäße, aber proletarische

Kleider anlegte, wenn ich zu Arbeiterversammlungen ging. Die Einzelheiten variierten etwas, aber der Kardinalpunkt, daß ich eine Prostituierte sei, tauchte immer wieder auf. Nach meinen jüngsten Erfahrungen mit den Gerichten hatte ich keine große Lust, die Verleumder zu verklagen. Es war eine müßige Hoffnung, von den ehrenwerten Rechtspflegern zu erwarten, einer Antifaschistin Gerechtigkeit widerfahren zu lassen und die Ehre einer Frau zu verteidigen. In der Parteizentrale meldeten sich jedoch Zeugen der Hetzkampagne, Leute, die nicht unserer Partei angehörten, aber die mich respektierten und die uns anboten, im Falle eines Prozesses für mich auszusagen. Die Parteileitung hielt es deshalb für meine Pflicht, Klage zu erheben, da man meinte, die mutige Bereitschaft von Bürgern, zu einer Zeit gegen die Nazis auszusagen, in der dies mit Gefahren verbunden war, dürfe nicht ignoriert werden. Es kam zur Gerichtsverhandlung. Otto Landsberg vertrat mich wieder als Anwalt. Ich konnte nicht mehr enttäuscht werden, da ich für die Mehrheit der Richter nur noch Verachtung empfand. Ich war jedoch neugierig, wie sie den Fall behandeln würden, wenn unsere Zeugen bei ihren Aussagen blieben. Unsere Zeugen blieben in der Tat fest und erzählten, was sie gehört hatten. Aber die Nazis fanden im Vertrauen auf die Parteilichkeit der Richter einen einfachen Ausweg. Sie schickten drei ihrer Männer, mit dem Befehl, unter Eid auszusagen, daß sie bei dem Gespräch anwesend gewesen seien (was unsere Zeugen bestritten) und daß sie zwar meinen Namen, aber nicht die diskriminierende Bemerkung gehört hätten. Sie versicherten, daß sie es gehört haben würden, wenn diese Äußerung gefallen wäre. Der Gerichtspraxis entsprechend können positive Behauptungen nicht durch negative widerlegt werden. Aber in diesem Fall erklärten die Richter, daß die widersprüchlichen Aussagen einander aufhöben, und sprachen den Angeklagten frei. Daß die Nazis einen Meineid begangen hatten, kümmerte die Richter genausowenig wie die Ehre einer Antifaschistin. Das einzige, was ihnen wichtig erschien, war die Erhaltung ihrer Ämter im Falle eines Nazisieges. Die aktiven Gegner des Faschismus in Deutschland waren vogelfrei, lange bevor die Nazis die Macht ergriffen. Wir mußten Spießruten laufen und brauchten starke Nerven, nicht nur wegen der Skrupellosigkeit der Nazigangster, sondern auch wegen der Feigheit derjenigen, deren Pflicht es war, die Einhaltung der Gesetze zu gewährleisten.

Der im Juli 1932 gewählte Reichstag überlebte seine erste Sitzung nicht. Als das Parlament am 12. September zusammentrat, wurde die Aufhebung der antisozialsten Verordnungen beantragt, die die Regierung von Papens erlassen hatte. Während darüber abgestimmt wurde, präsentierte von Papen den vom Präsidenten unterzeichneten Befehl zur Auflösung des Reichstags. Als Grund wurde die Befürchtung angegeben, daß der Reichstag die Verordnungen aufheben würde. Ein solcher Beschluß zählte jedoch zu den legalen, von der Verfassung garantierten Rechten des Reichstags. Der erstmals zum Reichstagspräsidenten gewählte Göring gab vor, um der demokratischen Rechte willen zu protestieren! Es war wirklich eine Farce – die als Verächter der Verfassung bekannten Faschisten spielten die Rolle ihrer Verteidiger!

Ich nahm an den Sitzungen des Interimsausschusses teil, der die Rechte des Reichstags wahrnahm, solange dieser außer Kraft gesetzt war, und wurde dort Zeuge, wie die Nazis die Rechte der Volksvertreter zu verteidigen suchten. Sie verfügten über kein juristisches oder technisches Wissen, waren unerfahren und plump. Sie fragten Dr. Rudolf Breitscheid um Rat. Er antwortete ihnen mit sarkastischem Humor.

»Sind Sie nicht froh darüber, daß die Absicht Ihres Führers noch nicht verwirklicht wurde?« fragte er sie. »Er hat vor dem Obersten Gerichtshof in Leipzig erklärt, daß Köpfe im Sand rollen werden, sobald er die Macht übernimmt. Sie könnten kaum Ratschläge von unseren Köpfen bekommen, wenn diese im Sand rollen würden.«

Warum waren die Nazis plötzlich gegen Neuwahlen, sie, die zur Zeit der schlimmsten Wirtschaftskrise immer für Auflösung und Neuwahlen eingetreten waren, in der Hoffnung, von dem Chaos zu profitieren? Wußten sie, daß es mit ihnen bergab ging?

Ein weiterer Wahlkampf mußte bestanden werden. Wir verloren etwa 708 000 Stimmen an die Kommunisten, aber das sensationellste Faktum der Wahl vom 6. November 1932 war, daß die Nazis 2 Millionen Stimmen einbüßten. Es war also kein unaufhaltsamer Aufstieg, was diesen Propheten der Gewalt Macht verlieh! Die wirtschaftlichen Bedingungen hatten sich, wenn auch langsam, zu bessern begonnen.

Kurz vor den Wahlen griffen die Nazis in ihrem Bemühen um Arbeiterstimmen zu einer spektakulären Taktik. Sie taten sich bei der Organisation eines Streiks gegen das Berliner städtische Verkehrssystem mit den Kommunisten zusammen. Obwohl die Abstimmung unter den Arbeitern nicht die für einen Streik notwendige Mehrheit ergeben hatte, wurde die Arbeitsniederlegung durch gewaltsame Mittel erzwungen. Ich nehme an, daß sich die Betriebsleitung durch die Haltung der Nazis nicht täuschen ließ. Ich weiß von einem früheren Streik, bei dem die Metallarbeiter scheinbar von den Nazis unterstützt wurden, was die Industriellen jedoch nicht im mindesten beunruhigte. Aus einem Bericht, den ich über ein geheimes Treffen der sächsischen Industrievertreter erhielt, ging hervor, daß ihnen der Nazianführer erklärt hatte: »Mißverstehen Sie unsere Haltung nicht. Wir Nazis haben vor, Ihnen die Arbeiter zu bringen und müssen uns deshalb so verhalten, um ihr Vertrauen zu erringen. Später wird es keine Gewerkschaft, keine Streiks mehr geben . . .«

Nie war die politische Moral in Deutschland auf einem tieferen Stand als zur Zeit, da die sogenannten »Herren« im Kabinett den Ton angaben. Die Regierung von Papens stürzte infolge von Intrigen, und das Kabinett General von Schleichers wurde aus der Taufe gehoben. Und der General wurde durch die gleichen Methoden abserviert, die er benutzt hatte, um zum Zug zu kommen. Das Programm Schleichers zeugte jedoch zugegebenermaßen von einem größeren Verständnis gesellschaftlicher Bedürfnisse. Er stellte einige verlorengegangene Rechte der Arbeiter wieder her, und er weigerte sich, an der Vertuschung eines unerhörten Skandals mitzuwirken. Während dieses letzten, kurzlebigen legalen Reichstags der Republik enthüllten die Sozialdemokraten eine unerhörte Korruption in Form von Regierungskrediten, die unter der Bezeichnung »Osthilfe« einer kleinen Gruppe von Junkern, Grundbesitzern, die sich durch Mißwirtschaft hoch verschuldet hatten, zugeschanzt worden waren. Unter den Empfängern befand sich auch die Frau des abgedankten Kaisers, Hermine, und einflußreiche reaktionäre Politiker. Die Familie Hindenburgs hatte nicht weniger als 620 000 Mark erhalten!

Die Geschichte all der Intrigen, die sich daran anschlossen, ist noch nicht völlig aufgedeckt. Daß dieser von den Nazis gedeckte Korruptionsskandal das Sprungbrett war, das die Faschisten an die Macht bringen sollte, ist jedoch eine historische Tatsache. Im Hause des Kölner Bankiers Baron Kurth von Schröder wurde der Pakt zwischen Hitler und dem Reichspräsidenten mit Hilfe des Erzintriganten Franz von Papen besiegelt. Ende Januar war Adolf Hitler deutscher Reichskanzler – der Mann, der zwei Monate vorher in verzweifelter Stimmung gewesen war, weil er sich geschlagen wähnte. Er hatte sein Ziel erreicht. Er würde der Welt jetzt zeigen, wie Faschisten Wahlen abhalten.

Sofort machte er sich daran, das Fundament für einen Nazistaat zu legen. Fast täglich wurde ein neuer hoher Beamter aus dem

Amt gejagt und durch einen eingefleischten Nazi ersetzt. Die Polizeigewalt wurde einem systematischen Wandel unterzogen. Ich war aufs höchste alarmiert. Würden wir ihnen ohne Widerstand seitens der Arbeiter gestatten, langsam, aber sicher an die Macht zu kommen? Unmöglich. Warum hatten wir die *Eiserne Front* aufgebaut und alle Arten von Vorbereitungen getroffen, wenn nicht, um zu kämpfen? Wenn wir zu lang warteten, konnte es zu spät sein. Einige Tage nachdem Hitler Kanzler geworden war, arbeitete ich in der Redaktion der Zeitschrift *Frauenwelt*. Ich beschloß, in das Büro des Parteivorstands hinaufzugehen, das sich im selben Gebäude befand, um mich mit den Parteiführern zu beraten. Ich traf nur den Genossen C. an.

»Genosse C.«, sagte ich zu ihm, »ich glaube, die Zeit ist gekommen, um der *Eisernen Front* ein Signal zu geben, daß wir uns der Machtergreifung des Faschismus in Deutschland widersetzen müssen.«

»Wie sollen wir den Kampf beginnen? Die anderen haben die Waffen.«

»Ich weiß. Aber wir haben noch eine mächtige Waffe, die auch schon früher erfolgreich eingesetzt wurde – den Generalstreik«, antwortete ich.

»Aber Toni, was wäre der unmittelbare Anlaß dieses Streiks – mit welcher Parole könnten wir die Arbeiter dazu aufrufen?«

»Siehst du nicht, daß die Nazis alle Schlüsselpositionen im Staat und in der Verwaltung zu besetzen beginnen? Wenn wir wirklich die Absicht haben, der Konterrevolution Widerstand zu leisten, dann könnte dies unsere letzte Chance sein. Hitler wird uns keine gängige Parole liefern – aber die Massen werden uns verstehen.«

Genosse C. schüttelte den Kopf. Er glaube nicht, daß der richtige Moment gekommen sei. Während wir noch miteinander redeten, gesellte sich Professor Decker, ein gemeinsamer Freund, zu uns.

»Toni möchte jetzt einen Generalstreik«, begrüßte Genosse C. Professor Decker. »Was halten Sie davon?«

Decker legte sich nicht fest – und ich verließ die beiden in tiefer Sorge über die weitere Entwicklung.

Ich mußte in meinen Wahlkreis fahren. Ein weiterer Wahlkampf, der erste unter der Naziherrschaft, hatte begonnen. Es schien offenkundig, daß die Nazis mit legalen Mitteln nicht die Mehrheit erlangen konnten. Deshalb mußten wir auf alle Arten von Überraschungen gefaßt sein. Sie hatten jetzt ihre Chance und würden sie sich nicht aus der Hand nehmen lassen. Ich wurde von Sozialisten in vielen Wahlkreisen außerhalb meines eigenen gebeten, zu kommen und ihnen zu helfen. Ich tat, soviel ich konnte. Natürlich half ich meinen alten Freunden in Hamburg und in Bremen. Alle diese Versammlungen wurden trotz Drohungen seitens der Nazis abgehalten, wobei die Polizei in der Regel den Faschisten half, indem sie mich darauf hinwies, daß ich kein Recht hätte, die Regierung anzugreifen! Ein antifaschistischer Wahlkampf ohne das Recht, die an der Macht befindlichen Faschisten zu kritisieren! Aber von den sozialistischen Arbeitern schlug mir überall ein großartiger Kampfgeist entgegen. Mein Eindruck war, daß sie nur auf das Signal der Führungsgremien warteten, um für ihre Rechte und ihre Freiheit zu kämpfen.

Ich beschloß, auf dem Rückweg nach Dresden einige Stunden in Berlin haltzumachen. Ich wollte mit dem Hauptvorstand der Partei sprechen, um mich zu vergewissern, daß der Beschluß zu kämpfen gefaßt werden würde, bevor alles verloren war. Wenige Minuten nachdem ich meine Wohnung betreten hatte, läutete mein Telefon.

»Grüß dich!« sagte die Stimme. »Ich wollte nur wissen, ob du da bist – wenn ja, komme ich zu dir. Bitte warte.«

»Gut. Ich werde auf dich warten.«

Obwohl er seinen Namen nicht genannt hatte, erkannte ich die Stimme eines guten Freundes, der bis vor kurzem Staatssekretär gewesen war. Bald danach kam er.

»Ich habe nur wenige Minuten Zeit«, sagte er sofort. »Ich habe dich nicht von zu Hause angerufen. Das wäre zu gefährlich gewesen. Ich habe eine wichtige Information für dich. Ein Offizier der Braunhemdenarmee hat mir gesagt, daß dein Name zusammen mit drei anderen [die er mir nannte] auf einer Schwarzen Liste steht. Um den 5. März herum wird dir etwas Schlimmes zustoßen. Ich weiß nicht, ob früher oder später. Jedenfalls gibt er dir den Rat, so schnell wie möglich zu verschwinden.«

»Ich danke dir für deinen Freundschaftsdienst«, antwortete ich. »Im Augenblick kann ich jedoch nichts anderes tun als den Kampf fortsetzen. Solange es noch möglich ist, werde ich in meinen Wahlkreis zurückkehren. Ich hoffe, dich wiederzusehen. Wenn nicht, werde ich nie vergessen, was du für mich getan hast.«

Aber bevor ich nach Dresden zurückkehrte, besuchte ich den Vorsitzenden und Fraktionsführer unserer Partei im Reichstag, Otto Wels. Auf meine Bitte kam er allein zu unserer Besprechung.

»Genosse Wels«, sagte ich, »du hast mir vor einiger Zeit gesagt, daß die Arbeiterbewegung beschlossen habe, zur entscheidenden Schlacht gegen den Faschismus anzutreten. Ich bin im Lande herumgereist und habe den Eindruck gewonnen, daß die Männer der *Eisernen Front* auf deine Befehle warten. Ich kenne all die Schwierigkeiten der jetzigen Stunde. Ich bin mir der Tatsache bewußt, daß wir nicht die Waffen haben. Es kann sein, daß unser Kampf nicht mit einem Sieg enden wird – selbst in diesem Fall ist es besser, in einer Schlacht zu unterliegen als kampflos zu verlieren. Sollte die Arbeiterbewegung in den Untergrund gezwungen werden, können wir nur dann an die Arbeiter appellieren, wenn wir zuerst alles, was von unserer Macht noch übrig ist, aufgeboten haben, um ihre Versklavung zu verhindern.«

»Ich weiß, Toni. Und nimm dieses Wort mit«, antwortete Wels. »Wir werden kämpfen – wahrscheinlich vor dem 5. März.«

Die Antwort ermutigte mich. Sie befähigte mich, den Kampf fortzusetzen und neue Risiken auf mich zu nehmen. Ich war überzeugt, daß Otto Wels meinte, was er zu mir sagte – und ich glaube das immer noch. Welche Kräfte ihn daran hinderten, seine Absicht zu verwirklichen, habe ich nie genau erfahren. Mein Eindruck ist, daß die Gewerkschaftsführung im entscheidenden Moment zu dem Schluß kam, die Pläne der Partei nicht unterstützen zu können. Und die Gewerkschaften waren als Basis jeglichen Widerstands selbstverständlich unentbehrlich.

Zuversichtlich nahm ich den Zug nach Dresden. Für den folgenden Sonntag hatten wir eine große Versammlung in einem Stadion geplant. Es war kalt, und der Boden war mit Schnee bedeckt. Aber unsere Dresdener Arbeiterbewegung bestand aus bewährten, zuverlässigen Männern und Frauen. Nie werde ich den Anblick dieser Fünfundsechzigtausend vergessen, die an diesem kalten Sonntagnachmittag im Schnee standen. Ich dachte an mein Gespräch mit dem Genossen Wels und sprach im Bewußtsein des Ernstes der Lage zu ihnen, ermutigte sie aber auch für den bevorstehenden Kampf. Bevor ich begann, hatte mich ein Polizeioffizier gewarnt, »vorsichtig« zu sein. Und während meiner kurzen Rede trat er mehrmals auf mich zu, um seine Warnung zu wiederholen – ich konnte meine Ansprache ohne Störung beenden.

Der Bericht über die Versammlung, der am nächsten Tag in der Dresdener Nazizeitung erschien, war in drohendem Ton verfaßt. Die Regierung Sachsens wurde aufgefordert, mir einen Maulkorb zu verpassen. Aber ich fuhr fort, auf meinen Versammlungen zu sprechen. Nach der letzten Rede am Abend des Montags,

Die letzte Versammlung in Dresden, auf der Toni Sender sprach

des 28. Februar, traf ich am Dresdener Hauptbahnhof meinen Freund Wilhelm Sander, den Bezirkssekretär der Partei, und seine Frau. Wir wurden durch eine Meldung aufgeschreckt: »Der Reichstag steht in Flammen.« Unser Verdacht, daß nur die Nazis daran interessiert sein konnten, das Reichstagsgebäude niederzubrennen, wurde durch die Art und Weise bestätigt, wie die Nazis den ganzen folgenden Tag über die Nachricht verbreiteten. Sie hatten gezeigt, daß sie vor keinem kriminellen Schritt zurückschreckten.

In Dresden gaben sie eine Zeitung mit dem Titel *Judenspiegel* heraus. Die ganze erste Seite nahm ein Bild von mir ein, und im Text darunter wurde angedeutet, daß man mich beseitigen solle.

Die Atmosphäre rings um mich bekam etwas Fieberhaftes. Auf den Straßen drängten sich schwerbewaffnete Braunhemden mit einem, manchmal zwei Revolvern im Halfter. Manche hatten Handgranaten. Da mich in Dresden fast jeder kannte, wurde es zu einem Wagnis, allein durch die überfüllten Straßen zu gehen. Ich begab mich in die Parteizentrale, und während ich mit Sander die Lage erörterte, traf einer unserer führenden Genossen ein. Atemlos fragte er mich: »Hast du das neue Flugblatt über dich gesehen, das die Nazis verteilen? Es enthält eine offene Morddrohung.«

»Kannst du mir eines geben?« antwortete ich.

Inzwischen hatten in Berlin Massenverhaftungen begonnen. Eine sozialdemokratische Zeitung nach der anderen wurde verboten – auch unser Dresdener Organ fiel unter das Verbot. Ich fuhr auch weiterhin allein mit dem Auto zu meinen Versammlungen außerhalb der Stadt. Die Regierung von Sachsen war gezwungen worden, SA-Leute als Hilfspolizisten einzustellen. Meine Versammlungen wurden durch große Polizeiaufgebote geschützt; die Regierung war sich der drohenden Gefahr bewußt. Aber was für ein fragwürdiger Schutz durch Polizei, unter der sich Nazis, meine Feinde, befanden! Nach einer Versammlung in einer kleinen Ortschaft kam der Polizeichef zu mir, um mir seine Achtung vor meinem Mut, wie er sich ausdrückte, zu bekunden. Es freute mich, von dieser Seite Unterstützung zu finden.

Der Wahlkampf näherte sich seinem Ende. Ich wurde von vielen Seiten vor der Pogromstimmung gewarnt, die um meinen Namen entfacht worden war. Ich war mir immer der Tatsache bewußt gewesen, daß ein Mensch, der in revolutionären oder konterrevolutionären Zeiten an der politischen Front steht, damit rechnen muß, eines unnatürlichen Todes zu sterben. Aber ich dachte dabei an den Tod in offener Schlacht – nicht durch heimtückischen Mord. Und ich hatte immer noch eine – wenn auch geringe – Hoffnung, daß es zum letzten Gefecht kommen werde.

Jeden Abend staunte ich, daß ich noch am Leben war. SA-Leute versuchten, mich in Berlin zu verhaften, wo irrtümlich angekündigt worden war, daß ich auf einer Versammlung sprechen würde. Der Ring um mich begann enger zu werden.

Ich erinnerte mich an das Angebot eines Freundes von mir, eines Arbeiters.

»Wenn du in großer Gefahr sein solltest«, hatte er zu mir gesagt, »komm zu mir. Ich kenne jeden Stein an der tschechischen Grenze. Ich werde dir helfen. Verlaß dich auf mich.«

Mit Hilfe meiner Freunde gelang es mir, das Dorf zu erreichen. Ich betrat das Haus meines Freundes – er war nicht zu Hause. Auch er war gezwungen gewesen zu flüchten. Seine Frau kannte ich nicht. Teilte sie die Überzeugungen ihres Mannes? Konnte ich ihr erzählen, was mich zu dieser ungewöhnlichen Stunde zu ihr führte? Nach einem kurzen Gespräch sagte sie:

»Sie können mir sagen, warum Sie gekommen sind – Sie können sich auf mich verlassen.«

Ich vertraute ihr. Nachdem ich es ihr gesagt hatte, antwortete sie:

»Ich kann das genauso gut tun wie mein Mann. Gehen wir zusammen. Ich bin in wenigen Minuten bereit. Nehmen Sie Ihren Hut ab – wir müssen die Straßen meiden und den Weg hinter den Häusern benutzen. Sie müssen sich wie eine Ortsansässige anziehen.«

Wir waren gerade im Begriff, zusammen das Haus zu verlassen, als ein Mann eintrat.

»Seien Sie nicht beunruhigt. Ich wollte Sie nur fragen, ob Sie wissen, daß die ganze Grenze von SA-Leuten besetzt ist?« sagte er.

Das hatten wir nicht gewußt. Und er war sich nicht bewußt, wie wertvoll seine unbeabsichtigte Warnung für uns war.

»Haken Sie sich unter und kommen Sie mit«, flüsterte mir die Frau zu. »Sehen Sie sich nicht um, sonst könnte man Sie erkennen. Versuchen wir, ganz harmlos zu wirken.«

Unsere Herzen schlugen wie wild, während sie mich vorsichtig führte. Wir schlugen einen Bogen um alle Hauptstraßen und vermieden es, Leuten zu begegnen – zu viele kannten mich durch meine jahrelangen Wahlkämpfe in dieser Gegend. An der Hinterseite der Häuser entlang, über Feldwege und Äcker gingen wir und überquerten Bäche, ohne es zu wagen, uns umzudrehen, und doch jede Bewegung, jeden Schatten beobachtend. Jede Minute dehnte sich zu einer Stunde. Es schien mir, als würden wir nie ans Ziel kommen ...

»Wir sind in der Tschechoslowakei«, vernahm ich endlich die erlösenden Worte. Sie muß gespürt haben, daß ich ihr um den Hals fallen wollte.

»Nichts dergleichen«, flüsterte sie mir zu. »Wir können immer noch gesehen werden, und ich muß über die Grenze zurück zu meiner Familie.«

Sie begleitete mich zu einem Bauernhaus, wo tschechische Freunde von ihr lebten. Sie verhalfen mir zu einem Auto, das mich in die nächste Kleinstadt brachte. Es war ein schmerzlicher Augenblick, als ich mich von der großartigen, mutigen Frau verabschieden mußte. Ich werde sie nie vergessen.

Gerettet! Frei! Aber ist das die Tschechoslowakei – diese Stadt mit den vielen Hakenkreuzfahnen und Hakenkreuzemblemen? Der unerträgliche Terror schien bereits die Grenze überschritten zu haben.

Ein Freund, Dr. Kurt Löwenstein, war vor mir über die Grenze gegangen. Ich versuchte ihn ausfindig zu machen. Er war nachts in seiner Berliner Wohnung von SA-Leuten überfallen worden und hatte sich mit seiner Frau im Schlafzimmer hinter Möbeln verbarrikadiert. Dutzende von Schüssen hatten die Tür durchsiebt – aber fast wie durch ein Wunder waren sie unverletzt geblieben. Die SA-Leute hatten jedoch die Jagd nach ihnen nicht aufgegeben. So mußten auch er und seine tapfere Frau fliehen, um am Leben zu bleiben.

Was war unser Verbrechen? Die Freiheit zu sehr geliebt zu haben. Aber wie hätte ich anders gekonnt? War nicht mein ganzes Leben ein Kampf um mehr Freiheit gewesen – um gesellschaftliche Bedingungen, unter denen jedes Individuum die Bedürfnisse empfinden und befriedigen kann, die uns erst zum Menschen machen?

Frauendemonstration. Foto aus der »Kämpferin«, 1932

Toni Sender, USA

XIII. NEUES ENGAGEMENT

Ich fand Kurt Löwenstein. Wir mußten die wenigen verbleibenden Nachtstunden in der Ortschaft verbringen, wo wir uns getroffen hatten. Da ich ohne Gepäck war, hatte ich in dem kleinen Gasthof den Argwohn des Portiers erweckt und zog es vor, am nächsten Morgen früh aufzubrechen. Wir hatten beide Freunde auf der tschechischen Seite der Grenze. Ich wollte in direktem Kontakt mit den Arbeitern von Sachsen bleiben, um sofort bereit zu sein, falls sich die ersten Anzeichen eines Kampfes zeigten. Mein Ziel, die Grenzstadt zu erreichen, war nicht ungefährlich. Die Züge, die wir benutzten, berührten manchmal deutsches Gebiet, und wir konnten uns mit den Schaffnern nicht verständigen, von denen die meisten nur Tschechisch sprachen.

Als ich schließlich bei meinem Freund, K., eintraf, bot er mir sofort Asyl in seinem Heim an. Wir machten uns gleich daran, den Kontakt mit Sachsen herzustellen. An einem Tag schickten wir einen Genossen nach Deutschland, und am nächsten kam ein männlicher oder weiblicher Kurier über die Grenze und erstattete uns Bericht. Wir richteten den ersten Nachrichtendienst aus dem Lande der Barbaren ein.

Die verübten Grausamkeiten waren schlimmer, als eine normale Phantasie sie ersinnen konnte. Die Augen einer unserer Frauen füllten sich mit Tränen, als sie beschrieb, wie ihr Mann in den Folterkeller der Gestapo geschleppt und halbtot geprügelt worden war. Obwohl es ihr mit ihrer Liebe und ihrem Mut schließlich gelang, ihn aus den Händen der Gestapo zu befreien, waren seine körperlichen und noch mehr seine seelischen Leiden so schrecklich gewesen, daß er kein Wort mehr sprach.

Die Leute, die in der Nachbarschaft des Dresdener Volkshauses wohnten, das uns gestohlen worden war und von der Gestapo als Folterhaus benutzt wurde, klagten, daß sie jede Nacht das Schreien und Stöhnen der unseligen Opfer des Nazi-Sadismus hörten.

Für eine kurze Weile schien es, als ob es Widerstand geben würde – die Betriebsräte meines Wahlkreises waren zusammengekommen und hatten beraten, und sie waren bereit, einen Generalstreik auszurufen, falls sich der Gewerkschaftsvorstand von Berlin damit einverstanden erklärte. Die nach Berlin entsandten Delegierten brachten jedoch eine negative Antwort zurück, so daß die Bewegung im Keim erstickt wurde. In der deutschen Arbeiterklasse herrschte zuviel Disziplin.

Der Kameradschaft der deutschsprechenden Sozialisten des Sudetenlandes wird mir unvergeßlich bleiben. Frau K., auf deren Schultern die ganze Last des Haushalts ruhte, schien nie müde zu werden, obwohl sich in ihrem Heim eine von Tag zu Tag größer werdende Zahl von Flüchtlingen und Boten von der anderen Seite drängten; sie war eine gleichbleibend freundliche, geduldige Gastgeberin. Wie schlecht wurde ihr und vielen anderen Freunden ihre großartige Menschlichkeit gelohnt! Fünf Jahre später, als die Nazis im Sudetenland einmarschierten, war kein freundlicher Nachbar da, der ihnen geholfen hätte. Die tschechische Republik, die sie so mutig unterstützt hatten, trieb die Flüchtlinge in die Arme der Invasoren zurück.

Trotz Frau K.s Gastfreundschaft erlitt ich einen furchtbaren körperlichen und seelischen Zusammenbruch. Ich hatte hohes Fieber und war sehr schwach – ein Rückfall in meine alte Krankheit. Ich konnte es mir jedoch nicht leisten, in diesem Augenblick meine Energie einzubüßen. Ich wollte nicht, daß meine Familie, insbesondere meine Mutter, von meinem Aufenthaltsort erfuhr. Nur auf diese Weise konnten sie guten Gewissens bestreiten zu wissen, wo ich mich aufhielt, falls sie von den Nazis verhört wurden.

Aber das körperliche Leiden war leichter zu ertragen als der moralische Zusammenbruch. Waren all die Anstrengungen und Opfer von beinahe zwanzig Jahren vergebens gewesen? War Deutschland für immer für die zivilisierte Welt verloren? Bedeutete diese Niederlage, daß die Gewalt stärker ist als der Geist und es immer sein wird?

Diese Zweifel waren quälend – aber sie mußten gründlich untersucht werden. Nach kurzer Zeit kamen jedoch Genossen über die Grenze, die uns erzählten, wie mutig und ungebrochen der Geist all jener war, die die Erfahrungen und die Schulung durch unsere Arbeiterbewegung durchgemacht hatten. Sie würden keine Nazis werden – man konnte sie für den Augenblick durch beispiellosen Terrorismus zum Schweigen bringen, aber an ihren tiefverwurzelten Überzeugungen änderte sich nichts. Sie spürten, daß ihre Zeit wieder kommen würde. Vielleicht mußte dieses Land erst durch die Hölle gehen, aber aus diesem schrecklichen Leiden würde eines Tages eine freie Nation hervorgehen – nicht die von Hader zerrissene Weimarer Republik, sondern eine freie Gemeinschaft, stark verwurzelt in einer neuen sozialen Ordnung. Zumindest waren dies die Worte eines jungen Genossen, den ich später an der Grenze traf, einer der heldenhaften unbekannten Soldaten der Untergrundbewegung.

Also war doch nicht alles vergebens gewesen. Der Kampf konnte weitergehen. Nicht mehr in dem Land, wo ich geboren worden war – aber wo auch immer in der Welt Menschen nach sozialer Gerechtigkeit, echter Freiheit und Menschlichkeit streben, kann man sich heimisch fühlen.

Meine Freunde in der Tschechoslowakei boten mir dort journalistische Arbeit an. Ich beschloß jedoch, sie nicht anzunehmen – aus zwei Gründen. Der eine war die geographische Lage der tschechischen Republik in Zusammenhang mit Hitlers Programm, wie er es in *Mein Kampf* dargelegt hatte, und der zweite die Erwartung, daß noch viel mehr Flüchtlinge in ein Land strömen würden, wo sie ihre eigene deutsche Sprache verwenden konnten. Da ich auch andere Sprachen beherrschte, konnte ich genausogut weiterreisen. Ich dachte an Paris.

Auf meinem Weg in die französische Hauptstadt machte ich in Belgien Station. Ich wollte wieder den Kontakt mit meiner Familie herstellen. Ich war überrascht und glücklich, im Hause meiner Schwester in Antwerpen meine Mutter anzutreffen. Sie war nur zu Besuch gekommen, ohne zu wissen, daß dies ihr Heim werden sollte.

Ich war kaum in Antwerpen angekommen, als mich mein alter Freund Willem Eekelers anrief. Er wollte mich sehen, wollte, daß ich für ihr Tagblatt, die *Volksgazet* schreibe und die unverständlichen Ereignisse in Deutschland erkläre. Willem bewies nicht nur echtes Verständnis, sondern auch wahre Kameradschaft. In der Redaktion der *Volksgazet* war zufällig eine Stelle frei. Er wollte mich als Leitartikler für außenpolitische Fragen vorschlagen. Rascher als ich es erwartet hatte, war ich untergebracht. Ich mußte Flämisch lernen, das in diesem Teil Belgiens fast ausschließlich gesprochen wird. Meine Kollegen bei der Zeitung nahmen mich freundlich auf, und insbesondere der Chefredakteur Adolf Molter erwies sich als kultivierter Mann von seltenem Takt. Langsam erholte ich mich körperlich und war von meiner neuen Aufgabe voll in Anspruch genommen.

Camille Huysmans, der Herausgeber der Zeitung, der jeden Tag in den frühen Morgenstunden kam, um seine Kolumne zu diktieren, war gleichzeitig Bürgermeister der Stadt und Parlamentsabgeordneter. Ich kannte ihn gut von den vielen internationalen Kongressen, an denen wir beide teilgenommen hatten, und auch von unseren nationalen Parteitagen her, denen er als Delegierter beigewohnt hatte. Er ist eine der bemerkenswertesten Figuren in der internationalen Arbeiterbewegung. Groß und sehr schlank, wirkt er wie eine Verkörperung von Mephisto, den er liebt und dem er viele sympathische Eigenschaften zuschreibt. Camille, der bei allen Bürgern seiner Stadt – einschließlich derjenigen, die nicht für ihn stimmen – beliebt ist, hat sehr vielseitige Interessen und hat sich sogar schon als Dramatiker versucht. Während des ganzen Krieges stand er mutig zu seinen Überzeugungen als Internationalist, nachdem er vor dem Krieg Sekretär der Zweiten Internationale gewesen war. Aber der Verfemte von 1914 bewies solche Charakterstärke, daß er später der hochgeachtete Präsident des belgischen Parlaments wurde. Camille war fast immer guter Laune und brachte Frohsinn in unseren gemeinsamen Arbeitsraum. Zwischen uns gab es nur eine größere Meinungsverschiedenheit: Camille bestand darauf, daß ich heiraten sollte, obwohl ich bezweifle, daß ihn seine eigene Philosophie daran gehindert hätte, das Leben ohne Heiratsurkunde zu genießen.

Bald wurde ich in der Arbeiterbewegung aktiv, leitete ein Seminar für junge Frauen und hielt auf einigen öffentlichen Versammlungen Reden in flämischer Sprache. Trotz aller mir bewiesener Freundschaft fühlte ich mich jedoch sehr einsam. Was noch schwerer wog, ich bezweifelte, ob dies ein wirklich nützliches Leben sei, das ich in dieser flämischen Stadt im kleinen Belgien führte. Es war wie ein Schritt in die Freiheit, in das wirkliche Leben, als ich auf Einladung von Freunden, die ich 1934 erhielt, auf eine dreimonatige Vortragsreise durch die Vereinigten Staaten gehen konnte, eine Reise, die mich von Küste zu Küste über den ganzen Kontinent führte. Eine weitere Einladung erreichte mich 1935. Ich nahm dankbar an und bereiste diesmal die meisten Südstaaten. Was für ein riesiges, wundervolles, junges Land! Die Mehrheit seiner Menschen aufgeschlossen, weniger voreingenommen als auf dem alten Kontinent und voll brüderlichem Entgegenkommen, worin sich die besten Traditionen der Pionierzeit spiegeln. Würde ich mich hier nicht viel mehr zu Hause fühlen und vielleicht eines Tages imstande sein, meinen Beitrag zu Amerika zu leisten?

Als die Vortragsreise zu Ende war und ich daran denken mußte, nach Belgien und an meine Stelle bei der dortigen Zeitung zurückzukehren, zögerte ich. Die Rückkehr bedeutete Sicherheit und Nähe zu Deutschland, mit der Möglichkeit des Kontakts zu alten Freunden. Aber war es auch ein nützliches Leben? Auf der anderen Seite war der Verbleib in den Vereinigten Staaten bzw. die Rückkehr dorthin auch mit Problemen verbunden. Zwar würde sich mir die Chance eröffnen, Bürgerin einer freien und demokratischen Nation zu werden, ein neues Leben zu beginnen und dem neuen Land meiner Wahl zu dienen, aber es würde auch einen ziemlich schwierigen Existenzkampf mit sich bringen. Dennoch – ich faßte meinen Entschluß: ein erfülltes, interessantes Leben erschien mir weit besser als ökonomische Sicherheit!

Ein Kapitel meines Lebens war abgeschlossen. Nein, ich würde die deutsche Arbeiterklasse nicht vergessen; ich würde mich ihr und dem besseren, dem rechtschaffenen Deutschland verbunden fühlen. Sollte sich je eine Bewegung gegen den Klüngel erheben, der gegenwärtig das deutsche Volk entehrt, sollte eine revolutionäre Bewegung versuchen, den Nationalsozialismus abzuschütteln, und sollten meine Freunde drüben meine Dienste als nützlich für ihre Sache erachten, dann würde ich keinen Augenblick an meiner Pflicht zweifeln, hinzueilen und ihnen zu helfen. Daß ich je wieder den Wunsch haben werde, in diesem Land zu leben, bezweifle ich. Zu viele Menschen haben zugeschaut, als die Niedertracht herrschte. Freilich verstehe ich die deutsche Geschichte vielleicht besser als viele Deutsche, die nie außerhalb ihres eigenen Landes gewesen sind und daher keine Gelegenheit hatten, ihre eigene Entwicklung mit der anderer Nationen zu vergleichen. Ich zumindest bin mir im klaren darüber, was zu der gegenwärtigen Situation geführt hat.

In Deutschland sind die Revolutionen immer unvollendet geblieben – die Konterrevolutionen sind hingegen gründlich, radikal und grausam gewesen. Dem neuen Deutschland der Republik ist es nie gelungen, die alte preußische Tradition des Militarismus als politische Macht völlig auszuschalten und die Gewohnheit der blinden Disziplin auszumerzen. Die Armee blieb immer eine unabhängige Organisation, es erfolgte keine Assimilierung an die republikanischen Institutionen.

Obwohl die Republik eine große Zahl hervorragender Einrichtungen, Rechte und Errungenschaften hervorbrachte, verstand sie es nicht nur nicht, der Bevölkerung diese Errungenschaften bewußt zu machen, sie war auch zu prosaisch, unattraktiv und rational; sie erregte nicht die nötige Begeisterung für die neuen Rechte und die neu geschaffene Demokratie. Sie hätte erkennen sollen, daß das deutsche Volk ein besonders ausgeprägtes Bedürfnis nach Romantik hat.

Aus Fairneß gegenüber den deutschen republikanischen Politikern muß gesagt werden, daß ihnen von den siegreichen demokratischen Nationen keine echte Chance gegeben wurde. Angefangen vom Waffenstillstand und dem Friedensvertrag über die Behandlung der Republik nach Unterzeichnung des Versailler Vertrages bis zu den ständigen Repressalien und Demütigungen gegenüber der jungen Demokratie wurde der Stolz eines in seinem Nationalbewußtsein leicht kränkbaren Volkes zutiefst verletzt. Dazu kommt die Tatsache der Entwaffnung der Republik, während das Versprechen, die Abrüstung der Siegernationen folgen zu lassen, niemals gehalten wurde.

Alle diese Umstände wirkten während der langen und schweren Wirtschaftskrise zusammen und ließen große Teile der Bevölkerung an allen Werten der Vergangenheit und Gegenwart zweifeln. Das führte dazu, daß sie den Ausbeutern ihres Minderwertigkeitskomplexes zum Opfer fielen, welche die Religion des Nationalismus predigten.

Diese Ausbeuter wurden noch von Männern und Frauen der Mittelschicht unterstützt, denen die Vorstellung einer Umwälzung der sozialen Ordnung Angst machte und die darin nur den Bolschewismus erblicken konnten. Die Herren der Großindustrie und Hochfinanz unterstützten die Braunhemdenarmee um der Erhaltung ihrer eigenen Privilegien willen. So groß war das Vertrauen dieser Männer zu der reaktionären Haltung der Prediger der Naziideologie, daß sie sich nicht an der Tatsache störten, daß der Nationalsozialismus seine destruktive Tendenz als revolutionäre Kraft ausgab; die Industriellen und Bankiers waren überzeugt, daß die Nazis ihre gesellschaftliche Position und ihre wirtschaftlichen Privilegien gewährleisten würden. Die Nazis verrieten jedoch nicht nur die kleinen Leute, sondern bis zu einem gewissen Grad auch ihre Finanziers. Der Privatbesitz an den Produktionsmitteln existiert zwar noch – aber die Eigentümer können nicht mehr frei darüber bestimmen. Der Staat, vertreten durch die herrschende Clique, ist allmächtig geworden und kontrolliert nicht nur das gesamte geistige, religiöse und gesellschaftliche Leben, sondern auch jegliche Wirtschaftstätigkeit. Der einst so stolze Eigentümer eines Unternehmens kann sich beispielsweise in der Frage der Investition des durch seine Firma akkumulierten Kapitals nicht mehr auf sein eigenes Urteil verlassen, sondern muß den Befehlen Hermann Görings und der Diktatoren des Vierjahresplanes folgen. Alles wird den Zwecken einer gigantischen Kriegsvorbereitung untergeordnet.

Diese Kriegsvorbereitung zwingt der Faschismus auch anderen

europäischen Ländern und der übrigen Welt auf. Der Faschismus hat die Tendenz entwickelt, zu einer Weltreligion zu werden, indem er mit Hilfe von Regierungsgeldern in der ganzen Welt seine Propaganda verbreitet. Die Demokratie wird auf dem ganzen Globus herausgefordert. Geht das Zeitalter der Freiheit seinem Ende entgegen?

Es muß nicht so sein. Und den Vereinigten Staaten könnte die historische Mission zufallen, ein Beispiel zu geben. Ihre riesigen Dimensionen, ihr Reichtum an Bodenschätzen, die Jugend des Landes und die Aufgeschlossenheit und der Optimismus seiner Bevölkerung bieten den Führern der Nation eine hervorragende Gelegenheit – die Chance, eine gut funktionierende Demokratie aufzubauen, die von der Vergangenheit ererbten Konzepte an die Bedürfnisse der heutigen Zeit anzupassen, die großen Ideale der Demokratie zu durchdenken und sie mit Leben zu erfüllen. Die politische Demokratie wurde nicht nur herausgefordert, sie befindet sich in akuter Gefahr, wenn sie nicht von der Verwirklichung sozialer Gerechtigkeit begleitet wird.

Auch weitblickende Politiker werden jedoch keinen Erfolg haben, wenn es uns nicht gelingt, eine gut funktionierende, demokratische Maschinerie aufrechtzuerhalten. Was macht den Faschismus für manche Menschen so attraktiv? Erstens, daß er imstande ist, rasch und effizient zu handeln; zweitens die von ihm bewirkte Einigung der Nation. Bei näherem Hinsehen zeigt sich jedoch, daß die faschistische Effizienz alle kulturellen und moralischen Werte einer Nation zerstört, während die Geschlossenheit der Nation nur durch die Furcht vor dem Terror zustande kommt. Die Demokratie kann den Faschismus herausfordern, indem sie ein Beispiel wirklich freier Institutionen bietet, die fähig sind, rasch zu funktionieren, insbesondere in den Krisensituationen, die im Zeitalter des modernen Industrialismus ständig auftreten. Die Institutionen einer Demokratie müssen deshalb fortwährend an die Bedürfnisse der Zeit angepaßt werden, um die Fundamente der Freiheit zu erhalten.

Zum Glück ist die Bevölkerung der Vereinigten Staaten vorurteilsfreier und aufgeschlossener als die Völker des alten Kontinents. Vielleicht ist sie deshalb imstande zu demonstrieren, daß ein freies Volk in einer Reihe umfassender Fragen größere Geschlossenheit beweisen kann – Geschlossenheit nicht nur *gegen* die Dinge, die wir verabscheuen, wie Krieg und Faschismus, sondern *für* jene Institutionen, die eine lebensfähige Demokratie ermöglichen.

Dazu bedarf es jedoch einer gut informierten öffentlichen Meinung. Die Erwachsenenbildung darf in der Demokratie nicht als zweitrangig gelten; sie ist kein Luxus für Zeiten, wo man sie sich leisten kann; sie ist ein regulärer Bestandteil der Demokratie. Ein gesunder Instinkt hat bewirkt, daß sich viele Amerikaner der Notwendigkeit und des Werts einer gut informierten öffentlichen Meinung bewußt sind. Ich kenne kein anderes Land, wo offene Foren und Diskussionsgruppen aller Art so populär sind wie hier. Laßt den elitären Europäer darüber lächeln – vielleicht bedürfen wir seines Beispiels nicht mehr.

Bauen wir auf unseren fruchtbaren Anfängen weiter, indem wir die Jugend des Landes zu guten Staatsbürgern erziehen und die Erwachsenenbildung weiterentwickeln, damit sie ihre Funktion erfüllt, eine wache, gut informierte, intelligente Öffentlichkeit hervorzubringen.

Hitler hat mich meiner Rechte als Staatsbürger und meines Besitzes beraubt. Das war die Strafe für meine Freiheitsliebe. Ich war eine Frau ohne Vaterland, bis ich in die Vereinigten Staaten kam. Hier gilt die Freiheitsliebe als Vorzug und nicht als Belastung. Kühne und neue Ideen sind erlaubt – hier lohnt es sich noch, die eigenen bescheidenen Fähigkeiten in den Dienst des Gemeinwohls zu stellen.

Freiheit ist für mich nicht nur ein unverzichtbares Element des Lebens, sondern auch eine Verpflichtung – eine Verpflichtung gegenüber der Gemeinschaft, die mir das Privileg gewährt, eines ihrer Mitglieder zu werden. Ich danke dir, Amerika, daß du mich aufgenommen und mir Gelegenheit gegeben hast, ein neues Kapitel meines Lebens zu beginnen, ein Kapitel, das ich der Pflege der Ideale widmen werde, für die die edelsten Menschen kämpften und starben.

Toni Sender – Vertreterin der American Federation of Labour (AFL)

Drei ehemalige SPD-Reichstagsabgeordnete auf Boykottposten
vor einem Nazikino auf der Ostseite Manhattans;
von rechts nach links: Toni Sender, Gerhart Seger, Siegfried Aufhäuser
(mit freundlicher Genehmigung des »Aufbau«, New York)

Eine der letzten Aufnahmen Toni Senders –
ein Treffen mit Fritz Erler (SPD) in New York

Toni Sender in der UNO

ANHANG

Die Frauen
und das Rätesystem*

Genossen und Genossinnen! Es kann wohl keinem Zweifel unterworfen werden, daß die Umwälzung des 9. November eine starke Revolutionierung speziell der Frauen im Gefolge hatte. Wurde ihnen doch durch die Revolution das Recht der politischen Mitbestimmung im Staate!

Allerdings wurde ihnen dieses Recht, um das eine Avantgarde jahrzehntelang vergebens gekämpft hatte, dann schließlich in einem Momente zuteil, da das Wahlrecht zu parlamentarischen Körperschaften an Wert eingebüßt hatte.

Die deutschen Proletariermassen handelten in jenen Novembertagen aus ihrem richtigen proletarischen Instinkt heraus, als sie sich überall aus eignem Impuls, ohne jede Parole von oben und dennoch in gleicher Weise in allen Landesteilen und Orten die *Arbeiter-, Soldaten- und Bauernräte* schufen, weil sie sich sagten, *daß die Befreiung des Proletariats nur durch dessen eigene Kraft* erfolgen könne! Damals *hatten* wir bereits die heute so viel umstrittene *Diktatur des Proletariats* in der Praxis verwirklicht!

Aber wir müssen, wenn wir heute zurückschauen auf jene Zeit, in ehrlicher Selbstkritik uns auch eingestehen, daß das Proletariat jene neue Waffe nicht sachverständig und tatkräftig genug zu gebrauchen wußte. Es genügt wahrlich nicht, Genossinnen und Genossen, *nur* die Führer für die Entwicklung, die die deutsche Revolution genommen hat, verantwortlich machen zu wollen, obwohl derjenige Teil von ihnen, der die langen Jahre hindurch die kaiserliche Kriegspolitik unterstützt hatte, sicherlich von vornherein nicht ernsthaft gewillt war, den entschiedenen Kampf gegen das mit ihm verbündet gewesene Bürgertum zu führen und sich nur mit an die Spitze der Revolution geschwungen hatte, um diese zu sabotieren! Indessen wollen wir es auch offen anerkennen, daß an vielen, sehr vielen Orten die Arbeiterräte die Diktatur nicht auszuüben verstanden!

Dabei soll gewiß nicht verkannt werden, daß auch an jenen Stellen, wo man zu rücksichtslosem Vorgehen entschlossen war und darum auch energische Maßnahmen ergriff – und darüber werden mir mit noch manche aus der Praxis Ähnliches berichten können –, alsbald von »oben« der Dämpfer kam: man sollte ja nur »kontrollierende« Tätigkeit ausüben,

---

* Rede von Toni Sender auf der Leipziger Frauenkonferenz am 29. November 1919

und wo ein revolutionärer Arbeiterrat einen gar zu reaktionären, renitenten Landrat abgesägt hatte, da kam flugs von Berlin die Order, diesen Mann wieder in sein Amt einzusetzen!

Zumeist indessen zeigte sich in der Tätigkeit der Arbeiterräte, daß, wenn auch bereits in dem ersten Werke des wissenschaftlichen Sozialismus, im *Kommunistischen Manifest,* das klare Bekenntnis zur Diktatur des Proletariats enthalten und diese Erkenntnis in den Jahrzehnten zum Allgemeingut der internationalen Sozialisten geworden war, man sich dennoch über das *Wie* der Diktatur vollkommen im Unklaren befand. Man war gewohnt, den Sozialismus als ein fernes Ziel zu betrachten, als ein Ideal, zu dem man die Massen begeistern wollte. Wie dies aber in der Praxis zu verwirklichen, darüber hatte man sich nicht im einzelnen den Kopf zerbrochen! Zum Teil läßt sich dies damit erklären, daß ja auch der Zeitpunkt dieser Verwirklichung nicht vorauszusehen war, man die alsdann herrschenden Verhältnisse nicht vorher bestimmen konnte und die Waffen und Methoden sich natürlich diesen jeweiligen Verhältnissen anzupassen haben.

Speziell aber in Deutschland waren die großen Massen des aktiven Kampfes entwöhnt. Ihre Ideologie war jahrzehntelang auf die parlamentarischen Kämpfe eingestellt, die größte Energie hatten sie aufgebracht im Kampfe um das preußische Wahlrecht! Aus dieser Vergangenheit läßt sich auch erklären die Überschätzung der Wahlmaschinerie, die sich schon in den ersten Wochen der Revolution bemerkbar machte und die sich die Rechtssozialisten alsbald zunutze machten, indem sie die falsche Parole ausgaben, mit der es ihnen auch gelang, die Arbeiter und Arbeiterinnen irrezuführen: »Wir müssen die Demokratie verwirklichen, darum brauchen wir schleunigst die Einberufung einer Nationalversammlung!«

Genossen und Genossinnen! Diese Parole konnte nur verfangen, weil in unseren Reihen eine völlige *Verkennung vom Wesen des Staates* herrschte. Wurde er uns doch von der bürgerlichen Gesellschaft als eine *über* den Klassen schwebende Institution hingestellt, die das Interesse des Volksganzen wahrzunehmen habe; während er in Wirklichkeit nichts anderes ist als das Machtinstrument der jeweils herrschenden Klasse, die sich den ganzen Apparat mit Militarismus, Bureaukratie, Klerus und Parlamenten geschaffen hat, um damit die ausgebeutete Klasse zu beherrschen, niederzuhalten, d. h. in die Sprache des herrschenden Bürgertums übersetzt: um Hüter der »Ordnung« zu sein. Von der Schule bis in den Kasernenhof verfolgte den jungen Menschen die eiserne Faust des Staates, der sich seine Untertanen nach seinem Willen bilden wollte, sie zu gottesfürchtigen, willfährigen und autoritätsgläubigen Dienern der kapitalistischen Macht zu *ver*bilden bestrebt war!

Und doch war uns schon vor 50 Jahren in der Geschichte des kämpfenden Proletariats ein leuchtendes Beispiel gegeben, wie sich die Arbeiterklasse mit dem Staat auseinanderzusetzen hat. In der Pariser Kommune 1871 wurde uns schon gezeigt, daß das Proletariat, wenn es zur Macht gelangt, nicht einfach den bürgerlichen Staat übernehmen kann, sondern daß es diese Zwingburg des Kapitalismus erobern muß, um sie für seine

Zwecke umzuformen; sagte doch schon, Karl Marx in einem Brief, den er während der Zeit der Kommune am 12. April 1871 an Kugelmann schrieb:

»Wenn Du das letzte Kapitel meines ›Achtzehnten Brumaire‹ nachsiehst, wirst Du finden, daß ich als nächsten Versuch der französischen Revolution ausspreche, nicht mehr wie bisher die bureaukratisch-militärische Maschinerie aus einer Hand in die andere zu übertragen, sondern sie zu *zerbrechen,* und dies ist die Vorbedingung jeder wirklichen Volksrevolution.«

Eben weil man nicht vom »Volke« schlechthin sprechen kann, weil es ja im bürgerlichen Staat kein *einheitliches* Volk gibt, sondern dieses in Klassen zerrissen ist, brauchte die jeweils herrschende Klasse die staatlichen Machtinstitutionen einschließlich der Parlamente, um ihre Herrschaft aufrechtzuerhalten und zu festigen. Die Verleihung politischer Rechte kann aber für die Arbeiterklasse erst dann vollen Wert erlangen, wenn auch die wirtschaftliche Knechtschaft und Unfreiheit aufgehoben ist. Dazu wird sich aber freilich die Bourgeoisie niemals freiwillig herbeilassen; denn noch nie hat eine Klasse freiwillig auf ihre Vorrechte verzichtet, selber den Ast abgesägt, auf dem sich's so bequem saß! Will aber das Proletariat auch das Joch wirtschaftlicher Knechtschaft von sich abschütteln, dann hat es den bürgerlichen Herrschaftsinstitutionen der Parlamente als aufsteigende Gesellschaftsklasse seine eigenen Einrichtungen entgegenzusetzen, denn die neuen Aufgaben erheischen auch neue Mittel.

Dazu genügt aber nicht die Beseitigung der im Militarismus verkörperten rohen Unterdrückungsgewalt, sondern auch die bevorzugte Stellung der Parlamentarier in den Bourgeoisstaaten muß aufgehoben, an Stelle der nur redenden Körperschaften müssen *arbeitende* Vertretungskörper treten, die sich lediglich als Beauftragte ihrer Arbeitsbrüder und Arbeitsschwestern fühlen, in engster Verbindung mit den Kollegen der Arbeitsstätte zu bleiben und nur so lange ihre Funktionen auszuüben haben, als sie auch das Vertrauen ihrer Auftraggeber besitzen. Jeden Tag muß die Abberufung erfolgen können, wenn sich der Erwählte als ungeeignet erweisen sollte oder ihm das Vertrauen entzogen werden muß. So bildet sich eine sich stets in sich selbst erneuernde und dadurch vor jeder Gefahr der Erstarrung oder Entfremdung von ihren Wählern bewahrte Körperschaft, in deren Hände sowohl die gesetzgebende, wie auch die ausführende Macht gelegt wird.

Denn wie anders könnten wir die alte Macht der besonders in Preußen-Deutschland so allmächtigen Bureaukratie brechen? Hatten wir nicht in der Vergangenheit Beweise genug dafür, daß der tote Gesetzesbuchstabe an sich gar nichts bedeutet? Erinnern Sie sich nur, Genossen und Genossinnen, der zahlreichen Beispiele aus der Vergangenheit, wo selbst im bürgerlichen Parlament zuweilen noch leidlich fortschrittliche Gesetze zustande kamen, die aber in ihrer praktischen Anwendung von unserer erzreaktionären Bureaukratie einfach sabotiert worden sind und darum faktisch wertlos für uns wurden. Wie aber könnte erst diese konservative Bureaukratie vom proletarischen Geist getragene Beschlüsse sinngemäß anwenden? In die Hände der Arbeiterräte muß daher Legislative wie Exekutive, d. h. *gesetzgebende wie ausführende Gewalt* gelegt werden; diejenigen, die Beschlüsse fassen, haften auch für deren Ausführung, haben sie zu überwachen und darüber Rechenschaft zu geben.

Wenn wir aber heute Stellung zu dem Rätesystem nehmen, Genossen und Genossinnen, dann dürfen wir nicht jene Zerrbilder von Arbeiterräten vor Augen haben, die sich zu Anfang der deutschen Revolution bildeten. In ihrer Freude und in ihrem Jubel über den scheinbar so leicht errungenen Sieg ließen sich die deutschen Proletarier in jenen Novembertagen berauschen und betäuben, stimmten sie mit ein in den sinnverwirrenden Ruf nach Einigung, der ja in diesen Tagen begreiflich, wenngleich verderblich war. Denn man einigte sich ja nicht mit Sozialisten, sondern mit Leuten, die sich wohl noch als solche ausgaben, aber längst zu Gegnern des proletarischen Klassenkampfes geworden waren und die Arbeiterräte nur benutzten, um dem proletarischen Diktatur das Rückgrat zu brechen. Man hatte diesen Leuten verziehen, daß sie über vier Jahre lang die Politik des imperialistischen, eroberungssüchtigen deutschen Kaiserreichs unterstützt, ja zu kaiserlichen Ministern geworden waren und dadurch die größte Geistesverwirrung in die Proletariergehirne hineingetragen hatten, und mußte dieses Verzeihen dann durch die bitterste Enttäuschung bezahlen.

Denn nur durch die Tatsache, daß ausgesprochene Feinde der Räte in die Arbeiterräte eingedrungen waren, läßt es sich erklären, daß es die Tat des ersten Rätekongresses war, seine eigene Macht zu begraben durch das Bekenntnis und die Festsetzung eines Termins zur Einberufung der Nationalversammlung.

Das war bereits der Beginn der Konterrevolution! Die Männer, die sich durch die Jahre hindurch so vollkommen an das Paktieren mit dem Bürgertum gewöhnt hatten, sehnten sich nach dieser Kompromißtätigkeit zurück, hatten sie doch nach dem eigenen Geständnis ihrer hervorragendsten Vertreter (Scheidemann, Winnig u. a.) »die Revolution nicht gewollt« und alles getan, sie zu verhindern. Sie an die Spitze revolutionärer Institutionen zu stellen, bedeutete daher, sich seine eigenen Schlächter selber wählen!

Durch die Bejahung der Nationalversammlung aber schuf man dem Bürgertum wieder seine Herrschafts-Institution. Gewiß war auch das Bürgertum zur Zeit seines Aufstieges, als es gegen den alten Feudalstaat zu kämpfen hatte, revolutionär. Die kapitalistischen Wirtschaftsformen mußten die engen Fesseln des Feudalismus sprengen. Unter dem Rufe »Freiheit, Gleichheit und Brüderlichkeit« rief die Bourgeoisie zur Zeit ihrer Erhebung zum Kampfe auf, um dann unter Vorspiegelung der »Demokratie« mit Hilfe des Proletariats ihre eigene Diktatur errichten zu können.

Heute wissen wir, daß die bürgerliche Warengesellschaft einen Fortschritt gegenüber der Produktionsweise des zunft- und handwerksmäßigen Zeitalters des Feudalismus bedeutete, daß sie eine höhere Wirtschaftsform darstellte, die eine viel größere Produktivität ermöglichte und die darum direkt eine *notwendige* Vorstufe ist, um die sozialistische Gesellschaft verwirklichen, um Güter durch die mit Hilfe der Erfindungen und Maschinen verbesserten Produktionsmethoden in solcher Menge überhaupt erst herstellen zu können, daß *alle* Menschen zu Genuß und Wohlstand gelangen können.

Aber auch die kapitalistische Wirtschaftsweise ist noch nicht die höchste und letzte Form. Von Anfang an beherrscht sie ein innerer Widerspruch: In großen Etablissements finden sich Tausende von Arbeitern zusammen, durch die weitestgehende Arbeitsteilung ist eine Arbeiterkategorie auf die andere angewiesen, um einen Gegenstand fertigstellen zu können, die *Arbeitsweise* in der kapitalistischen Warengesellschaft ist also *gesellschaftlich;* aber das Arbeitsprodukt all dieser Tausende gehört nicht jenen, die es geschaffen, sondern dem Eigentümer der Produktionsmittel, dem Fabrikherrn resp. dem Aktienbesitzer. Die *Aneignung* der hergestellten Waren ist also *individualistisch:* das Arbeitsprodukt gehört dem Nichtproduzenten!

Dieser innere Widerspruch mußte auch durch die bitteren Erfahrungen des Existenzkampfes den Arbeitern selber immer bewußter werden: Weil im Kapitalismus planlos, ohne Kenntnis des Bedarfs, nur mit dem Ziel des Profitmachens produziert wird, wiederholen sich alle paar Jahre Krisen, hervorgerufen nicht etwa durch Warenmangel, sondern im Gegenteil durch Warenüberfluß, für die sich kein Käufer findet. Tausende von Arbeitern werden entlassen, sind brotlos und hungern, während sie sich einem Berg unverkäuflicher Waren gegenüberbefinden. So kann der Kapitalismus nicht einmal die Existenz seiner eigenen Arbeitssklaven sicherstellen, winkt diesen letzteren stets das Gespenst des Hungers, der Verelendung! Die Ursache müßte nach und nach auch dem Arbeiter klar werden in dem Widerspruch zwischen Arbeitsweise und Aneignung der Güter. Wie die Arbeitsweise gesellschaftlich ist, so muß auch die Aneignung eine gesellschaftliche werden, soll der Absolutismus der Kapitalbesitzer ebenso überwunden werden wie der Absolutismus der Junker und Feudalherren!

Das war vor dem Kriege Allgemeingut aller sich sozialistisch nennenden Arbeitervertreter geworden. Heute aber, wo der Moment gekommen ist, aus dieser Erkenntnis die praktische Nutzanwendung zu ziehen, da hören wir von ängstlichen Gemütern immer wieder die bange Frage aussprechen: *Ist denn die kapitalistische Gesellschaft reif zur Umwandlung in die sozialistische?* Ja, Genossen und Genossinnen, da frage ich Sie aber: Ist denn dieser Krieg mit seinen Folgen nicht der offenbarste Beweis dafür, daß der Kapitalismus auf seiner höchsten Entwicklungsstufe angelangt war? Haben wir nicht feststellen müssen, daß die ungeheure Überproduktion und Ansammlung von Kapitalien in den Banken, in den zur Regelung der Produktion und Verteilung des Absatzes geschaffenen Vereinigungen der Truste und Kartelle nicht mehr ausreichende Aushilfsmittel fand und darum die Staaten dazu drängte, eine imperialistische Politik zu treiben? Daß der Imperialismus entstand, zu dem der hochentwickelte Kapitalismus die Regierungen drängte, um durch Eroberung neuer Landesteile, insbesondere kapitalistisch noch nicht ganz durchseuchter Kolonialländer neue Ausbeutungsmöglichkeiten, neue Gelegenheiten zur Placierung der angehäuften Kapitalien zu finden?

War nicht der Krieg selbst bereits die höchste Krise, in die der Kapitalismus geraten war? Wie aber kann man angesichts des offenen Zusammenbruchs da noch die Frage aufwerfen, ob der ökonomische Reifegrad erreicht sei?

Nicht nur unter dem militärischen, nein, Genossen und Genossinnen, viel stärker leiden wir unter dem völligen wirtschaftlichen Zusammenbruch und ziehen daraus die Erkenntnis, daß der *Neuaufbau unmöglich ist auf der alten Grundlage!* Entblößt von den notwendigsten Rohstoffen, die Arbeitsinstrumente verkommen und verlottert, finanziell verarmt, wie könnte da das deutsche Wirtschaftsleben von neuem die kapitalistische Anarchie, Planlosigkeit, Willkür und Verschleuderung noch ertragen? Wo soll da noch Raum sein für Unternehmerprofit, während große Massen buchstäblich verhungern und verkommen?

Muß es da nicht jedem tiefer Nachdenkenden absolut klar und selbstverständlich werden, daß wir aus diesem Chaos nur herauskommen können, wenn wir die Produktion nicht einstellen auf die Grundlage des Profits, sondern auf die Basis *planmäßiger Produktion und höchstmöglicher Leistung?* Die ist aber nur möglich in der Sozialistischen Gesellschaft!

Wenn wir dies alles jenen Zaghaften und ungläubigen Zweiflern vor Augen führen und sie in die Enge getrieben sind, dann kommen sie mit einer neuen Frage, wie sie den ewig Zweifelnden und nie Wagenden nie ausgehen wird: Sind denn die psychologischen Vorbedingungen gegeben? *Sind die Arbeiter reif für den Sozialismus?*

Nicht ebenso leicht ist diese Frage beantwortet. Aber doch hat der Zusammenbruch und auch die erste Revolutionszeit das Klassenbewußtsein in weitesten Schichten der Proletarier, ganz besonders auch der geistigen Arbeiter, geweckt und der Vortrupp hat sich zweifellos außerordentlich verstärkt. Es ist indessen klar, daß auch die proletarische, wie jede Revolution, von einem entschlossenen Teil der revolutionären Klasse eingeleitet wird. In diesem Sinne wird eine Avantgarde des Proletariats die Geburtshelferin der neuen Ordnung sein.

Gibt es aber irgendeinen Grund zu behaupten und zu befürchten, daß die zweite Revolution nicht die proletarischen Massen hinter sich haben wird? Uns scheinen alle Redensarten über die Diktatur einer Minderheit des Proletariats auf einer Voraussetzung zu beruhen, die in Wirklichkeit gar nicht eintreffen kann, nämlich auf der Uneinigkeit des Proletariats. Es soll damit nicht eine bestimmte Reihenfolge der Erscheinungen vorausgesagt werden: Zuerst die Einigkeit und nachher die Revolution. Nein, der Ausbruch der Revolution wird unzweifelhaft die überwiegende Mehrheit des Proletariats mit sich reißen. Die Führer der Mehrheitssozialisten werden nach der Revolution zur Rolle von Generälen ohne Armeen verurteilt sein. Manch einer wird nach den noch übriggebliebenen kapitalistischen Ländern flüchten müssen, um dort, wie das jetzt die Rechtssozialisten Rußlands betreiben, mit Entrüstung zu berichten, daß wir nicht eine Diktatur des Proletariats, sondern eine Diktatur für das

Proletariat errichtet haben. Das Proletariat selbst wird sich aber in der revolutionären Lage befinden, wie das übrigens auch in Rußland der Fall ist.

Hat man das Wesen der Revolution begriffen, dann erscheint es uns müßig, wenn auch in unseren eigenen Reihen bisweilen die Frage auftaucht: Ja, seid Ihr denn für eine Diktatur der Minderheit? Ach, Genossen und Genossinnen, hat einer dieser Frager vielleicht am 9. November 1918 gewußt, ob wir die Mehrheit hinter uns haben und hat er sich nur einen Moment bei dieser Frage aufgehalten? Wie wollte man das überhaupt feststellen? Fühlt man den Moment gekommen, dann kann es nur heißen: Kühn und entschlossen gehandelt, je flotter der Elan, je bewußter und klarer unser Handeln, um so rascher werden wir die großen Massen mitgerissen haben!

Während wir aber so bewußt die Diktatur des Proletariats fordern, preist man uns im »freiesten Lande der Welt« die Demokratie als alleinseligmachend an. Wo aber könnte ein besserer Anschauungsunterricht gegeben sein, als bei uns, wohin uns diese bürgerliche Demokratie führte? Das neue Regime ließ den Kapitalismus fest in seiner alten Macht und kann sich nur behaupten mit den Mitteln brutalster Gewaltherrschaft, durch einen neuen Militarismus, der seine Mordwerkzeuge gegen das eigene Volk richtet und revolutionäre Arbeiter zu Abertausenden dahingeschlachtet hat. Eine »Demokratie« – mit gesetzlich verankertem Belagerungszustand, Presseknebelung und Schutzhaft für alle diejenigen, die es offen wagen, für revolutionäre Ziele zu werben!

Und doch können alle diese Mittel nicht helfen, um eine Wiederbelebung der Wirtschaft zu erreichen. Das Gezeter über die Arbeitsunlust hört nimmer auf – dabei vergißt man anscheinend vollkommen, daß im Zeichen der roten Fahne die Revolution begonnen, und daß in den weitesten Kreisen der Schaffenden das brennende Verlangen nach der wiederholt versprochenen Sozialisierung nicht mehr ausgelöscht werden kann! Dazu hat der Krieg, das elende Leben des »gemeinen« Soldaten im Schützengraben, während es sich ein großer Teil der Offiziere in der Etappe oder im sicheren Unterstand verhältnismäßig bequem machen konnte, das Empfinden für die soziale Scheidung gesteigert: Der Arbeiter will nicht mehr schaffen für den Profit des Unternehmers, er ist darum nicht arbeitsunlustig an sich, sondern er will, daß die Früchte der Arbeit auch der Gesamtheit der Arbeiter selber zugute kommen!

Aber während man es wagt, von der Arbeitsunlust und der Unmoral des Arbeiters unaufhörlich zu reden, übersieht man geflissentlich festzustellen, wo in Wirklichkeit, und zwar in erschreckendem Maße, Demoralisation herrscht: In den Unternehmerkreisen, die, durch den reichen Milliardensegen des Krieges verwöhnt, sich gar keine ernsthafte Mühe geben, alle Kraft und Mittel für die Wiederingangsetzung der Produktion aufzuwenden. Noch nie waren wir Augenzeuge einer maßloseren Börsenspekulation, wie sie gegenwärtig getrieben wird. Der Handel ist fast nur noch Schiebergeschäft, Millionen wurden und werden noch nach dem Ausland verschoben, um sie vor den Steuergriffen zu sichern; man veranstaltet sogenannte Einfuhrmessen, die in Wirklichkeit nichts sind als Ausfuhrmessen, die unser von Rohstoffen entblößtes Land noch weiter auskaufen lassen; weil man nämlich durch den schlechten Stand unserer Valuta, d. h. des Wertes unserer deutschen Mark, von den Ausländern glänzende Preise erzielen kann. Was schert's den deutschen Kapitalisten, daß auf diese Weise der Stand der Valuta nur immer weiter verschlechtert wird und dadurch Deutschland gar nicht in der Lage sein wird, neue Rohstoffe vom Ausland zu den ungeheuer teuren Preisen hereinzunehmen? Er hat seinen Profit – und was kümmert ihn dann noch die Zukunft?

Freilich, das Opfer dieser Demoralisation der Besitzenden sind wiederum die Nichtbesitzenden; und wenn wir auch sehen, daß die Reaktion täglich frecher wird, so müssen und können wir dennoch heute sagen: *die deutsche Revolution ist nicht tot,* nein, im Gegenteil, sie ist heute lebendiger denn je, sie ist in die Köpfe breiter Massen eingedrungen, revolutionäre Erkenntnisse wurden gewonnen aus den bitteren Erfahrungen dieser Monate. Und wenn in jenen Novembertagen des vergangenen Jahres uns alles so einfach in den Schoß zu fallen schien, so können wir im Vergleich hierzu heute sogar sagen: Wir sind weiter als damals; denn breite Massen haben die Erkenntnis gewonnen, *nur im Kampfe kann man Rechte erwerben!* Dieses Proletariat, das den Anschauungsunterricht jener kläglichen Versammlung in Weimar und nunmehr in Berlin empfangen, setzt keine Hoffnung mehr auf bürgerliche Parlamente! Griff es schon in sicherem Impuls in den ersten Stunden der Revolution zu den Räten, so hat die bittere Enttäuschung über die Tätigkeit der Nationalversammlung noch das Ihre getan, um den Rätegedanken unauslöschbar immer mehr in den Köpfen zu verankern. Ja, ich möchte fast sagen, daß die Hoffnung auf die Räte fast wie ein neuer Glaube in den Seelen des enttäuschten Proletariats fortlebt und nach Verwirklichung verlangt, in solch unwiderstehlicher Weise, daß selbst diese gegenwärtige Regierung sich genötigt sah, diesem neuen revolutionären Gedanken Konzessionen zu machen durch das Versprechen der »Verankerung der Räte in der Verfassung«, das sie jetzt einlöst durch die Vorlage einer Mißgeburt mit dem Namen *Betriebsrätegesetz.*

In Wirklichkeit treibt man mit dem Rätegedanken auf diese Weise nur Schindluder; unter dem beliebten Namen der Räte will man eine gesetzliche Verankerung der Arbeiter- und Angestelltenausschüsse unter Zugrundelegung der einschlägigen Bestimmungen des Hilfsdienstgesetzes schaffen! Darum sollen alsbald nach Inkrafttreten des Gesetzes und erfolgter Wahl die Ausschüsse aufhören zu existieren. Aber – auch die bisherigen Arbeiterräte sollen von diesem Zeitpunkt ab definitiv das Lebenslicht ausgeblasen bekommen, und darin liegt wohl der Schwerpunkt dieser Gesetzesmacherei. Aber daraus allein schon müssen wir erkennen, daß die revolutionäre Arbeiter- und Angestelltenschaft überhaupt keine gesetzliche Verankerung der Räte verlangen darf: denn wie sollte von dieser Regierung, zusammengesetzt von dem schwarz-rosa-rotgoldenen Freundschaftsbund der Vertreter von Kapitalsinteressen eine revolutionäre Gabe beschert werden können?

Wie die Unternehmerinteressen bei diesem Gesetzentwurf gesiegt haben, geht schon daraus hervor, daß die Wählbarkeit von einer sechsmonatigen Betriebszugehörigkeit und einer mindestens dreijährigen Beschäftigung im Berufe abhängig gemacht wird!

Diese Bestimmung ist für die Arbeiterschaft unannehmbar, würde doch angesichts des zur Zeit noch bestehenden kapitalistischen Wirtschaftssystems es dem Unternehmer sonst möglich sein, indirekt einen Einfluß auf die Zusammensetzung der Räte auszuüben, weil erst mit dem Verschwinden des Besitzprivilegiums die vollkommene wirtschaftliche und individuelle Freiheit des Arbeiters hergestellt ist.

Den Kern der Vorlage bildet der Abschnitt über die Aufgaben der Betriebsräte, und hier liegt auch der Schwerpunkt unserer Kritik an der Vorlage. Man weist den Räten die bekannten Aufgaben aus dem Pflichtenkreis der Ausschüsse, wie Durchführung getätigter Tarifverträge, Regelung der Arbeitsverhältnisse, Kontrolle der Wohlfahrtseinrichtungen usw. vor. Aber selbst bei den Wohlfahrtseinrichtungen räumt man den Beschäftigten nicht einmal das Recht der Selbstverwaltung ein, und wenn ein Betrieb – es gibt deren eine große Zahl – durch den Kampf der Arbeiterschaft bereits weit über die Gesetzesvorlage hinausgehende Rechte errungen hatte, muß er sie durch dieses »Revolutionsgesetz« wieder beschnitten sehen! Das kennzeichnet den Geist, in dem die Gesetzesmacherei betrieben wurde.

Noch immer hat man sich nicht durchringen können, obwohl inzwischen aus den verschiedensten Gegenden und von fast allen Arbeiterkategorien unablässig das Verlangen gestellt wurde, wenigstens in den Fragen der Arbeits- und Lohnverhältnisse das volle Mitbestimmungsrecht einzuräumen und Empörung wird bei Klassenbewußten die Beschränkung des Mitbestimmungsrechts bei Einstellungen und Entlassungen hervorrufen, sollte sie nicht im Plenum noch eine gründliche Änderung erfahren; braucht doch der Unternehmer erst von den erfolgten Einstellungen nach vorgenommener Einstellung dem Betriebsrat Kenntnis zu geben und der bei Kündigungen durch den Betriebsrat erhobene Einspruch hat keinerlei aufschiebende Wirkung! Und noch schlimmer: Fristlose Entlassungen und demgemäß Fälle von Maßregelungen bleiben überhaupt von der Mitbestimmung ausgeschlossen, nicht minder die Entlassungen als Folge von Betriebseinstellungen – das ja gerade heute vom reaktionären Unternehmertum am meisten beliebte und bequemste Mittel, sich eine neue gefügige Arbeiterschaft aufzuzüchten.

An der einzigen Stelle, an der man sich den Anschein gibt, etwas über die bisherigen Funktionen der Ausschüsse hinauszugehen und von einem Kontrollrecht der Produktion spricht, spendet man nur Paragraphen, aber keine wirklichen Rechte. Ja geradezu aufreizend wirkt die gnädige Erlaubnis, den Unternehmer mit Rat unterstützen zu dürfen! Was bedeutet aber die Pflicht für den Unternehmer, Auskunft über die »die Arbeitnehmerverhältnisse berührenden Vorgänge« erteilen zu müssen und noch obendrein mit der Einschränkung: Soweit hierbei keine »Betriebsgeheimnisse« gefährdet werden?

Was dann noch viel übrig bleiben mag, das vom Unternehmer nicht als »Betriebsgeheimnis« betrachtet wird! Die einzige Mitwirkung bei der

Verwaltung bedeutet die Pflicht, den Betriebsräten eine Bilanz vorzulegen und das Recht der Räte, bei Aktiengesellschaften Vertreter in den Aufsichtsrat zu entsenden. Dem Kenner des kaufmännischen Betriebes kann dieses »Recht« nur ein Lächeln des Mitleids abringen: Was soll der Arbeiter, ja selbst der Angestellte mit der vorgelegten Bilanz anfangen? Gar nichts wird er damit machen können, weil man es in der Kunst, Bilanzen zu frisieren und nichts darin auszudrücken, zu wahrer Virtuosität gebracht hat und selbst der tüchtigste Finanzmann aus den Bilanzen seiner Konkurrenz – die Bilanzen der Gesellschaften werden notabene ohnedies publiziert und sind jedem Leser des Finanzteils unserer großen Presse daher ohne weiteres zugänglich – gar nichts entnehmen kann. Auch die Einräumung von Aufsichtsratssitzen allein hat kaum einen Wert.

War schon der ursprüngliche Gesetzentwurf eine Mißgeburt, eine Verhöhnung des Rätegedankens, so hat die Kulissenarbeit noch an ihrem Teil das Beste geleistet, um die wenigen passablen Bestimmungen auszumerzen.

Heißt es da zunächst:

Im Aufbau ist neben dem Betriebsrat und aus ihm hervorwachsend ein besonderer Arbeiterrat vorgesehen. Diese beiden, aus Mitgliedern des Betriebsrats und aus Ergänzungsmitgliedern ihrer Gruppen bestehend, sollen die besonderen Interessen der Arbeiter und der Angestellten vertreten, während der Betriebsrat die Interessen der Gesamtheit der Arbeitnehmer des Betriebes wahrzunehmen hat.

Wollten alle ehrlichen Anhänger des Rätegedankens gerade durch den gemeinsamen Betriebsrat die alte künstliche Kluft zwischen Hand- und Kopfarbeitern – an der nur das ausbeutende Kapital ein Interesse haben konnte – beseitigen durch ihre Vereinigung im Betriebsrat, im steten Zusammenwirken die Gleichartigkeit ihrer Interessen hervortreten lassen, so sucht man diese Möglichkeit wieder auszumerzen, indem man auf Hintertüren die künstliche Scheidung wieder aufrichtet; und dies, trotzdem gerade seit der Revolution die Kreise der Angestellten wie überhaupt der geistigen Schichten sich in ihrer Ideologie endlich aus der Gefolgschaft der auch ihre freie Entwicklung hemmenden Bourgeoisie loslösen. Diese Entwicklung liegt freilich nicht im Interesse des durch die Blockparteien geschützten Kapitals, darum glaubt man, ihr gesetzliche Schranken ziehen zu müssen! – Diese naiven Menschen, die glauben, alles durch wundertätige Gesetze heilen zu können!

Dann aber tritt die offene Feindschaft gegen die revolutionären Betriebsräte zutage. In dem Bericht heißt es:

In das Gesetz ist ferner ein ausdrückliches Verbot der Erhebung und Leistung von Beiträgen der Arbeiter und Angestellten für irgendwelche Zwecke der Arbeiter-, Angestellten- und Betriebsräte aufgenommen worden. Es soll dadurch verhindert werden, daß die Betriebsräte sich selbständig zu machen und die gewerkschaftlichen Berufsvereine zu ersetzen suchen.

Das ist ja ein köstliches und überaus offenherziges Geständnis: Nachdem in den verschiedensten Städten die Räte bereits durch Entziehung der Finanzierung auf Geheiß des »sozialistischen« Ministers Heine abgehalftert worden sind, gingen die Genossen dazu über, durch eigenen Opfermut sich ihre revolutionäre Institution zu erhalten. Das verdroß den Herrn Heine gar sehr, weil er die verhaßten Räte ganz beseitigen möchte. Wie aber beikommen? Das Koalitionsrecht ganz zu beseitigen, wäre etwas zu plump gewesen, einen anderen Weg aber gab es nicht. Nun helfen ihm die Rätefeinde im Ausschuß aus der Verlegenheit und annullieren durch ein Taschenspielerkunststück das auf einem anderen Blatte des Gesetzbuches gewährte Koalitionsrecht.

Doch das sei ihnen heute schon gesagt: Die Arbeiter und Angestellten werden sich den Teufel um diese gesetzliche Ungesetzlichkeit scheren, falls sie definitiv beschlossen werden sollte.

Schließlich rückt noch eine letzte Rettungsgarde für das Kapital heran: die Gewerkschaftsbureaukratie! Sie wird vom Unternehmertum auf Grund des in den Kriegsjahren wohlerworbenen Vertrauens zu Hilfe gerufen in nachstehender Bestimmung:

Der Einfluß der Gewerkschaften auf die Betriebe ist sogar sichergestellt worden durch die Vorschrift, daß an den Betriebsversammlungen je ein Beauftragter der im Betriebe vertretenen Berufsvereine der Arbeitnehmer mit beratender Stimme teilnehmen kann. Es wird dadurch auch der Einfluß besonnener und weitblickender Arbeitervertreter in den Betriebsräten sichergestellt.

Also im »freien« Deutschland darf die Arbeiterschaft nicht ohne Vormund bleiben, er soll den Arbeiter brav weiter am Gängelband führen und sie vor »unbesonnenen« Schritten zurückhalten. Man hat diese Leute in der »Arbeitsgemeinschaft« kennengelernt als brauchbare Diener des Kapitals, die nach besten Kräften bestrebt sein werden, die Harmonie zwischen Kapital und Arbeit – natürlich auf Kosten der Arbeiterinteressen – zu pflegen. – Die Spekulation dürfte in der Praxis ja daneben treffen, dieweil der Arbeiter der reaktionären Gewerkschaftsbureaukratie längst mißtraut und sich täglich mehr aus der geistigen Abhängigkeit befreit!

Als wahre Demokraten haben diese Herren eine weitere Fußangel in das Gesetz hineingearbeitet, die wohl das Hanebüchenste darstellt, das ein Autokratenhirn ersinnen konnte. Da heißt es:

Gestrichen sind die Vorschriften des Gesetzentwurfs, wonach ein Mißtrauensbeschluß der Betriebsversammlungen genügen sollte, um jederzeit ein einzelnes Betriebsratsmitglied oder den gesamten Betriebsrat aus dem Amte wegzufegen. Die Stetigkeit der Betätigung des Betriebsrats und die Ruhe im Betriebe wären aufs höchste gefährdet gewesen, wenn jeden Augenblick Neuwahlen von einer unzufriedenen Mehrheit im Betriebe hätten veranlaßt werden können. Jetzt erlischt die Mitgliedschaft im Betriebsrat nur durch Niederlegung, durch Ausscheiden aus der Beschäftigung im Betriebe oder durch Verlust der Wählbarkeit.

Das können wir dieser Schutzgarde der bürgerlichen Profitwirtschaft ja lebhaft nachfühlen, daß ihnen gerade diejenigen Arbeitervertreter die willkommensten sind, die das Vertrauen ihrer Kollegen nicht besitzen! Was schert jene tapferen Verfechter der Demokratie die Tatsache, daß nur ein Gesinnungslump sein ihm auf Grund des Vertrauens der Kollegen übertragenes Mandat auch dann noch weiter ausübt, wenn er ausdrücklich zurückgerufen wird? Ach nein, dann ist er ja der berufenste Mann, der sicherlich nicht Schritte unternehmen oder empfehlen wird, die seinem »Brotgeber« unbequem werden könnten!

Eine wahre Verhöhnung stellt diese Mißgeburt dar; die nur ein Schutzwall sein soll gegen die wahre Erfüllung des reinen Rätegedankens und in Praxis einen Abbau der bereits von den Arbeiterausschüssen erkämpften Rechte bedeuten würde.

Was aber kann uns diese Gesetzesmacherei stören? Unbeirrt müssen wir den Gedanken in die männliche wie weibliche Arbeiterschaft hineintragen, daß sie sich ungeachtet der gesetzesmäßigen Schranken aus eigener Kraft *revolutionäre Betriebsräte* zu erkämpfen habe, die dann die Träger der Sozialisierung werden müssen. Haben wir nicht längst alle erkennen müssen, Genossen und Genossinnen, daß die Sozialisierung nicht ein Akt ist, der sich einfach von oben herab durch Dekrete durchführen läßt? Ach nein, so einfach läßt sich die wirtschaftliche Umwandlung nicht vollziehen; und gerade weil wir dies wissen, darum haben wir auch die Pflicht, uns vorzubereiten, damit der *zweite Wellenschlag der Revolution uns nicht ebenso unvorbereitet* finde, wie es in jenen Novembertagen der Fall war. Und wenn wir uns heute klar darüber geworden sind, daß die Räte die Träger der Diktatur sein werden, so müssen wir bei Prüfung ihrer Aufgaben immer die beiden Perioden auseinanderhalten, nämlich:

1. die Räte als Kampfinstrumente im gegenwärtigen Stadium und
2. die Räte als Träger der Diktatur des Proletariats.

Viele Unklarheiten und Meinungsverschiedenheiten in den gegenwärtigen Diskussionen rühren von dem Durcheinanderwerfen dieser beiden Funktionen her.

In richtiger Erkenntnis der wahren Wurzel jeglicher Kraft des Proletariats im kapitalistischen Wirtschaftskörper hat sich gegenwärtig das Interesse zur Verwirklichung des Rätegedankens am stärksten konzentriert im Kampf um die Betriebsräte. Der Kapitalist herrscht, weil er die Produktionsmittel in Händen hat. Von unten auf muß versucht werden, aufzubauen und sich durchzusetzen.

Darum bildet die Grundlage des *wirtschaftlichen Rätesystems* die kleinste wirtschaftliche Einheit, der Betrieb. Alle darin beschäftigten *Hand- und Kopfarbeiter wählen gemeinsam* den Betriebsrat, wobei beide Gruppen entsprechend zu berücksichtigen sind. Ist eine größere Anzahl von Frauen im Betrieb beschäftigt, so muß auch diesen eine Vertretung im Betriebsrat eingeräumt werden. Aber auch die Klein- und Mittelbetriebe müssen insofern Berücksichtigung finden, daß auch sie durch räumliche Zusammenfassung nach Industriezweigen im Ortsbetriebsrat sich in das gesamte Gefüge einreihen werden.

Die ganze Tätigkeit der Betriebsräte muß getragen sein vom Bewußtsein ihrer hohen Mission: Organe der Sozialisierung der Wirtschaft zu sein. Darum kann es keineswegs genügen und entspricht nicht dem revolutionären Charakter der Räte, wenn, wie in der Regierungsvorlage über die Betriebsräte, diesen lediglich die Aufgaben der bisherigen Arbeiter- und Angestelltenausschüsse zugewiesen werden. Wohl soll auch der Betriebsrat, getragen durch das Vertrauen der gesamten Kollegenschaft, die Regelung von gerechten Gehalts-, Lohn- und Arbeitsbedingungen vornehmen, über Einstellung und Entlassung, sowie Beurlaubung von Angestellten und Arbeitern entscheiden. Darüber hinaus aber hat er die volle Einsichtnahme in den gesamten technischen Betrieb, speziell aber auch in die Verwaltung des Unternehmens zu fordern. Im technischen Betrieb kommt es darauf an, im weitgehendsten Maße Schutzvorrichtungen zu treffen, denn im sozialistischen Gemeinwesen ist das köstlichste Gut die menschliche Gesundheit, zu deren Schutz und Erhaltung keine Ausgabe gescheut werden darf.

Eine weitere wichtige Vorarbeit in der gegenwärtigen Kampfperiode, die aber dann im Stadium der sozialistischen Herrschaft zu einer der wesentlichsten Aufgaben gehören wird, ist die *Durchführung verbesserter Arbeitsmethoden, Verbesserung und Vervollkommnung der Maschinen und Einrichtungen,* darum hat das *Betriebsgeheimnis* als ein Bestandteil kapitalistischer Konkurrenzwirtschaft zu *verschwinden.* Hat der Einzelunternehmer bisher danach getrachtet, in seinem Betrieb durch seine Techniker und Arbeiter erzielte Betriebsverbesserungen als Profitvorteil für sich ängstlich zu hüten und zu wahren, so muß sich der Betriebsrat stets bewußt bleiben, daß er nicht das Interesse des einzelnen Betriebes, sondern das der Gesamtheit vertritt, die als regelndes Prinzip ihrer Wirtschaft das der *bestmöglichsten Bedarfsdeckung hat.* Nicht der Profit ist das Ziel, sondern die Befriedigung der Bedürfnisse aller Glieder ohne Unterschied.

Aber nicht nur in die technische und organisatorische Seite des Betriebes hat der Betriebsrat sich einzuarbeiten und seine Anordnungen im Einvernehmen mit der Betriebsleitung zu treffen, wichtiger noch ist speziell in der nächsten Zeit das *Eindringen in die Verwaltung.*

Stützt er sich bei seiner Tätigkeit im Betriebe selbst auf die Mitarbeit der Techniker und Ingenieure, so wird ihm bei der Verwaltung des Unternehmens die Mitwirkung der Angestellten unentbehrlich sein. Auch hier hat jedes Geschäftsgeheimnis für den Betriebsrat zu verschwinden: Hier wird ohne Zweifel der schwerste Kampf beginnen, der heftigste Widerstand entgegengesetzt werden. Aber nichtsdestoweniger muß das Recht erkämpft werden, das ganze *Finanzgebaren* des Unternehmens, die *gesamte ein- und ausgehende Korrespondenz,* das Kalkulations- und Lohnwesen, kurz alle die Verwaltung berührenden Geschäftsvorgänge unter Kontrolle zu nehmen und hier schon die Zelle der künftigen Geschäftsleitung zu schaffen.

Aber es ist ohne weiteres klar, daß die einzelnen Betriebsräte weder eine Macht darstellen noch ihrer Aufgabe gewachsen sind, wenn sie sich nicht zusammenschließen. Hier hat der Berliner rote Vollzugsrat eine Gliede-

rung des gesamten deutschen Wirtschaftslebens in 14 Gruppen vorgeschlagen, die wohl als Basis für die künftige Gruppierung der gesamten
Betriebsräte nach Industriezweigen eine brauchbare Grundlage darstellt:

1. Landwirtschaft, Gärtnerei, Tierzucht, Forstwirtschaft und Fi-
scherei,
2. Bergbau, Hütten- und Salinenwesen, Torfgräberei, Ton und
Kiesel,
3. Industrie der Steine und Erden, Baugewerbe,
4. Metallindustrie,
5. Chemische Industrie,
6. Spinnstoffgewerbe, Konfektion,
7. Papierindustrie, graphisches Gewerbe,
8. Leder- und Schuhindustrie, Industrie lederartiger Stoffe,
9. Holz- und Schnitzstoffgewerbe,
10. Nahrungs- und Genußmittelgewerbe,
11. Bank-, Versicherungs- und Handelsgewerbe,
12. Verkehrsgewerbe,
13. Beamte und Arbeiter der staatlichen und kommunalen Verwaltungen und Betriebe,
14. Freie Berufe.

Die erste Zusammenfassung der Betriebsräte findet sich im *Bezirksgruppenrat* innerhalb eines bestimmten Wirtschaftsbezirks. Dieser hat die
sämtlichen Betriebe seiner Industriegruppe im Bezirk zu überwachen, es
hat ein Austausch der Erfahrungen und erreichten Verbesserungen
stattzufinden, denn kein egoistisches Interesse darf mehr hindern, daß
die von einzelnen erzielten Vorteile der Gesamtheit dienen. Bei Unstim-
migkeiten innerhalb des Betriebsrates ist der Bezirksgruppenrat Schieds-
instanz.

Eine unerläßliche Zusammenfassung der einzelnen Industrien für das
gesamte Reich wird geschaffen durch die Entsendung von Delegierten
des Bezirksgruppenrates in den *Reichsgruppenrat*, dem die gesamte
Regelung der Produktion für den betreffenden Industriezweig obliegt.
Er hat die genaue Übersicht über die Leistungsfähigkeit aller vorhan-
denen Betriebe, dort erst können auch die Fäden zusammenlaufen, die
es ermöglichen, einen Überblick zu schaffen über alle verfügbaren
Rohstoffe und die in Frage kommenden Arbeitskräfte. Rationell
muß die sozialistische Wirtschaft betrieben werden: Darum geht das
Streben des Reichsgruppenrates dahin, nach Möglichkeit die Produk-
tionsstätten in die Nähe der Rohstoffquellen zu legen oder aber in
unmittelbare Nähe einer zum Kraftbetrieb erforderlichen Wasserkraft.
Soll mit einem möglichst geringen Kraftaufwand, unter dem Anstreben
einer Verkürzung der Arbeitszeit, trotzdem eine hohe Leistung erzielt
werden, so ist jede unproduktive Kraftausgabe zu vermeiden, die bei
ungünstiger geographischer Lage durch die Transporte notwendig
würde.
Würde indessen nur eine Zusammenfassung der einzelnen Industrie-

gruppen nach Bezirk und Reich erfolgen, so könnte daraus die Gefahr erwachsen, daß einseitig die Interessen der einzelnen Industrie wahrgenommen und dadurch Stockungen im Wirtschaftsleben entstehen könnten. Darum ist ebenso unerläßlich die Bildung eines *Bezirkswirtschaftsrates*, in den sämtliche oben aufgeführten 14 Gruppen ihre Delegierten entsenden und der für den betreffenden Wirtschaftsbezirk die entscheidende wirtschaftliche Instanz bildet und nach den Anordnungen des *Reichswirtschaftsrates* arbeitet. Dieser Reichswirtschaftsrat, der sich zur Hälfte aus den Vertretern sämtlicher Bezirkswirtschaftsräte, zur Hälfte aus den Vertretern der Konsumentenorganisation zusammensetzt, ist die mächtigste Konzentration und zu den verantwortungsreichsten Aufgaben berufen: Hier erst ist die Möglichkeit eines Gesamtüberblicks über die Produktiv- und Rohstoffkräfte und die verfügbaren Hand- und Kopfarbeiter in sämtlichen Berufen gegeben. Die Grundlage seiner Arbeit ist die grundsätzliche statistische Vorbereitung, an der sämtliche Betriebsräte von unten auf mitzuwirken haben, soll das Ergebnis ein möglichst vollkommenes und lückenloses werden. Nur hier, wo sich eine Übersicht über das gesamte deutsche Wirtschaftsleben gewinnen läßt, besteht auch die Möglichkeit, unter Berücksichtigung aller Besonderheiten der einzelnen Industriegruppen wie auch Wirtschaftsbezirke den *Wirtschaftsplan für das gesamte Reich* zu entwerfen. Der Gegensatz zwischen Landwirtschaft und Industrie wird in einer sozialistischen Planwirtschaft verschwinden, unter Mitwirkung aller Beteiligten eine Disposition über die Rohstoffe, Umfang der Produktion in den einzelnen Industrien (wobei keine Profitrücksichten mehr hindernd sein werden), Verteilung der Arbeitskräfte, Verhinderung von Überproduktion oder Knappheit durchzuführen sein. Eine möglichst genaue Feststellung des Bedarfs sowohl an Rohstoffen und Produktionsmitteln wie an Gegenständen des Konsums ist erst die Voraussetzung für einen reibungslosen Fortgang der Produktion. Luxusindustrien müssen zurückstehen, bis der notwendige Lebensbedarf in ausreichendem Maße für alle gedeckt ist.

Alle Personen, die in die Räte entsandt werden, sind täglich abberufbar, sobald sie sich nicht mehr auf das Vertrauen ihrer Wähler stützen können. Es darf hierbei nicht verkannt werden, daß entscheidend für die Wahl, wie auch für das Verbleiben nicht etwa nur die Charaktertüchtigkeit, sondern im selben Maße die Befähigung und Eignung für die Tätigkeit des Erwählten ist. Redegewandtheit muß darum nebensächlich sein, da Tüchtigkeit den Ausschlag gibt.

Gruppenräte wie Wirtschaftsräte müssen fernerhin das Recht haben, sich Fachleute zur Beratung hinzuzuziehen.

In dieser Gliederung ist ein lebendiger, sich stets erneuernder Körper geschaffen, der die aktivste Mitarbeit all der einzelnen Glieder verlangt und ihnen bestimmte Aufgaben zuweist. Es wird damit ein Organismus geschaffen, der einen logischen Aufbau von unten herauf verbindet mit der für eine hochentwickelte Wirtschaft unentbehrlichen zentralen Konzentration. Kein neuer Bureaukratismus – davor schützt das enge Verbundensein der einzelnen Räte mit dem Produktionsprozeß selbst, ihr Zusammenleben mit den Arbeitskollegen, deren steter Kontrolle sie unterstehen.

Nicht weltfremde Beamte, die auf Grund bestimmter Examina und theoretischer Weisheit sich den Berechtigungsschein erwirkt haben, sondern Männer und Frauen aus der schaffenden Bevölkerung, Hand- und Kopfarbeiter vereint zu ernster vorbereitender und aufbauender Tätigkeit, die die Grundfesten errichten helfen wollen zu einer sozialistischen Gemeinschaft.

Vieles wird der Betriebsrat zur richtigen Ausübung seiner Tätigkeit noch erlernen müssen. Aber damit er dies könne, muß er sich erst die Rechte erkämpfen, die ihm keine Gesetzgebung freiwillig schenken wird. Man lernt erst den richtigen Gebrauch von einem Recht zu machen, wenn man es besitzt, und darum kann der Einwand nicht als stichhaltig angesehen werden, der Arbeiter sei nicht reif dazu, die Produktion selbst zu übernehmen. Er wird es auch in hundert Jahren nicht sein, wenn man ihn in seiner wirtschaftlichen Rechtlosigkeit erhält, wie es Sankt Kapitalismus will.

Voraussetzung ist das Vertrauen in die Intelligenz und schöpferische Kraft des werktätigen Volkes – die Stunde ist gekommen, da es gilt, die historische Mission zu erfüllen, die dem Proletariat geworden ist!

Schon heute kann nützliche Arbeit durch die wirtschaftlichen Räte geleistet werden, wenn sie sich das Recht der vollen Mitbestimmung in der Verwaltung erkämpfen und durch genaue Einsichtnahme feststellen können, wenn ein Unternehmer versucht, seinen Betrieb zu schließen, um auf diese Weise eine unbequeme Arbeiterschaft loszuwerden; konstatieren die Betriebsräte, daß genügend Rohstoffe, Aufträge und Betriebsmaterial vorhanden sind, um das Unternehmen fortzuführen, wozu sich aber der Besitzer aus eben erwähntem Grunde oder weil ihm die Profitrate nicht mehr verlockend genug erscheint, nicht entschließen kann, dann hat dieser das Recht auf den Betrieb verwirkt, und der Betriebsrat muß nun praktisch zeigen, daß das Werk auch ohne den Besitzer fortgeführt werden kann!

Freilich wollen wir uns nicht verhehlen, daß eine völlige *geistige Umstellung der Arbeiter* Platz greifen muß; bisher, im kapitalistischen System, war dem Arbeiter das Ergebnis seiner Tätigkeit vollkommen gleichgültig; kam doch jede Vergünstigung nicht ihm selbst, sondern lediglich dem Unternehmer zugute; wird die Arbeiterschaft indessen Trägerin der Sozialisierung, so wird in ihr auch das Gefühl erweckt, daß sie *unmittelbar gesellschaftliche Arbeit* leistet und daß das Wohlergehen des einzelnen eng gebunden ist an das Wohlergehen der Gemeinschaft.

Hört man immer wieder die Klage über die schwere moralische Krise, die bei uns als Kriegsfolge in Erscheinung getreten sei, so übersehe man doch nicht, daß diese Erscheinung in der gleichen Weise in den Ländern der Sieger aufgetreten ist. Die Ursache liegt doch einfach darin, daß es den Arbeitern in allen Ländern schwer, ja direkt unerträglich wird, das Joch des Kapitalismus weiter zu tragen. Darum kann eine Rettung nur dadurch werden, daß man durch das Recht der Mitbestimmung auch das

Verantwortlichkeitsgefühl im Arbeitenden weckt und ihn dadurch erst zur vollen Persönlichkeit ausreifen läßt.

Gelingt es dem Proletariat, in einem neuen Wellenschlag der revolutionären Bewegung – die noch lange nicht beendigt ist, sondern inmitten deren Entwicklung wir heute noch stehen – die *politische Macht* an sich zu reißen, dann genügt es freilich nicht, die alte Staatsmacht zu stürzen; dies wird im gegebenen Moment verhältnismäßig leichter sein als der nächste Schritt: Niederhaltung des ausbeutenden Bürgertums und Aufbau resp. Organisation der sozialistischen Gesellschaftsordnung.

Daraus folgt ohne weiteres, daß unser Kampf gegen die veraltete Form der parlamentarischen Staatsform nicht nur durch Ausschaltung derer, die wir als Vertreter des Systems bekämpfen, erfolgen kann, sondern auch auf diesem Gebiet muß organisch von unten herauf eine proletarische Macht- und Selbstverwaltungsorganisation geschaffen werden, die sich stützt auf die Urquelle proletarischer Macht, die Hand- und Kopfarbeiter unter Ausschaltung all derer, die fremde Arbeitskraft ausbeuten.

Wenn auch in der bürgerlichen Demokratie dem Anschein nach das ganze Volk abstimmt, so bedeutet dies in Wirklichkeit doch nur das Deckblatt für die Herrschaft des Finanzkapitals, das sich unter Vorspiegelung großer demokratischer Freiheiten für das »Volk« ungeachtet des allgemeinen Stimmrechts vortrefflich einzurichten und zu sichern verstand, wie die Beispiele von Frankreich und speziell von Amerika treffend beweisen, wo die Macht vornehmlich in den Händen des Finanzkapitals, der Bankleiter und Trustmagnaten liegt.

In der Räterepublik hingegen wird keine von der Masse unabhängige Bureaukratie, kein auf Dauer gewählter Körper bestehen, der während längerer Jahre selbständig und unabhängig von der Masse über deren Geschicke verfügt.

Während das wirtschaftliche Rätesystem die Ausschaltung des Einflusses der Gegner des Sozialismus in der Wirtschaft zum Ziele hat, soll das *politische Rätesystem* deren Einfluß auf Gesetzgebung und Verwaltung so lange ausscheiden, bis durch die Enteignung der Besitzer der Produktionsmittel die Klassenscheidung überhaupt aufgehoben ist. Erst wenn mittels der Diktatur des Proletariats die *Macht und der Widerstand* der bürgerlichen Gegner endgültig gebrochen sein wird, kann das Wahlrecht an alle erteilt werden, weil alsdann alle arbeitsfähigen Glieder der Gesellschaft produktive resp. gesellschaftlich nützliche Arbeit leisten müssen.

Oberster Grundsatz des politischen Rätesystems im Gegensatz zu jeder bürgerlichen Regierungsform ist der, daß die gesetzgebende und ausführende Macht, Legislative und Exekutive, vereinigt sein sollen. Wir haben uns stets gegen jedes Zweikammersystem gewandt, das eine bewußte Abschwächung der »Gefahren« selbst der bürgerlichen Demokratie bezweckt, ebenso aber auch gegen die Schaffung eines besonderen bureaukratischen Körpers, dem die Ausführung der Beschlüsse einer anderen, gesetzgebenden Körperschaft übertragen wird. Die in die Räte entsandten Vertrauensleute des schaffenden Volkes haben nicht nur

Beschlüsse zu fassen und Anordnungen zu treffen, die dem Ziele der Verwirklichung des Sozialismus zustreben, sondern aus ihrer eignen Mitte heraus auch die Exekutive derer zu bilden, die für die Durchführung der Beschlüsse zu sorgen und darüber Rechenschaft abzulegen haben. Ebenso wie in einer wahrhaft sozialistischen Republik jede Geheimdiplomatie aus der auswärtigen Politik verschwinden muß, hat auch die innenpolitische und verwaltende Tätigkeit in aller Öffentlichkeit und unter steter Kontrolle der Wählerschaft zu erfolgen. Bildete bisher der verwaltende Körper der Bureaukratie quasi einen besonderen Staat im Staate, so stützt sich die Macht der Räte und ihrer ausführenden Organe auf die Organisationen der Industrie-, Land- und geistigen Arbeiter.

Nach dem Wahlspruch: *Wer nicht arbeitet, der soll auch nicht wählen!* haben die Wahlen auch zu den politischen Räten auf der Grundlage der Betriebe und Berufe stattzufinden. Alle 18 Jahre alten männlichen wie weiblichen Beschäftigten entsenden bei Großbetrieben auf Grundlage der im Betrieb Beschäftigten, bei zersprengten Berufen unter Zugrundelegung der Berufsvereinigung ihre Delegierten zunächst in den *Arbeiterrat der Gemeinde,* der den ganzen bürgerlichen Apparat von Stadtverordneten- und Gemeindevertreter-Versammlungen, nebst der zweiten Kammer, den meist noch reaktionäreren Magistraten samt der alten verknöcherten Bureaukratie abzulösen hat. In dem sich hierauf aufbauenden politischen Rätesystem kann freilich kein Platz mehr sein für die Land- und Regierungsräte und kann eine bedeutende Vereinfachung des ganzen Apparates eintreten. Parallel dem Aufbau des wirtschaftlichen Rätesystems ist die nächste räumliche Zusammenfassung – ohne jede Rücksicht auf die künstlich geschaffenen dynastischen und politischen Grenzen – der den Wirtschaftsbezirk repräsentierende *Bezirksarbeiterrat,* während das gesamte deutsche schaffende Volk seine höchste politische Vertretung im *Rätekongreß* sich schafft, der auf der Grundlage zu wählen ist, daß auf je 100 000 Wahlberechtigte zu den Arbeiterräten je ein Delegierter zum Rätekongreß entfällt.

Den Arbeiterräten in den Gemeinden ist größtmöglichste Betätigungsfreiheit und selbständige Initiative in dem von der Zentralinstanz weitgesteckten Rahmen zu erteilen. Aber die dorthin Entsandten müssen im wahren Sinne des Wortes Organe der Selbstverwaltung des Volkes werden, indem sie nicht etwa nur »Rede«-Parlamente darstellen, sondern alle Funktionen der städtischen Behörden in sich vereinigen, aus ihrer eignen Mitte heraus sich in Kommissionen einteilen, die unter Zuziehung technischer Hilfskräfte auch die Durchführung der gefaßten Beschlüsse und die gesamte Verwaltungstätigkeit im Sinne der Räte praktisch vornimmt. Übersehe man hierbei nicht einen anderen wesentlichen Vorteil dieses Systems: Nach dem bisherigen Vertretersystem war maßgebend die Parteizugehörigkeit und mehr noch die Zungenfertigkeit, mit der der Kandidat oder Abgeordnete über alles zu reden wußte, hingegen sind bei dem auf Grund der Betriebe und Berufe Erwählten die Wähler als Berufs- und Arbeitskollegen weit besser in der Lage, den auch nach seinen Fähigkeiten und Berufstüchtigkeit Geeignetsten aus ihrer

Mitte heraus zu bestimmen; es wird also aus sein mit der Regierung der parlamentarischen Alleswisser, sondern Spezialisten aller technischen und geistigen Berufe werden ihre mit Spezialkenntnissen ausgestatteten Besten entsenden. In der gleichen Weise verwirklicht sich das Recht der Selbstbestimmung des Volkes im Bezirksarbeiterrat und in der höchsten gesetzgebenden und verwaltenden Körperschaft des gesamten Reiches, dem Rätekongreß.

Dieser Rätekongreß ist freilich nicht vergleichbar mit seinen Vorgängern, der nur von den Gnaden des rechtssozialistischen Zentralrats lebte und überhaupt nur zweimal zu kurzer Tagung zusammengerufen worden ist, ohne auch nur den leisesten Anfang zu praktischer Tätigkeit zu machen. Sondern er hat mindestens alle drei Monate zusammenzutreten, und, da ein solch großer Körper nicht das notwendige Maximum an Arbeitsfähigkeit aufbringen kann, einen *Zentralrat* von 150 Personen zu bilden, der nach den vom Rätekongreß beschlossenen Richtlinien für die innere wie äußere Politik die Arbeit auszuführen hat. Der Zentralrat schuldet dem Rätekongreß Rechenschaft über diese Tätigkeit und hat sich diesem bei der Berichterstattung zur Neuwahl zu stellen. Zur Leitung der einzelnen Verwaltungsabteilungen resp. Kommissariate delegiert der Zentralrat aus seiner Mitte die entsprechende Anzahl der Volksbeauftragten, deren Rechte indessen keineswegs denjenigen unserer heutigen Minister gleichkommen; ihnen steht lediglich im Rahmen der Beschlüsse der Rätekongresse und in *Gemeinschaft mit dem Zentralrat* neben der organisatorischen Verwaltungsleitung das Verordnungsrecht zu.

Der neuen Verbureaukratisierung ist schon dadurch vorgebeugt, daß die Mitglieder des Rätekongresses nach der Tagung wieder ihren Arbeitskollegen und Wählern Bericht und Rechenschaft schulden.

Eine stete Erneuerung und Ausmerzung der sich aus irgendeinem Grunde nicht als brauchbar erweisenden Personen ist auf diese Weise möglich, und die trüben Erfahrungen mit gewissen Führern aus der Zeit bürgerlicher Parlamente können sich nicht wiederholen. Aber auch in der Masse selbst kann nur auf diese Weise des lebendigsten Zusammenhangs das regste politische Interesse immer wachgehalten werden, die Barrieren, die auf Jahre hinaus den Abgeordneten von der Masse trennten und ihn nach eignem Gutdünken wirken ließen, sind gefallen!

Wer im Sozialismus eine neue Welt errichten will, der muß auch wissen, daß zu dieser neuen, umwälzenden und schöpferisch aufbauenden Aufgabe *neue* Wege gegangen werden müssen. Aus unklarem, aber revolutionärem Instinkt der Massen in den Novembertagen 1918 geboren, hat der Gedanke durch die Entwicklung der letzten Monate sich immer klarer herauskristallisiert, ist sein grundsätzlicher, unüberbrückbarer Gegensatz zu dem bürgerlichen Parlamentarismus unzweideutig offenbar geworden. Das Rätesystem als der Träger revolutionären Befreiungskampfes und proletarischen Machtwillens bewirkt die Zusammenfassung aller für die Revolution brauchbaren Elemente, die Auslösung neuer geistiger Kräfte; und wenn in weiten Schichten der unter den Folgen einer kapitalistischen Ausbeutungs- und Bankerottspolitik leidenden werktätigen Bevölkerung der Glaube an die Notwendigkeit der

Diktatur des Proletariats durch das Rätesystem immer tiefer Wurzel faßt, so ist dies nur ein Zeugnis dafür, daß im Proletariat wieder der *Glaube an die eigne Kraft* wach geworden ist – jener Glaube, der die Voraussetzung ist zu selbstlosem, sich einer hohen Sache mit seiner ganzen Persönlichkeit hingebendem Handeln!

Nun müssen wir allerdings wahrnehmen, daß bisher *die Frau in den Räten* kaum eine Rolle gespielt hat. In den Arbeiterräten selbst fanden wir nur eine ganz spärliche Anzahl weiblicher Vertreter, die in gar keinem Verhältnis stand zu der Anzahl der beschäftigten erwerbstätigen Frauen, wie sie besonders im Moment der Bildung der Räte zu Beginn der Revolution in den verschiedensten Betrieben noch vorhanden waren. Aber gar erst in den Vollzugsausschüssen: Dort war nur in den allerseltensten Fällen eine weibliche Delegierte aufzufinden. Und doch kann ich aus meiner eigenen Praxis nur sagen, daß die Mitwirkung der Frauen eine dringende Notwendigkeit gewesen wäre: Ich denke hierbei zum Beispiel nur an ein Kapitel – die Verordnung der Demobilmachungskommissare, wonach man der riesengroßen Arbeitslosigkeit, die im Gefolge des Krieges auftrat, einfach in der Weise zu begegnen suchte, daß man eine säuberliche Auskehrung in den Betrieben vornahm und einfach vor allem einmal die Frauen entließ, die erst während des Krieges eingetreten waren!

Eine ganz unerhörte Härte angesichts der Tatsache, daß man jahrelang froh darum war, daß die Frauen in Scharen in die Fabriken strömten, daß sie nach Herrn Dr. Helfferichs eigenem Ausspruch »die wirtschaftlichen Schützengräben füllten«, dieweil die furchtbare Not des Krieges, der Hunger und die Sorge um das Leben ihrer Kinder sie hineingetrieben. Jetzt hieß es kalt – der Mohr hat seine Schuldigkeit getan, er kann gehen! Und ich muß gestehen, daß selbst Arbeitervertreter, oftmals auch unsere eigenen Genossen, dieser Maßnahme der Demobilmachungskommissare gegenüber oftmals jedes tiefere Verständnis vermissen ließen. Wie bitter nötig wäre es da gewesen, daß überall die Frauen selbst hätten mitwirken und die männlichen Arbeitskollegen in vielen Fällen von der Unbilligkeit ihres Vorgehens hätten überzeugen können!

Aber diese Mitwirkung bestand in den meisten Fällen nicht, und es ist unverkennbar, daß von allen Parteien, auch von unseren kommunistischen Freunden, der Mitwirkung der Frauen in den Räten nicht die notwendige Beachtung geschenkt worden ist.

Die Räte können aber nur dann *Ausdruck des Massenwillens* werden, was sie ja sein sollen, wenn das Recht der Mitwirkung und Mitbestimmung nicht für eine ganze Hälfte des Proletariats toter Buchstabe bleibt. Als Sozialisten verlangen wir ja grundsätzlich das Recht der sozialen und menschlichen Gleichberechtigung, über das Recht politischer Gleichberechtigung hinaus. Wie wollten wir da verkennen, daß die Frauen am besten selbst die Sachwalter ihrer eigenen Interessen, insbesondere bei einer Reihe von Fragen des öffentlichen Lebens, die sie ganz besonders als Frau und Mutter berühren, sein werden. Wir brauchen hier nur Fragen herausgreifen wie die der *Erziehung, der Kinder- und Säuglingsfürsorge*, der Ausgestaltung des Heims und dann insbesondere einer völligen Umgestaltung des sozialen Rechts. Ist doch die kapitalistische Wirtschafts- und Gesellschaftsordnung den Frauen ganz besonders verhängnisvoll fühlbar geworden; aus ihrem bitteren Leid, ihrer persönlichen Lebenserfahrung heraus ist ihre Kritik heraus gewachsen und die Sehnsucht nach einer durchgreifenden Umgestaltung.

Der Krieg war hier ein grausamer, aber gestrenger und gründlicher Lehrmeister; er riß die Frauen heraus aus ihrem Heim, zog sie in den Produktionsprozeß hinein und gab zugleich der von der steten Sorge um ihre Lieben im Schützengraben gequälten Proletarierin zugleich die Erfüllung von Pflichten auf, so schwer, wie sie selbst der Mann zu seiner Zeit zu erfüllen gehabt hat. Die Führung des Haushalts, die Versorgung mit dem Notwendigsten und die notwendige Orientierung über die zahlreichen, einander überstürzenden öffentlichen Verordnungen stellten die Frauen plötzlich vor eine Reihe der schwierigsten Aufgaben, *zwang* sie dazu, sich auch um die Dinge des öffentlichen Lebens zu kümmern, die bisher allein dem »Herrn und Gebieter« vorbehalten gewesen waren. Aber so ungeschult und unvorbereitet unsere Proletarierfrauen und Mädchen größtenteils waren, wir müssen ihnen die Anerkennung zollen: Rasch haben sie sich zurechtgefunden und den Beweis geliefert, daß man kein Recht hat, in ihre Ebenbürtigkeit und Fähigkeit den geringsten Zweifel zu setzen.

Die kapitalistische Welt freilich zollt ihnen diese Anerkennung nicht; denn wenn wir auf der einen Seite feststellen mußten, daß mit der größten Rücksichtslosigkeit zu Werke gegangen wird, um sie wieder aus den Betrieben zu entfernen, zahlt man ihnen eine so minimale, ganz wesentlich geringere *Arbeitslosenunterstützung* wie dem Mann, die es ihr ganz unmöglich macht, auch nur das Notdürftigste zur nackten Existenz anzuschaffen und Tausende von diesen unglücklichen Geschöpfen aus Selbsterhaltungstrieb schließlich auf die Straße treibt.

Was will es dem gegenüber bedeuten, wenn dieselbe Regierung spricht von einer Verankerung der Räte in der Verfassung? Wir pfeifen auf diese »Verankerung«, denn die Räte haben nur dann moralischen Wert und Macht, wenn sie geistig und seelisch tief in das Volksbewußtsein eingegraben sind.

Nun aber taucht die Frage auf: Wie können wir es ermöglichen, daß auch die Frauen durch ihre Mittätigkeit in den Räten interessiert werden am proletarischen Befreiungskampf? Sehen wir weiter untätig zu, dann werden wir die bittere Erfahrung machen müssen, daß durch die Verleihung des Wahlrechts alle bürgerlichen Parteien um die Seele der Frauen werben, alle Mittel – bis zum letzten Beichtstuhl der Kirche – werden aufgeboten, um sie unter allerhand gleißnerischen Versprechungen in den Wahlkampf hineinzureißen, und es werden oftmals nicht die Schlechtesten, sondern die Interessiertesten und Lernbegierigsten sein, die sich von dieser Agitationstätigkeit erfassen lassen.

Und gerade, weil wir uns über die Wertung des bürgerlichen Parlaments keinerlei Täuschung hingeben, Genossen und Genossinnen, weil wir wissen, daß wir durch den Parlamentarismus niemals zum Sozialismus gelangen werden, müssen wir nunmehr unverzüglich unsere ganze Kraft daran setzen, auch die weiblichen Erwerbstätigen in diese *proletarischen Kampfesinstitutionen* hineinzubringen. Wenn der feste Wille dazu vorhanden ist, läßt sich auch die Frage nicht allzuschwer lösen.

Soweit weibliche Berufstätige im Betrieb oder im Bureau in Frage kommen, ist ihre Erfassung im wirtschaftlichen Rätesystem (Betriebsräten) an der Stätte ihrer Arbeit ja ohne weiteres möglich. Aber Grundsatz müßte darum sein, daß die Frauen im Betriebsrat ihre Vertretung zum mindesten prozentual auf Grund der Anzahl der Beschäftigten erhalten müssen. Darüber hinaus aber sollten unsere Arbeitskollegen nicht kleinlich sein, sondern im Interesse des eigenen Befreiungskampfes die Frauen im stärksten Maße zur Mitarbeit heranziehen.

Der Einwand, die Frauen seien zu diesen schwierigen Funktionen noch nicht befähigt, kann angesichts der ungeheuren Leistungen der Kriegszeit heute nicht mehr stichhaltig sein; haben doch die Frauen in ihrer praktischen Tätigkeit sich tüchtige Eigenschaften und Erfahrungen erworben, wenn es ihnen wohl auch noch sehr häufig an der Redegewandtheit fehlen mag. Aber letzten Endes sind ja gerade die *Räte keine Redeparlamente*, sondern Stätten emsiger Arbeit, und ich zweifle keinen Augenblick, daß die Praxis der Zusammenarbeit unsere Genossen gar bald die Unentbehrlichkeit der weiblichen Mithilfe lehren wird!

In gleicher Weise aber sind die *Heimarbeiterinnen und Hausangestellten* durch ihre Berufsorganisationen für die Betriebsräte zu erfassen. Das ist bei uns bereits zu den ersten Arbeiterratswahlen geschehen, aber es muß von unserer Seite gerade dieser Kategorie von Ausgebeuteten gegenüber, die zu den Schwächsten und darum auch Unaufgeklärtesten zählen, viel größere Aufmerksamkeit geschenkt, sie müssen in viel intensiverer Weise und größerer Zahl heute schon erfaßt werden, um auch sie aus ihrer teilweisen Lethargie herauszureißen und mit in die Kampfesreihen zu stellen!

Etwas schwieriger ist allerdings schon die Lösung des Problems: *Wie erfaßt man die proletarischen Hausfrauen im Rätesystem?*

Bekanntlich können das Wahlrecht zu den Räten nur solche Personen bekommen, die produktive, gesellschaftlich nützliche Arbeit leisten. Wenn nun zwar auch die Hausfrauen nach kapitalistischen Begriffen insofern keine produktive Arbeit leisten, weil sie keinen Mehrwert erzeugen, so erkennen wir als Sozialisten selbstverständlich ihre Tätigkeit auch im Haushalt als produktiv an. Durch ihre Arbeit, durch ihre Haushaltsführung ermöglichen sie außerdem dem Mann erst, seinerseits produktive Arbeit zu leisten.

Wollen wir nun diese Millionen proletarischer Hausfrauen einfach ihrem Schicksal überlassen, sollen sie nicht teilnehmen an dem großen proletarischen Ringen um die Menschheitsbefreiung? Das kann für uns natürlich gar nicht in Frage kommen, sondern wir müssen erstreben, auch diese Proletarierinnen in den *politischen Arbeiterräten* zu erfassen. Wobei wir uns freilich bewußt bleiben wollen, daß im gegenwärtigen Stadium die politischen Räte nur eine vorbereitende Tätigkeit ausüben können bis zu dem Moment, da das revolutionäre Proletariat die politische Macht ergreifen und sie aber dann – so hoffen wir alle zuversichtlich – auch mit aller Kraft verteidigen und behaupten wird!

Selbstverständlich wollen wir auch bei den Frauen nicht solche Personen in die Räte eindringen lassen, die dem Rätegedanken feindlich gegenüberstehen; dafür ist uns die Zusammenarbeit mit den rätefeindlichen Rechtssozialisten in der ersten Revolutionsepoche eine zu deutliche Lehre gewesen, sondern es können nur solche Frauen wählbar sein, die *auf dem Boden der Diktatur des Proletariats* stehen. Nun hat unsere Genossin *Zetkin* bereits einen Vorschlag gemacht, der dahin ging, daß die proletarischen Hausfrauen und alleinstehenden weiblichen Proletarierinnen gemeinsam mit ihren Ehemännern oder Brüdern an deren Betriebsstätte zur Wahl schreiten.

Mir scheint indessen dieser Ausweg nicht der geeignete. Ganz abgesehen davon, daß völlig alleinstehende Frauen oder Witwen dann immer noch rechtlos blieben, können an der Stätte des Betriebes nur die darin Beschäftigten ihr Wahlrecht ausüben, während es dem Gedanken des Rätesystems widerspricht, betriebsfremde Personen daselbst mitwählen zu lassen. Außerdem aber würde dies den Frauen zu wenig Sinn für Selbständigkeit anerziehen, wenn sie nur als die Anverwandten der männlichen Erwerbstätigen mit zur Wahl zugelassen würden. Dieses Loslösen vom engen häuslichen Rahmen und das Selbständigwerden soll aber gerade mit erzielt werden.

Ein anderer Vorschlag wurde auf der vorletzten Konferenz des Frauen-Reichsausschusses von Genossen Laukant gemacht und zu meinem Bedauern auch von dieser Tagung zum Beschluß erhoben. Dieser Vorschlag gibt es unserer *Partei* anheim, ihrerseits Wählerlisten für die proletarischen Hausfrauen aufzustellen, ein Wahlausschuß der Partei soll die Kandidatenlisten vorbereiten und auf diese Weise die Wahlen getätigt werden.

Dieser Vorschlag ist deshalb völlig unbrauchbar, weil ja *die Räte keine Sache der Unabhängigen Partei*, sondern des gesamten revolutionären Proletariats sind; angesichts der Spaltungen innerhalb der revolutionären Parteien aber müssen wir gerade danach trachten, durch das Rätesystem alle revolutionären Proletarier zusammenzuführen.

Darum geht der Vorschlag, den ich Ihnen zu unterbreiten habe, dahin: Man schreitet zur Schaffung eines *Wahlverbandes der proletarischen Hausfrauen* mit bezirksweiser Untergliederung. Wahlberechtigt und wählbar zu den von den Hausfrauen zu entsendenden Räten können nur solche Personen sein, deren Haushaltseinkommen nicht aus unbezahlter Arbeit herrührt. Denn wir können natürlich die Gattin des Fabrikbesitzers ebensowenig als Mitarbeiterin im revolutionären Parlament gebrauchen, wie deren Ehemann etwa im Betriebsrat mitwirken könnte!

Die Aufstellung der Wählerlisten hat durch den Wahlausschuß des Arbeiterrats zu erfolgen. Wir sind z. B. schon in der ersten Revolutionszeit in der Weise verfahren, daß die Delegierten des Vollzugsausschusses unseres Arbeiterrats zur Überwachung der von den verschiedenen Berufsgruppen vorzunehmenden Wahlen entsandt worden sind!

Allerdings genügt die Zusammenfassung in Wahlkörpern allein noch nicht, um die Wahlen tätigen zu können. Auch hier liegen uns warnende Beispiele von ähnlichen Gebieten vor, aus denen wir unsere Lehren zu ziehen haben. Ich meine hier die *Elternräte*, die in verschiedenen Städten auf dem Gebiet des Schulwesens bereits gebildet wurden, die aber in der Praxis häufig deshalb versagten, weil die gewählten Personen keine Ahnung davon hatten, welche Befugnisse ihnen nun eigentlich zustehen. Selbstverständlich werden sich diese Mängel durch weitere Erfahrungen sicherlich ausmerzen lassen. Aber wir müssen diese Fehler von vornherein dadurch zu vermeiden suchen, daß vor zu erfolgender Wahl die Hausfrauen durch wiederholte Zusammenkünfte einander näher kennenlernen, um so erst auf Grund gegenseitigen Kennens und gegenseitiger Beurteilung auf Grund der Aussprachen Wahlvorschläge machen zu können. Ebenso müssen sie mit den *Zielen* des proletarischen Befreiungskampfes und den *Mitteln*, die das revolutionäre Proletariat in diesem Kampf gebrauchen muß, erst aufs engste vertraut werden, ehe eine Wahl getätigt werden kann.

Wir wollen hierbei stets im Auge behalten: *Das nächste akute Stadium der Revolution darf uns nicht wiederum so unvorbereitet finden, wie es im November 1918 der Fall war!*

Ich teile keineswegs die Befürchtung derer, die da meinen, daß durch die Zusammenfassung in Hausfrauen-Wahlverbänden diese darin Zusammengefaßten zu sehr auf nur hauswirtschaftliche Gebiete abgelenkt werden könnten. Ich glaube vielmehr annehmen zu dürfen, daß, wenn wir hier die Frauen für ihre künftige Aufgaben vorbereiten und schulen wollen, sich uns ein ungeheures Aufgabengebiet eröffnet: Werfen wir nur einen Blick auf die mannigfaltige Tätigkeit, die heute bereits zahlreiche Frauen in der Kommune, und zwar nicht nur als Stadtverordnete und Gemeindevertreterinnen, sondern auch als einfache Vertreterinnen aus der Bevölkerung, in den verschiedenen Kommissionen und Ämtern entfalten: Ich nenne nur einige darunter, die speziell in das Aufgabengebiet der Frauen entfallen, wie *Jugendamt – Wohlfahrtsamt – Schulamt – und nicht zuletzt die ja auch heute noch existierende – Sittenpolizei!* Wir wissen sehr wohl, daß unsere Genossinnen in diesen Ämtern nur herzlich wenig grundlegende Reformen oder gar direkte Umwälzungen erreichen können! Ach nein, Genossen und Genossinnen, wir geben uns *gar keinen* Illusionen in dieser Richtung hin! Und doch wollen wir nicht verkennen und bekommen dies täglich von unseren Genossinnen bestätigt, daß sie sich gerade in diesen kommunalen Ämtern und Kommissionen eine reiche Fülle von Erfahrungen sammeln konnten, daß sie erst einen Einblick in den bureaukratischen Verwaltungsapparat, in die bürgerlichen Rechtsbegriffe und in die sozialen Zustände und Mißstände unserer gegenwärtigen Gesellschaft bekamen. Diese Vorschule kann für unsere kämpfenden Frauen außerordentlich wichtig und wertvoll sein als *Vorbereitung für künftige Aufgaben*, vor denen sie dann nicht mehr hilflos stehen werden, weil sie durch ihre Beschäftigung mit diesen praktischen Problemen die innere Zaghaftigkeit zu überwinden gelernt haben. Wer sich nichts zutraut, wird einer neuen Aufgabe nie gewachsen sein; wir aber, die eine ganze Welt aus den Angeln heben und neu aufbauen wollen, bedürfen entschlossener Männer und Frauen, die den Glauben an die eigne Kraft und Fähigkeit besitzen!

Neben all den oben nur angedeuteten Fragen werden sich aber auch die proletarischen Hausfrauen heute bereits mit dem Problem zu beschäftigen haben, auf welche Basis die Erziehung im sozialistischen Gemeinwesen zu stellen ist; sie selbst müssen prüfen, wie die *Gemeinschaftserziehung* vom zartesten Alter an auszugestalten ist, um jedem Kinde die körperliche und geistige Pflege angedeihen zu lassen, die es ein natürliches Recht hat, von der Gemeinschaft und nicht nur von den Eltern zu verlangen.

Dabei wollen wir auch die Gegenwartsforderung nicht zurückstellen auf Bildung von *Schulgemeinden*, in denen Erzieher, Eltern- und Schülerräte anstreben sollen, sich einander zu nähern und verstehen zu lernen und so ein inniges Vertrauensverhältnis zwischen allen an der Erziehung Beteiligten, ein möglichst harmonisches Zusammenarbeiten zwischen Heim und Schule, kurz allen an der Erziehung Beteiligten herzustellen!

Aber nicht an letzter Stelle werden sich die proletarischen Frauen mit dem lebendigsten Interesse der Lösung der schon brennend werdenden Fragen zuwenden: *Wie soll im Sozialismus eine andere Organisation des Einzelhaushalts vorgenommen werden?*

Oh, ich bin mir bewußt, liebe Genossen und Genossinnen, daß wir gerade hierbei auf so mancherlei lieb gewordene und treugehegte Vorurteile bei Männern wie Frauen stoßen werden! Und doch muß es bei einigem Nachdenken einem jeden klar werden, daß die Art unserer gegenwärtigen Führung der Einzelhaushalte eine ungeheure Kräftevergeudung darstellt; ist es denn wirklich so ideal, daß jede einzelne Proletarierin sich so unendlich abplagen muß in ihrem Einzelhaushalt, oftmals erst nach vollbrachter Berufsarbeit des Abends müde heimkehrend auch dann noch nicht Mensch, sondern nur Arbeitstier sein darf?

Die Vorurteile werden schwinden, wenn wir erst beginnen, uns ernsthaft mit dieser Frage zu beschäftigen. Dann werden und müssen, dessen bin ich absolut sicher, auch noch die kleinbürgerlichen Vorurteile schwinden und auch unsere Männer werden erkennen, daß erst durch die Umorganisierung des Haushalts in der Weise, daß nicht mehr jede einzelne Frau täglich an ihrem Kochtopf stehen muß, sondern das Gemeinschaftsprinzip zugrunde gelegt wird, ihm auch die Möglichkeit sich eröffnen wird, in seiner Frau nicht nur die Arbeitssklavin, die stets beschäftigt ist und kaum Zeit für einen ruhigen seelischen Austausch findet, zu erblicken, sondern eine frische Kameradin, Genossin seiner Kämpfe, die verstehend jede Unbill des Lebens und Kampfes mit ihm gemeinsam trägt und durch die rationellere Organisierung der Arbeit dennoch imstande ist, ihm ein freundliches, anmutiges Heim zu bieten!

Um aber diesen Gedanken der *engsten Zusammenarbeit der Geschlechter* heute schon zu stärken, sollen jetzt bereits die gewählten Hausfrauenräte an allen Plenarsitzungen der Arbeiter- resp. den öffentlichen Tagungen der Gesamt-Betriebsräte teilnehmen, den Kampf des Mannes kennenlernen; in gegenseitiger Hilfe werden dann die verschiedenartigen, aber doch alle gleich angehenden Fragen zur Klärung gebracht werden.

Denn übersehen wir eines nicht, Genossen und Genossinnen: Der Sozialismus will alle schaffenden Kräfte nutzbar machen, um zu höchstmöglicher Produktivität zu gelangen, die erst die Voraussetzung zu höherer Glücksmöglichkeit ist. Wird die Frau durch die Umorganisierung des Haushaltes in beträchtlichem Maße entlastet und ist sie nicht durch Erziehungsaufgaben in Anspruch genommen, dann wird sie auch im sozialistischen Gemeinwesen in den Produktionsprozeß mit eintreten. Allerdings nicht, wie im kapitalistischen Staat, indem ihre Arbeitskraft ausgebeutet wird; nein, es kann für sie, wenn sie auch häusliche Pflichten hat, nur eine kurze Arbeitszeit in Frage kommen, zu der sie als Sozialistin gerne ihre Kraft zur Verfügung stellen wird, weil ja alsdann die Arbeit nicht mehr wie jetzt ein häßlicher Zwang sein wird, zu der nur die Besitzlosen getrieben werden, damit sie den Parasiten Millionenprofite schaffen helfen, sondern dann wird die *Arbeit eine Freude sein* in hellen gesunden Arbeitsräumen, mit allem Schutz für das wertvollste Gut, die menschliche Arbeitskraft, und alle geistig und physisch Schaffenden getragen von dem Bewußtsein, daß jeder einzelne durch seine Tätigkeit dazu beiträgt, das Wohlergehen der Gemeinschaft und somit auch des Individuums zu fördern!

Ich weiß wohl, Genossen und Genossinnen, daß diese höhere proletarische Ideologie sich noch nicht durchgesetzt hat und daß auch noch manche inneren Widerstände selbst in Proletarierkreisen zu überwinden sein werden! Und dennoch müssen wir heute bereits darangehen, aufzuräumen mit den überkommenen und fest in uns eingepflanzten bürgerlichen Moralbegriffen; wenn auch vielleicht die Frauen davon am stärksten infiziert sind, so mußten sie doch auf der anderen Seite gerade als Frau am meisten unter der bürgerlichen Doppelmoral, ihrer Unmoral leiden. So wird es noch ein ethisches Moment mit sein, daß die Frau zur tapfersten Streiterin im revolutionären Kampfe sein wird, weil sie erkennen wird, daß *erst im Sozialismus die Frau von allen Fesseln befreit sein wird!*

Die Praxis der Revolutionen, nicht nur der bürgerlichen, nein, auch der proletarischen Revolution Rußlands und selbst Ungarns zeigten uns Frauen in den vordersten Reihen und an den wichtigsten Stellen. So waren in Ungarn Frauen Vorsitzende der Revolutionstribunale, ebenso waren sie in den Volkskommissariaten für das Fachschulwesen, für Lehrlingsausbildung, für Landwirtschaftliche Ausbildung und in verschiedenen anderen wichtigen Ämtern tätig. Das, was unsere Schwestern im Osten konnten, müssen auch unsere Proletarierinnen bewältigen können!

Uns aber ist durch die Entwicklung der Verhältnisse jetzt eine Atempause gegeben; dies gibt uns die revolutionäre Aufgabe, uns vorzubereiten auf das zu erkämpfende Ziel, weil wir uns einfach ein zweites Mal nicht mehr überraschen lassen dürfen. Die breitesten Massen, auch der Frauen, müssen aufgerüttelt, eine Avantgarde heute bereits herangebildet werden, die dann im entscheidenden Moment durch zielklares, tatkräftiges

Handeln die Mehrheit des Proletariats aufruft und entschlossen und begeistert mit sich reißt!

Genossen und Genossinnen: Wir sind jetzt nicht mehr nur im Stadium der sozialistischen Propaganda, sondern unsere Parole muß lauten: *Bereit sein zur Tat!*

(Stürmischer, lang anhaltender Beifall.)

Schlußwort Toni Sender

Vor allem möchte ich Aufklärung darüber schaffen, daß mein Vorschlag der Schaffung von Wahlverbänden keineswegs identisch ist mit den bereits bestehenden Hausfrauenverbänden, denen ich ebenso ablehnend gegenüberstehe wie Sie. Es soll keine Berufsorganisation der proletarischen Hausfrauen erfolgen, sondern weil wir wissen, daß wir die Hausfrauen nicht einzeln aus ihren Haushaltungen heraustreten und Wahlen vornehmen lassen können, erachten wir es als Vorbedingung, daß die Frauen sich kennenlernen und dann zusammengeschlossen werden in den Wahlverbänden lediglich für den Zweck der Wahl. Die Wahl zu den Wahlverbänden ist, wie ausgesprochen worden ist, in die Hand zu nehmen durch die Ausschüsse des Arbeiterrats. Es wird in allen Städten, wo nicht politische, so doch wenigstens Betriebsräte existieren, eine lokale Zusammenfassung vorhanden sein. Wir müssen vorgehen, wie das in den meisten Städten im Anfang der Revolution bei den Wahlen zum Arbeiterrat geschah, daß wir zur Vornahme resp. Überwachung der Wahlen Beauftragte des Arbeiterrats bestimmen. Weil die Einfachheit der Wahl bei den Hausfrauen nicht wie bei Betrieben resp. Branchen gegeben ist, ist es notwendig, daß wir sie zu Hausfrauenwahlverbänden zusammenschließen, sonst wissen sie nicht, welches ihre Aufgaben sein sollen. Sie müssen sich kennenlernen und ihre Aufgaben erfahren. Deshalb betone ich, daß die Frauen zunächst durch die Wahlverbände zusammengeführt werden, um ihre Aufgaben vor Augen geführt zu bekommen, und auf Grund ihrer Urteilsfähigkeit soll erst die Wahl erfolgen. Ich habe betont, daß unsere Partei, wenn sie in der Zukunft voranschreiten und eine revolutionäre Partei bleiben will, unverzüglich die Initiative zu ergreifen hat. Ich muß unterstreichen, was die Genossin Sinnecker ausgeführt hat, daß wir die praktischen Aufgaben den Hausfrauenwahlverbänden vor Augen zu führen haben. Ich wies bereits auf die erfolgte Bildung von Elternräten hin und auf die zum Teil schlechten Erfahrungen, die man damit gemacht hat, weil sie sich nicht klar waren, welche Aufgaben sie haben. Wir erstreben die Bildung von Schulgemeinden. Es soll engstes Zusammenarbeiten aller an der Erziehung aktiv und passiv Beteiligten angestrebt werden, die Bildung von Schülerräten, Lehrerräten und Elternräten, ein engstes Zusammenarbeiten und eine Verständigung aller bei der Erziehung aktiv und passiv Beteiligten.

Nun wurde von der Genossin aus Tilsit mit Recht darauf hingewiesen, daß die Frage der *Landarbeiter* sehr kümmerlich von unserer Partei behandelt worden ist. Ich habe absichtlich davon Abstand genommen, sie zu erwähnen, weil ich es als eine Aufgabe der Gesamtpartei betrachte, in der Agrarfrage mit einem neuen aktuellen Programm hervorzutreten, um uns die Agitation auf dem Lande zu erleichtern. Bisher handelte jeder nach seiner eigenen Initiative, und es ist notwendig, daß wir uns darüber klar werden, wie wir auf Grund der Vergangenheit uns heute praktisch die Lösung denken und daß die Gesamtpartei in bezug auf die Agrarfragen mit einem Programm hervortritt. Es ist eine Selbstverständlichkeit für uns, daß die *Großagrarier und Grundbesitzer zu enteignen sind.* Schwieriger ist die Frage der Kleinbauern; aber auch hier können wir an unsere frühere Auffassung anknüpfen. Wir müssen den Kleinbauern erklären, daß für sie in der gleichen Weise wie bei den kleinen Handwerkern die Lösung der Frage zu erfolgen hat und daß wir nicht daran denken können, die Kleinbauern, die ein kümmerliches Dasein zu fristen haben, gewaltsam zu enteignen. Enteignet werden sollen nur diejenigen, die aus fremder Arbeit leben. Das trifft für die Kleinbauern im wesentlichen nicht zu. Wir müssen ihnen aber vor Augen führen, wie auch sie ein Interesse an der Durchführung des Sozialismus haben, indem ihnen durch Zusammenfassung in Genossenschaften ihre landwirtschaftliche Betätigung erleichtert werden kann. Wir können ihnen darlegen, daß ihnen Ausbildung und Schulung zuteil werden soll, daß die Ausnützung von modernen Maschinen, die bisher nur den Großagrariern zugute kamen, nun durch den genossenschaftlichen Zusammenschluß den Kleinbauern, die auch nichts anderes sind als Proletarier, zugänglich gemacht werden und eine rationellere Bewirtschaftung des Bodens zur Folge haben soll. Eine weitere Frage ist, daß das Landproletariat auch im Rätesystem seine Zusammenfassung zu finden hat. Wir müssen mit Ernst beachten, daß bei offener Gegnerschaft der Landbevölkerung die Durchführung des Sozialismus ernstlich gefährdet wird. Ich erinnere an die Räterepublik München, welche ungeheuren Schwierigkeiten dort dadurch entstanden sind, daß man mit einer offenen Gegnerschaft des größten Teils der Bauernschaft zu rechnen hatte. Wenn wir uns auch nicht der Hoffnung hingeben, aus der Bauernschaft Sozialisten zu machen, so muß unser Bestreben doch darauf gerichtet sein, uns die weitgehendsten Sympathien dieser Kreise zu erwerben; denn gegen sie gerichtet werden wir die Revolution nicht durchführen können. Hier muß von der Gesamtpartei mit aller Energie zu Werke gegangen werden. Wir betrachten heute den Sozialismus nicht als eine ferne Fata Morgana, sondern wir glauben, daß wir uns trotz der Reaktion, die gegenwärtig herrscht, im Stadium der Durchführung des Sozialismus befinden, und wenn die Frauenkonferenz anregend auf die Gesamtpartei gewirkt haben sollte, so werden auch diese Verhandlungen nicht vergebens gewesen sein. Unsere Genossen sollen, soweit sie Landagitation zu betreiben haben, den Richtlinien gemäß vorgehen und dem entgegentreten, was jetzt von den Rechtssozialisten mit großem Eifer betrieben wird: die Parzellierung und Aufteilung des Grund und Bodens. Wir erstreben nicht auf dem Lande eine Vermehrung des Besitzes, sondern wir rechnen damit, daß die Kleinbauern, ohne daß sie enteignet zu werden brauchen, erkennen werden, daß ihr Interesse besser geborgen ist durch eine Gemeinbewirtschaftung des Bodens, und wir wollen uns, wie das bei der Industrie geschehen ist, auf die gleiche Basis in der Landwirtschaft begeben. Wir müssen den Landarbeitern vor Augen führen, daß, wenn man aus ihnen neue proletarische Existenzen mit der Fata Morgana der Selbständigkeit schafft, man *gegen* ihre Interessen handelt. In der Weise haben wir den Versuchen der Rechtssozialisten mit gleicher Klarheit und Entschiedenheit als *gegen den Sozialismus, der keinen Privatbesitz kennt, gerichtet,* entgegenzutreten. Zum Schlusse möchte ich noch auf eins hinweisen: Wir haben den Hausfrauen noch die Aufgabe zuzuweisen, heute bereits zu versuchen, klare Richtlinien dafür zu schaffen, wie eine Umorganisierung des proletarischen Haushalts erfolgen kann. Grundsatz ist doch, daß in möglichst rationeller Weise vorgegangen wird. Es ist eine Vergeudung von Arbeitskraft, wenn für jeden einzelnen Haushalt die Frau in Anspruch genommen wird. Ich weiß, daß wir hier mit starkem Vorurteil unserer Genossen zu rechnen haben, die glauben, sie würden von ihrer Bequemlichkeit etwas preisgeben. Wir müssen unsere Genossen davon überzeugen, daß ihre Bequemlichkeit nicht vermindert, sondern erhöht werden kann, wenn sie in ihrer Frau nicht nur ein Arbeitswesen haben. Diese Umgestaltung des Haushalts kann als praktische Aufgabe heute schon für die zu schaffenden Räte in Frage kommen. Wir müssen uns vor Augen halten, daß wir anstreben müssen, die planmäßige Regelung der Produktion nicht so aufzufassen, wie das geschehen ist durch die Trusts und Kartelle, durch die eine Minderung der Produktion erreicht wird. Unser Bestreben muß darauf gerichtet sein, alle Arbeitskräfte aufs beste anzuwenden, und dann muß man dazu kommen, daß die von eigenen häuslichen Arbeiten entlastete Arbeiterfrau in den eigentlichen Produktionsprozeß in weiterem Maße einbezogen wird. Man darf nicht davor zurückschrecken, daß nun etwa das Los der Frau noch verschlimmert würde. Nein, unser Bestreben muß darauf gerichtet sein, durch Verbesserung der Arbeitsmethoden eine höhere Produktivität zu erreichen. Wir wollen nicht vergessen, daß das Betriebsgeheimnis für die sozialistische Gesellschaft nicht mehr gelten kann, sondern daß unser Bestreben darauf gerichtet sein muß, die Erfahrungen von Betrieb zu Betrieb in bezug auf die Arbeitsmethode auszutauschen, um Kräfte freizulegen und um zu ermöglichen, daß eine Herabsetzung der Arbeitszeit bei gesteigerter Produktivität erreicht werden kann. Darum wissen wir, daß die Hausfrauenverbände immer mehr zusammenschmelzen werden in dem Maße, als die Hausfrau selbst als berufstätige Frau in das Wirtschaftsleben einbezogen wird. Dabei begeben wir uns in keinerlei Widerspruch, wenn wir uns gegen die Beschäftigung der Frauen in bestimmten Berufen wenden, weil wir im kapitalistischen Staate leben und es einzelne Berufe gibt, die für die Frau so gesundheitsschädigend sind, daß wir dort Frauenarbeit nicht dulden dürfen. In der sozialistischen Gemeinschaft soll die Arbeit nicht mehr eine Last und eine Bürde sein, sondern die Arbeitsstätte soll zu einer frohen Stätte werden. Man betrachtet die Berufsarbeit jetzt nicht als etwas freudig Ergriffenes und Willkommenes, und die geistige Umstellung wird keine leichte sein. Wir haben die Schwierigkeiten in Rußland gesehen. Aber nun haben wir durch unsere Reaktion die Möglichkeit, uns vorzubereiten für diese Umstellung. Dazu war drüben keine Zeit gegeben; wir wollen nicht viel reden, sondern ins Land gehen und handeln, soweit es in unseren Kräften steht. (Lang anhaltender Beifall.)

ZEITTAFEL

1888	29. November: geboren in Biebrich am Rhein; dort Besuch der Höheren Töchterschule
1902	nach Frankfurt; Besuch der zweijährigen Handelsschule
1904	Bürotätigkeit bei einer Immobilienfirma; später Beitritt zur Gewerkschaft für Büroangestellte
1906	Eintritt in die SPD
1910	nach Paris als Fremdsprachensekretärin; Eintritt in die Französische Sozialistische Partei
1914	Rückkehr nach Deutschland; Arbeit in einem Militärkrankenhaus; anschließend Büroleiterin bei einem Frankfurter Metallkonzern; aktiv in der Antikriegsbewegung
1915	März: Teilnahme an der Internationalen Sozialistischen Frauenkonferenz in Bern; nach Robert Dißmanns Einzug in die Armee übernimmt sie an seiner Stelle die Leitung der sozialdemokratischen Kriegsopposition in Südwestdeutschland
1917	Ostern: Teilnahme am Gründungskongreß der USPD
1918	Novemberrevolution: Toni Sender hat führenden Anteil an der revolutionären Bewegung in Frankfurt; gehört dem Vorstand des Arbeiterrats als Generalsekretärin an.
	Ende 1918: Aufgabe ihrer Position bei dem Frankfurter Metallkonzern; sie übernimmt die Redaktion des neugegründeten USPD-Blattes *Volksrecht* (regionale Tageszeitung)
1919	März: als Vertreterin der USPD Frankfurter Stadtverordnete (bis 1924)
1920	übernimmt die Redaktionsleitung der *Betriebsräte-Zeitung* der Metallarbeiter-Gewerkschaft (bis 1933); in den folgenden Jahren Teilnahme an fast allen Kongressen der Metallarbeiter-Gewerkschaft, des Allgemeinen Deutschen Gewerkschaftsbundes und ebenso der Internationale des Metallarbeiter-Verbandes und des Internationalen Gewerkschaftsbundes.
1920	6. Juni: Abgeordnete der USPD im deutschen Reichstag (bleibt bis 1933 MdR)
	Oktober: Spaltung der USPD; Toni Sender lehnt unter den von Moskau gestellten 21 Bedingungen den Beitritt zur Kommunistischen Internationale ab; in den folgenden Jahren Teilnahme an allen Kongressen der Wiener Internationale und Sozialistischen und Arbeiter-Internationale
1921	Toni Sender erkrankt an Lungentuberkulose; sie verbringt zur Ausheilung ein Jahr in Davos (Schweiz)

1922	September: Zusammenschluß USPD und SPD; Toni Sender fortan als Abgeordnete der SPD MdR
1926	Vortragsreise durch die USA (erneute Reisen in die USA 1927 und 1930)
1927	Beginn eines Universitätsstudiums
1928	Übernahme der Redaktion der SPD-Zeitung *Frauenwelt* (bis 1933)
1933	5. März: Flucht vor den Nazis in die Tschechoslowakei; fünf Wochen später Weiterreise nach Belgien; dort Redakteurin der *Volksgazet*
1935	Übersiedlung in die USA; 1943 amerikanische Staatsbürgerin; in den USA als Journalistin tätig; Widerstand gegen den Nationalsozialismus
1941	Direktorin für europäische Arbeitsforschung beim Office of Strategic Services (bis 1944)
1944	Wirtschaftsspezialistin bei der United Nations Relief and Rehabilitation Administration
1949	Vertreterin des Internationalen Bunds Freier Gewerkschaften bei den Vereinten Nationen (vorher in gleicher Funktion für die American Federation of Labour)
1956	Berufsaufgabe (Toni Sender leidet an der Parkinsonschen Krankheit)
1964	26. Juni: Toni Sender stirbt in New York

LITERATURHINWEISE

1. Publikationen Toni Senders (Auswahl)

Die Frauen und das Rätesystem. Rede auf der Leipziger Frauenkonferenz am 29. November 1919. Berlin o. J. (= Frauenbibliothek der unabhängigen Sozialdemokratie)
Diktatur über das Proletariat, oder: Diktatur des Proletariats. Das Ergebnis von Moskau. Frankfurt am Main o. J.
Arbeiterlohn und Unternehmerprofit. Frankfurt am Main, *Volksrecht,* 1920
Große Koalition? Gegen ein Bündnis mit der Schwerindustrie. Frankfurt am Main, *Union,* 1923
Einheit der Kräfte – Für die sozialistische Revolution in Deutschland, in: *Neue Weltbühne* Nr. 47 (1934)
The Autobiography of a German Rebel. New York [1939] m. Bildern. London 1945

2. Literatur über Toni Sender

Robert F. Wheeler: Der Restnachlaß Toni Sender, in: *Internationale wissenschaftliche Korrespondenz zur Geschichte der deutschen Arbeiterbewegung,* Heft 16 (August 1972), S. 74–76
Ernest Hamburger (Mitteilung über Toni Sender), ebd., Heft 17 (Dezember 1971), S. 116
Gerhard Beier: Nachtrag zu Toni Sender, in: *Internationale wissenschaftliche Korrespondenz zur Geschichte der deutschen Arbeiterbewegung,* Heft 18 (April 1973), S. 105–106

3. Quellen zu Toni Sender

Toni Sender (Dossier Frankfurter Stadtarchiv)
Nachrufe auf Toni Sender: *New York World Telegram and Sun,* June 27, 1964 (Toni Sender Dies; Trade Unionist was Foe of Hitler); *New York Journal-American,* June 27, 1964 (Toni Sender, Dedicated Foe of Nazis and Reds); *New York Times,* June 27, 1964 (Toni Sender, 75, Socialist Leader)
Persönliche Mitteilungen von: Ernest Hamburger (New York, N. Y.); Margot Slade (Poughkeepsie, N. Y.); Henry W. Spiegel (Lanham,

MD); Helen Rosen (New York, N. Y.); Liselotte Ehntholt (Pforzheim); Sofie Quint (Frankfurt)

4. Allgemeine Literatur

Arnsberg, Paul: *Die jüdischen Gemeinden in Hessen*, Bd. 1, Frankfurt a. M. 1971

Bremme, Gabriele: *Die politische Rolle der Frau in Deutschland*. Eine Untersuchung über den Einfluß der Frauen bei Wahlen und ihre Teilnahme in Partei und Parlament. Göttingen 1956

Brinker-Gabler, Gisela (Hg.): *Frauen gegen den Krieg*. Frankfurt a. M. 1980 (= Die Frau in der Gesellschaft – Frühe Texte) (Fischer Taschenbuch 2048)

Deutsch, Regine: *Die politische Tat der Frau. Aus der Nationalversammlung*. Gotha 1920

– *Parlamentarische Frauenarbeit*. Zweite durch einen Nachtrag erweiterte Auflage. Gotha/Stuttgart 1924

– *Parlamentarische Frauenarbeit II. Aus den Reichstagen von 1924–1928*. Berlin 1928

Dingel, Frank: *Revolutionäre Illusion oder revolutionäre Chance?* Anmerkungen zu einigen neueren Arbeiten und Nachdrucken zur Geschichte der USPD und der Massenbewegungen 1918–1920, in: *Internationale wissenschaftliche Korrespondenz zur Geschichte der deutschen Arbeiterbewegung*, Heft 3 (September 1979), S. 421–437

Drechsler, Hanno: *Die Sozialistische Arbeiterpartei Deutschlands (SAPD)*. Ein Beitrag zur Geschichte der deutschen Arbeiterbewegung am Ende der Weimarer Republik. Meisenheim am Glan 1965

Fessenden, Patricia K.: *The Role of Women Deputies in the German National Constituent Assembly and the Reichstag, 1919–1933*. Diss. Ohio State University 1976

Geyer, Curt: *Erinnerungen. Die revolutionäre Illusion*. Zur Geschichte des linken Flügels der USPD. Hg. von Wolfgang Benz und Hermann Graml. Mit einem Vorwort von Robert F. Wheeler. Stuttgart 1976

Grubitzsch, Helga, Erhard Lucas, Sibylle Quack: *Tödliche Wünsche. Emanzipationsbewegung und Selbstmord*. In: *Kursbuch 58*. Frankfurt a. M. 1979

Kollontai, Alexandra: *Die Situation der Frau in der gesellschaftlichen Entwicklung*. 14 Vorlesungen vor Arbeiterinnen und Bäuerinnen an der Sverdlov-Universität 1921. Frankfurt a. M. 1977

Krause, Hartfrid: *USPD. Zur Geschichte der Unabhängigen Sozialdemokratischen Partei Deutschlands* (= Studien zur Gesellschaftstheorie). Frankfurt 1975

Lucas, Erhard: *Frankfurt unter der Herrschaft des Arbeiter- und Soldatenrats 1918/19*. Frankfurt 1969

Martiny, Anke: *Berufsbild Parlamentarierin. Sechzig Jahre Frauenwahlrecht*. In: *Frankfurter Allgemeine Zeitung*, 31. März 1979

Miller, Susanne: *Burgfrieden und Klassenkampf, Die deutsche Sozialde-mokratie im Ersten Weltkrieg.* Düsseldorf 1974

Morgan, David W.: *The Socialist Left and the German Revolution. A History of the German Independent Social Democratic Party, 1917–1922.* Ithaca and London 1975

Osterroth, Franz und Dieter Schuster: *Chronik der deutschen Sozialde-mokratie.* Hannover 1963

Prager, Eugen: *Geschichte der U.S.P.D. Entstehung und Entwicklung der Unabhängigen Sozialdemokratischen Partei Deutschlands.* Berlin 1921

Rosenberg, Arthur: *Geschichte der Weimarer Republik.* Hg. von Kurt Kersten. Frankfurt a. M. 1961

Schwarz, Max, MdR: *Biographisches Handbuch der Reichstage.* Hanno-ver 1965

Stoecker, Helmuth: *Walter Stoecker – Die Frühzeit eines deutschen Arbeiterführers 1891–1920.* Berlin (Ost) 1970

Thönnessen, Werner: *Frauenemanzipation. Politik und Literatur der Deutschen Sozialdemokratie zur Frauenbewegung 1863–1933.* Frank-furt a. M. 1969

Wheeler, Robert F.: *USPD und Internationale. Sozialistischer Interna-tionalismus in einer Zeit der Revolution.* Frankfurt a. M. – Berlin – Wien 1975

BILDVERZEICHNIS

PERSONENVERZEICHNIS

Zu einem neuen Verständnis der Frau

Rosa Luxemburg

Ein Leben für die Freiheit

Reden · Schriften · Briefe
Ein Lesebuch
Herausgegeben von Frederik Hetmann
Fischer

Fischer Taschenbücher

Band 3711